Apocalípticos e Integrados

Coleção Debates
Dirigida por J. Guinsburg

Equipe de Realização – Tradução: Pérola de Carvalho; Revisão: Geraldo Gerson de Souza; Produção: Ricardo W. Neves e Sergio Kon.

umberto eco
APOCALÍPTICOS E INTEGRADOS

 PERSPECTIVA

Título do original
Apocalittici e Integrati

Copyright © by
Casa Editrice Valentino Bompiani & C.
Milano

CIP-Brasil. Catalogação-na-Fonte
Sindicato Nacional dos Editores de Livros, RJ

Eco, Umberto
 Apocalípticos e integrados / Umberto Eco ; [tradução Pérola de Carvalho]. – São Paulo: Perspectiva, 2015. – (Debates ; 19)

1 reimpr da 7 ed. de 2011
Título original: Apocalittici e integrati
ISBN 978-85-273-0157-2

1. Cultura de massa 2. Comunicação de massa I. Título. II. Série.

06-4747 CDD: 302.23

Índices para catálogo sistemático:
1. Cultura de massa : Sociologia   302.23

7ª edição – 1ª reimpressão   [PPD]

Direitos reservados em língua portuguesa à

EDITORA PERSPECTIVA LTDA.

Av. Brigadeiro Luís Antônio, 3025 01401-000
São Paulo SP Brasil Telefax: (11) 3885-8388
www.editoraperspectiva.com.br

2019

SUMÁRIO

Prefácio 7

ALTO, MÉDIO, BAIXO

Cultura de Masa e "Níveis de Cultura" 33

A cultura de massa no banco dos réus. – Cahier de doléances. – Defesa da cultura de massa. – Uma problemática mal formulada. – Crítica dos três níveis. – Uma possível conclusão, mais algumas propostas de pesquisa.

A Estrutura do Mau Gosto 69

Estilística do Kitsch. – Kitsch e cultura de massa. – O Midcult. – Estrutura da mensagem poética. – Recuperação da mensagem poética. – O "Kitsch" como boldinismo. – O leopardo da Malásia. – Conclusão.

Leitura de "Steve Canyon 129

Análise da mensagem. – A linguagem da estória em quadrinhos. – Questões derivadas. – Hume e o selvagem: introdução à pesquisa empírica. – A tarefa da crítica e da historiografia.

Retórica e Ideologia em Os Mistérios de Paris *de Eugène Sue* 181

Eugène Sue: uma posição ideológica. – A estrutura da consolação. – Conclusão.

AS PERSONAGENS

O Uso Prático da Personagem 209

O problema estético do "tipo". – Razões das poéticas da tipicidade. – Especificações estéticas sobre o típico. – Fisionomia da personagem típica. – Tipo, símbolo, tópico. – O uso científico da tipicidade. – Tipo e "topos". – Recurso ao típico e sensibilidade decadente. – Conclusões.

O Mito do Superman 239

I

Símbolos e culturas de massa. – O mito do Superman. – A estrutura do mito e a civilização do romance. – O enredo e o consumo da personagem. – Consumo e temporalidade. – Um enredo sem consumo. – O Superman como modelo de heterodireção.

II

Defesa do esquema iterativo. – O esquema iterativo como mensagem redundante. – Consciência civil e consciência política. – Conclusões.

O Mundo de Minduim 281

OS SONS E AS IMAGENS

A Canção de Consumo 295

A canção "diferente". – Uma proposta de pesquisa. – Um mito geracional.

A Música, o Rádio e a Televisão 315

Os meios audiovisuais como instrumento de informação musical. – Os meios audiovisuais como fato estético.

Apontamentos sobre a Televisão 325

Transmissão direta e influência sobre o filme. – Comunicação e expressão. – A relação com o público. – A TV como "serviço". – As pesquisas experimentais. – Vigilância e participação. – Passividade e relação crítica. – A média dos gostos e a modelação das exigências. – O universo da iconosfera. – A elite sem poder. – A recusa do intelectual. – Um cauto dirigismo cultural. – Conclusões.

Para uma Investigação Semiológica sobre a Mensagem Televisional 365

I. Introdução. – II. Fases da pesquisa. – III. Definições preliminares. – IV. O sistema de códigos e subcódigos que intervém para definir uma mensagem televisional. – V. A mensagem. – VI. Conclusões.

Sobre a 2ª edição brasileira 387

PREFÁCIO

É profundamente injusto subsumir atitudes humanas – com toda a sua variedade, com todos os seus matizes – sob dois conceitos genéricos e polêmicos como "apocalíptico" e "integrado". Certas coisas se fazem porque a escolha de título para um livro tem suas exigências (trata-se, como veremos, de indústria cultural, termo que procuraremos, aliás, inserir numa acepção a mais descongestionada possível); e também porque, se quisermos impor um discurso introdutório aos ensaios que se seguem, teremos que, fatalmente, identificar algumas linhas metodológicas gerais. E para definirmos o que *não* quereríamos fazer, é cômodo tipificar ao extremo uma série de opções culturais, que naturalmente deveriam ser analisadas de modo concreto e com maior serenidade. Essa, porém, é tarefa que cabe aos vários ensaios, e não a uma introdução. Por outro lado, são estes mesmos, que definimos como apocalípticos ou integrados, os que censuramos pelo fato de haverem difundido conceitos igualmente genéricos – "conceitos-fetiche" – e de os haverem usado como cabeça de turco em polêmicas improdutivas ou em operações mercantis de que nós mesmos cotidianamente nos nutrimos.

Tanto isso é verdade que para definirmos a natureza destes ensaios, para nos podermos fazer entender pelo leitor, até nós somos obrigados a recorrer a um conceito genérico e ambíguo como o de "cultura de massa". Tão genérico, ambíguo e impróprio, que é justamente a ele que se deve o desenvolvimento dos dois tipos de atitude aos quais (com não generosa mas indispensável *vis polemica*) estamos levantando algumas contestações.

Se a cultura é um fato aristocrático, o cioso cultivo, assíduo e solitário, de uma interioridade que se apura e se opõe à vulgaridade da multidão (Heráclito: "Por que quereis levar-me a toda parte, ó iletrados? não escrevi para vós, mas para quem me pode compreender. Um, para mim, vale cem mil, e a multidão, nada"), então só o pensar numa cultura partilhada por todos, produzida de maneira que a todos se adapte, e elaborada na medida de todos, já será um monstruoso contrassenso. A cultura de massa é a anticultura. Mas, como nasce no momento em que a presença das massas, na vida associada, se torna o fenômeno mais evidente de um contexto histórico, a "cultura de massa" não indica uma aberração transitória e limitada: torna-se o sinal de uma queda irrecuperável, ante a qual o homem de cultura (último supérstite da pré-história, destinado a extinguir-se) pode dar apenas um testemunho extremo, em termos de Apocalipse.

Em contraposição, a resposta otimista do integrado: já que a televisão, o jornal, o rádio, o cinema e a estória em quadrinhos, o romance popular e o Reader's Digest agora colocam os bens culturais à disposição de todos, tornando leve e agradável a absorção das noções e a recepção de informações, estamos vivendo numa época de alargamento da área cultural, onde finalmente se realiza, a nível amplo, com o concurso dos melhores, a circulação de uma arte e de uma cultura "popular". Para o integrado, não existe o problema de essa cultura sair de baixo ou vir confeccionada de cima para consumidores indefesos. Mesmo porque, se os apocalípticos sobrevivem confeccionando teorias sobre a decadência, os integrados raramente teorizam e assim, mais facilmente, operam, produzem, emitem as suas mensagens cotidianamente a todos os níveis. O Apocalipse é uma obsessão do *dissenter*, a integração é a realidade concreta dos que *não dissentem*. A imagem do Apocalipse ressalta dos textos *sobre* a cultura de massa; a imagem da integração emerge da leitura dos textos *da* cultura de massa. Mas até que ponto não nos encontramos ante duas faces de um mesmo problema, e não representarão esses textos apocalípticos o mais sofisticado produto oferecido ao consumo de massa? Então a fórmula "Apocalípticos e integrados" não sugeriria a oposição entre duas atitudes (e os dois termos não teriam valor de substantivo), mas a predicação de adjetivos complementares, adaptáveis a esses mesmos produtores de uma "crítica popular da cultura popular".

No fundo, o apocalíptico *consola* o leitor porque lhe permite entrever, sob o derrocar da catástrofe, a existência de uma comunidade de "super-homens", capazes de se elevarem, nem que seja apenas através da recusa, acima da banalidade média. No limite, a comunidade reduzidíssima – e eleita – de quem escreve e de quem lê, "nós dois, você e eu, os únicos que compreendem, e estão salvos: os únicos que não são massa". Dissemos "super-homens" pensando na origem nietzschiana (ou pseudonietzschiana) de muitas dessas atitudes. Mas dissemo-lo com malícia, pensando na malícia com que Gramsci insinuava que o modelo do super-homem nietzschiano poderia ser individuado nos heróis do folhetim oitocentista, no Conde de Monte Cristo, em Athos, em Rodolfo de Geroldstein ou (concessão generosa) em Vautrin.

Se a comparação parecer peregrina, reflitamos sobre o fato de que sempre foi típico da cultura de massa o fazer cintilar aos olhos de seus leitores, dos quais exige uma disciplinada "mediedade", a possibilidade de que ainda – dadas as condições existentes, e mesmo graças a elas – possa um dia florir da crisálida de cada um de nós um *Uebermensch*. O preço a pagar é que esse Uebermensch se ocupe de uma infinidade de pequenos problemas, mas mantenha a ordem fundamental das coisas: é o pequeno vício reformista do Rodolfo dos *Mistérios de Paris*, fato de que se deram conta não apenas Marx e Engels mas também – contemporaneamente a eles – Belinski e Poe, em duas apreciações que parecem estranhamente decalcadas sobre a polêmica da *Sagrada Família*.

Num dos ensaios que se seguem, estudaremos um Super-homem típico da cultura de massa contemporânea, o *Superman* das estórias em quadrinhos: e parece-nos poder concluir que esse herói superdotado usa das suas vertiginosas possibilidades operativas para realizar um ideal de absoluta passividade, renunciando a todo projeto que não tenha sido previamente homologado pelos cadastros do bom senso oficial, tornando-se o exemplo de uma proba consciência ética desprovida de toda dimensão política: o Superman jamais estacionará seu carro em local proibido, e nunca fará uma revolução. Se bem lembramos, dos Uebermenschen citados por Gramsci, o único que tem consciência política e se propõe a mudar a ordem das coisas é o José Bálsamo, de Dumas. Mas, atentemos para a coincidência: Bálsamo, aliás Cagliostro, embora use suas múltiplas vidas para apressar o advento da revolução francesa, empenhado como está em organizar seitas de iluminados e místicas reuniões de franco-mações, ou em urdir tramas galantes para atenazar Maria Antonieta, simplesmente se esquece de redigir a Enciclopédia e fomentar a tomada da Bastilha (dois fatos, um de cultura de massa, outro de organização das massas).

Do outro lado da barricada, temos o super-homem proposto pelo crítico apocalíptico: este opõe, à banalidade imperante, a recusa e o silêncio, alimentado que é pela total desconfiança em qualquer ação que possa modificar a ordem das coisas. Mesmo quando se considera a super-humanidade como um mito nostálgico (cujas referências históricas não são precisadas), ainda assim, no fim das contas, o que se faz é um convite à passividade. Expulsa pela porta, a integração volta pela janela.

Mas este mundo, que uns alardeiam recusar e outros aceitam e incrementam, não é um mundo para o super-homem. É também o nosso. Nasce com o acesso das classes subalternas à fruição dos bens culturais, e com a possibilidade de produzir esses bens graças a processos industriais. A indústria cultural, como veremos, aparece com Gutenberg e a invenção da imprensa de tipos móveis, e mesmo antes. Daí porque o mundo do Superman é também o mundo dos homens de hoje. Estarão estes últimos inexoravelmente condenados a tornar-se "supermen", e, por conseguinte, subdotados, ou poderão individuar neste mundo as linhas de força para um novo e civil colóquio? Será este mundo só para o Uebermensch, ou pode ser também um mundo para o homem?

A nosso ver, se devemos operar *em* e *para* um mundo construído na medida humana, essa medida deverá ser individuada não adaptando o homem a essas condições de fato, mas *a partir dessas condições de fato*. O universo das comunicações de massa é – reconheçamo-lo ou não – o nosso universo; e se quisermos falar de valores, as condições objetivas das comunicações são aquelas fornecidas pela existênciados jornais, do rádio, da televisão, da música reproduzida e reproduzível, das novas formas de comunicação visual e auditiva. Ninguém foge a essas condições, nem mesmo o virtuoso, que, indignado com a natureza inumana desse universo da informação, transmite o seu protesto através dos canais de comunicação de massa, pelas colunas do grande diário, ou nas páginas do volume em *paperback*, impresso em linotipo e difundido nos quiosques das estações.

Ao virtuoso apocalíptico devemos alguns conceitos-fetiche. E um conceito-fetiche tem a particularidade de bloquear o discurso, enrijecendo o colóquio num ato de reação emotiva. Consideremos o conceito-fetiche de "indústria cultural". Que haverá de mais reprovável que o emparelhamento da ideia de cultura (que implica um privado e sutil contato de almas) com a de indústria (que evoca linhas de montagem, reprodução em série, pública circulação e comércio concreto de objetos tornados mercadorias)? Evidentemente, um mestre iluminador medieval, que confeccionava as imagens do seu livro de horas para o comitente, estava ancorado numa relação artesanal; cada imagem, se por um lado se reportava a um código de crenças e convenções, dirigia-se, pelo outro, àquele comitente em particular, com ele estabelecendo uma relação precisa. Mas tão logo alguém inventa a possibilidade de imprimir xilograficamente páginas de uma bíblia reproduzível em mais exemplares, sucede um fato novo. Uma bíblia que se reproduz num número maior de cópias custa menos, e pode chegar a um maior número de pessoas. E uma bíblia que se vende para mais gente não será uma bíblia menor? Daí o nome que toma de *bíblia pauperum*. Por outro lado, o fator externo (difusibilidade e preço) também influi sobre a natureza do produto: o desenho adaptar-se-á à compreensão de uma audiência mais vasta, menos letrada. Não será mais útil aliar o desenho ao texto, com um jogo de folhas volantes que lembra muito de perto as estórias em quadrinhos? A *bíblia pauperum* começa a submeter-se a uma condição que, séculos depois, alguém atribuirá aos modernos meios de massa: a adequação do gosto e da linguagem às capacidades receptivas da média.

Depois, Gutenberg inventa os tipos móveis, e nasce o livro. Um objeto de série, que deve conformar a sua própria linguagem às possibilidades receptivas de um público alfabetizado, agora (e graças ao livro, cada vez mais) mais vasto que o do manuscrito. E não só isso: o livro, criando um público, produz leitores, que, por sua vez, o condicionarão.

Vejam-se os primeiros impressos populares do século XVI, que retomam, num plano laico e com bases tipográficas mais aperfeiçoadas, a proposta da *biblia pauperum*. São editados por tipografias menores, a pedido de livreiros ambulantes e saltimbancos, para serem vendidos ao povo miúdo, nas feiras e praças. Epopeias cavalheirescas, queixas sobre fatos políticos ou de ocorrência diária, motejos, anedotas ou copias aparecem mal impressas, esquecendo-se, com frequência, de mencionar local e data, porque já possuem a primeira característica dos produtos de massa, a efemeridade. Do produto de massa têm, além disso, a conotação primária: oferecem sentimentos e paixões, amor e morte já confeccionados de acordo com o efeito que devem conseguir; os títulos dessas estórias já contêm o reclamo publicitário e o juízo explícito sobre o fato preanunciado, e quase que o conselho sobre como fruí-las. *Ogier, o dinamarquês. Obra bela e aprazível, de amor e armas, novamente reimpressa e corrigida com a morte do gigante Marioto a qual nos outros não se encontra*; ou então: *Nova narrativa do cruel e comovente caso ocorrido em Alicante de uma mãe que matou o próprio filho, e deu as entranhas de comer a uma cadela, e os membros ao marido.* Sem falar nas imagens, niveladas por um padrão sempre gracioso, mas fundamentalmente modesto, dirigido para a apresentação de efeitos violentos, como convém a um romance de folhetim ou a uma estória em quadrinhos. Evidentemente, não se trata aqui da cultura de massa, como hoje a entendemos: eram diversas as circunstâncias históricas, a relação entre os produtores desses impressos e o povo, diversa a divisão entre cultura erudita e cultura popular, que cultura era, no sentido etnológico do termo. Já percebemos, porém, que a reprodutibilidade em série, bem como o fato de a clientela aumentar numericamente e ampliar seu raio social, impunham uma rede de condições suficientemente forte para caracterizar a fundo esses libretos, a ponto de fazer deles um gênero em si, com seu próprio senso do trágico, do heroico, do moral, do sagrado, do ridículo, adaptado ao gosto e ao *ethos* de um "consumidor médio" – médio entre os ínfimos. Difundindo entre o povo os termos de uma moralidade oficial, esses livros desempenhavam tarefa de pacificação e controle; favorecendo a explosão de humores bizarros, forneciam material de evasão. Mas, no fim da contas, proviam a existência de uma categoria popular de "literatos", e contribuíam para a alfabetização de seu público.

Afinal, alguém imprime as primeiras gazetas. E com o nascimento do jornal, a relação entre condicionamentos externos e fato cultural torna-se ainda mais precisa: o que é um jornal, se não um produto, formado de um número fixo de páginas, obrigado a sair uma vez por dia, e no qual as coisas ditas não serão mais unicamente determinadas pelas coisas a dizer (segundo uma necessidade absolutamente interior), mas pelo fato de que, uma vez por dia, se deverá dizer o tanto necessário para preencher tantas páginas? A essa altura, estamos já em plena indústria cultural. Que surge, portanto, como um sistema de condicionamentos, aos quais todo operador de cultura deverá prestar contas, se quiser comunicar-se com seus semelhantes. Isto é, se quiser comunicar-se com os homens, porque agora todos os homens estão preparados para tornarem-se seus semelhantes, e o operador de cultura deixou de ser o funcionário de um comitente para ser o "funcionário da humanidade". Colocar-se em relação dialética, ativa e consciente com os condicionamentos da indústria cultural tornou-se para o operador de cultura o único caminho para cumprir sua função.

Mesmo porque não é casual a concomitância entre civilização do jornal e civilização democrática, conscientização das classes subalternas, nascimento do igualitarismo político e civil, época das revoluções burguesas. Mas por outro lado também não é casual que quem lidera profunda e coerentemente a polêmica contra a indústria cultural faça o mal remontar não à primeira emissão de TV, mas à invenção da imprensa; e, com ela, às ideologias do igualitarismo e da soberania popular. Na realidade, o uso indiscriminado de um conceito-fetiche como esse de "indústria cultural", implica, no fundo, a incapacidade mesma de aceitar esses eventos históricos, e – com eles – a perspectiva de uma humanidade que saiba operar sobre a história.

Como recentemente observaram Pierre Bourdieu e Jean-Claude Passeron, "parece claro que a profecia 'massmediática' encontra suas verdadeiras raízes não, como se quer fazer crer, na descoberta antecipada de novos poderes, mas numa visão pessimista do homem, desse Antropos eterno, dividido entre Eros e Tânatos, e votado às definições negativas. Suspensos entre a nostalgia de um verde paraíso das civilizações infantis e a esperança desesperada dos amanhãs do Apocalipse, os profetas massmediáticos propõem a imagem desconcertante de uma profecia a um tempo tonante e tartamudeante, visto que não sabe escolher entre o proclamado amor às massas ameaçadas pela catástrofe e o amor secreto pela catástrofe"

Do momento em que, pelo contrário, a indústria cultural foi corretamente assumida como um sistema de condicionamentos conexos aos fenômenos acima arrolados, o discurso sairá da genericidade para articular-se nos dois planos complementares da descrição analítica dos vários fenômenos e da sua interpretação com base no contexto histórico em que aparecem Nesse plano em seguida, o discurso implica também outra tomada de consciência: o sistema de condicionamentos denominado indústria cultural não apresenta a cômoda possibilidade de dois níveis independentes, um da comunicação de massa, outro da elaboração aristocrática que a precede sem ser por ela condicionada. O sistema da indústria cultural estabelece uma rede de condicionamentos recíprocos tal que até a noção de cultura *tout court* é por ela envolvida. Embora o termo "cultura de massa" represente um híbrido impreciso em que não se sabe o que significa cultura e o que significa massa é claro, todavia que nesse ponto já não se pode mais pensar na cultura como algo que se articule segundo as imprescindíveis e incorruptas necessidades de um Espírito que não esteja historicamente condicionado pela existência da cultura de massa. Desse momento em diante, até mesmo a noção de cultura reclama uma reelaboração e uma reformulação; pelo mesmo motivo por que, quando se afirmou que a história é feita concretamente pelos homens dispostos a resolver seus problemas econômicos e sociais (e por todos os homens, em relação de oposição dialética entre classe e classe) também se fez necessário articular diversamente a ideia de uma função do homem de cultura.

"Cultura de massa" torna-se, então, uma definição de ordem antropológica (do mesmo tipo de definições como "cultura alorense" e "cultura banto"), válida para indicar um preciso contexto histórico (aquele em que vivemos), onde todos os fenômenos comunicacionais – desde as propostas para o divertimento evasivo até os apelos à interiorização – surgem dialeticamente conexos, cada um deles recebendo do contexto uma qualificação que não mais permite reduzi-los a fenômenos análogos surgidos em outros períodos históricos.

Então está claro que a atitude do homem de cultura, ante essa situação, deve ser a mesma de quem, ante o sistema de condicionamentos "era do maquinismo industrial", não cogitou de como voltar à natureza, isto é, para antes da indústria, mas perguntou a si mesmo em que circunstâncias a relação do homem com o ciclo produtivo reduziria o homem ao sistema e como, ao contrário, lhe cumpriria elaborar uma nova imagem de homem em relação ao sistema de condicionamentos; um homem não libertado *pela* máquina, *mas livre em relação à máquina*.

Não há, no momento, obstáculo maior a uma pesquisa concreta sobre esses fenômenos do que a difusão das categorias-fetiche. E entre as mais perigosas, ainda teríamos que indicar as de "massa, ou de "homem-massa"

Sobre a invalidade metodológica desses conceitos, discorreremos nos ensaios que se seguem (procurando delimitar o âmbito de discurso em que possam ser usados); aqui, porém, valerá a pena lembrar as ascendências históricas dessa contraposição maniqueia entre a solidão, a lucidez do intelectual e a obtusidade do homem-massa. Raízes que não fomos buscar nem na *Rebelião das massas*, nem nas *Considerações inatuais*, mas na polêmica daqueles que ora costumamos lembrar como "Sr. Bruno Bauer e Consortes", isto é, naquela corrente de moços hegelianos que estavam à testa da "Allgemeine Literaturzeitung".

"O pior testemunho a favor de uma obra é o entusiasmo com que a massa se volta para ela... Todos os grandes empreendimentos da história foram até agora fundamentalmente frustrados e privados de êxito efetivo, porque a massa se interessou e se entusiasmou por eles... Agora sabe o espírito aonde buscar o seu único adversário – nas frases, nas auto-ilusões, na falta de nervo das massas." São frases escritas em 1843 mas se retomadas ainda hoje, em local apropriado, forneceriam material para um ótimo elzevir sobre a cultura de massa. Entenda-se bem, não queremos contestar a ninguém o direito de elaborar uma oposição entre o Espírito e a Massa, de julgar que a atividade cultural deva ser definida nesses termos, e de dar testemunho dessa laceração de maneira a poder incutir-nos o máximo respeito. Unicamente, é bom que as ascendências sejam esclarecidas e se ilumine o local histórico de uma polêmica que o advento macroscópico da sociedade de massa iria reverdecer.

Boa parte das formulações pseudomarxistas da escola de Francforte, por exemplo, manifestam seu parentesco com a ideologia da "sagrada família" baueriana e dos movimentos colaterais. Inclusive a convicção de que o pensador (o "crítico") não poderá e não deverá propor remédios, mas, quando muito, testemunhar sua própria dissensão: "A crítica não constitui um partido, não quer ter nenhum partido para si, mas estar só, só, enquanto se aprofunda em seu objeto, só, quando a ele se contrapõe. Isola-se de tudo... Todo liame é, para ela, uma cadeia". Esse trecho, do caderno VI da "Allgemeine Literaturzeitung", vai encontrar eco na intervenção de Koeppen, na "Norddeutsche Blaetterne" de 11 de agosto de

1844, relativa ao problema da censura: "A crítica está acima dos afetos e sentimentos não conhece amor nem ódio por coisa alguma. Por isso não se opõe à censura para lutar contra ela... A crítica não se perde nos fatos e não se pode perder nos tatos: por isso é um contrassenso pretender que ela aniquile a censura com os fatos, e que busque na imprensa a liberdade que lhe pertence" Não será descabido, portanto, colacionar, ao lado desses trechos, as afirmações de Horkheimer, feitas um século depois, em polêmica com uma cultura pragmatista, acusada de desviar e consumir as energias necessárias à reflexão, na formulação de programas ativistas – a que ele opõe um "método da negação". E não por acaso, um estudioso de Adorno, embora afetuoso e consenciente como Renato Solmi, identificara nesse autor uma tentação especulativa, uma "crítica da *praxis*" pela qual o discurso filosófico evita deter-se nas condições e nos modos concretos daquele "traspasse", que o pensamento deveria individuar numa situação, no instante mesmo em que a submete a uma crítica radical. O próprio Adorno, por seu lado, terminava os seus *Mínima Moralia* encarando a filosofia como a tentativa de considerar todas as coisas do ponto de vista da redenção, revelando o mundo nas suas fraturas, como surgirá um dia à luz messiânica; mas nessa atividade o pensamento envolve-se numa série de contradições tais que, devendo sofrê-las todas lucidamente, "em relação à exigência que assim se lhe impõe, a própria questão da realidade e irrealidade da redenção se torna quase indiferente".

Ora, poder-se-á facilmente objetar com a resposta que Marx dava a Bruno Bauer: *as massas, tão logo adquiram consciência de classe, poderão tomar a direção da história e colocar--se como única e real alternativa ao vosso "Espírito"* ("é preciso ter conhecido o estudo, a avidez de saber, a energia moral, o impulso para progredir sem descanso dos *ouvriers* franceses e ingleses para se poder ter uma ideia da *humana* nobreza desse movimento"), ao passo que a resposta que a indústria da cultura de massa dá implicitamente aos seus acusadores é: *a massa, superadas as diferenças de classe, é, agora, a protagonista da história, e portanto sua cultura, a cultura produzida para ela, e por ela consumida, é um jato positivo*. E é nesses termos que a função dos apocalípticos tem uma validade própria, isto é, ao denunciar que a ideologia otimista dos integrados é profundamente falsa e de má fé. Mas isso acontece (e é o que assinalaremos em alguns dos ensaios) justamente porque também o integrado, tal qual o apocalíptico, assume, com a máxima desenvoltura (mudando apenas o sinal algébrico), o conceito-fetiche de "massa". Produz para a massa, projeta uma educação de massa, e assim colabora para a redução a massa dos seus próprios sujeitos.

Que, a seguir, estejam ou não em jogo as chamadas massas, se têm elas, na realidade, um estômago mais forte do que creem os seus manipuladores, se sabem exercer uma faculdade de discriminação sobre produtos que lhes são oferecidos para consumo, se sabem resolver em estímulos positivos, voltando para empregos imprevistos mensagens emitidas com intenção totalmente diversa – isso é outro problema. A existência de uma categoria de operadores culturais que produzem para as massas, usando na realidade as massas para fins de lucro, ao invés de oferecer-lhes reais ocasiões de experiência crítica, é um fato assente: e a operação cultural deve ser julgada pelas intenções que manifesta e pelo modo de estruturar suas mensagens. Mas, ao julgarmos esses fenômenos, ao apocalíptico (que nos ajuda a fazê-lo) devemos sempre opor, contudo, a única decisão que ele não assume, aquela mesma que Marx sempre opunha aos teóricos da massa: "Se o homem é formado pelas circunstâncias, devemos tornar humanas as circunstâncias".

O que, ao contrário, se censura ao apocalíptico é o fato de jamais tentar, realmente, um estudo concreto dos produtos e das maneiras pelas quais são eles, na verdade, consumidos. O apocalíptico não só reduz os consumidores àquele fetiche indiferenciado que é o homem-massa, mas – enquanto o acusa de reduzir todo produto artístico, até o mais válido, a puro fetiche – reduz, ele próprio, a fetiche o produto de massa. E ao invés de analisá-lo, caso por caso, para fazer dele emergirem as características estruturais, nega-o em bloco. Quando o analisa, trai então uma estranha propensão emotiva e manifesta um irresoluto complexo de amor-ódio – fazendo nascer a suspeita de que a primeira e mais ilustre vítima do produto de massa seja, justamente, o seu crítico virtuoso.

Esse é um dos fenômenos mais curiosos e apaixonantes daquele fenômeno de indústria cultural que é a crítica apocalíptica à indústria cultural. Como a manifestação, a duras penas mascarada, de uma paixão frustrada, de um amor traído; ou melhor, como a exibição neurótica de uma sensualidade reprimida, semelhante à do moralista, que, denunciando a obscenidade de uma imagem, detém-se tão demorada e voluptuosamente sobre o imundo objeto do seu desprezo que trai, naquele gesto, a sua real natureza de animal carnal e concupiscente.

O fenômeno foi notado a propósito de muitas polêmicas contra o Kitsch, especialmente no âmbito cultural alemão: assim observava Karl Markus Michel, anos atrás que – visto que até quem se sente imune a todo sentimentalismo não pode às vezes evitar que as lágrimas lhe corram pelas faces, embora sabendo de que ínfima qualidade é o estímulo que o perturba –, frequentemente, o desejo do Kitsch, nos seus críticos, é tão intenso que se satisfaz através da sua condenação, realizada mediante um panegírico da arte, formulado segundo todas as boas regras da emotividade Kitsch. Assim o gesto do intelectual, colhido nas malhas da paixão pelo Kitsch, parece assemelhar-se ao do ricaço importunado por um pedinte, e que ordena ao criado: "Enxota daqui este homem! Ele me parte o coração"

Enxota daqui este homem, ele me parte o coração! Como não pensar nessa frase ante o seguinte trecho de Günther Anders, na nota 11 do seu ensaio sobre a televisão, *O mundo como fantasma e como matriz?*

"Numa exposição dedicada à TV, coube-me a sorte discutível de ver e ouvir um ator que recitava um *sketch* na sala ao lado, e assistir, ao mesmo tempo, às suas sete projeções televisionais. Digno de relevo era: 1) que o ator se dividisse ante meus olhos em sete irmãos, idênticos, embora tivesse uma só voz indivisa ressoando em ambas as salas; 2) que as imagens parecessem mais naturais que o original, porque o ator, justamente para dar naturalidade às reproduções, fora obrigado a caracterizar-se; 3) (e isto, mais que digno de relevo, era assustador) que a encarnação plurinominal do ator já não mais espantasse: tanto agora é óbvio, para nós, esperar somente produtos em série."

Esse, o trecho. Dele emerge, antes de mais nada, uma espécie de mórbida atração pelo mistério dos espelhos e pela multiplicação da imagem humana. Na raiz, uma espécie de terror metafísico, o mesmo que assalta o primitivo quando percebe que alguém o está retratando, e assegura que, com a imagem, lhe arrancam a alma. Ora, uma reflexão poética sobre o mistério dos espelhos é inteiramente legítima; e, feita a título de divagação lírica ou de paradoxo imaginativo, pode dar altíssimos resultados (Rilke: "*Espelhos: nenhum consciente descreveu o que esconde a vossa essência...*" Borges: "*Das profundezas do corredor o espelho nos espreitava. Descobrimos (alta noite, essa descoberta é inevitável) que os espelhos têm algo de monstruoso. Bioy Casares lembrou então que um dos heresiarcas de Ucbar julgava os espelhos e a cópula abomináveis porque multiplicam o número dos homens*".) Mas, neste caso, Anders não está fazendo arte. Está refletindo sobre um fenômeno comunicacional típico do nosso tempo. Sabemos – e sob muitos aspectos, suas intuições são válidas – que ele nos dá uma definição desse fenômeno: a TV reduz o mundo a fantasma, e bloqueia, portanto, toda reação crítica e toda resposta operativa nos seus adeptos. Mas, em suma, ele ainda nos está falando do efeito que a TV produz *sobre ele mesmo*. Ninguém conseguirá saciar esta nossa curiosidade insatisfeita: que dizia aquele ator no vídeo? Dizia "absolutamente certo", ou então, "Entramos em contato com o cárcere de Dallas para transmitirmos as fases da transferência de Oswald"? Porque, neste segundo caso, queremos saber para quantos e quais telespectadores a transmissão direta do homicídio de Ruby teria volatilizado o mundo em puro fantasma, alçando-o a uma zona de irrealidade. Certamente não para aqueles jurados que a defesa de Ruby impugnava constantemente, persuadida de que, tendo visto pela televisão as fases do homicídio, houvessem formado sobre os fatos uma ideia tal que nenhuma simulação processual e nenhum fantasma jurídico, típico de um processo, teriam mais a força de contestar.

Mas é claro que nesse caso não interessam ao crítico nem o conteúdo, nem as modalidades estruturais, nem as condições fruitivas da mensagem. O que emerge para primeiro plano é uma forma de atração mórbida pelo *mysterium televisionis*. Assim agindo, o crítico não nos ajuda a sair do estado de fascinação, mas, quando muito, faz-nos mergulhar nele ainda mais. Talvez sua aspiração seja induzir seus pares a desligar o televisor. Mas o fato de que ele permanece ligado para todos os demais, é evidentemente uma fatalidade a que a crítica não se pode opor (lembramos: "a crítica não se perde nos fatos e não se pode perder nos fatos…" – que depois, em outros casos, Anders se tenha corajosamente perdido nos fatos, e referimo-nos à sua polêmica contra a bomba atômica, polêmica que visava a uma modificação da realidade, isso apenas depõe a seu favor; mas não foi por acaso que, recentemente, na Itália, outro crítico apocalíptico o reprovou por isso, acusando-o de esquálida demagogia).

O trecho de Anders lembra-nos outra página, escrita numa situação histórica inteiramente distinta e por outros motivos, mas que – como veremos – tem, com a primeira, sutis ligações psicológicas e ideológicas (no sentido degradado do termo "ideologia") A página é da *Apologia ad Guillelmum, Sancti Theodorici Remensis Abbatí*, de autoria de São Bernardo. São Bernardo estava irritado com um típico produtor de "cultura de massa", pelo menos dentro dos limites em que se podia produzir cultura de massa no século XII: o Abade Suger. Num contexto histórico no qual – colocada uma classe dirigente na posse dos instrumentos culturais, e excluídas, o mais das vezes, as classes subalternas do exercício da escrita – a única possibilidade de educar as massas era a tradução dos conteúdos oficiais da cultura em imagens, Suger cumprira exatamente o programa do Sínodo de Arras, retomado por Honório de Autun na fórmula: "pictura est laicorum literatura"

O programa de Suger é conhecido: a catedral devia tornar-se uma espécie de imenso livro de pedra, onde não apenas a riqueza dos ouros e pedras preciosas incutisse no fiel sentidos de devoção, e as cascatas de luz despenhando através das paredes abertas sugerissem a efusividade participante da potência divina, mas as esculturas dos portais, os relevos dos capiteis, as imagens dos vitrais comunicassem ao fiel os mistérios da fé, a ordem dos fenômenos naturais, as hierarquias das artes e dos misteres, os fastos da história pátria.

Diante desse programa, São Bernardo, defensor de uma arquitetura despojada e rígida, em que a sugestão mística é dada pela límpida nudez da casa de Deus, explode numa descrição acusadora que põe no pelourinho as monstruosas eflorescências iconográficas dos capiteis: "Caeterum in claustris coram legentibus fratribus, quid facit ridícula monstruositas, mira quaedam deformis formositas ac formosa deformitas? Quid ibi immundae simiae? quid feri leones? quid monstruosi centauri? quid semihomines? quid maculosae tigrides? quid milites pugnantes? quid venatores tubicinantes? Videas sub uno capite multa corpora, et rursus in uno corpore capita multa. Cernitur hinc in quadrúpede cauda serpentis, illinc in pisce caput quadrupedis. Ibi bestia praefert equum, capra trahens retro dimidiam; hic cornutum animal equum gestat posterius. Tam multa denique tamque mira diversarum formaram ubique varietas apparet, ut magis legere libeat in marmoribus quam in codicibus, totumque diem occupare singula ista mirando quam in lege Del meditando. Proh Deo! Si non pudet ineptiarum, curvel non piget expensarum?"

Não importa que aqui a polêmica gire em torno das imagens dos capiteis dos claustros, oferecidas, portanto, mais aos monges letrados que às multidões analfabetas. Essa página retoma os termos de uma discussão que diz respeito sobretudo aos ornamentos da igreja verdadeira e certa. A observação que surge, espontânea, à leitura, é que São Bernardo se trai, e ao acusar, manifesta, antes de mais nada, a perturbação de quem foi o primeiro a deixar-se levar e seduzir por aquelas imagens. Nenhuma página, melhor do que essa, poderia comunicar-nos, de fato, à falta de outros documentos, o fascínio e a força do bestiário românico-gótico. Aqui, São Bernardo volta a propor aquela mesma laceração, feita de ódio e amor, que manifesta, no mesmo texto, diante dos bens terrenos que asceticamente recusa: "Nos vero qui jam de populo exivimus, qui mundi quaeque pretiosa ac speciosa pro Christo reliquimus, qui omnia pulcre lucentia, canore mulcentia, suave olentia, dulce sapientia, tactu placentia, cuncta denique oblectamenta corporea arbitrati sumus ut stercora...". Estéreo, de acordo, mas quanta paixão insaciada por esses excrementos malditos...

Não incorremos, no caso, em falta de caridade: semelhante tensão redunda em total favor do asceta, para quem a renúncia, evidentemente, custou alguma coisa. Todavia, se quiséssemos julgar Bernardo pelo nosso metro de contemporâneos, deveríamos objetar-lhe que, enquanto se detém, com inequívoca sensualidade ("Enxota daqui este homem, ele me parte o coração."), na natureza diabólica das imagens, não atinge o problema de base: a sociedade medieval continua, apesar de tudo, organizada de modo que uma classe produza uma cultura elaborada na sua medida, e a comunique (seja por meio das imagens ou restabelecendo a pregação numa igreja despojada e nua) às classes subalternas, às quais não se entrega nem a elaboração da cultura nem a corresponsabilidade da coisa pública. Consequentemente, o discurso de Bernardo versa apenas sobre duas diferentes modalidades comunicacionais no âmbito de um mesmo modelo cultural.

O modelo cultural medieval era de tal forma orgânico e integrado que, obviamente, Bernardo não podia comportar-se de outro modo. E levantar contra ele, a sério, censuras desse tipo denotaria escassa consciência histórica. Mas aquilo que não podemos reprovar em São Bernardo, temos o dever de contestar nos contemporâneos que como ele se comportem.

A situação conhecida como cultura de massa verifica-se no momento histórico em que as massas ingressam como protagonistas na vida associada, corresponsáveis pela coisa pública. Frequentemente, essas massas impuseram um *ethos* próprio, fizeram valer, em diversos períodos históricos, exigências particulares, puseram em circulação uma linguagem própria, isto é, elaboraram propostas saídas de baixo. Mas paradoxalmente, o seu modo de divertir-se, de pensar, de imaginar, não nasce de baixo: através das comunicações de massa, ele lhes é proposto sob forma de mensagens formuladas segundo o código da classe hegemônica. Estamos, assim, ante a singular situação de uma cultura de massa, em cujo âmbito um proletariado consome modelos culturais burgueses, mantendo-os dentro de uma expressão autônoma própria. Por seu lado, uma cultura burguesa – no sentido em que a cultura "superior" é ainda a cultura da sociedade burguesa dos últimos três séculos – identifica na cultura de massa uma "subcultura" que não lhe pertence, sem perceber que as matrizes da cultura de massa ainda são as da cultura "superior".

Suger sabia muito bem que os monstros dos portais das catedrais constituíam traduções visivas das verdades teológicas elaboradas no âmbito da cultura universitária; o que tentava era unificar num único modelo cultural não só a classe dominante como a dominada, quando mais não fosse porque via a ambas como extremos de um mesmo povo da França e de Deus. São Bernardo ataca os monstros, mas só porque não os julga instrumentalmente úteis para estabelecer essa mesma unidade espiritual que considera atingível por outros caminhos. Por outro lado, Suger, ao elaborar um repertório iconográfico de sugestões para os artistas, também se inspira, com grande sensibilidade, no repertório imaginativo das classes populares.

No âmbito da moderna cultura de massa, no entanto, a situação é bem mais esfumada.

Se meditarmos sobre o caso, parecer-nos-á monstruosa a situação de uma sociedade em que as classes populares inferem ocasiões de evasão, identificação e projeção da transmissão televisionada de uma *pochade* oitocentista, onde se representam os costumes da alta burguesia fim-de-século. O exemplo é extremo, mas reflete uma situação consueta. Dos modelos de astros do cinema aos protagonistas dos romances de amor, até os programas de TV para a mulher, a cultura de massa, o mais das vezes, representa e propõe situações humanas sem conexão alguma com as situações dos consumidores, e que, todavia, se transformam para eles em situações-modelo. E no entanto, também nesse âmbito podem ocorrer fenômenos que fogem a todo e qualquer enquadramento teórico. Proponha-se num "comercial" o modelo de uma jovem e fina senhora que *deve* usar o aspirador de pó Tal para não estragar as mãos e mantê-las belas e cuidadas. Mostrem-se essas imagens ao habitante de uma zona subdesenvolvida para quem não um aspirador, mas uma casa de onde tirar-se o pó constitua ainda um mito inatingível. E fácil sugerir a ideia de que, para ele, a imagem se propõe como puro fantasma vindo de um mundo que não lhe diz respeito. Mas algumas observações sobre as reações das nossas populações sulinas ante o estímulo da televisão levariam a pensar que, em muitos desses casos, a reação do telespectador seja, ao contrário, de tipo ativo e crítico: diante da revelação de um mundo possível, e ainda não atual, nasce um movimento de revolta, uma hipótese operativa, e mesmo um juízo.

Eis um caso de interpretação da mensagem segundo um código que não é o de quem comunica. Suficiente para pôr em discussão a noção de "mensagem massificante", "homem-massa" e "cultura de evasão".

Assim, também o inquietante paradoxo de uma cultura para as massas, que provenha de cima e não suba de baixo, ainda não permite que o problema se defina em termos conclusivos: no âmbito dessa situação, os êxitos são imprevisíveis, e frequentemente contradizem as premissas e intenções. Toda definição do fenômeno em termos gerais corre o risco de constituir uma nova contribuição àquela genericidade típica da mensagem de massa. O crítico da cultura encontra-se diante de um dever de pesquisa que não lhe permite nem as reações temperamentais nem as indulgências neuróticas. A primeira coisa de que deve aprender a duvidar é das suas próprias reações, que *não dão texto*. Cidadão não mais do povo de França e de Deus, mas de uma multidão de povos e raças que ainda não conhece completamente porque vive numa civilização de mutantes, terá o crítico que retornar de cada vez, aos objetos e seus consumidores como se se aprestasse a descobrir algo inédito.

Mas voltemos à nota de Günther Anders. Seu início gela: "Numa exposição dedicada à TV, coube-me a sorte discutível de ver e ouvir..." Portanto, no momento mesmo em que nos convida a ler algumas centenas de páginas de um escrito seu sobre o fenômeno televisional, Anders nos adverte de que, na única vez que lhe ocorreu examinar concretamente o fenômeno da transmissão de imagens, ele o fez com desgosto e aborrecimento. Mas não nos apressemos em acusar Anders de leviandade. Ele ainda é um dos mais ilustres representantes de certa mal-entendida tradição humanística. Não o acusamos de um ato de desonestidade pessoal, mas de um vício mental que tem foros de nobreza – e muitas vezes se escuda numa desesperada boa-fé. Então não nos espantemos quando o crítico apocalíptico escarnece da pretensão de considerar os meios de massa (como as máquinas) instrumentos, e, como tais, instrumentalizáveis. Na realidade, já de partida ele se recusou a examinar o instrumento e ensaiar-lhe as possibilidades; a única verificação que efetuou foi do outro lado da barricada, e escolhendo a si próprio como cobaia: "as maçãs me provocam erupções cutâneas, logo, são más. O que seja uma maçã, e que substâncias contenha, não me interessa. Se outros comem maçãs e passam bem, isso quer dizer que são uns degenerados". Se por acaso houvesse um *racket* dos mercados hortifrutícolas, e a população, por causa dele, fosse obrigada a comer unicamente maçãs ácidas, ou a alimentar-se unicamente de maçãs, isso escapa ao crítico apocalíptico, e sem deixar saudades. Daí a afirmar que os *rackets*, como a máfia, são um fenômeno biológico, e que nenhuma força no mundo poderá eliminá-los, o passo é pequeno. Nesse ponto não nos interessa mais saber se o crítico apocalíptico tinha intenções honestas e se lutara por fazer-nos comer não só maçãs, mas também carne. No que diz respeito aos consumidores de maçãs, ele é um aliado dos *gangsters*.

Procuremos, então articular diferentemente o ponto de vista. O acesso das classes subalternas à participação (formalmente) ativa na vida pública e o alargamento da área de consumo das informações criaram a nova situação antropológica da "civilização de massa". No âmbito de tal civilização, todos os que pertencem à comunidade se tornam, em diferentes medidas, consumidores de uma produção intensiva de mensagens a jato contínuo, elaboradas industrialmente em série, e transmitidas segundo os canais comerciais de um consumo regido pelas leis da oferta e da procura. Uma vez definidos esses produtos em termos de *mensagens* (e mudada, com cautela, a definição de "cultura de massa" para a de "comunicações de massa", *mass media* ou meios de massa), proceda-se à análise da estrutura dessas mensagens. Análise estrutural que não se deve deter apenas na forma da mensagem, mas também definir em que medida a forma é determinada pelas condições objetivas da emissão (que a seguir, também determinam, dessa mensagem, o significado, as capacidades de informação – as qualidades de proposta ativa ou de pura reiteração do já dito) Em segundo lugar, uma vez estabelecido que essas mensagens se dirigem a uma totalidade de consumidores dificilmente redutíveis a um modelo unitário, estabeleçam-se por via empírica as diferentes modalidades de recepção em harmonia com a circunstância histórica e sociológica, e com as diferenciações do público Em terceiro lugar (e isto competira a pesquisa histórica e à formulação de hipóteses políticas Restabelecido em que medida a saturação das várias mensagens pode concorrer verdadeiramente para impor um modelo de homem-massa, examinem-se quais as operações possíveis no âmbito do contexto existente, e quais reclamam, ao contrário, condições de base.

Os ensaios que se seguem iluminarão apenas alguns aspectos da problemática apontada. O primeiro fornecerá uma resenha das posições críticas sobre o assunto. O segundo (*A estrutura do mau gosto*) procurará elaborar um instrumento crítico para definir, em termos estruturais, o valor estético de mensagens elaboradas para um público *médio. O* terceiro (*Leitura de Steve Canyon*) procurará fornecer um exemplo de recurso à experiência direta: e da leitura, o mais possível analítica e minuciosa de uma página de estória em quadrinhos, extrair-se-á um índice de problemas que abarcará todo o campo dos meios de massa, implicando numa definição metodológica dos vários tipos de pesquisa possível. Uma segunda seção do volume ocupar-se-á com as "personagens" como modelos de comportamento, dos mitos com função puramente projetiva às construções de uma arte mais consciente, que, permitindo-nos uma relação crítica com a personagem, realizam algumas condições de tipicidade e permitem uma autêntica fruição estética.

Uma terceira parte conterá discussões sobre problemas concernentes aos elementos visuais e sonoros desta nossa civilização, que não é só *da visão* mas também *do ruído*. Mais que outra coisa, serão esboços de uma casuística, propostas para pesquisa em grupo, assestamentos e hipóteses em termos pedagógicos e políticos. Uma última parte* coligirá escritos

---

* Nesta edição não aparece essa última parte, por sugestão do próprio A., que reestruturou a obra em outros moldes, tirando alguns artigos e incluindo outros. (N dos E.)

ocasionais, artigos publicados em jornais e revistas, onde a oposição entre apocalípticos e integrados é novamente proposta a nível intuitivo e polêmico. Pareceu-nos útil considerar também essas "fichas", mesmo porque um discurso sobre os meios de massa é continuamente "motivado", fruto da observação diária, estimulado até mesmo por notas marginais. Recentemente, um crítico censurava o nosso ensaio sobre a canção de consumo por conter bem umas cinco páginas, todas elas no condicional. Do ponto de vista estilístico, esse recorde não conseguiu regozijar-nos. Mas, de um ponto de vista metodológico, todos os ensaios deste volume foram pensados no condicional. Ao reunirmos os editados, juntando-os aos inéditos, nem sequer nos preocupamos em eliminar algumas contradições: com o deslocar do ponto de vista, esses problemas assumem sempre novos aspectos – e tornam incerto o já dito. Um discurso que versa sobre fenômenos tão estreitamente ligados à cotidianidade, que tão logo define um fato e seus efeitos entra em choque com o aparecimento de um novo fenômeno que parece desmentir a diagnose precedente, tem que ser, necessariamente, uma cadeia de silogismos hipotéticos com a premissa maior e a menor no subjuntivo, e a conclusão no condicional. Se alguma ideia diretiva existe para estes escritos, é a de que hoje é impossível elaborar, como já fez alguém, uma "Theorie der Massenmedien": o que equivaleria a conceber uma "teoria de Dia de São Nunca".

Justamente porque não se podem reduzir esses fenômenos a uma fórmula teórica unitária, cumpre torná-los objeto de uma pesquisa que não tema submetê-los a todas as verificações. Que não tema, sobretudo, empregar instrumentos demasiadamente nobres para objetos vis. Uma das objeções que se movem a pesquisas desse gênero (e que se moveram a alguns destes ensaios) é a de terem acionado um aparelhamento cultural exagerado para falarem de coisas de mínima importância, como uma estória em quadrinhos do Superman ou uma cançoneta de Rita Pavone. Ora, a soma dessas mensagens mínimas que acompanham nossa vida cotidiana constitui o mais aparatoso fenômeno cultural da civilização em que somos chamados a atuar. Do momento em que se aceita fazer dessas mensagens objeto de crítica, não haverá instrumento inadequado, e elas deverão ser experimentadas como objetos dignos da máxima consideração.

Por outro lado, a objeção já é velha. Lembra a daqueles que, reputando como digna uma ciência somente quando lidasse com realidades incorruptíveis (tais como as esferas celestes ou as *quidditates*), julgavam inferior toda pesquisa voltada para coisas sujeitas à corrupção. Assim, o saber não era avaliado com base na dignidade do método, mas na do objeto.

Consequentemente, ao elaborarmos a introdução a um discurso sobre as "coisas mínimas" e sem história, não podemos resistir à tentação de proteger-nos as costas com um apelo à história, tomando de empréstimo as palavras de quem sustentou ser mui digno fazer discursos sobre "as humildes e baixas matérias": "É de tanto vilipendio a mentira que – escrevia Leonardo – dizendo bem, ainda que de coisas de Deus, faz perder em graça a divindade, e de tanta excelência é a verdade, que, louvando coisas mínimas, estas se fazem nobres; e é sua verdade em si de tanta excelência que, ainda quando se aplica a humildes e baixas matérias, excede sem comparação as incertezas e mentiras aplicadas aos magnos e altíssimos discursos… Mas ó tu, que vives de sonhos, agradam-te mais as razões sofísticas e os embustes dos patranheiros nas coisas grandes e incertas, que as certas e naturais, e não de tanta altura".

Uma última observação, que reafirma a natureza "condicional" destas pesquisas e a suspeita de que sejam passíveis de uma contínua reformulação. Gostaríamos de dedicar o livro aos críticos que tão sumariamente definimos como apocalípticos. Sem seus requisitórios, injustos, parciais, neuróticos, desesperados, não teríamos podido elaborar nem as três quartas partes das ideias que sentimos com eles partilhar; e talvez nenhum de nós se tivesse apercebido de que o problema da cultura de massa nos envolve profundamente, e é sinal de contradição para a nossa civilização.

ALTO, MÉDIO, BAIXO

CULTURA DE MASSA E "NÍVEIS" DE CULTURA

"Mas ao chegar à escrita: 'Esta ciência, ó rei, disse Teut, tornará os egípcios mais sábios e aptos para recordar, porque este achado é um remédio útil não só para a memória, como para o saber'. E disse o rei: 'ó artificiosíssimo Teut, uns são hábeis em gerar as artes, outros em julgar a vantagem ou o dano que pode advir a quem delas estiver para servir-se. E assim tu, como pai das letras, na tua benevolência para com elas, afirmaste o contrário do que podem. Ao dispensarem do exercício da memória, elas produzirão, em verdade, o olvido na alma dos que as tenham aprendido, e assim estes, confiando na escrita, recordarão mediante esses sinais externos, e não por si, mediante seu próprio esforço interior'..."

Hoje, naturalmente, não podemos estar de acordo com o rei Tamus; mesmo porque, nesse intervalo de algumas dezenas de séculos, o rápido crescimento do repertório de "coisas" a saber e recordar tornou improvável a utilidade da memória como único instrumento de sabedoria; e por outro lado, o comentário de Sócrates ao relato do mito de Teut ("estás dis-

33

posto a crer que eles [os discursos] falem como seres pensantes; mas onde quer que os interrogues, querendo aprender, não te respondem mais que uma só coisa, e sempre a mesma") está superado pela consciência diversa que a cultura ocidental elaborou do livro, da escrita e das suas capacidades expressivas, ao estabelecer que, através do uso da palavra escrita, pode tomar corpo uma forma capaz de ressoar no ânimo de quem a frua de modos sempre variados e mais ricos.

Esse trecho do *Fedro*, no entanto, fora citado para lembrar-nos que toda modificação dos instrumentos culturais, na história da humanidade, se apresenta como uma profunda colocação em crise do "modelo cultural" precedente; e seu verdadeiro alcance só se manifesta se considerarmos que os novos instrumentos agirão no contexto de uma humanidade profundamente modificada, seja pelas causas que provocaram o aparecimento daqueles instrumentos, seja pelo uso desses mesmos instrumentos. A invenção da escrita, embora reconstituída através do mito platônico, é um exemplo disso; a da imprensa, ou a dos novos instrumentos audiovisuais, outro.

Avaliar a função da imprensa segundo as medidas de um modelo de homem típico de uma civilização baseada na comunicação oral e visual é um gesto de miopia histórica que não poucos cometeram; mas o processo é outro, e o caminho a seguir é o que recentemente nos mostrou Marshall McLuhan com o seu *The Gutenberg Galaxy*[1], onde procura enuclear exatamente os elementos de um novo "homem gutenberguiano", com o seu sistema de valores, em relação ao qual será apreciada a nova fisionomia assumida pela comunicação cultural.

Assim ocorre, em geral, com os *mass media*: alguns os julgam cotejando-lhes o mecanismo e os efeitos com um modelo de homem renascentista, que, evidentemente (não só por causa dos *mass media*, mas também dos fenômenos que tornaram possível o advento dos *mass media*), não mais existe.

É evidente, no entanto, que será preciso discutir os vários problemas partindo da assunção, a um tempo histórica e antropológico-cultural, de que, com o advento da era indus-

1. MARSHALL MCLUHAN. *The Gutenberg Galaxy*. University of Toronto Press, 1962. Sobre a noção de um homem que está "mudando" V. também ERNESTO DE MARTINO, "Simbolismo mitico-rituale e mezzi di comunicazione di massa", in *Cultura e sottocuttura* ("I problemi di Ulisse" Florença, Julho de 1961).

trial e o acesso das classes subalternas ao controle da vida associada, estabeleceu-se, na história contemporânea, uma civilização dos *mass media*, cujos sistemas de valores deverão ser discutidos, e em relação à qual será mister elaborar novos modelos ético-pedagógicos[2]. Nada disso exclui o julgamento severo, a condenação, a atitude rigorista: mas aplicados em relação ao novo modelo humano, e não em nostálgica referência ao velho. Em outros termos: exige-se, por parte dos homens de cultura, uma atitude de indagação construtiva; ali onde habitualmente se opta pela atitude mais fácil. E ante o prefigurar-se de um novo panorama humano, do qual é difícil individuarmos os confins, a forma, as tendências de desenvolvimento, muitos preferem candidatar-se como o Rutilio Namaziano* da nova transição. É é lógico que um Rutilio Namaziano não arrisca nada, tem sempre direito ao nosso comovido respeito, e consegue passar para a história sem comprometer-se com o futuro.

A cultura de massa no banco dos réus

As acusações contra a cultura de massa, quando sustentadas por agudos e atentos escritores, têm uma função dialética

---

2. V. o ensaio de Daniel Bell. "Les formes de l'expérience culturelle", in *Communications* n. 2 (o ensaio aparecerá no volume *The Evolution of American Thought*, organizado por A. M. Schlesinger Jr. e Morton White). V., também, Camillo Pellizzi. "Qualche idea sulla cultura", in *Cultura e sottocultura*, op. cit. No decorrer do presente ensaio, consideraremos, em particular, o problema da cultura de massa sob o ângulo da circulação dos valores estéticos. Portanto, não levaremos em conta, senão na medida do indispensável, todos os aspectos sociológicos do problema e toda a bibliografia conexa. Não obstante, amplas referências bibliográficas poderão ser encontradas em publicações como *Mass culture*, sob os cuidados de Bernard Rosenberg e David Manning White, Glencoe, 1960.

* Rutilius Claudius Namatianus, poeta latino do século V. nasceu no sul da Gália de rica família de latifundiários. Chegou a prefeito de Roma e, mantendo-se pagão, sempre se bateu contra todas as tentativas de aproximação com os Godos e pela preservação de um Império coeso que já não existia na realidade. Em *De rediu suo*, poema elegíaco, narra, num latim puríssimo já esquecido dos contemporâneos, sua volta a terra natal, chorando a destruição aí espalhada pelas hordas bárbaras e proclamando a excelência e imperecibilidade do império Romano. (N. da T.)

própria dentro de uma discussão sobre o fenômeno. Os *pamphlets* contra a cultura de massa devem ser, portanto, lidos e estudados como documentos a inserir numa pesquisa equilibrada, levando-se em conta, porém, os equívocos que, não raro, lhes residem na base.

Na verdade, a primeira tomada de posição sobre o problema foi a de Nietzsche, com a sua individuação da "enfermidade histórica" e de uma de suas formas mais aparatosas, o jornalismo. Ou melhor, no filósofo alemão já existia em germe a tentação presente a toda polêmica do gênero: a desconfiança ante o igualitarismo, a ascensão democrática das multidões, o discurso feito pelos fracos para os fracos, o universo construído não segundo as medidas do super-homem, mas do homem comum. A mesma raiz, parece-nos, anima a polêmica de Ortega y Gasset; e certamente não será descabido buscarmos na base de cada ato de intolerância para com a cultura de massa uma raiz aristocrática, um desprezo que só aparentemente se dirige à cultura de massa, mas que, na verdade, aponta contra as massas; e só aparentemente distingue entre massa como grupo gregário e comunidade de indivíduos auto responsáveis, subtraídos à massificação e à absorção em rebanho; porque, no fundo, há sempre a nostalgia de uma época em que os valores da cultura eram um apanágio de classe e não estavam postos, indiscriminadamente, à disposição de todos[3].

Mas nem todos os críticos da cultura de massa são classificáveis nesse filão. Sem falarmos em Adorno, cuja posição é por demais conhecida para que a tenhamos de trazer à baila, pensemos em toda a multidão de *radicais* norte-americanos que conduzem uma feroz polêmica contra os elementos de massificação presentes no corpo social de seu país; sua crítica é indubitavelmente progressista nas intenções, e a desconfiança em relação à cultura de massa é, para eles, desconfiança em relação a uma forma de poder intelectual capaz de levar os cidadãos a um estado de sujeição gregária, terreno fértil para qualquer aventura autoritária. Exemplo típico é o de Dwight MacDonald, que, nos anos 30, formou nas posições

---

3. Sobre o caráter classista de certo tipo de polêmica, V. também UGO SPIRITO. "Cultura per pochi e cultura per tutti", in *Cultura e sottocultura*, op. cit.

trotskistas, e portanto, pacifistas e anárquicas. Sua crítica representa, talvez, o ponto mais equilibrado que se alcançou no âmbito dessa polêmica, e como tal, deve ser citada.

MacDonald parte da distinção, agora canônica, dos três níveis intelectuais, *high*, *middle* e *lowbrow* (distinção que deriva daquela entre *highbrow* e *lowbrow*, proposta por Van Wyck Brooks, em *America's Coming of Age*), mudando-lhes a denominação de acordo com um intento polêmico mais violento: contra as manifestações de uma arte de elite e de uma cultura propriamente dita, erguem-se as manifestações de uma cultura de massa que não é tal, e que, por isso, ele não chama de *mass culture*, mas de *masscult*, e de uma cultura média, pequeno-burguesa, que ele chama de *midcult*. Obviamente, são *masscult* as estórias em quadrinhos, a música gastronômica tipo *rock'n roll*, ou os piores filmes de TV, ao passo que o *midcult* é representado por obras que parecem possuir todos os requisitos de uma cultura procrastinada, e que, pelo contrário, constituem, de fato, uma paródia, uma depauperação da cultura, uma falsificação realizada com fins comerciais. Algumas das mais saborosas páginas críticas de MacDonald são dedicadas à análise de um romance como *O Velho e o Mar*, de Hemingway, que ele considera um típico produto de *midcult*, com a sua linguagem propositada e artificiosamente liricizante, e a tendência para configurar personagens "universais" (mas de uma universalidade alegórica e maneirística); e no mesmo plano, coloca ele *Nossa Cidade*, *de* Wilder.

Esses exemplos esclarecem um dos pontos substanciais da crítica de MacDonald: não se censura à cultura de massa a difusão de produtos de ínfimo nível e nulo valor estético (como poderiam ser algumas estórias em quadrinhos, as revistas pornográficas ou os programas de perguntas e respostas da TV); censura-se ao *midcult* o "desfrutar" das descobertas da vanguarda e "banalizá-las" reduzindo-as a elementos de consumo. Crítica essa que acerta no alvo e nos ajuda a compreender por que tantos produtos de fácil saída comercial, embora ostentando uma dignidade estilística exterior, no fim das contas soam falso; mas essa crítica, no fim das contas, reflete uma concepção fatalmente aristocrática do gosto. Deveremos admitir que uma solução estilística seja válida unicamente quando representa uma descoberta que rompe com a tradição e é, por isso, partilhada por poucos eleitos? Admitido o fato, uma vez que determinado estilema* chegue a penetrar num circuito mais amplo e a inserir-se em novos contextos, perderá efetivamente toda a sua força ou conquistará nova função? Já que há uma função, será ela fatalmente negativa, isto é, servirá agora o estilema unicamente para mascarar sob uma patina de novidade formal uma banalidade de atitudes, um complexo de ideias, gostos e emoções passivas e esclerosadas?

Ventilou-se aqui uma série de problemas que, uma vez impostados teoricamente[4] deverão submeter-se a um complexo de verificações concretas. Mas, diante de certas tomadas de posição, nasce a suspeita de que o crítico constantemente se inspire num modelo humano que, mesmo sem ele o saber, é classista: o modelo de um fidalgo renascentista, culto e meditativo a quem uma determinada condição econômica permite cultivar com amorosa atenção, suas experiências interiores, preservando-as de fáceis comistões e garantindo-lhes, ciosamente, a absoluta originalidade. Mas o homem de uma civilização de massa não é mais esse homem. Melhor ou pior, é outro, e outros deverão ser os seus caminhos de formação e salvação. Individuar esses caminhos, eis, pelo menos, um dos objetivos. O problema seria diferente se os críticos da cultura de massa (e entre esses há quem pense deste modo, e então o discurso muda) considerassem como problema fundamental da nossa civilização o de levar cada membro da comunidade à fruição de experiências de ordem superior, dando a cada um a possibilidade de chegar a elas. Mas a posição de MacDonald é outra: nos seus últimos escritos, confessa ele que, se de uma feita pendeu para a possibilidade da primeira solução (elevar as massas à "cultura superior"),

---

* Chama-se *estilema* a unidade mínima definidora de um estilo. V. *Dicionário Crítico de Comunicação*, Ed. Paz e Terra, Rio de Janeiro. 1971 p. 105. (N da T.)

4. V. Dwight Macdonald, *Against the American Grain*, Random House, New York, 1962; partindo do capitulo *Masscult & Midcult*, que resume todas as posições polêmicas do A., procuraremos, no ensaio *A estrutura do mau gosto*, elaborar alguns instrumentos metodológicos para uma impostação mais rigorosa do problema.

afirma agora que a brecha aberta entre as duas culturas é definitiva, irreversível, irremediável. Desgraçadamente, a esclarecer tal atitude, surge, espontânea, uma explicação bastante melancólica: os intelectuais do tipo de MacDonald haviam-se empenhado, nos anos 20, numa ação progressista de caráter político que a seguir acontecimentos internos da política norte-americana fizeram malograr; daí porque esses homens se retiraram da crítica política para a cultural; de uma crítica voltada para a mudança da sociedade passaram a uma crítica aristocrática sobre a sociedade, quase se pondo fora da luta e recusando toda corresponsabilidade. Com isso demonstrando, embora à revelia, que existe um modo de resolver o problema, mas que esse modo não é apenas cultural, porque implica uma série de operações políticas e, de qualquer maneira, uma política da cultura[5].

Cahier de doléances

Das várias críticas à cultura de massa emergem todavia, algumas "peças de acusação" que é preciso levar em conta[6]:

a) Os *mass media* dirigem-se a um público heterogêneo, e especificam-se segundo "médias de gosto" evitando as soluções originais.

---

5. Seria, porém, demasiado simplista entender por política da cultura a posição de ARTHUR SCHLESINGER Jr. (v. "Notes on National Cultural Policy", in *Culture for the Millions?* ed. por Norman Jacobs, Princeton, Van Nostrand, 1959), que fala de controles governamentais sobre o uso das redes de TV. Pode-se objetar, ante o seu otimismo kennedista, que os "reis" da cultura de massa não são os "reis" do aço, redutíveis à razão através de uma moderada intervenção programadora do Estado. Em termos menos reformistas, mais cônscio dos problemas de renovação civil que comporta um discurso sobre os *mass media*, desenvolve-se, ao contrário, o meditado volume de CESARE MANNUCCI, *Lo spettatore senza libertà*, Laterza, 1962. Particularmente a introdução, "L'uomo comune", propõe o problema do homem novo, em termos não aristocráticos.
6. Quadro semelhante ao que reconstruímos pode ser encontrado em LEO BOGART, *The Age of Television*, Nova York, F. Ungar Publishing, 1956; analogamente in *Industria culturale società*, o artigo (notável sob vários aspectos) com que Aldo Visalberghi apresenta a coletânea *Televisione e Cultura* (Milão, 1961, publicada pela Revista "Pirelli").

b) Nesse sentido, difundindo por todo o globo uma "cultura" de tipo "homogêneo", destroem as características culturais próprias de cada grupo étnico.

c) Os *mass media* dirigem-se a um público incônscio de si mesmo como grupo social caracterizado; o público, portanto, não pode manifestar exigências face à cultura de massa, mas deve sofrer-lhe as propostas sem saber que as sofre.

d) Os *mass media* tendem a secundar o gosto existente, sem promover renovações da sensibilidade. Ainda quando parecem romper com tradições estilísticas, na verdade se adequam à difusão, agora homologável, de estilemas e formas já de há muito difundidos ao nível da cultura superior e transferidos para nível inferior. Homologando o que já foi assimilado desenvolvem funções meramente conservadoras.

e) Os *mass media* tendem a provocar emoções intensas e não mediatas; em outros termos, ao invés de simbolizarem uma emoção, de representá-la, provocam-na; ao invés de a sugerirem, entregam-na já confeccionada. Típico, nesse sentido, é o papel da imagem em relação ao conceito; ou então da música, como estímulo de sensações mais do que como forma contemplável[7]

f) Os *mass media*, colocados dentro de um circuito comercial, estão sujeitos à "lei da oferta e da procura". Dão ao público, portanto, somente o que ele quer, ou, o que é pior, seguindo as leis de uma economia baseada no consumo e sustentada pela ação persuasiva da publicidade, sugerem ao público o que este deve desejar.

g) Mesmo quando difundem os produtos da cultura superior, difundem-nos nivelados e "condensados" a fim de não

---

7. Sobre esse argumento exemplar, v. MacDonald, *op. cit.*; bem como o artigo de Clement Greenberg, "Avant-Garde and Kitsch", in *Mass Culture*, op. cit., onde se analisam os diversos procedimentos comunicativos conexos às duas atitudes; merece citação, igualmente, o ensaio de Elémire Zolla sobre cinema, "Sonnambulismo coatto", publicado em *Volgarità e dolore*, Milão, 1962 (embora suas teses extremas sejam dificilmente sustentáveis). Num outro plano, a análise que Gilbert Cohen-Séat dedica à diferença entre imagem e palavra nos processos de recepção, aplicando a pesquisa a fruição da mensagem cinematográfica e televisional; e vejam-se os apontamentos e esquemas apresentados in *Almanacco Bompiani 1963*, dedicado a *La civiltà dell'immagine* (v. o ensaio *Apontamentos sobre a Televisão*).

provocarem nenhum esforço por parte do fruidor; o pensamento é resumido em "fórmulas"; os produtos da arte são antologizados e comunicados em pequenas doses.

h) Em todo o caso, também os produtos da cultura superior são propostos numa situação de completo nivelamento com outros produtos de entretenimento; num semanário ilustrado, a reportagem sobre um museu de arte vem equiparada ao mexerico sobre o casamento da estrela[8].

i) Por isso, os *mass media* encorajam uma visão passiva e acrítica do mundo. Desencoraja-se o esforço pessoal pela posse de uma nova experiência.

j) Os *mass media* encorajam uma imensa informação sobre o presente (reduzem aos limites de uma crônica atual sobre o presente até mesmo as eventuais reexumações do passado), e assim entorpecem toda consciência histórica[9].

k) Feitos para o entretenimento e o lazer, são estudados para empenharem unicamente o nível superficial da nossa atenção. De saída, viciam a nossa atitude, e por isso, mesmo uma sinfonia, ouvida através de um disco ou do rádio, será fruída do modo mais epidérmico, como indicação de um motivo assobiável, e não como um organismo estético a ser penetrado em profundidade, mediante uma atenção exclusiva e fiel[10].

l) Os *mass media* tendem a impor símbolos e mitos de fácil universalidade, criando "tipos" prontamente reconhecíveis e por isso reduzem ao mínimo a individualidade e o caráter concreto não só de nossas experiências como de nossas imagens, através das quais deveríamos realizar experiências[11]

---

8. Ainda sobre isso, v. MacDonald; e também Enrico Fulchignoni, "La responsabilità della mezza cultura", in *Cultura e sottocultura*, op. cit. Uma análise da "composição" de uma revista *middle brow* como *Paris Match* é feita por Claude Frère, "Un programme chargé", in *Communications*, 1963, 2.
9. V. a tese de Cohen-Séat sobre o *Almanacco Bompiani*, op. cit.
10. "A cultura de massa faz, dos clássicos, não obras a serem compreendidas, mas produtos a serem consumidos", Hannah Arendt, "Societ and Culture", in *Culture for the Millions?*, op. cit. onde se retoma em profundidade o argumento clássico de Adorno sobre o rádio como responsável por ter transformado a Quinta Sinfonia de Beethoven em tema de assobio.
11. Esse foi um dos aspectos mais estudados. Lembraremos *I divi*, de Edgar Morin, Milão, Mondadori, 1963; Francesco Alberoni, *L'élite senza potere*,

m) Para tanto, trabalham sobre opiniões comuns, sobre *endoxa*, e assim funcionam como uma contínua reafirmação do que já pensamos. Nesse sentido, desenvolvem sempre uma ação socialmente conservadora[12]

n) Por isso se desenvolvem, ainda quando aparentam ausência de preconceitos, sob o signo do mais absoluto conformismo no campo dos costumes, dos valores culturais, dos princípios sociais e religiosos, das tendências políticas. Favorecem projeções orientadas para modelos "oficiais"[13].

o) Os *mass media* apresentam-se, portanto, como o instrumento educativo típico de uma sociedade de fundo paternalista mas, na superfície, individualista e democrática, e substancialmente tendente a produzir modelos humanos heterodirigidos. Vistos em maior profundidade, surgem como uma típica "superestrutura de regime capitalista", usada para fins de controle e planificação coata das consciências. Com efeito, aparentemente, eles põem à disposição os frutos da cultura superior, mas esvaziados da ideologia e da crítica que

---

Milão, Vita e Pensiero, 1963; LEO HANDEL, *La bourse del vedettes* e VIOLETTE MORIN, "Les Olympiens" in *Communications*, op. cit. V. também, as obras agora clássicas (e não estritamente críticas mas assim mesmo de útil consulta) sobre os "tipos" dos *comics*, como COULTON WAUGH, *The Comics*, Nova York, Macmillan, e S. BECKER *Comic Art in America*, Nova York, Simon and Schauster, 1960; bem como CARLO DELLA CORTE, *I fumetti*. Milão, Mondadori, 1961.

12. É exemplar, nesse sentido, a investigação de LYLE W. SHANNON, "The Opinions of Little Orphan Annie and Her Friends", in *Mass culture*, op. cit.; onde, analisando durante um ano as situações e os caracteres de uma popular estória em quadrinhos, neles individua uma evidentíssima ideologia maccartista. Vejam-se, também, em obras como as já citadas de Waugh e Becker, notícias sobre a função conservadora ou, em todo o caso, conformadora da estória em quadrinhos *Terry anl the Pirates*, durante o último conflito.

13. A função dos *mass media* seria a de nos persuadir de que "tudo no mundo é belíssimo". Essa a tese desenvolvida a nível de extrema polêmica, por Fedele D'Amico no seu *La televisione e il professor Battilocchio* (agora em *I casi della musica*, Milão, Il Saggiatore, 1963) que, no fundo, repete a definição dada por Ernest van den Hug sobre a ideologia dominante dos *media*: "1. Todas as coisas são compreensíveis; 2. todas as coisas são remediáveis" ("A Dissent from the Consensual Society" in *Culture for the Millions?*, op. cit.). Que isso é inegável, pelo menos quanto às manifestações mais típicas e ostensivas, foi o que tentamos mostrar com o nosso *Fenomenologia di Mike Bongiorno* (agora in *Diário Mínimo*, Milão, Mondadori, 1963).

os animava. Assumem os modos exteriores de uma cultura popular mas, ao invés de crescerem espontaneamente de baixo, são impostos de cima (e da cultura genuinamente popular não possuem nem o sal nem o humor, nem a vitalíssima e sã vulgaridade) Como controle das massas desenvolvem uma função que, em certas circunstâncias históricas, tem cabido às ideologias religiosas. Mascaram porém, essa sua função de classe, manifestando-se sob o aspecto positivo da cultura típica de uma sociedade do bem-estar onde todos têm as mesmas oportunidades de acesso a cultura, em condições de perfeita igualdade[14].

Cada uma das proposições arroladas é subscritável e documentável. Cabe perguntar se o panorama da cultura de massa e sua problemática terão sido exauridos por esse rol de imputações. E a propósito, será mister recorrer aos "defensores" do sistema.

Defesa da cultura de massa

Cumpre dizer, antes de mais nada, que, dentre os que demonstram a validade da cultura de massa, muitos são os que desenvolvem um discurso simplista, de dentro do sistema, sem nenhuma perspectiva crítica, e não raro ligados aos interesses dos produtores. Típico é o caso de Ernst Dichter, que no seu *Estratégia do Desejo* desenvolve uma apaixonada apologia da publicidade, tendo como fundo uma "filosofia" otimista do incremento das experiências, que nada mais é que o mascaramento ideológico de uma estrutura econômica precisa, fundada sobre o consumo, para o consumo[15]. Em outros casos, temos, ao contrário, estudiosos dos costumes, sociólogos e críticos, aos quais não devemos certamente, imputar um otimismo que lhes permita ver mais longe que seus adversários "apocalípticos". Se nos pomos em guarda contra o fervor de um David Manning White ou de um Arthur Schlesinger (firme em suas posições de um reformismo. dema-

---

14. V. por ex., RENATO SOLMI, "Tv e cultura di massa", in *Passato e Presente*, abril de 1959.
15. V. a nota que lhe reservamos na p. 377 (V nota da p. 29.)

siado iluminista), não podemos descurar de muitos dos levantamentos de Gilber Seldes, de Daniel Bell, de Edward Shilds, Eric l arrabee, Georges Friedmann e outros[16]. Também aqui, procuramos elaborar um cadastro das proposições.

a) A cultura de massa não é típica de um regime capitalista. Nasce numa sociedade em que toda a massa de cidadãos se vê participando, com direitos iguais, da vida pública, dos consumos, da fruição das comunicações; nasce inevitavelmente em qualquer sociedade de tipo industrial[17]. Toda vez que um grupo de poder, uma associação livre, um organismo político ou econômico se vê na contingência de comunicar-se com a totalidade dos cidadãos de um país, prescindindo dos vários níveis intelectuais, tem que recorrer aos modos de comunicação de massa, e sofre as regras inevitáveis da "adequação à média". A cultura de massa é própria de uma democracia popular como a China de Mao, onde as grandes polêmicas políticas se desenvolvem por meio de cartazes de estórias em quadrinhos; toda a cultura artística da União Soviética é uma típica cultura de massa, com todos os defeitos de uma cultura de massa, entre os quais o conservantismo estético, o nivelamento do gosto pela média, a recusa das propostas estilísticas que não correspondem ao que o público já espera, a estrutura paternalista da comunicação dos valores

b) A execrada cultura de massa de maneira alguma tomou o lugar de uma fantasmática cultura superior; simplesmente se difundiu junto a massas enormes que, tempos atrás, não tinham acesso aos bens de cultura. O excesso de informação sobre o presente com prejuízo da consciência histórica é recebido por uma parte da humanidade que, tempos atrás, não tinha informações sobre o presente (e estava, portanto, alijada de uma inserção responsável na vida associada) e não era dotada de conhecimentos históricos, a não ser sob forma de esclerosadas noções acerca de mitologias tradicionais[18].

---

16. Para uma espécie de "ponto" geral sobre o debate pró e contra, V. GEORGES FRIEDMANN, "Culture pour les millions?" in *Communications*, op. cit.
17. V. BERNARD ROSENBERG, "Mass Culture in America", in *Mass Culture*, op. cit.
18. V. EDWARD SHILS, "Mass Society and Its Culture", in *Culture for lhe Millions?* op. cit. Mais particularmente, em *Daydreams and Nightmares: Reflexions on the Criticism of Mass Culture* ("The Sewanee review", outono de

Quando imaginamos o cidadão de um país moderno lendo numa revista ilustrada notícias sobre a estrela de cinema e informações sobre Miguel Ângelo, não devemos compará-lo ao humanista antigo, movendo-se com límpida autonomia pelos vários campos do cognoscível, mas ao trabalhador braçal, ou ao pequeno artesão de alguns séculos atrás, excluído da fruição dos bens culturais. O qual, embora pudesse na igreja ou no palácio comunal, contemplar obras de pintura, apreciava-as, contudo, com a mesma superficialidade com que o leitor moderno lança um olhar distraído à reprodução em cores da obra célebre, mais interessado nos particulares anedóticos do que nos complexos valores formais. Portanto, o homem que assobia Beethoven porque o ouviu pelo rádio já é um homem que, embora ao simples nível da melodia, se aproximou de Beethoven (nem se pode negar que já a esse nível se manifesta, em medida simplificada, a legalidade formal que rege, aos outros níveis, harmônico, contrapontístico etc., a obra inteira do musicista), ao passo que uma experiência do gênero era, outrora, privativa das classes abastadas, entre cujos representantes, muitíssimos, provavelmente, embora submetendo-se ao ritual do concerto, fruíam a música sinfônica ao mesmo nível de superficialidade. Citam-se, a propósito, as cifras impressionantes de música válida difundida, hoje em dia, pelo rádio e pelos discos; e cabe perguntar se essa acumulação de informação musical não se terá resolvido, em muitos casos, em estímulo eficaz para aquisições culturais autênticas (quantos de nós não realizaram sua formação musical justamente através do estímulo dos canais de massa?)[19].

1957): "Não será mais correto pensar que a cultura de massa é menos nefasta para as classes inferiores do que a existência lúgubre e difícil por elas sofrida nas épocas menos evoluídas?" É a pergunta que geralmente nunca faz quem exalta com nostalgia um retorno ao equilíbrio interior do homem grego. Mas de que homem grego? Do escravo ou do meteco aos quais se negavam direitos civis e instrução? Das mulheres, ou das recém-nascidas que eram abandonadas sobre uma estrumeira? Os usuários da cultura de massa são os equivalentes hodiernos dessa gente, e parecem-nos mais respeitados, ainda que sejam insultados por vulgares programas de TV.
19. Reportemo-nos às páginas talvez demasiado otimistas, mas também cheias de bom senso de Eric Larrabee, "Il culto popolare della cultura popolare", in: *L'America si giudica da sé*, Milão, Bompiani, 1962: "O apareci-

c) É verdade que os *mass media* propõem, maciça e indiscriminadamente, vários elementos de informação, nos quais não se distingue o dado válido do de pura curiosidade ou de entretenimento; mas negar que esse acúmulo de *informação* possa resolver-se em *formação* significa professar uma concepção um tanto pessimista da natureza humana e não acreditar que um acúmulo de dados quantitativos, bombardeando de estímulos as inteligências de uma grande quantidade de pessoas, não possa resolver-se, para algumas, em mutação qualitativa[20]. Além disso, esse gênero de refutações funciona justamente porque põe a nu a ideologia aristocrática dos críticos dos *mass media*; e demonstra como é ela perigosamente igual à daqueles que lamentam ver os habitantes do vale doOssola despojados da velha masseira de lenho robusto e da monástica mesa que os antiquados substituíram por uma esquálida mobília de alumínio e fórmica, e não compreendem que essa esquálida mobília, lavável e grosseiramente festiva, leva uma possibilidade de higiene a casas onde a antiga mobília de madeira, pesada e carunchada, não constituía, de modo algum, um elemento de educação do gosto; e que a valorização daquela mobília tradicional não passa de uma deformação estética da nossa sensibilidade, que agora considera em termos de apreciada antiguidade aquilo que, sem o advento da mesa de fórmica, teria continuado a ser um mísero exemplo de cotidiana indigência.

mento do disco em microssulco mudou completamente o nível do repertório dos concertos e revolucionou as normais ideias do escutar, até em relação aos compositores maiores .... É tão fácil comprar e não ler um livro em edição barata quanto um encadernado. Mas a terrível beleza da abundância está em induzir-nos a escolher ... Descobrimos que a disponibilidade anula as outras desculpas. O livro que ali está, na prateleira, grita para ser lido e se não o conseguimos ler, isso significa talvez que não o tenhamos achado interessante. Pode mesmo chegar o momento em que confessemos a nós mesmos que o D. *Quixote* (ou outro livro qualquer) não nos interessa, e esse é o princípio da sabedoria".
20. Esse aspecto tornou-se agora pacífico a propósito das discussões sobre o fenômeno televisional. Como contribuição para uma discussão nesse sentido, citaremos, juntamente com o livro de Mannucci, o de ADRIANO BELLOTTO, *La televisione inutile*, Milão, Comunità, 1962; e as nossas intervenções, tais como "Verso una civiltà della visione?", in *Televisione e Cultura*, op. cit. e "TV: gli effetti e i rimedi", in *Sipra*, fevereiro de 1963.

d) À objeção, porém, de que a cultura de massa também difunde produtos de entretenimento que ninguém ousaria julgar positivos (estórias em quadrinhos de fundo erótico, cenas de pugilato, programas de TV de perguntas e respostas que representam um apelo aos instintos sádicos do grande público), replica-se que, desde que o mundo é mundo, as multidões amaram os *circenses*; e parece natural que, em mudadas condições de produção e difusão, os duelos de gladiadores, as lutas dos ursos *et similia* tenham sido substituídos por outras formas de entretenimento "menores", que todos vituperam mas que não deveriam ser consideradas como um sinal particular da decadência dos costumes[21].

e) Uma homogeneização do gosto contribuiria, no fundo, para eliminar, a certos níveis, as diferenças de casta, para unificar as sensibilidades nacionais, e desenvolveria funções de descongestionamento anticolonialista em muitas partes do globo[22].

f) A divulgação dos conceitos sob forma de *digest* evidentemente teve funções de estímulo, dado que os nossos tempos assistiram ao fenômeno definido, na América do Norte, como a "revolução dos *paper-backs*", ou seja, a difusão, em enormes quantidades, de obras culturais validíssimas, a preços muito baixos e em edição integral.

g) É verdade que a difusão dos bens culturais, mesmo os mais válidos, quando se torna intensiva, embota as capacidades receptivas. Trata-se, porém, de um fenômeno de "consu-

---

21. V. o artigo citado de DANIEL BELL e DAVID MANNING WHITE, Mass Culture in America: Another Point of View", in *Mass Culture*, op. cit., onde se aponta com intentos polêmicos para o tipo de divertimentos inferiores em voga durante a era isabelina, na Inglaterra.

22. FRANZ FANON, in *L'an V de la Révolution Algerienne*, Paris, Maspero, 1960, assinala a importância que o rádio e outras técnicas de comunicação de massa tiveram na tomada de consciência da nação argelina. Ver também o ensaio de CLAUDE BREMOND, "Les communications de masse dans les pays en voie de développement", in *Communications*, op. cit. Naturalmente, é também preciso levar em conta os elementos de choque negativo que podem comportar as emissões aceleradas de aspectos de cultura pós-alfabética em zonas paradas numa civilização pré-alfabética. Mas a esse propósito, estudiosos como Cohen-Séat sustentam que, nas zonas subdesenvolvidas, só e exclusivamente os meios de comunicação audiovisual permitiriam superar a situação de analfabetismo no espaço de poucos anos.

mo" do valor estético ou cultural comum a todas as épocas, só que hoje se realiza em dimensões macroscópicas. Também no século passado, quem tivesse ouvido, muitas vezes em seguida, uma dada composição teria acabado por habituar o ouvido a uma recepção de tipo esquemático e superficial. Numa sociedade dominada pela cultura de massa, toda manifestação está submetida a esse consumo, e a melhor prova disso é que as próprias críticas à cultura de massa, veiculadas através de livros de grande tiragem, jornais e revistas, tornaram-se perfeitos produtos de uma cultura de massa, sendo repetidas como *slogan*, comerciadas como bens de consumo e ocasiões de entretenimento esnobe (como múltiplos episódios conterrâneos de crítica à dissipação jornalística, feita através das colunas dos jornais, tristemente no-lo demonstram)

h) Os *mass media* oferecem um acervo de informações e dados acerca do universo sem sugerir critérios de discriminação; mas, indiscutivelmente, sensibilizam o homem contemporâneo face ao mundo; e na realidade, as massas submetidas a esse tipo de informação parecem-nos bem mais sensíveis e participantes, no bem e no mal, da vida associada, do que as massas da antiguidade, propensas a reverências tradicionais face a sistemas de valores estáveis e indiscutíveis. Se esta é a época das grandes loucuras totalitárias, também não é a época das grandes mutações sociais e dos renascimentos nacionais dos povos subdesenvolvidos? Sinal, portanto, de que os grandes canais de comunicação difundem informações indiscriminadas, mas provocam subversões culturais de algum relevo[23].

i) Por fim, não é verdade que os meios de massa sejam estilística e culturalmente conservadores. Pelo fato mesmo de constituírem um conjunto de novas linguagens, têm introduzido novos modos de falar, novos estilemas, novos esquemas perceptivos (basta pensar na mecânica de percepção da imagem, nas novas gramáticas do cinema, da transmissão direta, na estória em quadrinhos, no estilo jornalístico...):

---

23. As recentes experiências de "Tribuna eleitoral", que mudou, a nosso ver para melhor, a rotina eleitoral na Itália, parecem sustentar essa tese Veja-se, também, a discussão de Armanda Guiducci e Ester Fano sobre o efeito da TV nas áreas subdesenvolvidas, in *Passato e Presente*, abril de 1959. Bem como, ainda, o livro de Mannucci.

boa ou má, trata-se de uma renovação estilística, que tem, amiúde, constantes repercussões no plano das artes chamadas superiores, promovendo-lhes o desenvolvimento[24].

Uma problemática mal formulada

A defesa dos *mass media* teria numerosos títulos de validade, não pecasse ela, quase sempre, em certo "livre-cambismo" cultural. Isto é, já se dá de barato a ideia de que a circulação livre e intensiva dos vários produtos culturais de massa, visto que são indubitáveis os seus aspectos positivos, seja, em si, naturalmente "boa". Quando muito, avançam-se propostas para um controle pedagógico-político das manifestações mais degradadas (censura sobre estórias em quadrinhos sádico-pornográficas) ou dos canais de transmissão (controle das redes de televisão). Raramente se leva em conta o fato de que, sendo a cultura de massa, o mais das vezes, produzida por grupos de poder econômico com fins lucrativos, fica submetida a todas as leis econômicas que regulam a fabricação, a saída e o consumo dos outros produtos industriais: "O produto deve agradar ao freguês", não levantar-lhe problemas; o freguês deve desejar o produto e ser induzido a um recambio progressivo do produto. Daí as características aculturais desses mesmos produtos, e a inevitável "relação de persuasor para persuadido", que é, indiscutivelmente, uma relação paternalista, estabelecida entre produtor e consumidor.

Note-se que, até num regime econômico diverso, a relação paternalista pode, muito bem, permanecer inalterada: no caso, por exemplo, em que a difusão da cultura de massa permaneça nas mãos, não mais dos grupos de poder econômico, mas dos grupos de poder político que empreguemos mesmos meios para fins de persuasão e domínio. Mas tudo isso serve apenas para provar-nos que a cultura de massa é um fato industrial e, como tal, sofre muitos dos condicionamentos típicos de qualquer atividade industrial.

24. V. em geral as Pesquisas de GILLO DORFLES, *Le oscilazioni del gusto*, Milão, Lerici, 1958 e *Il divenire delle arti*, Turim, Einaudi, 1959.

O erro dos apologistas é afirmar que a multiplicação dos produtos da indústria seja boa em si, segundo uma ideal homeostase do livre mercado, e não deva submeter-se a uma crítica e a novas orientações[25].

O erro dos apocalípticos-aristocráticos é pensar que a cultura de massa seja radicalmente má, justamente por ser um fato industrial, e que hoje se possa ministrar uma cultura subtraída ao condicionamento industrial.

A falha está em formular o problema nestes termos: "é bom ou mau que exista a cultura de massa?" (mesmo porque a pergunta subentende a desconfiança reacionária na ascensão das massas, e pretende pôr em dúvida a validade do progresso tecnológico, do sufrágio universal, da educação estendida às classes subalternas etc.).

Quando, na verdade, o problema é: "do momento em que a presente situação de uma sociedade industrial torna ineliminável aquele tipo de relação comunicativa conhecido como conjunto dos meios de massa, qual a ação cultural possível a fim de permitir que esses meios de massa possam veicular valores culturais?"

Não é utópico pensar que uma intervenção cultural possa mudar a fisionomia de um fenômeno desse gênero. Pensemos no que hoje se entende por "indústria editorial" A fabricação de livros tornou-se um fato industrial, submetido a todas as regras da produção e do consumo; daí uma série de fenômenos negativos, como a produção de encomenda, o consumo provocado artificialmente, o mercado sustentado com a criação publicitária de valores fictícios. Mas a indústria editorial distingue-se da dos dentifrícios pelo seguinte: nela se acham inseridos homens de cultura, para os quais o fim primeiro (nos melhores casos) não é a produção de um livro para vender, mas sim a produção de valores para cuja difusão o livro surge como o instrumento mais cômodo. Isso significa que, segundo uma distribuição percentual que eu não saberia precisar, ao lado de "produtores de objetos de consumo cultural", agem "produtores de cultura" que aceitam o sistema da

---

[25]. "Mrs. Shils esperançosamente sustenta que a cultura 'superior' tornou-se agora fruível por maior número de pessoas do que há tempos atrás. Isso é verdade, mas esse é o problema, não a solução." (E. van den Haag, art. cit.)

indústria do livro para fins que dele exorbitam. Por mais pessimista que se queira ser, o aparecimento de edições críticas ou de coleções populares testemunha uma vitória da comunidade cultural sobre o instrumento industrial com o qual ela felizmente se comprometeu. A menos que se pense que a própria multiplicação das coletâneas universais baratas seja um fato negativo de desperdício intelectual (com o que se volta à posição aristocrático-reacionária já por nós discutida).

O problema da cultura de massa é exatamente o seguinte: ela é hoje manobrada por "grupos econômicos" que miram fins lucrativos, e realizada por "executores especializados" em fornecer ao cliente o que julgam mais vendável, sem que se verifique uma intervenção maciça dos homens de cultura na produção. A atitude dos homens de cultura é exatamente a do protesto e da reserva. E não venham dizer que a intervenção de um homem de cultura na produção da cultura de massa se resolveria num gesto tão nobre quanto infeliz, logo sufocado pelas leis inexoráveis do mercado Dizer: "o sistema em que nos movemos representa um exemplo de Ordem de tal forma perfeito e persuasivo, que todo ato isolado, praticado no sentido de modificar fenômenos isolados, redunda em puro testemunho" (e sugerir: "portanto, melhor o silêncio, a rebelião passiva") – é posição aceitável no plano místico, mas singular quando sustentada, como ocorre de hábito, com base em categorias pseudomarxistas. De fato, em tal caso, uma dada situação histórica enrijece-se num modelo, onde as contradições originais se compuseram numa espécie de maciço sistema relacional puramente sincrônico. A esta altura, toda a atenção se desloca para o modelo como todo incindível, e a única solução é vislumbrada como total negação do modelo. Estamos no campo das abstrações e das mal-entendidas presunções de totalidade: nesse ponto, ignora-se que, no interior do modelo, continuam a agitar-se as contradições concretas, que ali se estabelece uma dialética de fenômenos tal que cada fato que modifique um aspecto do conjunto, embora aparentemente perca relevo ante a capacidade de recuperação do sistema-modelo, na verdade nos restitui não mais o sistema A inicial, mas um sistema A_1.

Negar que uma soma de pequenos fatos, produtos da iniciativa humana possam modificar a natureza de um sistema, significa negar a própria possibilidade das alternativas revolucionárias, que se manifestam apenas num dado momento, em seguida à pressão de fatos infinitesimais, cuja agregação (embora puramente quantitativa) explodiu numa modificação qualitativa

Pesa, comumente, sobre equívocos do gênero, a convicção de que propor intervenções modificadoras Parciais *em campo cultural* equivalha ao "reformismo" *em política*, atitude considerada como oposta à atitude revolucionária. Não se calcula, antes de tudo, que, se reformismo significa acreditar na eficácia das modificações parciais, excluindo as alternativas radicais e violentas, nenhuma atitude revolucionária jamais excluiu aquelas séries de intervenções parciais que visam criar as condições para alternativas radicais, e se enquadram na linha diretiva de uma hipótese mais ampla.

Em segundo lugar, a categoria do reformismo parece-nos absolutamente inaplicável ao mundo dos valores culturais (e portanto, um discurso válido para os fenômenos de "base" seria inaplicável a certas leis específicas de algumas manifestações superestruturais). Ao nível da base socioeconômica, uma modificação parcial pode atenuar certas contradições e evitar a explosão delas durante largo espaço de tempo; em tal sentido, a operação reformista pode assumir valor de contribuição para a conservação do *status quo*. Mas ao nível de circulação das ideias, pelo contrário, jamais ocorre que uma ideia, embora posta em circulação isoladamente, se torne o ponto de referência estático de desejos ora apaziguados; ao contrário, ela solicita uma ampliação do discurso. Em termos bastante claros: se numa situação de tensão social, eu aumentar os salários dos operários de uma fábrica, pode acontecer que essa solução reformista dissuada os operários da ocupação do estabelecimento. Mas, se a uma comunidade agrícola de analfabetos ensino a ler para que estejam aptos a ler só os "meus" pronunciamentos políticos, nada poderá impedir que amanhã esses homens leiam também os pronunciamentos "alheios".

Ao nível dos valores culturais não se verifica cristalização reformista mas tão-somente a existência de processos de conhecimento progressivo, os quais, uma vez abertos, não são mais controláveis por quem os desencadeou.

Daí a necessidade de uma intervenção ativa das comunidades culturais no campo das comunicações de massa. O silêncio não é protesto, é cumplicidade; o mesmo ocorrendo com a recusa ao compromisso.

Naturalmente, para que a intervenção seja eficaz, é preciso que venha precedida de um conhecimento do material sobre o qual se trabalha. O mais das vezes, até hoje, a polêmica aristocrática sobre os meios de massa fugiu ao estudo das suas modalidades específicas (ou orientou para tal estudo unicamente aqueles que davam de barato a pacífica bondade de tais meios, e por isso lhes examinavam as modalidades a fim de usá-los das maneiras mais desconsideradas ou mais interessadas). Tal menosprezo teve, igualmente, a seu favor, outra convicção: a de que as modalidades das comunicações de massa constituíssem, sem sombra de dúvida, aquela série de características que tais comunicações assumem num determinado sistema socioeconômico, o de uma sociedade industrial fundada na livre concorrência. Ora, já se tentou sugerir que, provavelmente, muitos dos fenômenos conexos à comunicação de massa também poderão sobreviver em outros contextos socioeconômicos, visto serem frutos da específica natureza da relação comunicativa que se efetua quando, devendo alguém comunicar-se com vastas massas de público, deve recorrer a procedimentos industriais, com todos os condicionamentos devidos à mecanização, à reprodutibilidade em série, ao nivelamento do produto pela média, e assim por diante. Antecipar como tais fenômenos se podem configurar em outros contextos concerne à planificação política. No plano científico, ocorre, por ora, uma só alternativa fecunda, que é a de examinar, nesse ínterim, como o fenômeno se configura *agora*, dentro do âmbito em que é possível realizar uma investigação concreta, baseada em dados experimentais.

Neste ponto, pode-se transferir o discurso do plano dos problemas gerais para o das decisões particulares. Em tal caso, ele se restringe a um simples apelo: o apelo a uma intervenção que se realize sob a dúplice forma da colaboração e da análise crítica construtiva. Os meios de massa, para muitos, jamais foram alvo de uma análise científica que não fosse execratória, ou de um comentário crítico assíduo e orientador. Quando tal ocorreu, observaram-se mudanças. O exemplo da televisão é sintomático.

Ninguém pode negar que através de uma crítica cultural cerrada (não separada, o que é importante, de uma ação a nível político) se tenha obtido a melhora de certo setor dos programas e uma abertura do discurso. Nesse sentido, a crítica cultural cria o mercado e oferece aos produtores orientações capazes de assumir relevo coativo. A comunidade dos homens de cultura, felizmente, ainda constitui um "grupo de pressão".

A intervenção crítica pode, antes de mais nada, levar à correção da convicção implícita de que cultura de massa seja a produção de cibo cultural para as massas (entendidas como categoria de subcidadãos), realizada por uma elite de produtores. Pode repropor o tema de uma cultura de massa como "cultura exercida ao nível de todos os cidadãos". Embora isso não signifique que cultura de massa seja cultura produzida pelas massas; não há forma de criação "coletiva" que não seja medida por personalidades mais dotadas, feitas intérpretes de uma sensibilidade da comunidade onde vivem. Logo, não se exclui a presença de um grupo culto de produtores e de uma massa de fruidores; só que a relação, de paternalista, passa a dialética: uns interpretam as exigências e as instâncias dos outros.

Crítica dos três níveis

Esse ideal de uma cultura democrática impõe uma revisão do conceito dos três níveis (*high*, *middle* e *low*), despojados, aqui, de algumas conotações que os tornam tabus perigosos.

a) Os níveis não correspondem a uma nivelação classista. Isso já é ponto pacífico. Sabe-se que o gosto *high brow* não é necessariamente o das classes dominantes; assiste-se, assim, a curiosas convergências: a Rainha da Inglaterra gosta daquele quadro de Annigoni, que de um lado encontraria a anuência de um Kruchev, e do outro, ganharia os favores de um operário impressionado com as ousadias do mais recente abstracionista[26]. Professores universitários deleitam-se com

---

26. V. G. DORFLES in *Le oscillazioni del gusto*, op. cit., e no artigo "Kitsch e cultura", in *Aut Aut*, janeiro de 1963.

a leitura de estórias em quadrinhos (ainda que com diferentes atitudes receptivas, como veremos) enquanto através de coleções populares, membros das classes outrora subalternas entram na posse dos valores "superiores" da cultura.

b) Os três níveis não representam três graus de complexidade (pedantemente identificadas com o valor). Em outros termos: somente nas interpretações mais esnobes dos três níveis é que se identifica o "alto" com as obras novas e difíceis, compreensíveis apenas pelos *happy few*. Tomemos uma obra como *O Leopardo*. Independentemente de um juízo crítico de conjunto, a opinião comum a inscreve no nível "alto", pelo tipo de valores que veicula e pela complexidade das suas referências culturais. Todavia, sociologicamente falando, dela se fez uma difusão e uma degustação a nível *middle brow*. Ora, o êxito alcançado ao nível médio será sinal de depericimento do valor cultural real? Em certos casos, sim. Alguns romances italianos que recentemente alcançaram êxitos retumbantes deviam seu sucesso justamente às razões focalizadas por MacDonald a propósito de *O Velho e o Mar*: divulgam estilemas e atitudes culturais, agora esvaziados da sua força inicial e acertadamente banalizados (com a cumplicidade da habituação do gosto através dos anos), e os colocam ao nível de um público preguiçoso que julga fruir valores culturais novos, quando, na realidade, só faz saquear um armazém estético já arruinado[27]. Mas, para outros casos, o critério não é válido. Do mesmo modo, existem produtos de uma cultura *lower brow*, certas estórias em quadrinhos, por exemplo, que são consumidos como produto sofisticado a nível *high brow*, sem que isso constitua, necessariamente, uma qualificação do produto. Vemos, portanto, que o panorama é bastante mais complexo do que se crê. Existem produtos que, nascidos a certo nível, resultam consumíveis a nível diverso, sem que o fato comporte um juízo de complexidade ou de valor. Ademais, fica aberto o problema de tais produtos apresentarem duas possibilidades fruitivas diversas, oferecendo, desse modo, dois diferentes aspectos de complexidade.

---

27. Bernard Rosenberg, no artigo citado in *Mass Culture*, fala de "bovarismo" como de tentação secreta dos fruidores da cultura de massa; bovarismo que os operadores dos *mass media* explorariam como alavanca de interesse.

c) Os três níveis não coincidem, portanto, com três níveis de validade estética. Pode-se ter um produto *high brow*, que se recomende por suas qualidades de "vanguarda", e reclame para ser fruído certo preparo cultural (ou uma propensão à sofisticação), e que, todavia, mesmo no âmbito das apreciações próprias daquele nível, venha a ser julgado "feio" (sem que por isso, seja *low brow*). E pode haver produtos *low brow*, destinados a serem fruídos por um vastíssimo público, que apresentem características de originalidade estrutural tais e tamanha capacidade de superarem os limites impostos pelo circuito de produção e consumo em que estão inseridos, que nos permitam julgá-los como obras de arte dotadas de absoluta validade (é o caso, ao que parece, das estórias em quadrinhos como os *Peanuts*, de Charlie M. Schulz, ou do *jazz* nascido como mercadoria de consumo, e até como "música gastronômica" nas casas de tolerância de Nova Orleans)[28]

d) A transmigração de estilemas de um nível superior para um inferior não significa, necessariamente, que os citados estilemas tenham encontrado foros de cidadania no nível inferior só porque se "consumiram" ou se "compromissaram". Em certos casos, é o que realmente acontece, em outros, assistimos a uma evolução do gosto coletivo que obteve e desfruta, a nível mais amplo, descobertas já antecipadas por via puramente experimental, a nível mais restrito. Quando Vittorini, recentemente, falava na distinção entre uma literatura como "meio de produção" e uma literatura como "bem de consumo", evidentemente não pensava desprezar a segunda, identificando a primeira como a Literatura *tout court*. Sua intenção era falar nas diversas funções que a literatura exerce a diversos níveis. Creio que possa existir um romance entendido como obra de entretenimento (bem de consumo), dotado de validade estética e capaz de veicular valores originais (não imitações de valores já realizados), e que todavia, tome como base comunicativa uma *koiné* estilística criada por outros experimentos literários, os quais tiveram funções

---

28. Sobre os *Peanuts* recomendamos a leitura do nosso *O mundo de Minduim*.

de proposta (talvez mesmo sem realizar valores estéticos perfeitos, mas só esboços de uma forma possível)[29]

Uma possível conclusão, mais algumas propostas de pesquisa

Tudo isso nos permite, portanto, adiantar uma interpretação do estado presente da nossa cultura, levando em conta uma sobrevinda complexidade da circulação dos valores (teoréticos, práticos e estéticos).

Numa época como a de Leonardo, a sociedade dividia-se em homens na posse dos instrumentos culturais e homens dela excluídos. Os possuidores dos valores culturais dominavam a cultura no seu complexo: Leonardo era um matemático e um técnico, projetava máquinas possíveis e aquedutos concretos. Com o desenvolvimento da cultura, assistimos, antes de mais nada, a uma estabilização de maior número de níveis teoréticos: entre pesquisa teórica e pesquisa experimental criou-se um hiato e um sistema de "disparidade de desenvolvimento", que por vezes apresentou *décalages* de vários decênios, e até mais. Entre as pesquisas das geometrias não-euclidianas ou da física relativista e as suas aplicações na resolução de problemas tecnológicos concretos, houve um importantíssimo lapso de tempo. Sabemos, porém, que as descobertas einsteinianas não são menos válidas pelo fato de não se lhes entrever a aplicação concreta, e que as mesmas pesquisas, aplicadas ao estudo dos fenômenos nucleares, e daí a uma tecnologia concretíssima, nem por isso se "consumiram" ou depauperaram. Essa disparidade de desenvolvimento e essa correlação entre níveis teorético-práticos diversos são hoje aceitas como fenômenos típicos da nossa cultura.

Parece-nos, no entanto, necessário reconhecer que também no campo dos valores estéticos se verificou uma especificação dos níveis, de tipo análogo: de um lado a ação de uma arte de vanguarda, que não pretende nem deve pretender a uma imediata compreensibilidade, e desenvolve ação de experimentação sobre as formas possíveis (sem que por isso

---

29. Leia-se o capítulo *A estrutura do mau gosto*.

deva, necessariamente, ainda que ocorra em certos casos, prosseguir ignorando os outros problemas, e julgando-se a única criadora de valores culturais); do outro, um sistema de "traduções" e "mediações", às vezes com afastamentos de decênios, pelo qual modos de formar (com os sistemas de valores conexos) vão encontrar-se a níveis de mais vasta compreensibilidade, integrados agora na sensibilidade comum, numa dialética de recíprocas influências bastante difíceis de definir, e que, todavia, se instaura efetivamente através de uma série de relações culturais de vários tipos[30]. A diferença de nível entre os vários produtos não constitui *a priori* uma diferença de valor, mas uma diferença da relação fruitiva, na qual cada um de nós alternadamente se coloca. Em outros termos: entre o consumidor de poesia de Pound e o consumidor de um romance policial, de direito, não existe diferença de classe social ou de nível intelectual. Cada um de nós pode ser um e outro, em diferentes momentos de um mesmo dia, num caso, buscando uma excitação de tipo altamente especializada, no outro, uma forma de entretenimento capaz de veicular uma categoria de valores específica.

Digo "de direito". Porque se poderia objetar que, de fato, eu posso fruir tanto de Pound quanto do romance policial, ao passo que um guarda-livros de banco de categoria C, por uma série de motivos (muitos dos quais não irremediáveis, mas, no estado atual dos fatos, insuperáveis), pode fruir unicamente do romance policial, e encontra-se, destarte, culturalmente, em situação subalterna.

O problema fora, porém, levantado em linha de direito justamente por isso. Porque só em linha de direito nos será possível entender a diferenciação dos níveis como uma diferenciação puramente circunstancial da procura (e não dos que procuram), podendo, aos vários níveis, produzirem-se obras que conduzam, no âmbito estilístico predeterminado, um discurso culturalmente criativo. Isto é: só quando adquirirmos consciência do fato de que o consumidor de estórias

---

30. EDGARD MORIN (*L'esprit du temps*, Paris, Grasset, 1962), porém, insiste, e a justo título, sobre a tendência atualmente constante, por parte dos *mass media*, de nivelarem-se, aparando as arestas extremas e formando em posições *middle brow*.

em quadrinhos é o cidadão no momento em que deseja distrair-se através da experiência estilística própria das estórias em quadrinhos, e que portanto as estórias em quadrinhos são um produto cultural fruído e julgado por um consumidor, que, naquela ocasião, está especificando sua demanda naquela direção, mas leva para aquela experiência de fruição a sua experiência inteira de nomem educado também na fruição de outros níveis, só então a produção de estórias em quadrinhos aparecerá como sendo determinada por um tipo de procura culturalmente avisada. O curioso é que essa situação de direito, no tocante aos consumidores intelectualmente mais aguerridos, já se verifica de fato. O homem de cultura que em determinadas horas ouve Bach, em outros momentos sente-se propenso a ligar o rádio para ritmar sua atividade através de uma "música de uso" para ser consumida a nível superficial. Só que, nessa atividade (dominado por uma implícita desconfiança moralista para com o que julga um ato culpável), aceita "acanalhar-se" e não formula exigências particulares ao produto que usa; assim fazendo, aceita descer de nível, diverte-se bancando o "normal", igual à massa que, de coração, despreza, mas da qual sofre o fascínio, o apelo primordial. Ao passo que o problema não é execrar o recurso, a uma música de entretenimento, mas sim pretender uma música que entretenha segundo módulos de dignidade estilística, com perfeita aderência ao escopo (e portanto com artisticidade), e sem que os apelos viscerais, indispensáveis ao mister, prevaleçam além de certa medida sobre outros elementos de equilíbrio formal. Portanto, só aceitando a visão dos vários níveis como complementares e todos eles fruíveis pela mesma comunidade de fruidores, é que se pode abrir caminho para uma melhoria cultural dos *mass media*; e note--se que recorremos ao exemplo mais extremo, o de uma música consumida como fundo rítmico. Pensemos, porém, nos programas de entretenimento televisional, na narrativa de evasão, no filme comercial.

Mas o problema é ainda mais grave, sempre em linha de fato, quando considerado do ponto de vista do consumidor comum (o guarda-livros de quem se falava acima): daí porque nasce o problema de uma ação político-social que permita não só ao habitual fruidor de Pound poder recorrer ao romance policial, mas também ao habitual fruidor de romance policial poder adir uma fruição cultural mais complexa. O problema, já o dissemos, é, primeiramente, político (um problema de escolaridade, antes de mais nada, e depois, de tempo livre, mas entendido não como "dádiva" de horas a dedicar à cultura e ao ócio; e sim, como uma nova relação face ao momento laborativo, não mais sentido como "alienado" porque efetivamente recolocado sob nosso controle), mas tem a solução facilitada pelo reconhecimento de que os vários níveis se equivalem em dignidade e por uma ação cultural que parta da assunção desse pressuposto. Nesse meio tempo, aceita essa paridade, acentuar-se-á um jogo de passagens recíprocas entre os vários níveis.

Não passa pela cabeça de ninguém que tudo isso deva acontecer de modo pacífico e institucionalizado. A luta de uma "cultura de proposta" contra uma "cultura de entretenimento" sempre se estabelecerá através de uma tensão dialética feita de intolerâncias e reações violentas. Nem se deve pensar que uma visão mais equilibrada das relações entre os vários níveis leve à eliminação dos desequilíbrios e daqueles fenômenos negativos deplorados pelos críticos dos *mass media*. Uma cultura de entretenimento jamais poderá escapar de submeter-se a certas leis da oferta e da procura (salvo quando se torna, uma vez mais, cultura paternalista de entretenimento "edificante" imposto de cima). A utopia prefigurada tem valor de "norma metodológica" a que os homens de cultura poderiam utilmente ater-se para moverem-se entre os vários níveis. O resto pertence à realização concreta, com todos os desvios e malogros do acaso.

Sempre recordarei o episódio de um cronista de TV, amigo meu, profissional seguro e digno, que, com os olhos no monitor, fazia uma crônica sobre fato ocorrido numa cidadezinha da província piemontesa. Enquanto o diretor lhe passava as últimas imagens, o cronista concluía o seu comentário, na verdade bastante sóbrio, com uma referência à noite que descia sobre a cidade. Naquele ponto, por uma inexplicável bizarria do diretor, ou por um erro de mensagem, apareceu no monitor, completamente fora de propósito a imagem de crianças brincando numa ruela. O cronista viu-se, então, na contingência de comentar a imagem, e, recorrendo a um batido repertório baixamente retórico, disse: "E eis os garotos, ocupados com os seus jogos de hoje, seus jogos de sempre..." A imagem tornara-se simbólica, universal, patética, e representava um modelo daquele *midcult* que MacDonald execrava, feito de falsa universalidade, de alegorismo vazio. Por outro lado, o cronista não teria podido calar-se, visto que, no âmbito de uma discutível "poética da crônica de TV", julgava ele dever associar, por exigências de ritmo, um *continuum* falado ao *continuum* das imagens. A natureza do meio, sua acidentalidade, a exigência de respeitar a expectativa dos telespectadores tinham-no feito cair no *poncif*. Mas antes de reagir contra essa irremediável trivialidade dos meios de massa, convém perguntar quantas vezes, na literatura de "alto nível", as exigências do metro ou da rima, a obediência ao comitente, ou outras determinações pertinentes às leis estéticas ou sociológicas não terão levado a compromissos análogos. O episódio, se nos diz que no novo panorama humano determinado por uma cultura de massa as possibilidades de regressão são infinitas, também nos indica como se pode exercer uma crítica construtiva dos vários fenômenos e uma individuação dos pontos fracos.

Não é nosso objetivo indicar como os homens de cultura possam intervir como "operadores" na área da cultura de massa. Podemos unicamente apontar, em síntese, para algumas direções de pesquisa, ao longo das quais é possível estabelecer uma análise cientifica dos *mass media*, também ao nível da pesquisa universitária. Quando mais não seja, para fornecer os elementos de uma discussão construtiva que Parta de uma objetiva tomada de consciência dos fenômenos. Eis, em seguida, algumas propostas de pesquisa.

a) Uma pesquisa técnico-retórica sobre as linguagens típicas dos meios de massa e sobre as novidades formais por elas introduzidas. Sirvam-nos três exemplos.

1. *Estórias em quadrinhos*: a sucessão cinematográfica das *strips*. Ascendências históricas. Diferenças. Influências do cinema. Processos de aprendizagem implicados. Possibilidades narrativas conexas. União palavra-ação, realizada mediante artifícios gráficos. Novo ritmo e novo tempo narrativo

derivado. Novos estilemas para a representação do movimento (os autores de estórias em quadrinhos copiam na moviola não de modelos imóveis, mas de fotogramas que fixam um momento do movimento). Inovações na técnica da onomatopeia. Influências das experiências pictóricas precedentes. Nascimento de um novo repertório iconográfico e de padronizações que agora funcionam como *topoi* para a *koiné* dos fruidores (destinadas a tornarem-se elementos da linguagem adquirida pelas novas gerações). Visualização da metáfora verbal. Estabilização de tipos caracterológicos, seus limites, suas possibilidades pedagógicas, sua função *mitopoiética*.[31]*

2. *Televisão*: gramática e sintaxe da transmissão direta. Sua específica temporalidade. Sua relação de imitação-interpretação-adulteração da realidade. Efeitos psicológicos. Relações de recepção. Transformações sofridas por uma obra realizada em outro local (teatro, cinema), uma vez tomada ou transmitida dentro das dimensões do pequeno vídeo: modificação dos efeitos e dos valores formais. Técnica e estética das comunicações não especificamente artísticas, uma vez submetidas às leis gramaticais da tomada e da transmissão.[32]

3. *Romances policiais ou de "science-fiction"*: primordialidade do *plot* em relação aos outros valores formais. Valor estético do "achado" conclusivo como elemento em torno do qual gira toda a invenção. Estrutura "informativa" da trama. Elemento de crítica social, utopia, sátira moralista; suas diferenças em relação a produtos da cultura "superior". Recurso a diversos tipos de escrita e diferenças estilísticas entre "policiais" tradicionais e "policiais" de ação; relação com outros modelos literários.[33]

---

31. Foi o que se tentou no ensaio *Leitura de "Steve Canyon"*.

* Isto é: formadora de mitos. (N. da T.)

32. V. p. ex., o nosso *Enredo e casualidade* (*A experiência da televisão e a estética*) (in *Obra Aberta*. São Paulo, Perspectiva, 1968). Sobre a técnica de dramatização de comunicações não especificamente artísticas, v., p. ex., ROBERT K. MERTON, *Mass Persuasion: The Social Psychology of War Bonds Drive?* Nova York, 1940, ou então HADLEY CANTRIL, *The Invasion from Mars*, Princeton, 1940. Sobre vários aspectos da linguagem televisional, FEDERICO DOGLIO, *Televisione e spettacolo*. Roma, Studium, 1961.

33. Já existem interessantes análises a respeito. Citaremos W. H. AUDEN, "La parrochia delittuosa (Osservazioni sul romanzo poliziesco)", in *Paragone*, dezembro de 1956; esse ensaio de interpretação "estrutural" encontra inte-

b) Uma pesquisa crítica sobre as modalidades e os êxitos dos transvasamentos de estilemas do nível superior para o nível médio. Casos em que parece válida a denúncia de MacDonald (o estilema, uma vez transposto, aparece banalizado) e casos em que se tem, pelo contrário, real aquisição e revivescência do estilema em outro contexto. Poderíamos dar dois exemplos. Durante o telejornal de 14 de março de 1963, Sérgio Zavoli, comentando não me lembra que triste ocorrência, mostrava uma multidão acompanhando um féretro ao cemitério, e assim se expressava: "Cada um tem sua morte a chorar, sua dor a emparedar..." Assim, enquanto víamos desenharem-se no chão as sombras dos enlutados: "Pelo chão, a *pietà* desenha as suas sombras". Claro está que embora se possa perdoar a metáfora "cada um tem sua dor a emparedar", é mais difícil sobrevoar aquela *pietà* que desenha no chão as suas sombras. Trata-se, evidentemente, de uma clara tentação esteticista, da incapacidade de renunciar a uma imagem visual formalmente interessante (os enlutados identificados pelas sombras), à qual se sobrepôs uma imagem verbal que transpunha para o âmbito de um discurso cronístico um marianismo, que talvez possa ter tido seu *avatar* em alguns locais qualificados, mas que, naquele, surgia em toda a sua gratuidade: representava uma espécie de logro, lisonjeava o público com a ilusão de que

ressantes correspondências em análises análogas, realizadas recentemente na União Soviética sobre as novelas de Conan Doyle (J. K. Cheglov, *Per la costruzione di un modello strutturale delle novelle di Sherlock Holmes*, in *Simpósio sullo studio strutturale del sistemi di segni*, Moscou, 1962). Em *Mass Culture*. op. cit., contra um mau exemplo de leitura "aristocrática" do policial, dado por um crítico ainda que grande como Edmund Wilson, temos um sensato ensaio de GEORCE ORWELL, *Raffles and Miss Blandish*, e uma contribuição, de certo modo útil, de CHARLES J. ROLO, *The Metaphysics of the Murder for the Millions*. Para a *Science-Fiction*, citaremos KINGSLEY AMIS, *Nuove mappe dell'inferno*, Milão, Bompiani, 1962, e o agora conhecidíssimo "Divagazioni sulla Science Fiction, l'utopia e il tempo", de SÉRGIO SOLMI (*Nuovi Argomenti*, novembro-dezembro de 1953). Todos esses exemplos, e são apenas os mais insignes, demonstram que existe a possibilidade de uma pesquisa crítica sobre os produtos, validos ou degradados, de uma cultura de massa. Uma pesquisa que só pode levar a um esclarecimento dos meios, dos fins, das possibilidades; a uma desmistificação dos equívocos; a uma sensibilização de energias positivas Por parte de novas categorias de operadores. V. algumas das nossas observações nos ensaios *O mito do Superman*, 2ª parte.

fora admitido a fruir de tesouros poéticos originais, mas em grau de poderem ser por ele apreciados, quando, na verdade, desfrutava o seu próprio hábito de estilemas agora verdadeiramente consumidos e depauperados.[34]

O segundo exemplo é representado por um romance como *Catch 22*, de Heller, romance "de consumo", que se apresenta com todos os atrativos do fácil e espirituoso dialogado do tecnicolor hollywoodiano. De fato, desenvolve sua polêmica antibelicista clara e pontual e manifesta com autenticidade sua visão anárquica e absurda da vida contemporânea, do exército, das relações de propriedade, da intolerância política. Para tanto, lança mão de todos os expedientes de uma narrativa de vanguarda, do *flash back* à circularidade temporal, do monólogo interior à amplificação grotesca, típica de um certo Joyce (o do capítulo do Ciclope, em *Ulisses*), e assim por diante. Assiste-se, aqui, à transposição para nível de consumo de estilemas já adquiridos pela sensibilidade e pela cultura corrente, e no entanto, motivados pelas exigências de um certo discurso. Surge a dúvida de que os estilemas se achem aqui depauperados e traídos, mas que só aqui tenham encontrado a sua verdadeira razão de ser. Dúvida paradoxal, bem entendido, mas que serve para demonstrar como, neste caso, as passagens e transfusões entre vários níveis parecem legítimas e produtivas; como se pode fazer narrativa de consumo, realizando valores artísticos originais; como, através de exemplos semelhantes de uma cultura de massa (ou de uma cultura "média"), podem os leitores ser encaminhados à degustação de produtos até mais complexos;

---

34. Um exemplo degradado de emprego gratuito de estilemas ex-cultos é dado pela prosa do cronista esportivo Gianni Brera, que representa um exemplo de "gaddismo explicado ao povo", num lugar onde o "povo" teria necessidade apenas de uma linguagem apropriada à matéria tratada. É o mesmo tipo de prosa contra o qual se lança ROLAND BARTHES quando, em *Le dégré zero de l'écriture*, põe a nu a raiz pequeno-burguesa, pretensiosa e mistificante, do realismo socialista de um Garaudy: metáforas como "arranhar a linotipo" ou "a alegria cantava-lhe nos músculos" são exemplos perfeitos de *midcult*. É óbvio que uma análise do gênero poria em crise três quartas partes da literatura de sucesso do nosso país (mesmo tratando-se de um *midcult* bem mais requintado, que se situa "depois" de experimentos como os citados, nos quais só a prosa esportiva permanece ancorada). Veja-se o capítulo *Estrutura do mau gosto*.

como, enfim, cada um de nós, até o mais culto e sofisticado, pode recorrer a semelhantes formas de entretenimento sem ter a impressão de acanalhar-se.

Só através de observações críticas desse gênero se torna possível um discurso equilibrado sobre os significados que continuamente podem assumir as relações de transfusão entre os vários níveis.

c) Uma análise estético-psicológico-sociológica de como as diferenciações de atitude fruitiva podem influir no valor do produto fruído[35]. Isto é: não é a difusão em disco da Quinta Sinfonia de Beethoven que a banaliza. Se me dirijo a uma sala de concertos com intuito de passar duas horas deixando-me embalar pela música, realizo uma banalização da mesma ordem; Beethoven vira tema de assobio. Por conseguinte, é fatal que muitos produtos culturalmente válidos, difundidos através de determinados canais, submetam-se à banalização devida não ao próprio produto, mas às modalidades de fruição. Convirá analisar, antes de mais nada, se, no caso de obras de arte, até mesmo o colher o aspecto superficial de uma forma complexa não me permitirá, pelo menos, adir por via lateral a fruição da vitalidade formativa que a obra ostenta, ainda que nos seus aspectos mais superficiais[36]. Em contraposição, convirá averiguar se, no caso dos produtos nascidos para um simples entretenimento, a fruição a nível sofisticado não os estará carregando de significados arbitrários ou neles individuando valores mais complexos do que de fato veiculam. Deve-se, a seguir, proceder a uma análise dos limites teóricos e práticos, dentro dos quais uma dada atitude fruitiva não altere irremediavelmente a natureza da obra fruída; e os limites dentro dos quais uma obra é capaz de impor certos valores, independentemente da atitude fruitiva com que a abordemos.

---

35. Recomendamos, mais uma vez, as investigações de Cantril ou de Merton, já citadas. Veja-se também o que relata Leo Bogart, em *The Age of Television*, op. cit.: Theodor Geiger, na Dinamarca, transmitiu por duas vezes, com alguns dias de intervalo, a mesma sinfonia, apresentando-a, da primeira vez, como "música popular", e a segunda, como trecho clássico precedido de uma explicação. A primeira execução foi mais bem aceita.

36. E aqui recomendamos as proposições da estética de Luigi Pareyson, particularmente as do capítulo "Compiutezza dell'opera d'arte" da sua *Estetica*.

d) Finalmente, *análise crítico-sociológica dos casos em que novidades formais, embora dignas, agem como simples artifícios retóricos para veicularem um sistema de valores que, de jato, nada têm a ver com elas.* Por exemplo: quem segue as estórias em quadrinhos de Mary Atkins, publicadas no *Il Giorno*, notará que o desenho se articula mediante soluções de enquadramentos e montagem de alto nível técnico (o desenhista pertence à escola do grande Alex Raymond), exibindo angulações inusitadas e ousadíssimas, escorços inspirados na gramática cinematográfica, desde as tomadas em recuo (vinheta após vinheta) de campos extensos, focalizadas de cima, até aquelas em que a "câmara" (puramente ideal) enquadra as personagens através da asa formada pelo braço de uma personagem colocada em primeiríssimo plano etc. Todos esses artifícios estilísticos são empregados sem nenhuma referência às necessidades da narrativa, a título meramente sensacionalista; e não só isso, mas a narrativa ostenta um repertório de situações bastante vulgares, de sentimentos chatamente elementares, de esgotadíssimas soluções narrativas. Tem-se, assim, aqui, o caso patente de uma aparente novidade gráfica posta a serviço de uma vulgaridade total. Mais interessantes são os casos em que a absoluta novidade gráfica serve para veicular conteúdos política e socialmente conformistas (o artifício modernista usado como instrumento retórico para fins de poder); os casos em que o desenho de tipo tradicional veicula conteúdos tradicionalistas; os casos em que o desenho novo e original se torna, pelo contrário, o instrumento perfeitamente amalgamado de um discurso de ruptura, e assim por diante[37].

---

37. Aqui, naturalmente, a pesquisa se amplia, implicando a desmistificação de substratos ideológicos, a investigação sociológica a vários níveis etc. Citamos o ensaio de Lyle Shannon sobre as raízes políticas da estória em quadrinhos de *Little Orphan Annie*: veja-se, na mesma ordem de Pesquisas, em *Mass Culture*, CHRISTOPHER LA FARGE, "Mickey Spillane and His Bloody Hammer" (policial de ação e anticomunismo maccartista) e S.I. Hayakwa, sobre as letras das canções; com esse propósito, assinalamos a pesquisa sobre os aspectos estilístico-psicológico-ideológicos da música e das letras das cançonetas italianas, realizada por M. L. STRANIERO, S. LIBEROVICI, E. JONA, e G. DE MARIA, *Le canzoni della cattiva coscienza*, Milão, Bompiani, 1964. Uma análise histórico-estilístico-sociológica da da imprensa feminina está em *La presse féminine*, de EVELYNE SULLEROT, Paris, Collin, 1963. Para os

Propôs-se, destarte, uma série de pesquisas possíveis (cada uma das quais poderia constituir argumento para um seminário universitário), suscetíveis de fornecer elementos de discussão para um debate sobre a cultura de massa que leve em conta seus meios expressivos, o modo pelo qual são usados, o modo com que são fruídos, o contexto cultural em que se inserem, o pano de fundo político ou social que lhes dá caráter e função.

---

aspectos positivos (amálgama entre signo gráfico, conteúdos ideológicos, consciência cultural), veja-se a vasta literatura crítica desabrochada em nossos diários e semanários por ocasião da publicação dos volumes de JULES FEIFFER, *Il complesso facile e Passionella* (v. o nosso prefácio no primeiro volume, sobre o valor de "ruptura" dessas estórias em quadrinhos). V., além disso, todo o ensaio *Leitura de "Steve Canyon"*.

A ESTRUTURA DO MAU GOSTO

O mau gosto padece a mesma sorte que Croce reconhecia como típica da arte: todos sabem muito bem o que é e não hesitam em individuá-lo e apregoá-lo, mas atrapalham-se ao defini-lo. E tão difícil parece a definição, que até para reconhecê-lo nos fiamos não num paradigma, e sim no juízo dos *spoudaioi*, dos peritos, o que vale dizer, das pessoas de gosto: em cujo comportamento nos baseamos para definir, em âmbitos de costume precisos, o bom ou o mau gosto.

Às vezes, o reconhecimento é instintivo, deriva da reação irritada a algumas desproporções patentes, a algo que parece fora do lugar: a gravata verde sobre um terno azul, a observação impertinente feita no ambiente menos adequado (e aqui o mau gosto, no plano do costume, torna-se gafe e falta de tato) ou mesmo a expressão enfática não justificada pela situação: "Via-se o coração de Luís XVI pulsar com violência sob a renda da camisa... Joana ferida [no orgulho], mas alimentando a chaga como os leopardos feridos pela flecha..." (são duas frases de uma velha tradução italiana de Dumas). Em todos esses casos, o mau gosto é individuado como ausência de medida; mas resta, em seguida, definir as regras dessa "medida", e então nos damos conta de que elas variam com as épocas e civilizações.

Por outro lado, haverá coisa mais instintivamente de mau gosto que as esculturas funerárias do Cemitério Monumental de Milão? E como poderíamos acusar de falta de medida esses corretos exercícios canovianos representando, aqui e ali, a Dor, a Piedade, a Fama, o Olvido? Observemos que, formalmente, não se pode acoimá-los de falta de medida. E que, portanto, se a medida subsiste no objeto, então a falta de medida será histórica (fora de medida é imitar Canova em pleno século XX), ou circunstancial (a coisa no lugar errado: mas será fora de medida erigir estátuas da Dor num lugar como o cemitério?), ou então – ainda, e aqui nos aproximamos mais do núcleo do problema – fora de medida será prescrever às pessoas enlutadas, mediante determinada estátua, os modos e a intensidade da dor, ao invés de deixar ao gosto e ao temperamento de cada um a possibilidade de articular seus sentimentos mais autênticos.

E eis que com essa última sugestão nos avizinhamos de uma nova definição do mau gosto, ao que parece a mais acreditada, e que põe de lado a referência a uma medida (mas apenas aparentemente, e a isso voltaremos nos parágrafos seguintes): a definição do mau gosto, em arte, como *pré-fabricação e imposição do efeito*.

A cultura alemã, talvez para exorcizar um fantasma que a obsedia de perto, foi quem elaborou com maior empenho uma definição desse fenômeno, resumindo-o numa categoria, a do *Kitsch*, de tal forma precisa que o termo, tornado intraduzível, foi de imediato transportado para outras línguas[1].

---

1. LUDWIG GIESZ, in *Phatnomenologie des Kitsches*, Rolhe Verlag, Heidelberg, 1960, sugere algumas etimologias do termo. Segundo a primeira, remontaria ele à segunda metade do século XIX, quando os turistas norte-americanos em Munique, querendo adquirir um quadro, mas barato, pediam um esboço (*sketch*). Teria vindo daí o termo alemão para indicar a vulgar pacotilha artística destinada a compradores desejosos de fáceis experiências estéticas. Todavia, em dialeto mecklemburguês, já existia o verbo *kitschen* para "tirar a lama da rua". Outra acepção do mesmo verbo seria também "reformar móveis para fazê-los parecer antigos", e tem-se igualmente o verbo *verkitschen* para "vender barato".

Estilística do Kitsch

"Sussurra ao longe o mar e no silêncio enfeitiçado o vento move brandamente as rígidas folhas. Uma veste opaca de seda, recamada de branco marfim e ouro, flutua-lhe em torno dos membros e deixa perceber um colo macio e sinuoso, sobre o qual pesam as trancas cor de fogo. Ainda não se acendera a luz no quarto solitário de Brunilde – as palmas esbeltas erguiam-se como sombras escuras e fantasiosas dos preciosos vasos da China: no centro, branqueavam os corpos marmóreos das estátuas antigas, como fantasmas, e nas paredes mal se entreviam os quadros em suas largas molduras de ouro de apagados reflexos. Brunilde estava sentada ao piano, e fazia deslizar as mãos sobre o teclado, imersa num doce cismar. Um 'largo' fluía num soturno *ricercare*, como véus de fumaça se desprendem das cinzas incandescentes e se esgarçam ao vento, rodopiando em farrapos bizarros, separados da chama sem essência. Lentamente, a melodia crescia, majestosa, rompia em acordes possantes, voltava sobre si mesma com vozes infantis, súplices, encantadas, indizivelmente doces como coros de anjos, e sussurrava sobre florestas noturnas e despenhadeiros solitários, amplos, de um vermelho ardente, pelas esteias antigas, brincando em torno de cemitérios campestres abandonados. Claros prados se abrem, primaveras brincam com figuras de airosos movimentos e, diante do outono, está sentada uma mulher velha, uma mulher perversa, ao redor da qual tombam, uma a uma, todas as folhas. Quando for inverno, grandes anjos reluzentes, sem roçar a neve, mas altos como os céus, inclinar-se-ão para os pastores atentos e lhes cantarão sobre o menino fabuloso de Belém.

O encanto celeste, saciado de segredos do santo Natal, tece à volta do despenhadeiro hibernai que dorme em profunda paz, como se soasse ao longe um canto de harpa, perdido no rumor do dia, como se o próprio segredo da tristeza cantasse a origem divina. E fora, o vento noturno acaricia com o toque de suas mãos macias a casa de ouro, e as estrelas vagam pela noite hibernal."

O trecho citado constitui um maldoso pasticho elaborado por Walther Killy[2], utilizando excertos de seis autores

---

2. WALTHER KILLY, *Deutscher Kitsch*, Vandenhock & Ruprecht. Göttingen, 1962. O ensaio de Killy introduz uma antologia de trechos característicos

alemães; cinco produtores de renomada mercadoria literária de consumo, e mais um *outsider*, que, pesa-nos dizer, é Rilke. Observa Killy que a origem compósita do trecho é dificilmente discernível porque a característica constante dos vários excertos é a vontade de *provocar um efeito sentimental,* ou melhor, oferecê-lo já provocado e comentado, já confeccionado, de modo que o conteúdo objetivo da ocorrência (o vento da noite? uma jovem ao piano? o nascimento do Redentor?) seja menos importante do que a *Stimmung* de base. O que prevalece é o intento de criar uma atmosfera liricizante, e para tanto, os autores utilizam expressões já carregadas de fama poética, ou então elementos que possuam como peculiaridade própria uma capacidade de noção afetiva (vento, noite, mar etc.). Os autores, contudo, não parecem fiar-se apenas na capacidade evocadora das palavras e as envolvem e guarnecem de palavras acessórias, de modo que, caso se perca o efeito, esteja ele já devidamente reiterado e garantido. Assim o silêncio em que o mar sussurra, para evitar dúvidas, será "enfeitiçado", e as mãos do vento, não bastasse o serem "macias", "acariciam", e a casa sobre a qual vagam as estrelas será "de ouro".

Killy insiste, pois, e muito, não só na técnica da reiteração do estímulo, mas também no fato de que o estímulo é *absolutamente fungível*: e a observação poderia ser entendida em termos de *redundância*. O trecho lido tem todas as características da mensagem redundante: aí um estímulo ajuda o outro mediante a acumulação e a repetição – porque todo estímulo isolado, já submetido a desgaste por antiga tradição lírica, expõe-se a consumir-se, e portanto deve ser reforçado por outra forma.

Os verbos (*sussurra, flutua, desliza, vagam*) concorrem, a seguir, para reforçar a "liquidez" do texto, condição de sua "liricidade", de modo que, em cada fase da lição, prevalece o efeito momentâneo, destinado a extinguir-se na fase subsequente (que, afortunadamente, o reintegra).

Lembra Killy que até mesmo grandes poetas experimentaram a necessidade de recorrer à evocação lírica, chegando

---

extraídos da literatura alemã. Os autores utilizados no *pastiche* são, pela ordem: Werner Jansen, Nataly von Eschtruth, Reinhold Muschler, Agnes Günther, Reiner Maria Rilke. Nathanael Jünger.

mesmo a inserirem versos no curso de uma narração, como Goethe, a fim de revelarem de chofre um traço essencial do enredo, que a narrativa, articulada logicamente, não poderia exprimir. Mas no Kitsch a mudança de registro não assume funções de conhecimento, intervém apenas para reforçar o estímulo sentimental, e a inserção episódica passa, definitivamente, a ser a norma.

Articulando-se, assim, como uma comunicação artística em que o projeto fundamental não é envolver o leitor numa aventura de descoberta ativa, mas simplesmente sujeitá-lo com violência ou assinalar determinado efeito – acreditando que nessa emoção consista a fruição estética – surgiria o Kitsch como uma espécie de mentira artística, ou, como diz Hermann Broch, "o mal dentro do sistema de valores da arte... A malícia de uma geral falsidade da vida"[3]

Ersatz, facilmente comestível da arte, é lógico que o Kitsch se proponha, então como cibo ideal a um público preguiçoso que deseje adir os valores do belo e convencer-se de que os goza, sem perder-se em esforços empenhativos; e Killy refere-se ao Kitsch como típica atitude de origem pequeno--burguesa, meio de fácil afirmação cultural para um público que julga estar fruindo de uma representação original do mundo, quando, na realidade, goza unicamente uma imitação secundária da força primária das imagens.

Em tal sentido, Killy alinha-se nas fileiras de toda uma tradição crítica, que se espalhou desde a Alemanha até os países anglo-saxônicos, e que, tomado o Kitsch nos termos acima referidos, identifica-o como a forma mais aparatosa de uma cultura de massa e de uma cultura média, e consequentemente, de uma cultura de consumo.

Por outro lado, o próprio Broch avança a suspeita de que, sem uma gota de Kitsch, não pode existir nenhum tipo de arte; e Killy pergunta-se a si mesmo se a falsa representação do mundo que o Kitsch oferece é efetiva e unicamente mentira, ou se não satisfaz uma inelimínavel exigência de ilusão que o homem nutre. E quando define o Kitsch como filho espúrio da arte, deixa em nós a suspeita de que, à dialética da vida artística e do destino da arte na sociedade, é essencial a

---

3. HERMANN BROCH. "Einige Bemerkunger. zum Problem des Kitscnes" in *Dichten und Erkennen* (*Essays*, I, Zurique, 1955).

presença desse filho espúrio, que *produz efeitos* naqueles momentos em que seus consumidores desejam, efetivamente, *gozar efeitos*, ao invés de empenharem-se na mais difícil e reservada operação de uma fruição estética complexa e responsável. Em argumentações de tal gênero, está sempre presente, contudo, uma assunção a-histórica do conceito de arte; e de fato, bastaria pensarmos na função de que a arte se revestiu em outros contextos históricos para nos apercebermos de que o fato de que uma obra tenda a provocar um efeito, não implica, absolutamente, a sua exclusão do reino da arte. Dentro da perspectiva cultural grega, a arte tinha, efetivamente, a função de provocar efeitos psicológicos, sendo esse o objetivo da música e da tragédia, pelo menos se dermos crédito a Aristóteles. Mas daí a que seja possível, naquele âmbito, individuar uma segunda acepção do conceito de gozo estético, entendido como valorização da forma com que se realiza o efeito, é outro problema. O fato é que, em determinadas sociedades, a arte se integra tão profundamente na vida cotidiana que sua função primeira parece ser a de estimular determinadas reações lúdicas, religiosas, eróticas, e de estimulá-las bem. Quando muito se poderá, em segunda instância, avaliar "quão bem"; mas a função primeira continua sendo a estimulação de efeitos.

A estimulação do efeito torna-se Kitsch num contexto cultural em que a arte é vista, pelo contrário, não como *tecnicidade inerente a uma série de operações diversas* (e é a noção grega e medieval) mas como *forma de conhecimento realizada mediante uma formatividade com fim em si mesma, que permita uma contemplação desinteressada*. Nesse caso, então, toda operação que tenda, com meios artísticos, a fins heterônimos, cai debaixo da rubrica mais genérica de uma *artisticidade* que se realiza de várias formas, mas não se confunde com a arte. Poderá estar empapada de habilidade artística a maneira pela qual torno apetecível uma iguaria, mas a iguaria, efeito de artisticidade, não será arte no sentido mais nobre do termo, enquanto não fruível pelo puro gosto do formar que nela se manifesta, mas sim desejável pela sua comestibilidade[4].

---

4. LUIGI PAKEYSON, in *I teorici dell'Ersatz* (publicado em "De Homine", 5-6, 1963; mas esse breve escrito retoma os temas teóricos já desenvolvidos na *Estética*), polemizando com um pacífico reconhecimento "a "consumibili-

Mas, nesse ponto, o que nos autoriza a dizer que um objeto em que se manifeste uma artisticidade voltada para fins heterônomos, seja, por isso mesmo, *de mau gosto?*

Um vestido que, com sabedoria artesanal, saiba pôr em relevo as graças da mulher que o usa, não é um produto de mau gosto (virá a sê-lo caso forçar a atenção de quem olha apenas para certos aspectos mais vistosos da pessoa que o veste: mas nesse caso não põe, absolutamente, em relevo a graça total da mulher, mas desequilibra-lhe a personalidade, reduzindo-a a mero suporte de um aspecto físico particular). Consequentemente, se por si só a provocação do efeito não caracteriza o Kitsch, alguma outra coisa intervirá para constituir o fenômeno. E essa alguma outra coisa emerge fundamentalmente dessa mesma análise de Killy, desde que fique bem claro que o trecho por ele examinado tende a propor-se como trecho de arte. E tende a apresentar-se como obra de arte justamente porque emprega ostensivamente modos expressivos que, por tradição, costumamos ver empregados em obras de arte, reconhecidas como tais pela tradição. *O trecho citado é Kitsch não só porque estimula efeitos sentimentais, mas porque tende continuamente a sugerir a ideia de que, gozando desses efeitos, o leitor esteja aperfeiçoando uma experiência estética privilegiada.*

Daí porque, para caracterizá-lo como trecho Kitsch, não só intervém os fatores linguísticos da mensagem como também a intenção com que o autor a "vende" ao público. Nesse caso, tem razão Broch quando lembra que o Kitsch não diz tanto respeito à arte quanto a um comportamento de vida, visto que o Kitsch não poderia prosperar se não existisse um

---

dade" do produto artístico, distingue entre artisticidade genérica, que invade todo o obrar humano, e a arte como "auge e fastígio" dessa atitude, "norma e modelo", educação do gosto, proposta de novos modos de formar, operação intencional em que se forma por formar. As produções da indústria cultural seriam, então, simples manifestações de artisticidade, e como tais, submetidas a consumo e desgaste. Naturalmente Pareyson (como ficou esclarecido pelo contexto do seu pensamento estético) não pensa em definir como puras operações de artisticidade as obras de arte que, com base numa poética ou na tendência geral de um período histórico, tendam intencionalmente para fins heterônomos (pedagógicos, políticos ou militaristas): nesses casos, tem-se arte na medida em que o artista resolve esse propósito em projeto formativo inerente à obra; e a obra, embora tendendo para outro fim, especifica-se, também, como um formar intencionado em ti mesmo.

Kitsch-Mensch que necessita dessa forma de mentira para reconhecer-se nela. Então o consumo do Kitsch surgiria em toda a sua força negativa, como uma contínua mistificação, uma fuga das responsabilidades que a experiência da arte, pelo contrário, impõe; segundo afirmava o teólogo Egenter, o Pai da Mentira usaria o Kitsch para alienar as massas da salvação, julgando-o mais eficaz, na sua força mistificante e consoladora, do que os próprios escândalos, os quais, investindo no ápice de sua energia negadora, pelo menos sempre despertam as defesas morais dos virtuosos[5].

Kitsch e cultura de massa

Evidenciada a definição do Kitsch como *comunicação que tende à provocação do efeito*, compreende-se então com que espontaneidade se identificou o Kitsch com a cultura de massa: encarando-se a relação entre cultura "superior" e cultura de massa como uma dialética entre vanguarda e Kitsch.

A indústria da cultura, que se dirige a uma massa de consumidores genérica, em grande parte estranha à complexidade da vida cultural especializada, é levada a vender *efeitos já confeccionados*, a prescrever com o produto as condições de uso, com a mensagem a reação que deve provocar. No prefácio deste livro, referimo-nos aos títulos dos primeiros impressos populares quinhentistas, onde a técnica da solicitação emotiva emerge como primeira característica indispensável de um produto popular que tente adequar-se à sensibilidade de um público médio e estimular-lhe a procura comercial: do título do impresso popular para o do jornal, o processo não muda; a narrativa de folhetim aperfeiçoa essa técnica, a novela oitocentista não tem outro objetivo. Consequentemente, uma vez que a cultura média e popular (ambas já produzidas a níveis mais ou menos industrializados, e sempre mais altos) não vendem mais a obra de arte, e sim os seus efeitos, sentem-se os artistas impelidos, por reação, a insistirem no polo oposto: não mais sugerindo efeitos, nem se interessando pela obra, mas sim pelo *processo que leva à obra*.

5. R. EGENTER. *Kitsch und Christenleben*. Ettal, 1950 (cit. por Giesz).

Com uma fórmula feliz, Clement Greenberg afirmou que, enquanto a vanguarda (entendida, no geral, como a arte na sua função de descoberta e invenção) *imita o ato do imitar*, o Kitsch (entendido como cultura de massa) *imita o efeito da imitação*; Picasso pinta a causa de um efeito possível, um pintor oleográfico como Repin (elogiadíssimo pela cultura oficial soviética do período stalinista) pinta o efeito de uma causa possível; a vanguarda, ao fazer arte, põe em evidência os processos que levam à obra, e os elege para objeto do seu discurso, o Kitsch põe em evidência as reações que a obra deve provocar, e elege para finalidade da sua operação a reação emotiva do fruidor[6]. Uma definição desse tipo prende-se, fundamentalmente, à tomada de consciência, ora adquirida pela crítica contemporânea, para a qual, dos românticos aos nossos dias, a poesia vem se especificando cada vez mais como discurso em torno da poesia e das possibilidades da poesia, tanto que, hoje em dia, as poéticas parece terem-se tornado mais importantes do que a obra, não sendo a obra outra coisa além de um discurso contínuo sobre sua própria poética e, melhor ainda, a poética de si mesma[7].

O que, porém, não está plenamente compreendido em Greenberg é que o Kitsch não nasce em consequência da elevação da cultura de elite sobre níveis sempre mais impérvios; o processo é totalmente inverso. A indústria de uma cultura de consumo dirigida para a provocação de efeitos nasce, como já ficou visto, antes da própria invenção da imprensa. Quando essa cultura popularizante se difunde, a arte produzida pelas elites ainda está ligada à sensibilidade e à linguagem comum de uma sociedade. É justamente na proporção que a indústria da cultura de consumo se afirma sempre mais, à medida que a sociedade é invadida por mensagens comestíveis e consumíveis sem fadiga, que os artistas começam a atentar para uma vocação diversa. É no momento em que os romances populares satisfazem as exigências de evasão

---

6. CLEMENT GREENBERG, *Avant-garde and Kitsch*, agora na antologia *Mass culture*, op. cit.
7. É essa a temática da "morte da arte", de que falamos no ensaio "Due ipotesi sulla morte dell'arte", in *Il Verri*, 8 – 1963. Aqui se vê, agora, como também o fenômeno da supremacia da poética sobre a obra se liga dialeticamente aos fenômenos da cultura de massa e da indústria cultural, no interior de uma mesma situação histórico-antropológica.

e de suposta elevação cultural do público, quando a fotografia se revela utilíssima para desempenhar as funções celebrativas e práticas que antes estavam a cargo da pintura, então é que a arte começa a elaborar o projeto de uma "vanguarda" (embora ainda não se use esse termo). Para muitos, o momento da crise localiza-se por volta de meados do século passado, e é claro que quando Nadar consegue, egregiamente e com ótimos resultados, satisfazer um burguês desejoso de perpetuar suas feições para uso dos descendentes, o pintor impressionista pode aventurar-se na experiência *en plein air*, pintando não mais aquilo que, com percepção finita, acreditamos ver, mas o próprio procedimento perceptivo pelo qual, interagindo com os fenômenos físicos da luz e da matéria, desenvolvemos o ato da visão[8]. Não é por acaso, porém, que a problemática de uma poesia sobre a poesia já surge nos inícios do século XIX. O fenômeno da cultura de massa já há alguns séculos que nos bate à porta: o jornalismo e a narrativa popular do século XVIII constituem uma clara manifestação desse fato, e os poetas foram provavelmente, pelo menos nesse caso, excelentes visionários, correndo para os esconderijos antes que a crise fosse plenamente macroscópica. Ora, se o Kitsch, como se sugeriu anteriormente, representasse apenas uma série de mensagens que uma indústria da cultura emite com o fito de satisfazer certas exigências mas sem pretender impingi-las como arte, não subsistiria uma relação dialética entre vanguarda e Kitsch. E alguém já afirmou que querer entender a cultura de massa como um sucedâneo da arte constitui um equívoco que desloca os termos reais do discurso. Se, com efeito, considerarmos as comunicações de massa como a circulação intensa de uma rede de mensagens que a sociedade contemporânea sente necessidade de emitir para uma série complexa de finalidades, a última das quais é a

---

8. No *Salão de 1859*, Baudelaire manifesta uma notável irritação contra a pretensão, por parte da fotografia, de tomar o lugar da arte, e exorta os fotógrafos a se ocuparem com o registro utilitário das imagens, ao invés de quererem usurpar o domínio do imaginário. Mas é a arte que exorta a indústria a não lhe invadir o campo, ou a indústria que está impelindo a arte a individuar para si outros campos? Sobre Baudelaire, como exemplo típico de um artista em que se estão agitando as contradições da nova situação, veja-se o ensaio "Baudelaire e Parigi". In WALTER BENJAMIM, *Angelus Novus*, Turim, Einaudi, 1962.

satisfação do gosto, não se encontrará mais nenhuma relação e nenhuma contradição escandalosa entre a arte e a comunicação radiofônica de notícias, a persuasão publicitária, a sinalização do trânsito, as entrevistas televisionadas com o primeiro-ministro[9]. E de fato, em equívocos do gênero incorrem aqueles que querem, por exemplo, elaborar "estéticas" da televisão sem distinguir entre a televisão como veículo genérico de informações, *serviço*, e a televisão como veículo específico de uma comunicação para fins artísticos. Que sentido tem estabelecer se é ou não de bom gosto estimular um efeito emotivo, quando se fala num cartaz de rodovia que deve convidar os automobilistas à prudência, ou num cartaz publicitário que deve estimular os compradores a uma dada escolha? O problema é outro: no caso do cartaz publicitário é moral, econômico, político (concerne à liceidade de uma pressão psicológica com fins de lucro), no caso do cartaz rodoviário é um problema pedagógico e civil (necessidade de recorrer a uma pressão psicológica para um fim aprovado por toda a sociedade, tornado indispensável pelo particular estado psíquico em que se encontra quem guia, menos sensível a solicitações de ordem racional e mais facilmente estimulável a nível emotivo).

Todavia, se o problema das comunicações de massa for encarado também e sobretudo sob esses ângulos, que prescindem de avaliações estéticas, o problema de uma dialética entre vanguarda e Kitsch subsistirá, e em muito maior profundidade. Visto que não só a vanguarda surge como reação

---

9. V. Gerhart D. Wiebe, "Culture d'élite et Communications de masse", in *Communications*, nº 3. Com o fito de elaborar um método mais rigoroso de investigação, Wiebe propõe distinguir as características da arte e as da comunicação de massa, embora, muitas vezes, elas apareçam unidas num só produto. Mas a noção que a seguir "labora de função dos meios de massa, surge passavelmente "integrada": "Estaria tentado a formular a hipótese de que os programas de televisão popular desempenham uma *função reguladora* psicológica e social, o que vale dizer que tendem a manter o equilíbrio num ambiente mais turbulento do que pensamos. As pessoas não passariam tanto tempo diante desses programas se eles não satisfizessem certas necessidades, não corrigissem certas distorções, não satisfizessem certos desejos". Definidas essas funções ótimas da comunicação, é claro que se torna bastante fácil julgar, com critérios rigorosos, da bondade e da artisticidade de um Produto. O que significa que a ideologia dos "integrados" pode ser ao genérica quanto a dos "apocalípticos" – salvo ser destituída de consciência problemática.

à difusão do Kitsch, mas o Kitsch renova-se e prospera justamente tirando um contínuo proveito das descobertas da vanguarda. Assim esta, vendo-se de um lado funcionar, malgrado seu, como escritório de projetos da indústria cultural, reage a esse logro, procurando elaborar continuamente novas propostas eversivas – problema esse que interessa a um discurso sobre a sorte e a função da vanguarda no mundo contemporâneo – enquanto a indústria da cultura de consumo, estimulada pelas propostas da vanguarda, desenvolve continuamente uma obra de mediação, difusão e adaptação sempre e novamente prescrevendo em modos comerciáveis como experimentar o devido *efeito* diante de modos de formar que, na origem, pretendiam fazer-nos refletir unicamente sobre as *causas*. Nesse sentido, então, a situação antropológica da cultura de massa delineia-se como uma contínua dialética entre propostas inovadoras e adaptações homologadoras, as primeiras continuamente traídas pelas últimas: com a maioria do público que frui das últimas julgando adir a fruição das primeiras.

O *Midcult*

Todavia, petrificada nesses termos, a dialética é demasiadamente simples. Teoricamente a formulação do problema parece convincente, mas examinemos na prática como se podem configurar alguns casos concretos. Seja dado o nível mínimo de uma cultura de massa – produção de lâmpadas votivas funerárias, bibelôs representando marujinhos ou odaliscas, estórias em quadrinhos de aventuras romances policiais ou filmes *western* classe B. Nesse caso, temos uma mensagem que visa a produzir um efeito (de excitação, evasão, tristeza, alegria etc.) e que assume os processos formativos da arte; o mais das vezes, se os autores forem artesanalmente atilados, tomarão emprestado à cultura de proposta elementos novos, soluções particularmente inéditas; no ensaio seguinte (*Leitura de Steve Canyon*), veremos como um desenhista de estórias em quadrinhos extremamente comerciáveis pode lançar mão das mais elaboradas técnicas cinematográficas. Com tudo isso, quem emite a mensagem não pretende, de maneira alguma, que quem a receber a interprete como obra de arte, nem quer que os elementos emprestados da vanguarda artística sejam visíveis e fruíveis como tal. Ele os usa só porque os julgou funcionais. O ignóbil modelador de odaliscas de gesso ou de maiólica poderá ouvir mais ou menos confusamente os ecos de uma tradição decadente, sofrer o fascínio de arquétipos que vão da Salomé de Beardsley à de Gustave Moreau, e poderá pretender que a referência esteja explícita para seu comprador. E este, por seu lado, poderá colocar o bibelô na sala de jantar, como ato de promoção cultural, ostentação de gosto, estímulo para satisfações presumidamente cultas... Mas quando Depero recorre aos processos futuristas para desenhar os anúncios dos produtos Campari, ou um compositor de Timpan Alley toma de empréstimo o tema beethoveniano do *Pour Elise* a fim de construir uma agradável música de dança, a utilização do produto culto visa a um consumo que nada tem a ver com a presunção de uma experiência estética; quando muito, o consumidor do produto, ao consumi-lo, entra em contato com modos estilísticos que conservaram algo da nobreza original, e cuja origem ele ignora: e dá valor ao seu assestamento formal, à sua eficácia funcional fruindo, assim, de uma experiência estética sua, que não pretende, contudo, constituir um sucedâneo de experiências "superiores". Neste ponto, o problema ainda se desloca para outros níveis (liceidade da publicidade, função pedagógica ou social da dança), mas a problemática do Kitsch fica excluída disso. Temos aqui produtos de massa que tendem para a provocação de efeitos, mas que não se apresentam como substitutos da arte.

Disso se deram conta, mais ou menos confusamente, os mais argutos dentre os críticos da cultura de massa. Estes, de um lado, relegaram os produtos "funcionais para o rol dos fenômenos indignos de análise (já que não dizem respeito à problemática estética, não têm interesse para o homem culto), e dedicaram-se ao contrário, a definir outro nível do consumo cultural – o "médio" Para MacDonald, a cultura de massa de nível inferior, o *Masscult*, na sua trivialidade, tem pelo menos sua própria razão histórica profunda, sua própria força selvagem, semelhante à do primeiro capitalismo descrito por Marx e Engels, e no seu dinamismo, derruba as barreiras de classe,

81

as tradições de cultura, as diferenciações de gosto, instaurando uma discutível, execrável mas homogênea comunidade cultural (em outras palavras: embora o *Masscult* lance mão de padrões e modos das vanguardas, na sua irrefletida funcionalidade não levanta o problema de uma referência à cultura superior, nem para si nem para a massa dos consumidores).

Bem diferente é, ao contrário o *Midcult*, bastardo do *Masscult*, que surge como "uma corrupção da Alta Cultura", e que, de fato, está sujeito aos desejos do público, como o *Masscult*, mas, na aparência, convida o fruidor a uma experiência privilegiada e difícil. Para se compreender o que entende MacDonald por *Midcult* vale a pena segui-lo em sua pérfida e saborosa análise de *O Velho e o Mar*, de Hemingway[10].

Mesmo dentro da produção de Hemingway pode-se acompanhar uma dialética entre vanguarda e Kitsch: de um período em que sua escrita constituía verdadeiramente um instrumento de descoberta da realidade, e quando essa mesma escrita, embora se mantendo aparentemente inalterada, na verdade se dobra às exigências de comestibilidade expressas por um público médio, que agora quer adir a fruição de um escritor tão provocante. MacDonald transcreve o início de um dos primeiros contos, *The Undefeated*, a estória de um toureiro "sonado", escrita nos anos vinte:

"Manuel Garcia subiu as escadas até o escritório de Don Miguel Retana. Pos a valise no chão e bateu à porta. Ninguém respondeu. Manuel, de pé no patamar, sentiu, porém, que havia alguém na sala. Sentiu através da porta."

É o característico "estilo Hemingway". Poucas palavras, uma situação traduzida em comportamentos. O tema assim introduzido é o de um homem derrotado que se apronta para a última batalha. Passemos agora ao início d'*O Velho e o Mar*, também aqui a apresentação de um homem derrotado que se apronta para a última batalha:

"Era um velho que pescava sozinho com seu barco na Corrente do Golfo e há oitenta e quatro dias não apanhava um peixe. Um garoto o acompanhara nos primeiros quarenta dias, mas quando estes se passaram sem sinal de peixe, os pais do garoto disseram que o velho

10. Cf. *Against the American Crain*, op. cit., pp. 40-43.

estava decidida e definitivamente *salão*, o que é a pior forma de desgraça, e o garoto obedecera-lhes, indo para outro barco, que logo na primeira semana apanhou três belos peixes. Era triste para o garoto ver o velho chegar todo dia com o barco vazio e ele sempre descia para ajudá-lo a carregar ou os rolos de linha, ou o gancho e o arpão e a vela enrolada ao mastro. A vela estava toda remendada com sacos de farinha e, assim enrolada, parecia a bandeira de uma derrota perene."

Nota MacDonald que o trecho está escrito na prosa pseudobíblica usada por Pearl Buck em *A Boa Terra* ("estilo que parece exercer um maligno fascínio sobre os *midbrows*"), com uma grande abundância de "e, e, e", substituindo a virgulação normal, de modo a conferir ao todo a cadência de um poema antigo; os personagens são mantidos dentro de uma aura de generalidade (o Garoto, o Velho), na qual permanecerão até o fim, justamente para sublinhar a impressão de que não são indivíduos, mas Valores Universais – e que, portanto, através deles, está o leitor fruindo uma experiência de ordem filosófica, uma revelação profunda da realidade. *The Undefeated* tem 57 páginas, *O Velho e o Mar*, 140, mas tem-se a impressão de que, no primeiro, diz-se menos do que aquilo que acontece, e no segundo, o contrário. O segundo conto não só procede continuamente beirando a falsa universalidade, mas desencadeia o que MacDonald denomina de "constant editorializing" (o que nada mais é que aquele pôr a publicidade do produto no produto, que já salientamos na "obra bela e aprazível" de Ogier, o Dinamarquês): em certo trecho, Hemingway coloca na boca do protagonista a seguinte frase: "Sou um velho estranho", e MacDonald comenta, desapiedadamente: "Pois não diga, meu velho, prove". Fica claro o que um leitor médio encontra num relato desse tipo; os modos exteriores de um Hemingway da primeira fase (um Hemingway ainda indigesto e arredio), mas diluídos, reiterados até que não sejam mais assimilados; a hipersensibilidade de Manuel Garcia, agora afeito ao azar, é sugerida, representada por aquele perceber a presença hostil do empresário inabordável, do outro lado da porta fechada; o azar do velho é explicado ao leitor estimulando-lhe a hipersensibilidade com o acenar, até o exaurimento da emoção, daquela vela que parece "a bandeira de uma derrota perene" (e que e irmã de leite do silêncio encantado e dos submissos reflexos revoluteando pelo quarto de Brunilde, no primeiro trecho examinado). Fique bem claro, todavia, que o leitor médio não perceberia plenamente a força persuasiva daquela vela-vexilo, se uma metáfora do gênero não lhe evocasse confusamente à memória metáforas análogas, nascidas em outros contextos poéticos, mas agora integradas na tradição literária. Estabelecido o curto-circuito mnemônico, experimentada a impressão, e a impressão de que a impressão seja "poética", o jogo está feito. O leitor está cônscio de haver consumido arte e de ter, através da Beleza, visto o rosto da Verdade. Agora Hemingway é, verdadeiramente, um autor para todos e merecerá o Prêmio Nobel (que, não por acaso, também foi entregue a Pearl Buck, como sugere MacDonald).

Há representações da condição humana, nas quais essa condição é levada aos limites de tamanha generalidade que tudo quanto se apreende à sua volta é bom para todos os usos e para nenhum; o fato de que se dê a informação travestindo-a de experiência estética, reafirma-lhe a substancial falsidade. Voltam à mente as referências de Broch e Egenter à mentira e à vida reduzida à mentira. Na verdade, nesses casos, o Midcult toma a forma de Kitsch na sua lata expressão, e exerce função de puro consolo, torna-se estímulo para evasões acríticas, faz-se ilusão comerciável.

Mas, se aceitamos a análise de MacDonald, devemos estar atentos aos matizes que o problema assume, justamente em virtude de suas intuições penetrantes. Porque o Midcult manifesta algumas características que nem sempre, como neste caso, caminham necessariamente juntas. O trecho lido é um exemplo de Midcult porque: 1) toma de empréstimo processos da vanguarda e adapta-os para confeccionar uma mensagem compreensível e desfrutável por todos; 2) emprega esses processos quando já conhecidos, divulgados, gastos, *consumidos*; 3) constrói a mensagem como provocação de efeitos; 4) vende-a como Arte; 5) tranquiliza o seu consumidor, convencendo-o de ter realizado um encontro com a cultura, de modo que não venha ele a sentir outras inquietações.

Ora, essas cinco condições encontram-se em todo produto de Midcult, ou reúnem-se aqui numa síntese particularmente insidiosa? Se faltar alguma dessas condições, ainda teremos Midcult? O próprio MacDonald, ao indicar outros exemplos de Midcult, parece vacilar entre acepções diversas que dão cobertura ora a um ora a vários dos cinco itens arrolados. Assim, é Midcult a *Revised Standard Version of the Bible*, publicada sob a égide da Yale Divinity School, versão que "destrói um dos maiores monumentos da prosa inglesa, a versão do Rei Jaime, a fim de tornar o texto 'claro e significativo para o público hodierno, o que é o mesmo que pôr abaixo a Abadia de Westminster para com os fragmentos construir Disneylândia": e nesse caso, está claro que o que importa a MacDonald é o fato estético, não lhe interessando em absoluto o problema de uma maior aproximação do público médio às sagradas escrituras (projeto que, uma vez acatado como necessário, torna bastante plausível a operação da Yale Divinity School). Nesse caso, o Midcult identifica-se com a divulgação (ponto 1), que, portanto, em si, é má.

É Midcult o Clube do Livro do Mês, pelo fato de difundir obras "médias" à Pearl Buck, e assim vender como arte o que, pelo contrário, não passa de ótima mercadoria de consumo (ponto 4 e 5). É Midcult a *Nossa Cidade*, de Wilder, que emprega uma característica contribuição da vanguarda, o efeito brechtiano de alienação, para fins consoladores e hipnóticos, e não para envolver o espectador num processo crítico (ponto 3). Mas depois aparecem como exemplos de Midcult os produtos de um *design* médio, que divulga em objetos de uso comum as velhas descobertas do Bauhaus (ponto 2), e aqui não vemos por que deva o fato irritar o crítico, visto que os projetistas do Bauhaus projetavam justamente formas de uso comum que se deveriam ter difundido a todos os níveis sociais. Claro está que a propósito dos objetos de *design*, a polêmica poderia versar sobre o fato de que esses modelos adquiriam sentido nas intenções dos projetistas só se inseridos num contexto urbanístico e social profundamente transformado; e que, realizados como puros instrumentos de consumo, isolados do seu contexto ideal, adquirem um significado bem pobre. Pesa, porém, sobre MacDonald a suspeita de que o simples fato da divulgação é que o irrita. O fato é que, para ele, a dialética entre vanguarda e produto médio coloca-se de modo bastante rígido e unidirecional (a passagem entre Alto e Médio está em entropia constante…), e no seu discurso, as razões da arte "superior" jamais são postas em dúvida. Em outros termos nunca lhe ocorre perguntar se muitas das operações da vanguarda não estariam privadas de razões históricas profundas, ou se essas razões não deveriam ser buscadas na relação entre vanguarda e cultura média. A vanguarda, a arte "superior", surge para ele sem reservas como o reino do valor; e somos levados a pensar que toda tentativa de mediar-lhe os resultados se torne automaticamente má porque o homem médio, o cidadão da civilização industrial contemporânea, é irrecuperável; e que os modos formativos da vanguarda se tornam suspeitos tão logo chegam a ser compreendidos pela maioria. Surge então a dúvida de que, para o crítico, o critério do valor seja a não-difusão e a não-difusibilidade, e assim a crítica do Midcult aparece como uma perigosa iniciação ao jogo do *in* e do *out*, para o qual tão logo alguma coisa reservada, na origem, aos *happy-few*, passe a ser por isso apreciada e desejada por muitos, sai da roda das coisas válidas[11]. Sendo assim, tanto o critério esnobe ao substituir a observação crítica e a sociologia, quanto a condescendência para com as exigências da massa, ainda que em sentido oposto, pesam sobre o gosto e a capacidade de julgamento do crítico, que corre o risco de ser condicionado por aquele mesmo público médio que detesta: ele não gostará do que o público médio gostar, mas, em compensação, odiará o que ele amar; de uma ou de outra forma, será sempre o público médio a decidir o lance, e o crítico aristocrático, a vítima de seu próprio jogo.

O perigo é que sob uma sociologia estética do consumo das formas se subtenda uma presunção esnobe: que os modos de formar, as expressões e as metáforas se consomem é indiscutível, mas quem estabelecerá o critério com que discernir o limiar do consumo? Por que uma dada linha de carroceria automobilística se consome? e para quem? A diferença entre sensibilidade crítica e tique esnobe faz-se ínfima: a crítica da cultura de massa torna-se, nesses casos, o último e mais requintado produto da cultura de massa, e o indivíduo requintado que faz o que os outros ainda não fazem, na verdade só espera o "vamos lá" dos outros para fazer alguma coisa diferente.

---

11. "... como se os bens culturais não se transformassem em elemento negativo justamente pelo fato de serem deliberadamente 'cultivados' (T. W. ADORNO. "II carattere di fetticcio in musica e il regresso dell'ascolto". In: *Dissonante* Milão, Feltrinelli, 1959. p. 15).

Abandonada aos caprichos individuais, ao paladar do singular, à avaliação do costume, a crítica de gosto torna-se um jogo bastante estéril, capaz de nos proporcionar emoções agradáveis, muito pouco nos dizendo, porém, sobre os fenômenos culturais de uma sociedade no seu conjunto. Consequentemente, bom e mau gosto tornam-se categorias labilíssimas, que não podem, de modo algum, servir para definirem a funcionalidade de uma mensagem que provavelmente desempenha funções bem diversas, no contexto de um grupo ou de toda a sociedade. A sociedade de massa é tão rica em determinações e possibilidades, que nela se estabelece um jogo de mediações e reportações entre cultura de descoberta, cultura de puro consumo, cultura de divulgação e mediação, dificilmente redutíveis às definições do belo ou do Kitsch.

Em muitas dessas sisudas condenações do gosto massificado, no apelo desconfiado a uma comunidade de fruidores ocupados unicamente em descobrir as belezas ocultas e secretas da mensagem reservada da grande arte, ou da arte inédita, nunca se abre espaço para o consumidor médio (para cada um de nós, na pele do consumidor médio), que, no fim de um dia de trabalho, pede a um livro ou a uma película o estímulo de alguns efeitos fundamentais (o arrepio, a risada, o patético) para restabelecer o equilíbrio de sua vida física ou intelectual. O problema de uma equilibrada comunicação cultural não consiste na abolição dessas mensagens, mas na sua dosagem, e em evitar que sejam vendidas e consumidas como arte. Mas quantas vezes a mensagem artística não é usada como estímulo evasivo, e quantas vezes o estímulo evasivo, visto com olhos críticos, não se torna objeto de uma reflexão consciente?

Numa sociedade de massa, a comunidade dos consumidores de mensagens prevê uma série de reações que não são assim tão facilmente redutíveis ao modelo unitário do homem-massa. Uma pesquisa psicossociológica pode dar-nos o motivo dessa variedade. Mas uma análise da estrutura da mensagem em geral, em sua forma comum e em sua forma privilegiada de mensagem poética, já nos poderá talvez indicar a raiz estrutural dessa variabilidade dos êxitos e das fruições.

E poderá permitir-nos individuar, na própria estrutura da mensagem, a mola do Kitsch (sua possibilidade de funcionar como Kitsch), em termos tais que o Kitsch possa ser definido como uma forma de falta de medida, de falsa organicidade contextual – e portanto, também como mentira, trapaça perpetrada não ao nível dos conteúdos mas da forma mesma da comunicação.

Estrutura da mensagem poética

Provocação de efeitos e *divulgação de formas consumidas*: esses parecem ser os dois polos fundamentais entre os quais oscila uma definição do Midcult ou do Kitsch. Mas é fácil perceber que, no primeiro caso, se indica uma característica formal da mensagem, e no segundo, seu "destino" histórico, sua dimensão sociológica.

É verdade que existe um modo de sintetizar os dois pontos vendo-os como manifestações acessórias de uma única situação bem mais grave: quando Adorno fala na redução do produto musical a "fetiche"[12] – e quando sublinha que sorte semelhante envolve não apenas a ignóbil cançoneta de consumo, mas também o produto artístico de nobres origens tão logo é este introduzido no circuito do consumo de massa – quer dizer-nos, exatamente, que não se trata de saber se ouvindo uma composição o consumidor frui uma mensagem dirigida à pura estimulação de efeitos, ou se aceita como experiência estética original a percepção de formas consumidas e gastas: adverte-nos que em ambos os casos a relação típica entre homem massificado e produto artístico mercantilizado configura-se como irrefletida e não-analisável adoração de um objeto-fetiche; a música, boa ou má, não é mais percebida analiticamente, mas aceita em bloco como algo bom de consumir por imposição do mercado, que de antemão nos adverte que ela é boa, eximindo-nos de todo juízo.

Essa, porém, é a atitude que anteriormente criticamos como improdutiva. Pois na verdade erige o homem-massa consumidor em fetiche genérico, e o objeto consumível em outro fetiche inanalisável. Observemos que, ao nível do con-

12. V. ensaio citado.

sumo de massa, as atitudes são mais diferenciadas do que sustenta uma crítica tão radicalmente negativa. Mas estamos procurando deslocar o discurso para um plano de diferenciações progressivas, de modo a obter algum instrumento de análise. Procuraremos, portanto, estabelecer o que acontece a um produto indiscutivelmente válido (a *Quinta Sinfonia* de Beethoven, a *Gioconda*), uma vez colocado num circuito de consumo de massa; e qual será, pelo contrário, o mecanismo com que funciona um produto inserido no mesmo circuito, mas construído com elementos elaborados a outros níveis e em outros contextos.

Pode constituir um ponto de partida a assunção da obra de arte como *estrutura* – entendendo-se esse termo como sinônimo de *forma*, e dando-se-lhe preferência não só porque nos permite andar de par com outras pesquisas sobre a estrutura da comunicação, mas também porque "forma" poderia sugerir a noção de um organismo de tipo quase biológico, tão estreitamente conexo em cada uma de suas partes que resultaria indecomponível; ao passo que à noção de estrutura se associa, precipuamente, a ideia de uma relação entre elementos podendo-se, destarte, considerar a situação de elementos que, pertencentes a uma estrutura, são dela extraídos para se inserirem em outros contextos estruturais.

Uma obra de arte como estrutura constitui um sistema de relações entre múltiplos elementos (os elementos materiais constitutivos da estrutura-objeto, o sistema de referências a que a obra reporta, o sistema de reações psicológicas que a obra suscita e coordena etc.) que se constitui a diferentes níveis (o nível dos ritmos visuais ou sonoros, o nível do enredo, o nível dos conteúdos ideológicos coordenados etc.)[13].

O caráter de unidade dessa estrutura, o que constitui sua qualidade estética, é o fato de ela aparecer, a cada um de seus níveis, organizada segundo um processo sempre reconhecível, aquele *modo de formar* que constitui o *estilo*, e em que se

---

13. Para uma noção de obra de arte como "sistema de estratos", cf. RENÉ WELLEK e AUSTIN WAKREN, *Teoria della letteratura e metodologia dello studio letterario*, Bolonha, Il Mulino, 1959, em particular o cap. XII, explicitamente da lavra de Wellek; o qual, a seguir, se inspira notoriamente nas experiências do círculo linguístico de Praga. Anotação importante, dado que, mais adiante, retomaremos a investigação baseados exatamente nas posições de Roman Jakobson.

manifestam a personalidade do autor, as características do período histórico, do contexto cultural, da escola a que a obra pertence[14]. Portanto, uma vez encarada como obra orgânica, a estrutura permite que nela se identifiquem elementos daquele modo de formar que indicaremos como *estilemas*. Graças ao caráter unitário da estrutura, cada estilema apresenta características que o re-associam aos outros estilemas e à estrutura original, de tal modo que de um estilema se pode inferir a estrutura da obra completa, ou, na obra mutilada, se pode reintegrar a parte destruída.

Na medida do êxito que alcança, uma obra de arte faz escola e gera uma escola de imitadores. No entanto, pode ela fazer escola de duas maneiras: a primeira consiste em propor-se como exemplo concreto de um modo de formar, inspirado no qual outro artista pode também elaborar modos operacionais próprios e originais; a segunda consiste em oferecer a toda uma tradição de fruidores estilemas também usáveis separadamente do contexto original, e todavia sempre capazes de evocar, embora isolados, as características desse contexto (quando mais não seja, a título de estímulo mnemônico, de forma que quem individua um estilema qualificado em qualquer outro contexto, é instintivamente levado a evocar-lhe a origem – carregando, sem perceber, o novo contexto de uma parte da aprovação tributada ao contexto original).

Nessa série de definições, introduzimos, contudo, uma série de noções que nos impedem de considerar uma estrutura artística como um conjunto de relações internas autossuficientes. Dissemos que a obra coordena um sistema de referências externas (os significados das palavras significantes de um poema; as referências naturalistas das imagens de um quadro etc.); que coordena um conjunto de reações psicológicas dos seus intérpretes; que conduz, através do seu modo de formar peculiar, à personalidade do autor e às características culturais de um dado contexto; e assim por dian-

---

14. Para a noção de "modo de formar" valemo-nos da *Estética* de Luigi Pareyson. Para as observações seguintes recorremos, em particular, à rica fenomenologia que Pareyson desenvolve (no capítulo *Completude da obra, de arte*) sobre as relações entre as partes de uma obra e o todo; e ao capítulo *Exemplaridade da obra de arte*, para a possibilidade, típica da obra de arte, de gerar imitação, escolas, normas e modos operacionais.

te. Uma obra é, portanto, *um sistema de sistemas*, alguns dos quais não dizem respeito às relações formais internas na obra, mas às relações da obra com seus fruidores e às relações da obra com o contexto histórico cultural de que se origina. Nesse sentido, uma obra de arte tem algumas características em comum com todo tipo de mensagem que se dirija de um autor a um receptor (e portanto, não deve apenas ser considerada como um fato autossuficiente, mas cumpre inseri-la num conjunto de relações). Examinemos, portanto, as características da mensagem comunicacional em geral, para depois estabelecermos as modalidades distintivas de uma mensagem artística. E por comodidade, examinemos, antes de mais nada, a natureza da mensagem linguística – visto que das experiências sobre tal tipo de mensagens derivam as mais válidas aquisições de uma moderna teoria da comunicação[15]. A men-

15. Quanto à análise que se segue, recomendamos o capítulo *Abertura e teoria da informação* do nosso *Obra Aberta* (op. cit). Mas os elementos de uma teoria da informação, de que lançaremos mão, estão aqui integrados no âmbito de uma teoria da comunicação. Essa enfatização estava presente também no nosso texto precedente, mas aqui pretendemos torná-la mais explícita, dado que, naquele local, nossa tendência era falar de modo genérico sobre a teoria da informação e mesmo considerá-la conjuntamente com uma teoria da comunicação. A teoria da informação é aplicável a uma definição de mensagem bastante ampla, que também abarca os fenômenos do mundo físico. Nesse sentido, pode estabelecer, com meios puramente objetivos, a quantidade de informação oferecida por uma mensagem considerada como estrutura autossuficiente. Do momento em que essa mensagem se compõe de elementos que constituem símbolos comunicativos empregados entre grupos humanos, então é possível estabelecer tanto a natureza da mensagem como o código sobre o qual ela repousa, sem fazer referência a elementos estranhos à mensagem, tais como *quem emite e quem recebe*. Isso era o que pretendíamos no primeiro volume, ao sublinhar o diverso potencial de informação constituído por uma mensagem de feliz aniversário, conforme viesse ela de um amigo ou do presidente do conselho dos ministros da URSS (onde a recepção de um dado número de "bits", informacionalmente deduzíveis com base num normal código Morse, válido objetivamente em qualquer circunstância, e portanto traduzíveis eletronicamente em termos de unidades físicas, é, ao contrário, historicizada e situacionalizada, devendo ser avaliada segundo o equipamento do sistema de assunções com que o receptor decodifica a mensagem). Além do mais, o insistir sobre a teoria da comunicação permite-nos reportar essas mesmas analises informacionais às pesquisas estruturalistas de ordem linguística, inspiramo-nos, de fato, para toda a análise que se segue, nos estudos de ROMAN JAKOBSON e, em particular, na antologia de escritos (publicados, igualmente, em várias línguas) aos cuidados de Nicolas Ruwet com título *Essais de linguistique générale* Paris, Editions de Minuit. 1963.

sagem linguística constitui, de fato, um modelo de comunicação que pode ser empregado também para definir outras formas comunicativas.

Os fatores fundamentais da comunicação são o *autor*, o *receptor*, o *tema* da mensagem e o *código* a que a mensagem faz referência.

Também na teoria da informação, a emissão de uma mensagem compreensível se baseia na existência de um sistema de possibilidades previsíveis, num sistema de classificações que servirá de base para conferirmos um valor e um significado aos elementos da mensagem: e esse sistema é o próprio código enquanto conjunto de regras de transformação, convencionalizadas de ponta a ponta, e reversíveis.

Na mensagem linguística, o código é constituído pelo sistema de instituições convencionalizadas que é a *língua*. A língua, enquanto código, estabelece a relação entre um significante e o seu significado ou – se quisermos – entre um símbolo e o seu referente, bem como o conjunto das regras de combinação entre os vários significantes[16]. Dentro de uma língua, estabelecem-se escalas sucessivas de autonomia para o autor de mensagens: "na combinação de traços distintivos em fonemas, a liberdade de quem fala é nula; o código já estabeleceu todas as possibilidades utilizáveis na língua em questão. A liberdade de combinar os fonemas em palavras é circunscrita [estabelecida pelo léxico] e limitada à situação marginal da criação de palavras. Na formação das frases, a partir das palavras, as constrições de quem fala são menores. Finalmente, na combinação das frases em enunciados, a ação das regras constritivas da sintaxe detém-se, e a liberdade de cada falante em

---

16. Naturalmente, entende-se "língua" na acepção saussuriana como "um produto social da faculdade da linguagem e um conjunto de convenções necessárias, adotadas pelo corpo social, para permitir o exercício dessa faculdade entre os indivíduos" (*Cours de linguistique générale*). "Em McKay, a palavra-chave da teoria da comunicação e a noção de possibilidades preordenadas: a linguística diz a mesma coisa... Hoje, graças à elaboração dos problemas de codificação feita pela teoria da comunicação, a dicotomia saussuriana entre língua e fala (*parole*) pode receber uma nova formulação, muito mais precisa, que lhe confere um novo valor operativo. Reciprocamente, na linguística moderna, a teoria da comunicação pode encontrar informações bastante ricas sobre a estrutura estratificada, sob aspectos múltiplos e complexos, do código linguístico" (Jakobson, *op. cit.*, p. 90, e, em geral, o capítulo V).

particular se enriquece substancialmente, embora convenha não esquecer o número dos enunciados estereótipos[17]".

Todo signo linguístico compõe-se de elementos constituintes e surge em *combinação* com outros signos: é um *contexto*, e se insere num contexto. Mas é escolhido para ser colocado num contexto através de um trabalho de *seleção* entre termos alternativos. Assim, todo receptor que venha a compreender uma mensagem, entende-a como *combinação* de partes constituintes (frases, palavras, fonemas: que podem ser combinados ou sob forma de concatenação ou de concorrência, segundo se estabeleçam num contexto ambíguo ou linear), *selecionadas* naquele repertório de todas as possíveis partes constituintes, que é o código (e, no caso a língua em questão). Portanto, o receptor deve continuamente reportar os signos que recebe não só ao código como ao contexto[18].

Sublinhemos, como lembra Jakobson, que "o código não se limita ao que os engenheiros chamam de 'o conteúdo puramente cognitivo do discurso' [e, portanto, ao seu aspecto semântico]: a estratificação estilística dos símbolos léxicos, como as pretensas variações livres, tanto na sua constituição como nas suas regras de combinação, são 'previstas e preparadas' pelo código[19]".

Mas se o código concerne a um sistema de organização que vai além da ordenação dos significados, cumpre não esquecer que a noção de código também concerne a um sistema da organização que está aquém do nível dos significados, aquém da própria organização fonológica pela qual a língua distingue, no discurso oral, aquela série finita de unidades informativas elementares que são os fonemas (organizados num sistema de oposições binárias). A própria Psicologia se

---

17. *Op. cit.*, p. 47.
18. *Op. cit.*, pp. 48-49. Aqui, entretanto, parece-nos que Jakobson distingue nitidamente demais o eixo da seleção – como referência ao código, e portanto às referências semânticas da mensagem – do eixo da combinação – como referência ao contexto, e portanto à estrutura sintática da mensagem. Evidentemente, também a estrutura sintática obedece a uma série de prescrições devidas ao código, e essas prescrições determinam um arranjo sintático tal que conferem um lugar definido aos vários termos selecionados: portanto, também a referência ao contexto implica uma referência ao código, e a referência à estrutura sintática auxilia a compreensão semântica.
19. *Op. cit.*, p. 91.

apoia na teoria da informação para descrever os processos de recepção a nível sensorial como recepção de unidades informativas; e os processos de coordenação desses estímulos--informações, como decodificação de mensagens baseada num código. Que esse código seja considerado fisiologicamente inato ou culturalmente adquirido (reproduzindo ou não o código objetivo, baseados no qual os estímulos se constituíam em *formas* antes mesmo de serem recebidos e decodificados como mensagens), eis um problema que exorbita do nosso discurso. O fato é que a noção de código deverá ser assumida também nessa acepção, no momento em que nos preparamos para definir a mensagem poética, *visto que nela há que avaliar também a percepção da mensagem enquanto organização concreta de estímulos sensoriais*. Esse recurso ao código perceptivo adquirirá depois tanto maior valor quanto mais se passar da consideração de mensagens que revestem precisas funções significativas (como a mensagem linguística) para mensagens, como a plástica ou a sonora, de onde emerge sobretudo a necessidade de uma decodificação a nível perceptivo, dada a maior liberdade que existe aos níveis de organização mais complexa, não constrangidos pelas malhas de códigos institucionalizados como a língua.

Esclarecido esse ponto, voltemos a examinar a relação mensagem-recepção, a nível linguístico.

O receptor encontra-se, pois, diante da mensagem, empenhado num ato de interpretação que consiste essencialmente numa decodificação. Na medida em que o autor exigir que a mensagem seja decodificada, de modo a dar um significado unívoco e preciso, exatamente correspondente a tudo quanto pretendeu comunicar, introduzirá ele em sua mensagem elementos de reforço, de reiteração, que ajudam a restabelecer sem equívoco seja as referências semânticas dos termos, seja as relações sintáticas entre eles: a mensagem será, assim, tanto mais unívoca quanto mais *redundante*, e os significados serão repetidamente reforçados. Todo código contém regras aptas a gerar redundância e, na linguagem falada comum, uma boa porcentagem (variável segundo as línguas) dos elementos da mensagem tem pura função de redundância – visto que, teoricamente, seria possível dizer as mesmas coisas de modo bastante mais elíptico (arriscando-se, naturalmente, a cair numa decodificação aberrante).

A redundância concorre para sublinhar a univocidade da mensagem; a mensagem unívoca será a que a Semântica definiria como *proposição referencial, onde* se procura estabelecer uma absoluta identidade entre a relação que o autor institui entre significantes e significados e a que instituirá o decodificador. Nesses casos, o decodificador vê-se de imediato conduzido a um código familiar, que conhecia antes de receber aquela mensagem; e se dará conta de que a mensagem toma o máximo cuidado em seguir todas as prescrições do código.

A mensagem que definimos como "poética" surge, ao contrário, caracterizada por uma *ambiguidade* fundamental: a mensagem poética usa propositadamente os termos de modo que a sua função referencial seja alterada; para tanto, põe os termos em relações sintáticas que infringem as regras consuetas do código; elimina as redundâncias de maneira que a posição e a função referencial de um termo possa ser interpretada de vários modos; elimina a possibilidade de uma decodificação unívoca, dá ao decodificador a sensação de que o código vigente está de tal modo violado que não sirva mais para decodificar a mensagem. Nesse sentido, o receptor vê-se na situação de um criptanalista forçado a decodificar uma mensagem cujo código desconhece, devendo, para isso, deduzir o código não de conhecimentos precedentes à mensagem, mas do contexto da própria mensagem[20]. Desse modo,

20. As noções de código e decodificação são aplicáveis (como dissemos) também a comunicações de ordem não linguística, por exemplo, a uma mensagem visual ou a uma mensagem musical enquanto organização de estímulos perceptivos. Será, todavia, possível uma decodificação de tais mensagens a nível semântico? O caso é simples quando se trata de pintura figurativa ou mesmo simbólica (onde existem referências semânticas de ordem imitativa, ou devidas a convenções iconológicas; embora menos cogente que o sistema linguístico, pode existir um código interpretativo baseado numa tradição cultural, em que até mesmo uma cor assume referência precisa); quanto à música, CLAUDE LÉVI-STUAUSS (Georges Charbonnier, *Entretiens avec C.L.S.*, Paris, Plon-Julliard, 1961) refere-se a ela como sistema significativo enquanto se apoia a uma gramática (a gramática tonal ou a dodecafônica); mas a propósito da música serial, chega a conclusão de que a noção de sistema de significados perde o pé, e elabora a hipótese de que aí atuam regras prosódicas e não regras linguísticas: "Já que a essência das regras linguísticas está em que, com sons em si mesmos arbitrários, conseguimos diferenciar significações, e esses sons se acham integrados num sistema de oposições binárias..." Ora, na música serial, "a noção de oposição subsiste, mas não a articulação das oposições em sistema. Nesse sentido, o

vê-se o receptor a tal ponto empenhado, pessoalmente, na mensagem, que sua atenção se desloca dos significados, a que a mensagem podia conduzi-lo, para a estrutura mesma dos significantes: e assim fazendo, obtempera ao fim que lhe estava prescrito pela mensagem poética, a qual se constitui como ambígua porque se propõe a si mesma como primeiro objeto de atenção: "a auto-enfatização da mensagem é propriamente o que caracteriza a função poética..."[21]. Quando

código me parece mais expressivo que semântico" (pp. 127-128). A objeção de Lévi-Strauss é importante; e também se dirige à arte abstrata. Só que atinge apenas a música tonal: a qual se rege por um código gramatical, destituído, porém, de que dimensão semântica – como bem se sabe a partir de Hanslick, a não ser que se aceitem os ideais de uma música descritiva. Como veremos na nota seguinte, o equívoco consiste em associar, estreitamente demais, as funções poética e semântica.

21. Jakobson, *op. cit.*, p. 30. Aqui se esclarecem as objeções propostas na nota (20). O que caracteriza a mensagem poética é sua ambiguidade de estrutura que, estimulando interpretações múltiplas, obriga a fixar a atenção sobre essa mesma estrutura. A mensagem pode comunicar significados precisos, mas a primeira comunicação que atua diz respeito a ela mesma. Portanto, o fato de não se constituir em sistema semântico definido não invalida uma determinada forma de arte, como a música (em geral) ou a música serial, ou a pintura abstrata (e, naturalmente, informal). Mesmo quando possui uma dimensão semântica, a mensagem poética convida-nos a verificar a eficácia da significação como fundada sobre a estrutura sintática do contexto. Mas pode haver mensagens em que as referências semânticas sejam abertíssimas e imprecisas, enquanto que a estrutura sintática é bastante precisa: como um quadro de Pollok, por exemplo. É bem possível que depois, no âmbito de uma dada cultura, também obras do gênero permitam, através de uma tradição interpretativa, conferir certa validade semântica aos signos implicados. Em *Obra Aberta*, no capítulo *O informal como obra aberta*, citou-se um protocolo de leitura em que Audiberti, interpretando os quadros de Camille Bryen, confere valor semântico a um sistema de signos do qual emerge, antes de mais nada, a relação sintática, a relação estrutural.

Mas, o mais das vezes, a eficácia semântica de tais mensagens é produzida justamente pelo valor de conhecimento que se costuma conferir ao sistema de relações contextuais. Em Arquitetura, por exemplo, fala-se no valor semântico de um edifício não só pela referência dos seus elementos isolados (janelas, teto, escadas etc.) a precisas funções militaristas, mas justamente pela natureza simbólica que o contexto geral assume em virtude de articular-se estruturalmente de certo modo, e relacionar-se com o contexto urbanístico (cf., por exemplo, Gillo Dorfles in *Símbolo, comunicazione, consumo*, Turim, Einaudi, 1962, capítulo V: *Valori comunicativi e simbolici nell'architettura, nel disegno industriale e nella publicità*). Mas isso também acontece com os modos de formar musicais, que a tal ponto adquirem valor se especifica a arte como função autônoma, como um *formar por formar*, acentua-se a característica da comunicação artística, que, em termos de Teoria da Comunicação e de Linguística Estrutural, pode ser definida da seguinte maneira: "O enfoque da mensagem enquanto tal a auto-enfatização que a mensagem, por conta própria realiza, é o que caracteriza a função poética da linguagem"[22]. Nesse sentido, a ambiguidade não é uma característica acessória da mensagem: é a mola fundamental que leva o decodificador a assumir uma atitude diferente em relação à mensagem, a não consumi-la como

de referência precisa a situações ideológicas, que podem ser usados com função semântica. E acontece em pintura, onde também um estilo pode adquirir (com base num processo interpretativo adquirido pela tradição) valor significativo quase convencionalizado: pode-se ver, assim, que um gráfico disposto a ilustrar (e isso foi feito a capa de um livro de Robbe-Grillet com um quadro de Mondrian, nunca ousaria assinalar com um quadro análogo um volume de Becket. Naturalmente, em todos esses casos, a relação significante-significado não é precisa como na linguagem falada; mas essa relação é secundária no tocante à definição de mensagem poética e passa a ser posta em crise também na estruturação de uma mensagem linguística com fins poéticos. Na mensagem poética, a estruturação dos signos pode tender a coordenar não só uma ordem de significantes, mas também uma ordem de emoções ou de puras percepções, como acontece nas artes decorativas e – precisamente – na música. Mais frequentemente, os verdadeiros significados dos significantes são os problemas de estruturação dos significantes. Portanto, quando Lévi-Strauss acusa a pintura abstrata porque "nela falta, a meus olhos, o atributo essencial da obra de arte que é trazer uma realidade de ordem semântica", simplesmente restringe a noção de arte a um tipo de arte, ou recusa-se a reconhecer que, na mensagem poética, a noção de semanticidade se articula de modo diferente.

Justamente para fugir a esse impasse, A. A. MOLES desenvolveu uma distinção entre aspecto semântico e aspecto estético da mensagem ligado, este último, à estruturação dos materiais, V. *Théorie de l'information et perception esthétique*. Paris, Flammarion, 1958; e o ensaio *Vanalyse des structures du message poétique aux differents niveaux de la sensibilité*, na coletânea (Autori Vari) *Poetics*, Gravenhage, Mouton & Co., 1961, p. 811 e ss.

22. Jakobson, *op. cit.*, p. 218. Isso não quer dizer que os significados (quando existem) não contem. Pelo contrário, a mensagem poética leva-nos tão eficazmente a problematizar os significados a que se reporta, que somos obrigados a voltar destes para a mensagem, para individuarmos, nas modalidades de significação, a raiz da sua problematicidade. Posto que os significados existissem antes (um poema que narre os acontecimentos das guerras púnicas), a mensagem poética ajuda-nos a vê-los sob uma luz nova e mais rica, e, nesse sentido, assume função de conhecimento.

simples veículo de significados, esquecendo-a tão logo tais significados, dos quais ela não constituía mais que simples trâmite, fossem compreendidos; mas a vê-la como manancial contínuo de significados jamais imobilizáveis numa só direção e, portanto, a apreciar a estrutura típica desse manancial de informação, que me incita a uma contínua decodificação, mas está organizado de maneira a coordenar minhas decodificações possíveis e a obrigar-me a uma constante auto-indagação sobre a fidelidade de minha interpretação, confrontando-a com a estrutura da mensagem[23].

23. EMÍLIO GARRONI, em *La crisi semântica delle arti*, Roma, Officina Edizioni, 1964, move amplas e atiladíssimas objeções às teses por nós expostas em *Obra Aberta*, acerca da noção de informação. Aí se apresentava a informação como o oposto do significado unívoco, e portanto como uma riqueza dos significados possíveis; definira-se a obra de arte (não só a contemporânea, que visa particularmente a realizar o valor informação, mas todas as obras de arte em geral) como uma mensagem que estimula (e coordena) uma infinidade de significados, e se coloca, portanto, como fonte de informação. Garroni observa que os teóricos da informação, quando elaboram a noção de informação como possibilidade de mensagens, referem-se (em termos de organização da comunicação) à fonte das mensagens, não à estrutura da mensagem isolada. A objeção é válida, e talvez em *Obra Aberta*, a distinção não tenha sido suficientemente salientada; mas a resposta à objeção de Garroni está contida na sua própria argumentação. De fato, a particularidade da mensagem poética – que a torna diferente da mensagem comum – é a de *ser estruturada como uma mensagem, mas constituir, na realidade, uma fonte de mensagens*. Situação paradoxal, certamente, mas esse é o próprio paradoxo da arte, que há séculos incita o homem a tentar definir-lhe a natureza, irredutível aos parâmetros da comunicação comum. Quando Jakobson fala da ambiguidade da mensagem poética, diz exatamente isso. E quando nós, em *Obra Aberta*, discorríamos sobre a dialética entre forma e abertura, queríamos definir a situação que se estabelece quando se tem uma mensagem que, por sua ambiguidade, se torna aberta, e portanto, fonte de mensagens; e todavia, por sua estrutura, tende continuamente a coordenar as decodificações possibilitadas por sua ambiguidade, apresentando-se, justamente, como uma forma que, ao mesmo tempo que suscita interpretações diversas, também as controla e verifica. Em termos estruturalistas, Wellek (*op. cit.*, p. 203) falava exatamente da obra de arte como *estrutura de determinação* que controla e coordena as minhas interpretações. Jackobson, analisando alguns trechos shakespeareanos, no capítulo XI da op. cit. (*Linguística e poética*) dá-nos exemplos absolutamente admiráveis de como se pode organizar a análise de uma mensagem focalizando-lhe características estruturais objetivas e deixando perceber como, em virtude dessas características, se gera, juntamente com o delinear-se de uma estrutura de determinação, a liberdade solicitada pela ambiguidade da estrutura, e portanto a série das leituras

Essa definição da arte como *experiência aberta* não foi, na verdade, inventada pelos teóricos da comunicação e pelos linguistas estruturalistas, mas foi em suas formulações que encontrou uma confirmação, à luz de um determinado método de investigação[24].

De uma noção de obra de arte como contínua polaridade entre *completude* e *inexauribilidade*[25] às propostas de uma dialética entre *forma* e *abertura*, que se verificam em qualquer obra de arte[26], até as recentes e radicais afirmações segundo as quais a obra seria uma espécie de esquema linguístico que a história continua a preencher[27], tem a Estética contemporânea insistido bastante sobre esse ponto; e não é isso o que nos interessa, particularmente, no momento.

Importa-nos sobretudo estabelecer que o decodificador, ante a mensagem poética, coloca-se na característica situação de tensão interpretativa, justamente porque a ambiguidade, realizando-se como ofensa ao código, gera uma *surpresa*[28]. A obra de arte propõe-se-nos como uma mensagem cuja decodificação implica uma aventura, precisamente porque nos atinge através de um modo de organizar os signos que o código consueto não previa. Desse ponto em diante, no empenho de descobrir o novo código (típico, pela primeira vez, daquela obra – e todavia ligado ao código consueto, que, em parte, viola e, em parte, enriquece), o receptor introduz-se,

possíveis. É certo que a noção de uma *mensagem-fonte de mensagens* contradiz a identificação entre arte e semanticidade que Garroni parece aceitar nos mesmos termos de Lévi-Strauss.
24. Contudo, antes dos estruturalistas de Praga, os formalistas russos já tinham elaborado os pressupostos dessa posição (v. V. ERLICH, *The Russian Formalism*, The Hague, Mouton & Co., 1955).
25. V. PAREYSON, *Estética*, capítulo VIII (*Lettura, interpretazione e critica dell'opera d'arte*).
26. V. *Obra Aberta*, cit.
27. V. em particular a posição de Roland BARTHES ("*Littérature* et signification", in: *Tel Quel*, 16 – 1964, e o prefacio de *Pour Racine*, Paris, Seuil, 1963).
28. É o sistema de tensões insatisfeitas, não seguidas da solução esperada segundo os hábitos adquiridos, – as chamadas *expectativas frustradas* de Jakobson, e de que falamos em *Obra Aberta*, referindo-nos à ruptura dos sistemas probabilistas. O problema das *expectativas frustradas* é retomado nos mesmos termos por quem aplica instrumentos informacionais aos procedimentos perceptivos. Vejam-se, por exemplo, as pesquisas de Piaget e de Ombredane (de que nos ocupamos mais extensamente na edição francesa de *Obra Aberta*, Editions du Seuil).

por assim dizer, na mensagem, fazendo convergir para ela toda a série de hipóteses consentidas pela sua particular disposição psicológica e intelectual; à falta de um código externo a que recorrer globalmente, elege como código hipotético o sistema de assunções em que se baseiam sua sensibilidade e inteligência. A compreensão da obra nasce dessa interação[29].

Mas, uma vez compreendida, colocada dentro de um circuito de recepções, cada uma das quais enriquecida com os resultados das decodificações precedentes (daí a função da Crítica), a obra corre o risco de chocar-se contra uma espécie de hábito, lentamente elaborado pelo receptor, face a ela. Aquele modo particular de ofender o código (aquele modo particular de formar) torna-se uma nova possibilidade do código; pelo menos na medida em que cada obra de arte modifica os hábitos linguísticos de uma comunidade, tornando aceitáveis expressões antes consideradas aberrantes. A mensagem poética, portanto, acha doravante o receptor de tal maneira preparado (seja porque já a tenha provado muitas vezes, seja porque, no âmbito cultural em que vive, as mil e uma divulgações e comentários tornaram-na familiar para ele) e que a ambiguidade da mensagem *não mais o surpreende*. A mensagem é apreendida como algo que repousa sobre um código adquirido. Habitualmente, ela é interpretada de pronto com a aplicação, à guisa de código, da mais credenciada e difundida das decodificações em uso (a interpretação corrente, ou – mais frequentemente – uma fórmula que resume a interpretação corrente). A mensagem perde, assim, aos olhos do receptor, sua carga de informação. Os estilemas daquela obra *consumiram-se*[30].

Compreende-se, então, que esse fato não só explica o que comumente, em termos de sociologia do gosto, é entendido como "consumo das formas", mas também esclarece como uma forma pode tornar-se fetiche" e ser fruída não pelo que é ou possa ser, mas também esclarece como uma forma pode tornar-se "fetiche" e ser fruída não pelo que é ou possa ser, mas pelo que representa no plano do prestígio ou da publicidade. Gostar da Gioconda porque representa o Mistério, ou a Ambiguidade, ou a Graça Inefável, ou o Eterno Feminino (e a utilização do

---

29. V., em *Obra Aberta*, o capítulo *Análise da linguagem poética*.
30. Para uma problemática do consumo, recomendamos as várias pesquisas do Gillo Dorfles, já citadas.

fetiche ainda pode ser esnobemente mais atenuada: "Mas seria realmente uma mulher?", "Bastaria uma pincelada mais, e o sorriso não seria mais aquele", e assim por diante) significa aceitar uma mensagem determinada, tendo-lhe sobreposto, como código, uma decodificação precedente, enrijecida em fórmula. Com efeito, não se olha mais para a Gioconda como para uma mensagem a ser enfatizada pela sua estrutura; usa-se dela como signo, como significante convencional cujo significado é uma fórmula difundida pela publicidade.

Recuperação da mensagem poética

Em tal sentido, esta poderia ser uma definição do Kitsch: *Kitsch é o que surge consumido; o que chega às massas ou ao público médio porque está consumido; e que se consome (e portanto, se depaupera) porque o uso a que foi submetido por um grande número de consumidores lhe apressou e aprofundou o desgaste.*

Uma definição desse tipo baseia-se na relação de inexpectação e surpresa que deveria gerar, no receptor, a atenção voltada para a estrutura particular da mensagem poética. Essa relação comunicativa, efetivamente, entra em crise. Mas essa crise nada diz sobre a estrutura da mensagem, estrutura essa que, de um ponto de vista objetivo, eliminada toda referência a um receptor historicamente situado, deveria permanecer inalterada: a mensagem ainda deveria estar prenhe daquelas possibilidades comunicativas que o autor ali colocou, tendo presente um receptor ideal (ideal até certo ponto, já que o autor se dirigia a um receptor em dia com um determinado código, para o qual a ambiguidade prevê, em todo o caso, a referência).

De fato, a mensagem poética, justamente porque propõe sua própria estrutura como primeiro objeto de consideração, é sempre mais complexa do que uma mensagem referencial comum. A mensagem referencial, uma vez que respeitou as convenções exigidas pelo código para tornar inequívocos os seus próprios signos e a função deles no contexto, não tem mais interesse. Para o autor, por exemplo, não existem problemas particulares no tocante à ordem da seleção dos termos: se dois termos, à luz do código, têm o mesmo significado, pouco importará usar um ou outro; quando muito, por exigências de redundância, usar-se-ão ambos, um reforçando o outro. O autor de uma mensagem poética, ao contrário, tende a acentuar aquelas características, que, de um lado, tornam mais imprecisa a referência do termo, e, do outro, induzem a que nos detenhamos sobre o termo, como elemento de uma relação contextual, e que o avaliemos como elemento primeiro da mensagem. Em outras palavras, o fato de que dois termos tenham o mesmo significado ainda não resolve nada para o artista: porque o som de um dos dois termos estará mais apto a pôr-se em relação com o som de um outro termo do contexto, e do choque dessas duas sonoridades poderá nascer uma assonância que ponha o receptor em estado de alerta e o incite a associar aqueles dois termos, que talvez, à luz do código, tivessem uma relação bem mais débil; mas nesse caso, ao contrário, a relação se torna necessária, o receptor pergunta-se a si mesmo se não existirá um parentesco mais profundo entre os referentes dos dois termos, tal que esses mesmos dois referentes sejam postos em crise, e se gere, em lugar deles, o fantasma de um terceiro referente, que, de fato, não é significado por nenhum termo, mas sugerido pela aproximação fônica de ambos; e a atenção do receptor se deslocará imediatamente também para a estratégia comunicativa que induziu o autor a efetuar aquela conexão. Portanto, a mensagem poética não se constitui somente como um sistema de *significados*, indicado por um sistema de *significantes*, mas também como *o sistema das reações sensíveis e imaginativas estimuladas pela matéria de que são feitos os significantes*[31].

31. É a diferença que Jakobson estabelece entre *modelo de verso* e *exemplo de verso*, sendo o primeiro o verso concebido pelo autor como sistema das possíveis dicções (e das possíveis entonações emotivas); à mesma ordem pertence, sempre em Jakobson, a afirmação de que a rima implica uma relação semântica entre as unidades que liga (*op. cit.*, pp. 232-233). É sempre o problema de uma relação entre o sistema dos significados e o sistema dos materiais, e de sua unidade. Na mensagem linguística, o código também prevê, a nível fonológico, a organização de elementos que precedem as unidades semânticas; em outras artes, acentua-se a diferença entre a codificabilidade de um nível semântico e a liberdade de um nível *expressivo* (estamos ainda na diferenciação proposta por Moles entre aspecto semântico e estético). Carlo Barghini ("Natura dei signi fisiognomici", in *Nuova Corrente*, 31, 1963) propõe indicar esses elementos expressivos como "signos fisionômicos" e pergunta se eles

Em poesia, portanto, mesmo no âmbito de um só verso, constitui-se um sistema de relações bastante complexo; o verso, eliminando as redundâncias, condensa ambiguamente num simples esquema linguístico uma série indefinida de significados possíveis, e se constitui como o sistema de todos os significados que lhe possam ser conferidos (o sistema de todas as interpretações a que pode dar lugar, o sistema de todos os *patterns* emotivos que pode estimular)[32]. Uma mensagem poética é, portanto, uma estrutura que dificilmente pode ser enrijecida numa definição ou resumida numa fórmula convencional.

Portanto, não é possível falar de consumo a propósito de mensagens poéticas, como se fala de consumo a propósito de mensagens referenciais. Uma mensagem como "É proibido debruçar-se", que aparece nos transportes ferroviários, presta-se otimamente ao consumo, por ter sido reiterada e oferecida à nossa decodificação uma infinidade de vezes e em mil e uma ocasiões: ninguém lhe dá atenção quando decide debruçar-se à janela de um trem em velocidade. Para torná-la novamente eficaz, seria preciso reiterá-la de maneira original, ou enriquecê-la com a comunicação das sanções impostas aos contraventores; ou melhor, traduzida numa nova fórmula que, exatamente pelo que tem de inesperado, constitui elemento de choque; por exemplo: "Faz dois meses, o Sr. Rossi, ao debruçar-se nessa mesma janelinha, teve um olho arrancado por um galho saliente, no trajeto Cavallermaggiore-Bra".

Mas o caso da mensagem poética é diferente. Sua ambiguidade é um contínuo desafio ao decodificador distraído, um permanente convite à criptanálise. Ninguém pode afirmar que, difundida além de todo limite de tolerância, uma mensagem poética, já entendida por muitos como puro "fetiche", não possa ser, ocasionalmente, considerada numa disposição de absoluta virgindade.

Finalmente, ninguém pode afirmar que a mensagem oferecida a destinatários que com ela se defrontam pela primeira vez, escape da utilização como fetiche e – mesmo sem estimular uma decodificação adequada – não venha a ser

---

também não poderão ser reduzidos a um repertório institucional e, portanto, definidos intersubjetivamente.
32. Veja-se, em *Obra Aberta*, no capítulo *Abertura e teoria da informação*, o exemplo de decodificação de um verso de Petrarca.

considerada de maneira totalmente nova, *à luz de um código que não era o previsto pelo autor.*

Fenômenos do gênero constituem o "destino" de uma obra de arte através dos séculos. A "branca" helenidade, interpretada pelos românticos, constitui um típico exemplo de mensagem decodificada à luz de um código diferente do de seus construtores.

No caso de uma mensagem referencial, a interpretação com base em código diverso é letal. A conhecida frase "I Vitelli del romani sono belli" constitui um exemplo de mensagem que, referida ao código-língua latina, adquire um significado conforme com a vontade comunicativa do autor ("Vai, Vitello, ao som de guerra do deus romano"), mas que lida em relação ao código-língua italiana, comunica outro significado

Vejamos, agora, o verso dantesco "Pape Satan, Pape Satan Aleppe": face a ele, cada crítico é um criptanalista que se esforça por individuar um código útil.

A maioria dos leitores da *Divina Comédia* renuncia, evidentemente, a ler esse verso com base num código; mas essa mensagem tem algumas particularidades estruturais, que permitem que se salve, qualquer que seja a decodificação, uma certa cadeia de ritmos e assonâncias, sem falar no metro hendecassílabo. E já que no âmbito de uma obra poética a mensagem é intencionada também como auto-reflexiva, centrada em si mesma, qualquer que seja a decodificação, o receptor frui, nesse verso, de certo esquema de base, e recupera, em parte, a função por ele exercida no contexto dos cantos.

Se em seguida se supuser que Dante tenha deliberadamente empregado palavras privadas de sentido para criar uma aura de magia e esotericidade diabólica, então a ambiguidade na individuação do código se apresenta, de fato, como o único e verdadeiro código; a não decodificabilidade institui a capacidade comunicativa da mensagem; por meio não convencional, esta comunica um significado preciso: o demônio está se dirigindo a alguém em jargão diabólico; o fato, portanto, de o leitor ficar se perguntando qual o significado dos termos, faz parte da impressão que o autor da mensagem queria provocar.

Para dar um exemplo minimal de mensagem que se propõe como objeto de atenção embrionalmente estética, Jakobson cita o *slogan* político *I like Ike* "Esse *slogan* consiste em três monossílabos e apresenta três ditongos /ai/, cada um dos quais seguido simetricamente por um fonema consonantal /... l... k... k/ O arranjo das três palavras apresenta uma variação: não há nenhum fonema consonantal na primeira palavra, há dois em volta do ditongo, na segunda, e uma consoante final na terceira. Hymes observou a dominância de um núcleo semelhante /ai/ em certos sonetos de Keats. As duas partes da fórmula I like/Ike rimam entre si, e a segunda das duas palavras que rimam está completamente incluída na primeira (rima em eco: /laik – aik/, imagem paronomástica de um sentimento que envolve completamente o seu objeto. As duas metades formam uma aliteração vocálica, e a primeira das duas palavras em aliteração está incluída na segunda /ai/ - /aik/ imagem paionomástica do sujeito amante envolvido pelo objeto amado. O papel secundário da função poética reforça o peso e a eficácia dessa fórmula eleitoral."

Eis um exemplo de mensagem, poética nos mínimos termos, a qual propõe, no entanto, tamanha complexidade de estrutura que apresenta sempre algum aspecto recuperável, mesmo para quem a ouça como totalmente consumida. Ademais, exatamente por sua complexidade, parece prestar-se a uma leitura que prescinda do código linguístico a que se refere. Tomemos, de fato, um ouvinte, mesmo de língua inglesa, que não saiba quem seja Ike: a mensagem perderá sua tensão provocatória (a nível goliárdico), mas, ainda assim, conservará certa cantabilidade (salva-se uma decodificação a nível da percepção sonora). Se se entender por Ike uma personagem qualquer, que não seja um presidente dos Estados Unidos, a fórmula fica bem mais pobre; se a personagem for um palhaço de circo, então a fórmula se banaliza. Mas isso não impede que continue sendo uma fórmula apreciável pela concisão e pelo jogo das assonâncias.

Mas, se em lugar de *I like Ike* tivermos um verso de Dante, ou todo um poema (do qual, ao contrário, sabemos que se poderia extrair uma análise bastante complexa e profunda, tendente a salientar uma série de mecanismos estruturais), perceberemos então o quanto a obra se presta a ser decodificada também de forma aberrante, embora sempre conservando sua força comunicativa.

Difundida através de uma distribuição semanal (adquirida por um comprador que pretende com isso apropriar-se de um fetiche a ser usado com um escopo quase mágico, como pura ostentação de prestígio ou álibi cultural), a reprodução de um grande mestre da pintura poderá ou não ser contemplada, ou vista adaptando-se-lhe um código totalmente particular, que o receptor inexperto maneja com desenvoltura, acreditando-se autorizado a consumir a obra em tal sentido. Quem nos assegura, no entanto, que esse receptor não frua, do quadro-mensagem, um dos infinitos aspectos daquela complexidade estrutural que o constitui, de modo a que o quadro escape, numa certa medida, ao consumo, e restitua ao seu receptor um esquema, débil mas real, de uma comunicação originalmente mais rica?

A Tempestade, de Giorgione, interpretada unicamente nas suas referências imitativas, ignorando-se as referências ao repertório iconológico (o pastor visto como um belo rapaz, e não como Mercúrio);a carroça de feno de Bruegel, interpretada como a imitação de uma bela carroça de feno; *I promessi sposi*, lidos apenas como romance de folhetim em que se deseja saber o que acontecerá a Renzo e Lúcia; o bisonte de Altamira, apreciado como esboço vivaz de um animal em movimento, sem referência à sua função mágica... Eis alguns exemplos de decodificação parcial, realizada com emprego de códigos incompletos, muitas vezes inteiramente arbitrários (os camponeses em volta da carroça de feno poderiam vir a ser para alguém a referência ao saudável e honesto trabalho dos campos; para outros, certamente, uma glorificação profética da comunidade colcoziana), e que, no entanto, permite uma aproximação à obra, uma leitura da mensagem, dela recuperando um nível que na verdade também existia, nas intenções do autor. A vida das obras, através dos séculos e no seio da sociedade, é rica desses equívocos, desses erros de enfoque, dessas aberrações fruitivas, ao frequentes, intensas, mutuamente integradas, que quase constituem a norma; ao passo que a decodificação exemplar (exemplar não porque única, mas porque rica, complexa, realizada a todos os níveis da mensagem) constitui, frequentemente, a norma ideal da crítica, o momento de máxima atualização da obra sob o ângulo da Estética. Portanto, nem sempre o consumo de uma forma é total e irrecuperável; e a estrutura, ainda quando fruída a um único nível, justamente pelo profundo parentesco que liga cada estilema ao complexo relacionai da obra, manifesta-se em escorço, através do elemento parcial, como o tema incompleto de uma fruição mais plena, que permanece ao fundo, sem, contudo, anular-se de todo.

Por outro lado, se a leitura de uma mensagem segundo um código inexato e incompleto, embora sem destruir suas capacidades comunicativas, nos restitui, mesmo assim, uma mensagem empobrecida, devemos convir que em muitos casos ocorre o oposto: uma mensagem, em si bastante pobre de informação, lida à luz de um código arbitrário, pode resultar, para o receptor, bem mais rica do que pretendia o autor. Caso típico é o do bisonte de Altamira, interpretado em relação as aquisições da pintura contemporânea (à luz, portanto, de um código complexo, que considera outros critérios de gosto, técnicas da representação consciente do movimento etc.), de modo a conquistar uma riqueza de intenções que, na sua maior parte, *são introduzidas pelo receptor*. A maioria dos achados arqueológicos da Antiguidade clássica são interpretados fazendo-se convergir para o objeto uma série de referências estranhas ao autor: os braços mutilados, a erosão dos séculos tornam-se, na tardia reprodução helenística, significantes de um inacabamento alusivo que reconduzem a um leque de significados construídos por séculos de cultura, mas ignorados pelo artesão grego de priscos tempos. E no entanto, o objeto, como sistema de elementos, era também esse sistema de significantes e significados possíveis. O entremez de abertura de um espetáculo suburbano para a tropa, visto pelo intelectual em busca de episódios de costume, enche-se de referências a uma obscenidade fescenina de que jamais ouviu sequer falar o pobre diretor da companhia; e no entanto, este, ao coordenar num esquema bastante grosseiro algumas grosseiras intuições sobre gostos e expectativas de um público popular, também estruturava, na verdade, uma série de referências a comportamentos arquétipos que, de um ou de outro modo, ainda funcionam e são elaborados e consumidos por instinto.

Em suma, com uma mensagem interpretada por um código superabundante acontece o mesmo que com o *objet trouvé* que o artista subtrai a um contexto natural (ou a outro contexto artificial) e enquadra como obra de arte: nesse caso, o artista elege certos aspectos do objeto como possíveis significantes de significados elaborados pela tradição cultural.

No ato de sobrepor arbitrariamente um código a uma mensagem sem código (objeto natural) ou com outro código (refugo de trabalho industrial), o artista, na realidade, inventa, formula *ex novo* aquela mensagem. Mas cumpre perguntar se ele faz arbitrariamente convergir para a estrutura referências emprestadas de uma tradição estranha, como seja a da arte contemporânea (para a qual um seixo pode parecer Moore, um traste mecânico pode parecer Lipchitz), ou se a arte contemporânea, ao elaborar seus próprios modos de formar, já não se estaria reportando a modos de formar da natureza ou da indústria, integrando, então, no seu próprio código, elementos de outros códigos[33].

Pode acontecer, assim, na vida cotidiana, que o intelectual, entediado na sala de concertos, não decodifique absolutamente a sinfonia que ouve, e a receba como puro fetiche; ao passo que o homem comum, assobiando no trabalho as notas daquela mesma sinfonia, escutadas pelo rádio, dela recupere um aspecto, e corresponda, dessa forma, melhor que o outro, às expectativas do compositor.

Todas essas observações nos dizem que *a relação de intencionalidade fruitiva muda a capacidade informativa da mensagem*. A mensagem poética permanece como estrutura complexa capaz de estimular uma decodificação bastante variada. Na circulação intensiva de mensagens,na qual até a mensagem poética é co-envolvida e vendida ao seu público como mercadoria de consumo, a vida das obras é, no entanto, mais variada e imprevisível do que podemos supor nos momentos de maior desalento. Na sobreposição de decodificações ingênuas ou aberrantes, no uso indiscriminado dos códigos, na especificação de intencionalidades fruitivas ocasionais e oca-

---

33. V. o nosso escrito *Di foto fatte sui muri*, in "Il Verri" n. 4 – 1961); e a introdução ao volume *I colori del ferro*, Gênova, Italsider, 1963. Sobre a problemática semântica do *ready made*, v. Claude Lévi-Strauss nos *Entretiens* citados: o objeto subtraído ao seu contexto habitual inserido em outro contexto provoca uma "fissão semântica"; uma reação habitual entre um significante e o seu significado foi detonada. "Mas essa fissão semântica permite uma fusão, porque o fato de ter posto em Contato esse objeto com outros, faz surgir nele certas propriedades estruturais que já tinha... propriedades que nele estavam, portanto, latentes".

sionadas, estabelece-se uma dialética entre mensagens e receptores, irredutível a esquema, e que constitui um imprevisível território de pesquisa. Um território onde se fazem possíveis os trabalhos de readaptação e orientação do gosto, as operações de recuperação, malgrado a irrefletida e sanguínea bestialidade de um consumo cotidiano, que parece nivelar toda mensagem pelo ruído, e toda recepção, pela desatenção crônica.

O Kitsch como "boldinismo"

Em meio a esse panorama confuso e cheio de vitalidade, é fácil a uma indústria da cultura procurar vir ao encontro dos seus usuários tomando a iniciativa da decodificação parcial. Uma mensagem poética é complexa demais, acontece comumente que o receptor distraído colha apenas um dos seus aspectos, ou aceite-a sobrepondo-lhe uma decodificação precedente transformada em fórmula? Muito bem, que se realize uma operação de mediação, oferecendo-se ao público não as mensagens originais, mas mensagens mais simples, onde apareçam incrustados, à guisa de referência excitante, estilemas tirados de mensagens agora celebradas por suas qualidades poéticas.

A maioria das operações de Midcult são desse tipo. Sem falarmos nas mensagens de massa: aí, a busca do efeito pode ser razoável, como vimos, e não pretende aparecer como substitutivo da experiência estética; o emprego de modos de formar emprestados da arte tem função instrumental: um estilema é usado porque, numa dada mensagem, deu bom resultado comunicativo. Se uma relação onomatopaica resultou em elemento de impacto numa poesia de Poe, por que não utilizá-la para tornar memorável a publicidade de um detergente? Ninguém, ao fruir dessa publicidade, pensará estar desfrutando uma experiência "superior": o problema desloca-se para outros níveis de polêmica, a relação entre arte e Kitsch não está em causa.

Mas, com o Midcult, a coisa é muito diferente. Um estilema, uma vez tendo pertencido a uma mensagem de prestígio, tem seu êxito assegurado junto a um público desejoso de experiências qualificadas.

O produto de Midcult procurará, portanto, construir uma nova mensagem (o mais das vezes visando à provocação de efeitos), em que aquele estilema se insira e nobilite o novo contexto. Mas atenção: é possível que em mãos de um artesão sapiente, essa inserção ocorra segundo os modos de uma consequencialidade estrutural tamanha que torne aceitável, e quase original, a nova mensagem. E não era isso o que acontecia com os arquitetos renascentistas quando utilizavam elementos arquitetônicos greco-romanos em virtude da carga de nobreza que os revestia? A inserção pode ocorrer de maneira que o inserido permaneça intencionado como inserido. A citação musical clássica, em Strawinsky, constitui um exemplo de estilema extraído de outro contexto e inserido num contexto novo: onde a manifesta intencionalidade da inserção confere necessidade ao inserido e faz o receptor remontar a um código interpretativo que tome em consideração essa atitude. É o caso da colagem, do quadro polimatérico, onde os materiais inseridos conservam uma intencional referência à sua origem. É o caso do fragmento de muralha serviana inserido no complexo arquitetônico da fachada da estação de Roma. Não se tenta, aqui, contrabandear para o público um fragmento de "arte", a fim de dar-lhe a impressão de que todo o contexto seja arte, quando é puro suporte artesanal de um estilema citado" O contexto é necessário porque se constitui como citação explícita. Mais raro é o caso de uma citação que desapareça como tal, e se amalgame num sistema de relações de novo tipo. Embora se pudessem mencionar ótimos exemplos de romances de consumo, visando, portanto, a fins de puro entretenimento, onde, por exemplo, a técnica do monólogo interior, empregada para traduzir uma determinada situação, adapta-se ao objetivo, funciona como estilema original, fazendo esquecer sua natureza de modo de formar emprestado de Joyce.

Mas o que, ao contrário, caracteriza o autêntico Midcult, e o caracteriza como Kitsch é a incapacidade de fundir a citação no contexto novo: e manifestar um desequilíbrio no qual a referência culta emerge provocatoriamente, mas não é intencionada como citação, e sim contrabandeada como invenção original, e todavia sobrepõe-se ao contexto, fraco demais para suportá-la, disforme demais para aceitá-la e integrá-la. Nesse caso, definiremos o Kitsch, em termos estruturais, como *o estilema deslocado do próprio contexto e inserido em outro contexto cuja estrutura geral não tem os mesmos caracteres de homogeneidade e necessidade da estrutura original, sendo a mensagem proposta – graças à indébita inserção – como obra original e capaz de estimular experiências inéditas.*

Exemplo típico desse procedimento nos é dado por um pintor como Boldini, com toda justiça famoso junto ao público médio de sua época.

Boldini é retratista de fama, o pintor das grandes damas, artífice de retratos que constituem para o comitente fonte de prestígio e objeto de aprazível consumo. Pintor da nobreza e da alta burguesia, no âmbito do sistema em que vive, poderia Boldini ser o normal vendedor de um produto de grande procura. A bela mulher que lhe pede um retrato, antes de mais nada, não quer uma obra de arte: quer uma obra em que se afiance o conceito de que ela é uma bela mulher

Para tal fim, Boldini constrói seus retratos segundo as melhores regras da provocação do efeito. Se observarmos suas telas, particularmente os retratos mulheris, notaremos como o rosto e os ombros (as partes descobertas) obedecem a todos os cânones de um requintado naturalismo. Os lábios dessas mulheres são carnudos e úmidos, as carnes evocam sensações tácteis; os olhares são doces, provocantes, maliciosos ou sonhadores, mas sempre diretos, pungentes, apontados para o espectador.

Essas mulheres não evocam a ideia abstrata da beleza nem tomam a beleza mulheril como pretexto para divagações plásticas ou colorísticas; representam *aquela* mulher, e a tal ponto que o espectador é levado a desejá-las. A nudez de Cléo de Mérode tem um preciso intuito excitante, os ombros da Princesa Bibesco oferecem-se ao desejo de quem olha, a procacidade de Marthe Regnier pretende ser um convite à verificação.

Tão logo, porém, passa ele a pintar as roupas, quando do corpete desce para a barra da saia, e do vestido se transfere para o fundo, eis que Boldini abandona a técnica "gastronômica": os contornos renunciam à precisão, os materiais descamam-se em pinceladas luminosas, as coisas viram grumos de cor, os objetos fundem-se em explosões de luz… A parte inferior dos quadros de Boldini evoca uma cultura impressionista, e Boldini, é claro, agora "faz vanguarda", cita do repertório da pintura contemporânea. No plano superior, fizera gastronomia, agora, faz arte; esses bustos e semblantes *de desejar* emergem da corola de uma flor pictórica, que, ao contrário, é só *de olhar*.

A comitente não poderá declarar-se molestada por ter sido carnalmente propagandeada como uma cortesã: pois então o restante de sua figura não se tornou estímulo para degustações do espírito, experiência da pura perceptividade, gozo de ordem superior? A comitente, o comitente, o espectador estão tranquilos: em Boldini, provaram a arte – e, além do mais, delibaram a sensação, o que parecia bem mais difícil nas impalpáveis mulheres de Renoir, ou nas assexuadas silhuetas de Seurat. O consumidor médio consome sua mentira.

Mas consome-a como mentira ética, como mentira social, como mentira psicológica, porque, de fato, ela constitui uma *mentira estrutural*. O quadro de Boldini representa o caso típico de inserção de estilemas cultos num contexto incapaz de conglobá-los A desproporção entre os dois níveis, alto e baixo, desses retratos é um fato formal indiscutível; essas mulheres *são sereias estilemáticas*, em que à cabeça e ao busto consumível se unem vestes contempláveis. Não há nenhuma razão formal para que o pintor mude de registro estilístico ao passar do rosto para os pés; salvo a justificação de que o rosto deve agradar o comitente, enquanto que a roupa deve contentar a ambição do Pintor, o que já é uma condenação da obra. Mas acontece que também a roupa, e justamente a roupa, é feita Para contentar o comitente e convencê-lo de que também o rosto, desabrochando em meio a tanto pano, Permite experiências respeitáveis.

Se o termo Kitsch tem um sentido, não é porque designe uma arte que tende a suscitar efeitos, porque, em muitos casos, também a arte se propõe esse fim, ou qualquer outra digna atividade que não pretenda ser arte; não é porque marque uma arte dotada de desequilíbrio formal, porque, nesse caso, teríamos apenas uma obra feia; e nem mesmo caracteriza a obra que utiliza estilemas surgidos em outro contexto, porque isso se pode verificar sem cair no mau gosto: *mas Kitsch é a obra que, para justificar sua função de estimuladora de efeitos, pavoneia-se com os espólios de outras experiências, e vende-se como arte, sem reservas.*

As vezes, o Kitsch pode ser inadvertido, um pecado cometido sem querer, quase perdoável; e nesses casos, vale a pena indicá-lo unicamente porque aí o mecanismo se processa com particular clareza.

Em Edmundo De Amicis, por exemplo, podemos encontrar um estilema manzoniano empregado com efeitos risíveis: é o que serve de fecho à primeira parte do conto sobre a infeliz Gertrudes. O relato veio por páginas e páginas acumulando em torno da figura da Monja uma série de particulares patéticos e terríveis; lentamente se foi delineando a figura dessa vocação errada, dessa rebelião reprimida, desse desespero latente. E quando o leitor já está pronto para guardar na memória uma Gertrudes em paz com o seu destino, surge em cena o celerado Egisto. Egisto desaba sobre o enredo ao término dessa acumulação, aparece como uma inopinada intervenção do fado, leva à exasperação a situação da mulher:

"Este, de sua janelinha que dava para um pequeno pátio do quarteirão, tendo visto Gertrudes passar e repassar distraída por ali algumas vezes, um dia, por destastio, mais animado que temeroso com os perigos e a impiedade da empresa, ousou dirigir-lhe a palavra. A desgraçada respondeu".

Já se gastaram numerosas páginas críticas para comentar a lapidar eficácia da última frase. Construída de modo simplíssimo, com um sujeito e um predicado, sendo o sujeito constituído por um adjetivo, a frase comunica-nos ao mesmo tempo a decisão de Gertrudes e sua definição moral, bem como a participação emotiva do narrador. Visto que o adjetivo "desgraçada", enquanto condena, lamenta; intervindo para definir a mulher, substituindo o substantivo, faz convergir toda a essência da personagem para aquela qualificação que lhe resume a situação, o passado, o presente e o futuro. O verbo, além disso, é dos menos dramáticos que se possam imaginar. "Respondeu" indica a forma mais geral da reação, não o conteúdo da resposta nem a sua intensidade. Mas, justamente aí, a frase adquire toda a sua potência expressiva, deixando entrever abismos de perversidade possibilitados pelo primeiro e irreversível gesto, ou melhor, a própria perversidade implícita no gesto, da parte de uma religiosa, da parte de quem, sabemos, não esperava, inconscientemente, mais que uma faísca para explodir de revolta.

A frase cai no ponto exato como solução de um acúmulo de pormenores, e ressoa como um acorde fúnebre, esculpe-se como uma epígrafe.

Sujeito, constituído por um adjetivo, e predicado. Formidável economia de meios. Teria em mente, Edmundo De Amicis, o achado manzoniano, ao escrever uma das mais memoráveis páginas do *Coração*? Não, provavelmente, mas, em todo o caso, a analogia existe, e deve ser sublinhada. Franti, o colega maldoso, expulso da escola, volta para a classe acompanhado da mãe. O Diretor não ousa repeli-lo porque a mulher dá pena: muito aflita, os cabelos grisalhos em desalinho, empapada de neve. Mas esses particulares não bastam evidentemente para provocar o efeito desejado pelo narrador; e recorrer-se-á, portanto, a uma longa peroração da desventurada mulher, que conta, em meio a grande abundância de pontos de exclamação, e entremeada de explosões de choro, uma triste estória que fala no pai violento, e nela mesma já à beira do túmulo. Ainda não seguro de que o leitor tenha apreendido a dramaticidade do fato, o autor explicam-nos que a mulher sai pálida e encurvada (até o xale se arrasta"), a cabeça trêmula; e ainda se pode ouvi-la tossir, embaixo, na escada.

Nesse ponto, como todos sabem, o Diretor vira-se para Franti e lhe diz

"num tom de estremecer: – Franti, tu matas tua mãe! – Todos se voltaram para olhar Franti. E o infame sorriu."

Portanto, aqui também o trecho termina por um estilema afim com o de Manzoni. Mas afim unicamente por causa da conexão entre um adjetivo (em função de sujeito) e um predicado. Comensurada ao contexto, a expressão revela natureza bem diversa. Antes de mais nada, cai justamente quando o leitor está esperando por um lance teatral, uma frase de remate que dê alívio à sua emotividade tão longamente excitada pela maciça acumulação de efeitos patéticos. Ademais, o adjetivo que designa o sujeito representa uma forma de julgamento grave e indiscriminado que adquire um sabor risível se confrontado com as reais infâmias do pobre garoto. Por fim, o "sorriu" não é um "respondeu"; sorrir é, para Franti, naquele momento, a última e mais perversa das ações que jamais se poderia praticar, e a frase não preludia coisa alguma. Ponto e basta: Franti é um infame. No todo, a expressão é melodramática e evoca mais um lago do que um moleque indisciplinado do subúrbio turinense. Colocada naquele ponto, como remate de clímax, a expressão não é um acorde fúnebre, mas um toque de zabumba. O trecho não *desinit in piscem* porque em peixe começa, mas enfim um estilema tão sóbrio e eficaz surge aqui completamente desperdiçado e irremediavelmente degradado. Até a lição pedagógica, que nessa página se podia subentender, fica comprometida pela grosseria da comunicação. Proposta como exemplo de boa redação aos rapazinhos italianos, a página torna-se, assim, irremediavelmente Kitsch. Sua única atenuante reside no fato de, como se supôs, a referência erudita não ser intencional.

Quando, pois, a intenção for patente, então o Kitsch, típico do Midcult, manifesta-se ostensivamente. É Kitsch o semiabstrato de certa arte sacra, que, não se podendo eximir de representar uma Madona ou um santo, contrabandeia-o sob forma geometrizante de medo de cair na oleografia (elaborando outra e mais avançada forma de oleografismo modernizante); é Kitsch a figura alada sobre o radiador da Rolls Royce, elemento helenizante inserido com fins de ostensivo prestígio sobre um objeto que, ao contrário, deveria obedecer a mais honestos critérios aerodinâmicos e utilitários, mas, a um nível social inferior, é Kitsch a *seicento** mascarada de carro de corrida, pintada de listas horizontais vermelhas e dotada não de para-choques normais, mas de dois pequenos rostos, imitando certos carros de circuito agonístico; como é Kitsch, ainda em cima do carro, a eflorescência de largas barbatanas, que evocam as lâminas dos carros falcatos de barbárica memória, corrigidas por uma presunção de plasticidade vanguardista; é Kitsch o rádio transistor de antena desmesuradamente longa, completamente inútil para os fins da recepção, mas indispensável a título de prestígio, por evocar os receptores portáteis em uso entre as tropas norte-americanas e eternizados em inúmeras películas de propaganda bélica. E é Kitsch o diva de pano estampado reproduzindo as mulherzinhas de Campigli, não porque o estilo de Campigli esteja consumido ou "massificado", mas porque aquelas figuras se tornaram vulgares por estarem fora de lugar, inseridas num contexto que não as requer; como o quadro abstrato reproduzido na cerâmica, ou o arranjo de bar que imita Kandinsky ou Soldati, ou Reggiani.

---

* Modelo do carro popular da Fiat, correspondendo ao nosso "fuscão". (N. da T.)

O leopardo da Malásia

A definição do Kitsch forçou-nos, pois, a começar muito mais de trás, da distinção entre mensagem comum e mensagem poética; identificou-se esta última como mensagem que, enquanto concentra a atenção sobre si e sobre sua própria inabitualidade propõe novas alternativas para a língua de uma comunidade, novas possibilidades do código; como mensagem, portanto, que se torna estímulo e fonte de novos modos de expressão, desenvolve função de descoberta e provocação (e só é receptível, não importa a distância dos séculos, se for de novo e sempre revivida nessa sua dimensão de novidade). Mas entre a mensagem poética, que descobre e propõe, e o Kitsch, que finge a descoberta e a proposta, vimos que existem vários outros tipos de mensagem, desde a mensagem de massa – que mira a finalidades diferentes das da arte – até a mensagem, artesanalmente correta, que pretende estimular experiências de tipo variado, não dissociadas de uma série de emoções estéticas, e com esse fito toma de empréstimo à arte (na sua função de descoberta) modos e estilemas, sem, contudo, banalizar o que mutuou, mas inserindo-o num contexto misto, tendente seja a estimular efeitos evasivo-consoladores seja a promover experiências interpretativas de certa dignidade: de maneira que a mensagem, nessa sua dúplice função, possa adquirir uma necessidade estrutural própria, e desincumbir-se de uma tarefa muitas vezes bastante útil. Existe, entre esse tipo de mensagem e a autêntica mensagem poética, a mesma diferença que Eli o Vittorini, com fórmula eficaz, estabeleceu entre "meios de produção" e "bens de consumo". Frequentemente porém uma mensagem que tende para a função poética, embora realize as condições fundamentais desse tipo de comunicação, manifesta desequilíbrios e mesmo certa instabilidade estrutural; ao passo que muitas vezes uma mensagem que tende a uma função de honesto consumo, realiza um equilíbrio quase perfeito. Sinal de que, no primeiro caso, malgrado a clareza das intenções, inequívocas, tem-se uma obra frustrada, ou realizada apenas por um lado; e, no segundo, um bem de consumo de tal maneira realizado, que chega a desviar a atenção do fruidor para a perfeição da sua estrutura, e devolve frescor, sabor, evidência a estilemas que nem sequer propunha pela primeira vez: tem-se, então, um singular fenômeno de recuperação, pelo qual o bem de consumo se torna verdadeira obra de arte, e funciona de modo a propor, ele próprio, pela primeira vez de maneira surpreendentemente estimulante, certos modos de formar que outros já haviam experimentado[34]. Estabelece-se, assim, uma dialética entre uma arte dirigida para experiências originais e uma arte dirigida para o assestamento das aquisições. de modo que eventualmente cabe à segunda realizar as condições fundamentais da mensagem poética, enquanto que a primeira constitui apenas uma corajosa tentativa de realização[35].

Trata-se, naturalmente, de casos a investigar criticamente, situação por situação. Ainda uma vez, a reflexão estética estabelece as condições ótimas de uma experiência comunicacional, mas sem dar indicações para o juízo sobre casos particulares.

No nosso caso, urgia enfatizar a série de gradações que se criam, no interior de um circuito de consumo cultural, entre obras de descoberta, obras de mediação, obras de con-

---

34. Pensemos num filme como *Assalto à mão armada*, de Stanley Kubrick: a construção de um enredo por segmentos que reproduzem ocorrências em desenvolvimento simultâneo (sendo o complexo geral das ocorrências considerado sob todos esses pontos de vista) não é original: encontramo-la no capítulo joyciano dos *Wandering rocks*, no *Ulysses*. Kubrick recebe o estilema quando já parcialmente adquirido pela sensibilidade culta, e quando a literatura já o havia provavelmente tomado de empréstimo a técnicas cinematográficas (a montagem à Griffith já constituía uma antecipação); divulga um moda de ver as coisas a nível popular, habitua o público a aceitar o estilema como meio expressivo consueto, sujeita um modo de formar às exigências de um produto de consumo, mas torna assim o produto de consumo tão estruturado " necessário em cada um de seus aspectos, que o distingue entre todos os demais filmes sobre o gangsterismo: e realiza uma obra de arte com todas as características da mensagem poética, visto que voltamos para revê-la, não a fim de saber como vai acabar a estória, mas para nos deliciarmos com as propriedades estruturais da comunicação.
35. Se bem que seja preciso não esquecer que as grandes obras de arte muitas vezes se notabilizaram apesar e por causa das suas imperfeições, por certas instabilidades de estrutura devidas à excitação da descoberta, à expansão de um núcleo central para o qual se dirigiam todas as energias do autor, que, em seguida, passava a sustentá-lo com elementos já não tão válidos. Ao passo que quanto mais a obra realiza todas as condições do equilíbrio, tanto mais está destinada a aparecer como exercício correto, a coberto de todos os riscos; e portanto, ainda uma vez, como simples bem de consumo.

sumo utilitário e imediato, e obras que aspiram falsamente à dignidade da arte: e portanto, ainda uma vez, entre cultura de vanguarda, cultura de massa, cultura média e Kitsch.

Para termos uma ideia clara dessas distinções, examinemos quatro trechos. No primeiro, temos um artista, Mareei Proust, que nos quer descrever uma mulher, Albertine, e a impressão que Mareei prova vendo-a pela primeira vez. Proust não visa a suscitar um efeito de apetecibilidade; busca um novo modo de tratar uma situação gasta, e através de uma mensagem aparentemente banal (comunicação de um encontro entre um homem e uma mulher, e relato das sensações do homem), quer, no fundo, elaborar uma nova técnica de conhecimento, um modo diferente de apreender as coisas.

Diante dessa tarefa, Proust renuncia a fazer da descrição de Albertine um alvo único: ele a vai individuando pouco a pouco, não como indivíduo, mas como elemento de uma espécie de todo indiviso, um grupo de moças cujos traços, cujos sorrisos, cujos gestos parecem fundir-se num único cintilar de imagens, – com uma técnica impressionista em que, mesmo quando ele descreve "oval branco, olhos negros, olhos verdes", o esboço somático perde toda capacidade de evocação sensual, para tornar-se nota de um acorde (e de fato, ele vê o conjunto das raparigas "confuso como uma música, onde eu não teria sabido isolar e reconhecer de passagem as frases, distintas, mas logo após esquecidas"). É difícil citar trechos dessa descrição, justamente porque ela se prolonga por algumas páginas e não é redutível a um núcleo de representações: leva-nos a individuar Albertine lentamente, e sempre desconfiados de que a nossa atenção, juntamente com a do autor, tenha errado o alvo... O leitor abre caminho por entre as imagens como em meio a uma vegetação intricada, e não o atingem particularmente as "faces cheias e rosadas", o "colorido trigueiro", tanto quanto a impossibilidade de distinguir um só vulto desejável, no meio dessas moças que "estabeleciam entre os seus corpos independentes e separados, enquanto avançavam lentamente, um liame invisível, mas harmonioso como uma mesma sombra quente, uma mesma atmosfera, delas fazendo um todo tão homogêneo nas suas partes quanto diverso da multidão em meio à qual, lentamente, se desdobrava o seu cortejo".

Observemos que, se analisássemos uma a uma as expressões, teríamos aqui todos os elementos encontráveis num trecho Kitsch; mas esses adjetivos nunca têm em mira um objeto, e muito menos proporcionar-nos uma emoção precisa; nem difundir uma aura indefinida de "liricidade": porque o leitor, enquanto é convidado a desembaraçar a meada de impressões que o trecho lhe propõe, vê-se continuamente solicitado a dominar as impressões, num oscilar emotivo-crítico que o impede de perder-se em sentimentos pessoais evocados pelo contexto e que não sejam, antes de mais nada, *o sentimento do contexto*. A certa altura Marcel é atingido pelos olhos escuros de uma das moças, pela emanação de um "raio negro" que o faz deter-se e o perturba. Mas, súbito, sobrevém a reflexão: "Se pensássemos que os olhos de uma jovem como aquela não passam de uma brilhante rodela de mica, não ficaríamos tão ávidos de conhecer e unir a nós a sua vida". É um compasso de espera, e a seguir, o discurso se reata não mais para rejeitar a emoção mas para comentá-la, aprofundá-la; a leitura não segue um fio único, a única coisa negada, nesse trecho tão rico de estímulos interpretativos, é a hipnose; aqui não há fascínio, mas atividade.

Mas, e se ao invés de Marcel encontrando uma garota, tivéssemos a personagem descrita por um honesto artesão a um público que exige, exatamente, fascínio, emoção, tensão e consolação hipnótica? Vejamos como se delineia uma experiência semelhante para Sandocã, o Tigre da Malásia, quando, em *Os Tigres de Monpracem*, se encontra, pela primeira vez, com Mariana Guillonk, mais conhecida, há várias gerações, como a Pérola de Labuã:

"Mal pronunciara essas palavras, quando o lorde entrou novamente. Mas não vinha só. Seguia-o, mal roçando o tapete, uma esplêndida criatura, a cuja vista Sandocã não pôde refrear uma exclamação de surpresa e admiração.

Era uma garota de dezesseis ou dezessete anos, pequena de talhe, mas esbelta e elegante, de formas soberbamente modeladas, cintura tão sutil que uma só mão teria bastado para enlaçá-la, pele rosada e fresca qual uma flor recém-desabrochada. Tinha uma cabecinha admirável, com dois olhos azuis como água do mar, uma fronte de incomparável pureza, sob a qual ressaltavam duas sobrancelhas levemente arqueadas que quase se tocavam.

A cabeleira loira descia-lhe em pitoresca desordem, qual chuva de ouro, sobre o corpete branco que lhe cobria o seio.

Ao ver aquela mulher, que mais parecia uma menina, o pirata, apesar da idade, sentira-se estremecer até o fundo d'alma".

O trecho dispensa comentários: num plano de artesanato bastante ingênuo, todos os mecanismos aptos a estimular o efeito são acionados, seja para descrever Mariana, seja para chamar a atenção para a intensidade das reações de Sandocã. Acaso alguém das futuras gerações quererá reprovar-nos por termos, na nossa infância, experimentado pela primeira vez, com a cabeça antes que com os sentidos, as dimensões da paixão através da máquina provocadora arquitetada por Emílio Salgàri? Que ao menos lhe reconheçam isto: ele não pretendia vender a sua obra como arte[36]. Máquina para fazer imaginar, ou sonhar, a página salgariana *não pede a ninguém que intencione a mensagem enquanto tal*. A mensagem serve para indicar Mariana. Nessas condições, o mecanismo do Kitsch não funciona. A nível de uma produção de massa para fins de evasão e excitação, o trecho examinado está com os papéis em ordem. Azar da crítica se sair de sua comodidade para insultá-lo. Quando muito, caberá à pedagogia estabelecer que semelhantes emoções não convém aos meninotes, ou decidir que, útil a seus próprios fins, o estilo de Salgàri não se propôs como exemplo de beletrismo, e portanto sua leitura deve ser oportunamente dosada e contrabalançada com a

---

36. Alguns objetarão que descrever fisicamente as personagens de modo a torná-las atraentes ao leitor, não é típico somente de uma produção de massa, mas o que costumava fazer a grande tradição narrativa do século XIX. E de fato, não nos parece, já dissemos, que se deva polemizar com uma arte que visa a produzir efeitos, mas com a genericidade e a fungibilidade do efeito. A Mariana, de Salgàri, tão demoradamente descrita, e tão genericamente apetecível, e destituída de personalidade. Suas características adaptar-se-iam a qualquer menina. Também Balzac parece descrever as personagens como Salgàri (rosto, olhos, lábios etc.), mas na realidade descreve-as como Proust (embora pudessem ser apreciadas até mesmo por leitores de Salgàri). Quando Balzac nos descobre o rosto do Coronel Chabert, a narrativa a ele dedicada já se iniciara umas trinta páginas atrás, e tudo concorrera para definir de antemão o sentido psicológico de cada um daqueles traços fisionômicos – à parte o fato de que na descrição do rosto do velho soldado não há uma só expressão que se possa aplicar a outros rostos. Daí nasce, certamente, um efeito, logo problematizado, no entanto, pelo resto da página.

leitura dos clássicos – ou, o que pareceria mais conforme com as pretensões médias de uma escola cheia de boas intenções, com a leitura de autores Kitsch.

Salgàri (ou seus descendentes, os atuais e excelentes confeccionadores de aventura, no romance policial ou na *space-opera*) constituirá melhor objeto de estudos no plano dos costumes ou da análise dos conteúdos. Mas já aí entramos em outro nível de interesses.

Ponhamo-nos agora do ponto de vista do narrador dotado de gosto e cultura, que, por vocação ou por opção, pretenda fornecer ao seu leitor um produto digno mas acessível; que, por um limite de arte ou por uma decisão comunicacional explícita não renuncie à estimulação de efeitos, e tenda, todavia, a elevar-se acima da produção de massa. O problema de como representar o encontro entre um homem e uma mulher (o mesmo de Proust e de Salgàri) colocar-se-á então para ele, de maneira compósita: de um lado, a exigência de estimular, num breve torneio de frases, o efeito que essa mulher deve produzir no leitor; do outro, o pudor do efeito desencadeado, a necessidade de controlá-lo criticamente.

Forçado a representar o encontro entre Sandocã e Mariana, poderia o nosso escritor resolvê-lo da seguinte maneira:

"Foram cinco minutos de espera. Depois, a porta abriu-se e entrou Mariana. A primeira impressão foi de deslumbrada surpresa. Os Guillonk prenderam a respiração; Sandocã sentiu como se lhe pulsassem as veias das têmporas.

Sob o choque recebido ao impacto da sua beleza, os homens foram incapazes de notar, analisando-a, os não poucos defeitos e aquela beleza possuía; e muitas deviam ser as pessoas que desse labor crítico jamais foram capazes.

Era alta e bem feita, com base em generosos critérios; a carnação devia ter o sabor da nata fresca, à qual se assemelhava, e a boca infantil saberia a morangos. Sob a massa dos cabelos cor da noite, suavemente ondulados, os olhos verdes alvoreciam imóveis como os das estátuas, e como esses, um pouco cruéis. Caminhava lentamente, fazendo rodar em torno de si a ampla saia branca, e toda a sua pessoa respirava a tranquilidade, a invencibilidade da mulher de Inabalável beleza."

Como se pode observar, a descrição gastronômica se ritma, aqui, com maior economia de meios e senso das pausas; mas, não obstante a indubitável *concinnitas* do trecho, o processo comunicativo é da mesma ordem. O inciso central repete, porém, o estilema proustiano já aplicado aos olhos de Albertine, e que consiste em pôr criticamente em dúvida o efeito antes sugerido pelo autor. Proust não teria aceitado sujeitar-se a uma representação tão imediata e unívoca, mas tampouco Salgàri teria sido capaz de modelá-la com tanta medida. A igual distância de ambos, coloca-se, porém, Giuseppe Tomasi di Lampedusa. O trecho citado, na verdade, pertence ao *Leopardo*, e o leitor deverá relê-lo substituindo os nomes fictícios pelos de Angélica, Tancredi e os Salinas. A aparição de Angélica, no palácio de Donnafugata, estrutura-se, portanto, como o modelo ideal de um produto médio, onde, todavia, a contaminação entre os modos da narrativa de massa, e as alusões à tradição literária precedente não degeneram num pasticho grotesco. Esse trecho não se reveste da função de iluminação e descoberta, como o de Proust; mas, mesmo assim, permanece como exemplo de uma escritura equilibrada e digna, que poderá até servir de exemplo aos jovens. O recurso ao estilema culto é feito com moderação. O resultado é um produto de consumo, destinado a agradar sem excitar, a estimular certo nível de participação crítica sem polarizar completamente a atenção sobre a estrutura da mensagem. O trecho, evidentemente, não exaure o livro (que requer um juízo mais articulado e complexo) mas é um de seus pontos representativos. O êxito dessa obra encontra nessas características estruturais uma razão convincente; e todavia, o fato de que ela tenha tido êxito não autoriza a defini-la como uma obra de Midcult ou de Kitsch. Trata-se de um bem de consumo que conseguiu, além disso, mediar uma série de problemas histórico-sociais, sobre os quais a obra, de fato, não efetua nenhuma operação de descoberta, sendo, porém, capaz de nos restituir os que foram elaborados pela consciência histórica de uma época e os que talvez pudessem escapar a muitos dos leitores.

Excelente bem de consumo, *O Leopardo* ainda não é o Kitsch. O Kitsch prevê uma contaminação menos diluída, uma vontade de prestígio mais manifesta. O trecho que se segue constituirá um exemplo excelente dessa última possibilidade, ínfima entre todas.

Ray Bradbury, não erradamente definido pela *intelligentsia* média como o único autor de ficção cientifica a ter chegado à Literatura (porque, de fato, em lugar de contar histórias de pura e simples ficção científica, esforça-se por fazê-las parecer continuamente "artísticas", graças ao emprego de uma linguagem explicitamente "lírica"), está escrevendo uma novela para *Playboy*. *Playboy*, como se sabe, é uma revista que costuma publicar atraentes nus de jovens mulheres, fotografadas com malícia e habilidade. Nisso, *Playboy* não é Kitsch: não simula o nu artístico – magro álibi da pornografia – mas emprega todos os meios técnicos e artísticos à disposição no mercado para produzir nus excitantes, embora não vulgares, acompanhando-os de *cartoons* argutos e agradáveis.

Infelizmente, *Playboy* procura promoções no plano cultural, tende a ser um *New Yorker* para libertinos e boas-vidas; e recorre à colaboração de narradores bastante conhecidos, dando prova de tolerância e *sense of humour*. Mas o projeto mesmo, do qual o narrador se torna elemento, age fatalmente como elemento corruptor: hospedado pela revista a fim de fornecer um álibi culto ao comprador em dissídio com a própria consciência, o narrador produz, frequentemente, uma *mensagem-álibi*. Produz Kitsch por uma operação que é Kitsch, já na raiz. É o que acontece com Ray Bradbury, já Kitsch ele próprio, também, em outras ocasiões. Pois também Bradbury tem um encontro a contar entre duas pessoas: mas como poderia, querendo "fazer arte", recorrer ao lugar-comum do encontro entre dois amantes? Não entraria mais rápida e diretamente no mundo dos valores se narrasse o amor de um homem por uma obra de arte? E eis que, em *Uma Estação de Tempo Sereno*, Bradbury nos conta de um homem que, arrastando-se atrás da esposa enternecida e perturbada, vai passar as férias na costa francesa (vindo da América, vejam só!), perto de Vallauris. Seu intuito é sentir-se vizinho do seu ídolo: Picasso. O cálculo é perfeito: temos a arte, a modernidade e o prestígio. Picasso não foi escolhido por acaso: todos o conhecem, suas obras já se tornaram fetiche, mensagens lidas segundo um esquema prescrito.

E uma tarde, ao anoitecer, o nosso personagem, passeando *rêveur* pela praia agora deserta, avista ao longe um velhinho apoiado a um bastão, perambulando distraído pela areia e nela desenhando estranhas figuras. Inútil dizer que se trata de Picasso. O nosso homem o compreende quando, ao aproximar-se dele pelas costas, vê os desenhos na areia. Observa sustando a respiração, temeroso de quebrar o encanto. Depois, Picasso afasta-se, desaparece. O enamorado desejaria conservar a obra, mas a maré está subindo: dentro em pouco, a areia estará submersa e o encanto quebrado.

Mas o resumo não transmite o estilo do conto. Vejamos, portanto, o que vê o protagonista, enquanto o velhinho desenha na areia:

> "Porque na praia chã havia imagens de leões gregos e cabras mediterrânicas e meninas de carne de areia semelhante a poeira de ouro, e sátiros fazendo soar os cornos esculpidos à mão, e crianças dançando e jogando flores pela praia toda, e cordeirinhos a segui-las, saltitando, e músicos tangendo harpas e liras, e jovens montando unicórnios rumo a longínquas pastagens, bosques, templos em ruína, vulcões. Ao longo da praia, numa linha ininterrupta, a mão, o estilo líneo desse "ornem, mergulhado na febre e no suor, saltavam, uniam, enlaçavam aqui e acolá, em torno, dentro, fora, através, ajeitavam, sussurravam, estacavam, e depois tornavam apressados, como se aquela móbil bacana! tivesse que florir de todo, antes que o sol fosse riscado do mar. Vinte, trinta metros, e mais ninfas e dríades ou fontes estivais despenhavam em hieróglifos emaranhados. E a areia, à luz mortiça, tinha a cor do cobre fundido sobre o qual, agora, se burilara uma mensagem que todo homem, em todos os tempos, podia ler e saborear ao longo dos anos. Tudo rodopiava e pousava no próprio vento e na própria gravidade. Ora o vinho estava para ser espremido sob os pés, ensanguentados pelos cachos, das dançantes filhas dos vindimadores, ora mares fumegantes geravam monstros recobertos de moedas enquanto aquilões floridos espargiam perfumes sobre as nuvens fugidias, ora... ora... ora...
> O artista parou."

Aqui, também, a análise é supérflua. Já se prescreve ao leitor o que deve ele individuar e gozar – e como gozá-lo – na obra de Picasso; ou melhor, da obra de Picasso fornecem-lhe uma quintessência, um *resume*, uma imagem condensada. É útil notar que o autor escolheu de Picasso o momento mais fácil e decorativo (também sobre o pintor, esplendidamente retratado nesta fase da sua produção, pesa uma suspeita de Kitsch...) e aceitou do artista a imagem mais convencional e romântica. Esse improvável perambular pelas praias decorando a orla põe por terra, até mesmo no leitor menos dotado, as últimas resistências que ainda o impedem de reconhecer em Picasso um fetiche adequado à sua condição média. De um lado, Bradbury interpreta a arte picassiana com um típico emprego de código empobrecido (reduzido ao puro gosto pelo arabesco e a um triturado repertório de relações convencionais entre figuras estereotipas e sentimentos igualmente pré-fixados), do outro, seu trecho constitui uma típica colação de estilemas tomados de empréstimo a uma tradição tardiamente decadente (poder-se-iam individuar aí ecos de Pater, Wilde, petardos de epifanias joycianas – a moça-pássaro! – dannunzianismos de segunda categoria...) e unidos somente pela intenção explícita de acumular efeitos. *E todavia a mensagem quer ser intencionada enquanto tal*: é formulada de modo que o leitor se entusiasme por um autor que "escreve tão bem"...

A impressão total, para o leitor Midcult, é de uma extrema tensão lírica. O conto é não só consumível, mas também bonito, ou melhor, põe a Beleza à disposição de todos. Entre essa beleza e a das moças da grande página central de *Playboy*, não há muita diferença, exceto que, sendo ambas gastronômicas, a segunda ostenta uma hipocrisia mais maliciosa, o signo fotográfico reporta a um referente real, do qual talvez exista até mesmo o número telefônico. O verdadeiro Kitsch, como Mentira, está do lado do trecho de arte de Ray Bradbury.

Conclusão

Completa-se, assim, a escala das possibilidades. No plano da reflexão estética, o Kitsch, definido na sua estrutura comunicacional, assumiu uma fisionomia.

E no entanto: bastaria que um só indivíduo, excitado pela leitura de Bradbury, tivesse o seu primeiro contato com Picasso, e diante de suas obras, reproduzidas em algum livro, encontrasse o caminho de uma aventura pessoal, na qual o estímulo Bradbury, ora consumido, desse lugar a uma vigorosa e original conquista de um modo de formar, de um mundo pictórico... Bastaria isso para que se pusessem de quarentena todas as definições teóricas sobre o bom e o mau gosto.

Estamos, porém, diante de discursos do tipo "os caminhos do Senhor são infinitos": também a doença pode operar uma aproximação com Deus, e no entanto, o primeiro dever de um médico, embora crente, é diagnosticar e curar a doença.

Quando muito, uma suspeita desse gênero deve permanecer como pano de fundo para qualquer pesquisa sobre os *mass media* que tenda a enrijecer-se em conclusões definitórias. Dentro da situação antropológica "cultura de massa", mediações e reviravoltas estão na ordem do dia, o polo da recepção pode configurar-se de maneira tal que mude a fisionomia do polo da emissão, e vice-versa.

Às vezes, o Kitsch está do lado da mensagem, às vezes do lado da intenção de quem a frui ou de quem a oferece à fruição como produto diverso do que é. Por exemplo: um modelo de Kitsch musical é o *Concerto de Varsóvia* de Addinsel, com aquele seu acúmulo de efeitos patéticos e sugestões imitativas ("ouvem? esses são os aviões bombardeando..."), utilizando chamarizes chopinianos desassombradamente; e um modelo de fruição Kitsch desse trecho é o descrito por Malaparte, quando conta (em *A Pele*) uma reunião de oficiais ingleses, onde se ouvem as notas dessa música, que de pronto lembra Chopin ao próprio autor, para depois revelar-se um Chopin falso e adulterado, até que um dos presentes declara, com ar deliciado: Addinsel é o nosso Chopin". Nesse sentido, a maior Parte da chamada música rítmico-sinfônica, no seu intuito de amalgamar os deleites da música de dança, as ousadias do *jazz* e a dignidade do sinfonismo clássico, não obtém efeitos diversos dos de Addinsel. Mas, quando o compositor é naturalmente dotado, pode nascer um produto provido de uma necessidade estrutural própria, que escape ao Kitsch para tornar-se um correto produto médio, uma agradável divulgação de mais árduos universos musicais: e tal seria, por exemplo, a *Rapsódia em Blue*, de Gershwin, à qual não se pode negar uma notável originalidade de soluções, e uma viçosa revivescência do material folclorístico norte-americano em formas inopinadas. Mas, do momento em que essa composição (legitimamente auscultável como distensivo e honesto estímulo ao relaxamento e ao devaneio) é executada no salão de concertos por um regente de casaca, para um público iniciado nas celebrações dos ritos tradicionais do sinfonismo, torna-se ela inevitavelmente Kitsch, porque estimula reações não comensuradas às suas intenções e possibilidades. É decodificada à luz de um código que não é o de origem.

Ao contrário, não serão Kitsch as canções de dança do mesmo autor, fáceis de memorizar e agradabilíssimas: porque Gershwin jamais pensou que *Lady be good* pudesse constituir um monumento para as discotecas municipais, mas vendeu-o lealmente como máquina de fazer dançar, estímulo para a evasão; e como tal, funciona sem reservas. Poderemos, em seguida, deslocar o discurso, e perguntar-nos a nós mesmos se uma evasão idêntica à proporcionada por músicas de dança de tal gênero condiz com uma vida equilibrada; ou se uma relação amorosa escandida pelas notas de uma cançoneta não degenera em puro e superficialíssimo flerte. Com isso entramos, porém, em outro campo de problemas: aceita uma situação em que se torne funcional uma música suscetível de despertar um particular tipo de excitação fisiológica e afetiva, a cançoneta gershwiniana desempenha com gosto e medida a sua tarefa.

Assim, o já citado trecho do *Leopardo*, honesto nas suas intenções de nobre produto de entretenimento, pode assumir uma pretensiosidade excedente ao ser proposto como exemplo de mensagem poética, revelação original de aspectos da realidade que – antes daquela obra – haviam permanecido encobertos e inexplorados; mas nesse caso a responsabilidade de haver produzido Kitsch não pertence ao autor, mas ao leitor – *ou* ao crítico que propôs a mensagem equipando-a com um código que lhe impõe uma interpretação arbitrária; e obriga o leitor a considerar a boca sabendo a morangos, os olhos verdes como os das estátuas e os cabelos cor da noite, como estilemas de uma mensagem a ser intencionada enquanto tal e a ser fruída por sua própria originalidade de visão[37].

Mas no panorama da cultura de massa não se pode dizer nem mesmo que a sequência das mediações e dos empréstimos se estabeleça num sentido único: não é apenas o Kitsch que toma de empréstimo a uma cultura de proposta estilemas que inserirá nos seus débeis contextos. Hoje, é a cultura de vanguarda que, reagindo contra a situação maciça e envolvente da cultura de massa, toma emprestado do Kitsch os seus estilemas; e não faz outra coisa a pop-art, quando individua

---

37. Ao passo que tais estilemas já têm uma história: "... olhava a tua garganta de estátua – os lábios carnudos, jubilosos, cor de morango, as orelhas sutis, cobertas – daquela tenuíssima lanosidade – que branqueia os pêssegos maduros" (Guido da Verona, *Il libro del mio sogno errante*). Ou ainda: "Angélica, ainda apoiada, ria mostrando os dentes de pequena loba... Aquela possibilidade de estupro a perturbava; a bela garganta palpitava" (Lampedusa); "aquele teu riso, aquele teu riso – áspero como uma solução de prazer – no qual eu via brilhar de límpida saliva – a orla dos teus miudíssimos – dentes de animal de rapina" (Da Verona).

127

os mais vulgares e pretensiosos dentre os símbolos gráficos da indústria publicitária e os transforma em objeto de uma atenção doentia e irônica, ampliando-lhes a imagem e citando-a no quadro de uma obra de galeria. Vingança da vanguarda contra o Kitsch, e lição da vanguarda ao Kitsch, porque nesses casos o artista mostra ao produtor de Kitsch como se pode inserir um estilema estranho num novo contexto sem pecar no gosto: e a marca da fábrica de bebidas ou a lânguida estória em quadrinhos, uma vez objetivadas pelo pintor numa tela, adquirem uma necessidade que antes não possuíam[38].

Mas mesmo aí, comumente, não tarda a vingança do Kitsch sobre a vanguarda: porque já vemos o processo da pop-art sendo mutuado pela cartazística, que utiliza, para provocar efeitos e ostentar alto nível de gosto, os estilemas da nova vanguarda, e assim produz novo Kitsch. E isso não é mais que um episódio do fenômeno, típico de toda sociedade industrial moderna, da rápida sucessão dos padrões, pela qual, mesmo no campo do gosto, toda inovação corre o risco de tornar-se produção de um hábito e de um mau hábito futuros.

A dialética entre vanguarda e artesanato de massa (que diz respeito não só ao Kitsch e ao que não é Kitsch, porém produto destinado a usos práticos, ou correta mediação de aquisições da arte manifesta, assim, seu ritmo inquietante e suas automáticas possibilidades de recuperação. Mas deixa entrever, também, a possibilidade de intervenções operativas; das quais, porém, a última a tentar, e a mais mentirosa, é a da restauração de uma aparente adesão aos valores intemporais de um Belo que, ao contrário, via de regra, acoberta a face, cômoda e remunerativa, do Kitsch.

38. Um Kitsch que utiliza os resíduos da arte e uma arte de vanguarda que utiliza os resíduos do Kitsch...
A análise de ambos os modos operativos poderia ser utilmente conduzida sob a escolta da noção de *bricolage* proposta por Lévi-Strauss em *La pensée sauvage*. Vanguarda e Kitsch pareceriam então empenhados num *bricolage* recíproco, um dos quais, porém, é declarado, e aspira a descobrir novas dimensões dos fatos, enquanto o outro é calado e apresentado como invenção. Assim a arte, aceitando *bricoler*, procura sair de uma situação em que tudo parece já dito; o Kitsch, simulando a operação do *ingénieur*, que interroga o universo para "situar-se *além dele*", é, ao contrário, uma ciência da imitação da arte e confirma a falsidade de uma situação onde tudo está verdadeiramente já dito.

LEITURA DE "STEVE CANYON"

> *"Nullus sermo in his potest certificare,*
> *totum enim dependei ab experientia."*
> ROGER BACON. *Opus Majus.*

Análise da mensagem

No dia 11 de janeiro de 1947, Milton Caniff publica o primeiro capítulo de Steve Canyon[1]. Como de habito, o nome do protagonista dá o título à nova saga; essa é a única informação de que dispõe o público para introduzir-se no âmago da narrativa e tomar contato com os novos "caracteres". No mais, sabe-se que Caniff foi o autor de *Terry and the Pirates*, mas está claro que aqui o leitor tem pela frente, a convidá-lo, um novo clima narrativo. Por seu lado, sabe o autor que deve, nesse primeiro capítulo, obter o interesse (se não o entusias-

---

[1]. Para uma primeira análise desta página, cf. as sugestões de S. BUCKER, *Comic Art in America*, op. cit.

mo) e mesmo a cumplicidade do público. Um público extremamente diferenciado – que a certo ponto abarcou, com *Terry*, perto de 30 000 000 de leitores cotidianos. Para realizar seu intento o autor dispõe de determinados instrumentos expressivos. Sabe, antes que o saibamos nós mesmos, que está em seu poder manipular uma linguagem muito articulada e de absoluta precisão. Sigamo-lo, pois, individuando o "modo" pelo qual prepara sua mensagem, e decodifiquemos a mensagem segundo tudo quanto ela possa comunicar, não nos esquecendo de enfocar a estrutura da própria mensagem, examinando-lhe, por fim, os signos e as relações entre signos em referência a um dado código a que o autor se atem, presumindo-o do conhecimento de seus leitores.

A página compõe-se de quatro tiras horizontais, três das quais contêm três vinhetas cada; a primeira tira tem apenas duas vinhetas (ou enquadramentos) visto que uma delas se alarga até abarcar o título.

Primeiro enquadramento – Em termos cinematográficos poderemos defini-lo como um enquadramento "subjetivo", como se a câmara estivesse colocada sobre os ombros do protagonista. Os objetos aparecem como vistos por uma só pessoa e – suposto que a Pessoa deva mover-se para frente – vêm ao encontro do espectador. Aqui, de Steve Canyon entrevê-se unicamente o sobretudo de ombreiras largas e caídas, em corte "raglã". Sabemos que se trata de Canyon graças ao policial que o cumprimenta, com um familiar sotaque irlandês ("me sister", "ye"), cuja cordialidade é sublinhada pelo gesto e pelo largo sorriso. O policial é aquele que desejaríamos encontrar em todas as circunstâncias da vida, e como de fato aparece em toda comédia hollywoodiana. Mais do que um policial, ele é O Policial, a Lei como Amigo. Trava-se o diálogo: – *Ora vejam, é o Stevie Canyon! Minha irmã, de Shannon, me escreveu dizendo que o senhor foi procurá-la pessoalmente!* – *Exato. Ela está bem.* O fato de que o policial agradeça a Steve (chamado familiarmente de "Stevie") por uma cortesia feita à sua irmã, demonstra também uma atitude cordial do protagonista nos confrontos com a lei, e uma propensão mais geral às *human relations*.

Segundo enquadramento – Steve está evidentemente à entrada de um grande edifício. Existe, de fato, um porteiro. As relações entre Steve e o porteiro são as mesmas que entre Steve e o policial Mas se o policial representava a autoridade, o porteiro representa unicamente a si próprio, e se Steve o gratifica com amizade e bevolência, é porque então sua técnica das *human relations* não é interessada, mas espontânea. – *Feliz em vê-lo de volta, Mr. Canyon! O meu menino recebeu a lembrancinha que o senhor lhe enviou do Egito!* – portanto. Steve ama as crianças e faz viagens a países exóticos. Sua resposta lacônica ("good") conota-o como homem de espírito gentil mas alheio à retórica afetiva. O porteiro dá mesmo a entender que Steve está voltando após uma longa ausência.

Terceiro enquadramento – É o mais ambíguo de todo o contexto. O que fez Steve durante sua ausência, e Onde esteve, isso não aparece claramente. Igualmente imprecisa é a sua relação com o jornaleiro cego. – *Presente, sargento!* – diz Steve. E o jornaleiro: – *Capitão Canyon! Sabe que me fez passar um mau bocado com essa sua última viagem Ah! tenho aqui o balancete financeiro. Não se arrependerá de ter-me posto neste negócio!* – Nesse meio tempo, houve uma operação comercial, e lucrativa. A figura de Canyon rodeia-se de um halo de interesse, de certo *suspense*. Acrescente-se que o jornaleiro o chama de "Capitão", deixando entrever-se um passado militar. Não nos esqueçamos de que estamos em 47, e passado militar, pelo menos na opinião corrente, significa comportamento heroico em zona de operações. Steve, por outro lado, chama o jornaleiro de "sargento", e sua relação assume igualmente o tom de uma permanente camaradagem: homens que se ajudaram no momento do perigo, não se separam mais, unidos por um viril e cordial liame de colaboração. A guerra é cimento dos afetos, escola de amizade, palestra de iniciativa. Com semelhante pano de fundo, o comércio entre ambos poderá ser aventuroso, às margens do imprevisível, nunca ilegal. Não se pode desconfiar de um cego de guerra. Simpatiza-se com ele. A simpatia reflete-se sobre Steve, que agora entra no quarto enquadramento, como o "nosso" herói. Inicia-se a rajada das projeções e identificações.

Quarto enquadramento – Steve sai da "subjetiva": a câmara recuou e panoramizou à esquerda Steve aparece de perfil, mas ainda não lhe vemos o rosto É bom que o leitor saboreie a espera, e construa uma alma antes de atribuí-la a um rosto. E a alma se configura ainda melhor ao contato com a pequena florista, que se aproxima de Steve, muito confiante: – *Uma flor para a lapela, Mr. Canyon?* – *Hoje não, rosinha, mas já está na hora de você e sua mãe pegarem um cinema às minhas custas...*

Quinto enquadramento – Terminada a construção da alma, aproximamo-nos da revelação do rosto. Agora quase o entrevemos por reflexo. A beleza, o fascínio de Steve, já declarados por uma aparição de costas (alta estatura, cabelos louros e ondulados), deduz-se agora da reação extática das duas mocinhas de elevador – *Vai subir?* – *Este elevador, Mr. Canyon! E para o senhor, não esperamos que fique lotado, não e verdade, Irmã?* – *R-r-rajah!*

A tirada da segunda mocinha dá-nos uma nova informação: "R-r-rajah" é corruptela de "Roger" que, no jargão dos pilotos, equivale ao "O.K." O fato de' que a moça o use – para exprimir entusiasmo – com Steve, dá a entender que ele é conhecido como aviador. Por fim, nesse último quadrinho, reforça-se a impressão já delineada nas vinhetas precedentes: a de que nos encontramos num grande arranha-céu para escritórios, no centro da metrópole industrial, em zona de grande prestígio profissional.

Sexto enquadramento – Surge o rosto de Steve Canyon. Uma beleza máscula, lineamentos firmes, um semblante marcado mas enxuto: maturidade e vigor. Patenteia-se a referência a uma série de estereótipos hollywoodianos numa cara que vai de Van Johnson a Cary Grant. A simpatia despertada pelo rosto de Steve não se baseia, portanto, numa simples virtude evocativa do fato plástico, mas na qualidade de "signo"

que o fato plástico assume, e pela qual nos reporta com função hieroglífica, a uma série de tipos, de padrões, de ideias da virilidade que fazem parte de um código' conhecido pelos leitores. A simples delimitação gráfica dos contornos "está para" alguma coisa mais, é elemento *convencionado* de uma linguagem Em resumo, Steve é elemento iconográfico estudável iconologicamente, como o santo de miniatura, com seus atributos canônicos e um dado tipo de barba ou de auréola. Steve abre, a seguir, a porta do seu escritório; que o escritório seja seu é um fato de que nos cientifica o nome impresso na parte inferior da vidraça. Quanto à razão social da empresa, ela não faz mais que aumentar a imprecisão, o fascínio da situação e da personagem. Jogando com o termo financeiro "Limited", a empresa de Steve chama-se "Horizons Unlimited", *Horizontes Ilimitada*: exportação? pesquisas arqueológicas? viagens espaciais? transportes aéreos? investigações detetivescas? contrabando? compra-e-venda de segredos atômicos? Mais presumivelmente, como veremos nas vinhetas seguintes, uma espécie de agência faz-de-tudo, baseada na assunção profissional do risco. No interior do escritório, está a secretária (que anuncia a alguém a chegada de Steve). Também ela constitui um protótipo bem definível, reportado a um código de gosto dos anos quarenta. Conveniente mistura de fascínio mediterrânico e oriental (com referência, portanto, aos dois teatros de guerra dos quais foram importados os modelos do erotismo pós-bélico), a moça, evidentemente procaz (a procacidade da secretária é proporcional ao prestígio do *boss*), evidencia, todavia, um viço substancial, não desprovido de virtude. Se o leitor, agora pouco afeito à maquilagem dos anos quarenta, puder recuperar o sentido real do fato iconográfico, não descuidará do elemento "blusa de *pois*": isso, na divisão maniqueia entre bom e mau – pela qual se rege, inevitavelmente, uma tipologia da estória em quadrinhos – está claramente do lado da candura. Nas vinhetas seguintes, ressaltará ainda melhor o contraste entre a vaporosa blusa de bolinhas e o justo vestido de seda preta da "vamp".

Sétimo enquadramento – Depois da riqueza de indicações tipológicas fornecidas pela vinheta precedente, a sétima tem, do ponto de vista iconográfico uma função interlocutória. Ao contrário das anteriores, introduz elementos novos no

plano conceptual através do diálogo. Serve, de fato, para preparar a cena representada no oitavo enquadramento. A secretária transmite a Steve o teor do telefonema que estava recebendo à sua chegada, e apresenta o interlocutor:

– *É mister Dayzee, o secretário de Copper Calhoon, a Loba da Bolsa... – Uhm... Chamam-na de "trigonocéfalo". Será que ela ulula ou silva?...*

O diálogo é rico de anotações. O nome do secretário sugere a imagem de uma "margarida" (*daisy*) – e de fato, quando o secretário aparecer, será fácil afivelar-lhe à inerme vacuidade um nome tão ridículo. O primeiro nome de Miss Calhoon é "Copper" (*cobre*; mas, correntemente, o termo vale também para "Cabelos ruivos"): delineia-se a ideia de uma coma fulva. Quanto à qualificação profissional, não necessita de comentários. Indicativo é, no entanto, o apelido que Steve lhe atribui: "copperhead" não sugere apenas a ideia de "cabeça de cobra", mas é também o nome de uma cobra. Daí o jogo de palavras sobre o uivo (a Loba) e o silvo. Diante de tão forte personagem, a atitude de Steve é desabusada e impávida desde o começo.

Oitavo enquadramento – A apresentação do ambiente é exemplar. Um arranjo de grande luxo, *liberty* tardio, com influxos de um novecentos pomposo, "direcionar, dos anos vinte-trinta; predominância das linhas verticais, a fim de sugerir um salão de paredes altíssimas – e proporções vastas. O secretário de Copper Calhoon veste-se, por seu lado, como um magnata de opereta; o rosto de parvo – que aparecerá melhor no enquadramento seguinte – não faz esquecer a ostentada riqueza que emana de todos os pontos de seu vestuário. Dado o secretário, deduza-se a patroa: Copper Calhoon surge atrás de uma desmesurada escrivaninha, envolta num vestido preto que a cobre até a nuca. A personagem aparecerá melhor nos quadrinhos seguintes, mas já de agora podemos caracterizá-la como um sapiente cruzamento de

Rainha Madrasta da Branca de Neve, Verônica Lake de "Casei-me com uma feiticeira" e Hedy Lamarr. Protótipo da mulher fatal, nela as referências mais óbvias à matriarca industrial (seria mais de esperar vê-la envergando um comedido Chanel, privado de intentos provocadores) são, num certo sentido, sublimados no mais vertiginoso e patente dos padrões eróticos de marca cinematográfica; tudo quanto nela deveria aludir ao poderio econômico é transferido para o plano do *glamour*, de forma enfática e com clara consciência do inverossímil. Copper Calboon é inverossímil, porque deve ser entendida depressa e sem equívocos como símbolo de poderio, fascínio, prestígio, desonestidade, império. Nesse sentido, só uma simbologia absolutamente convencional, melosamente amplificante, pode levar imediatamente o leitor a ler, sem demora, a personagem em chave certa. E só com essa condição pode ganhar relevo o diálogo telefônico entre Steve e o secretário:

– Mr. Canyon? Miss Copper Calhoon gostaria de dispor de seus préstimos profissionais. Quer vir imediatamente ao apartamento de Miss Calhoon? – £ se eu não quisesse pôr os meus préstimos profissionais à disposição de Miss Calhoon?

Nono enquadramento – Nessa altura das circunstâncias, o secretário aparece lívido. Como se pode notar, a estupefação é transmitida aos três níveis complementares do *desenho*, dos *conceitos* e dos *sons*. O estupor representado no rosto da personagem constitui um exemplo normal de estilização psicológica. O conteúdo da estória é igualmente comunicado pelos meios normais: "*Mr. Canyon! As pessoas jamais se negam a um chamado de Copper Calhoon!*" O secretário cai das nuvens diante de um comportamento tão aberrante, e só lhe resta recorrer aos hábitos, tão brutalmente infringidos. Mais curioso é, porém, o modo por que vem expresso o nível sonoro, para o qual o secretário leva a primeira exclamação (transmitido através do recurso a uma espécie de tipo em negrito, e traduzindo, portanto, a intensidade do som pelo peso do signo), bem como a espécie de escandalizado arrastar de sílabas com que o "mister Canyon" é pronunciado. "Mister" aparece dividido em duas sílabas, a primeira das quais sublinhada. O artifício gráfico exprime toda uma atitude psicoló-

gica, uma aceleração emotiva, sugerindo, ao mesmo tempo, um particular tipo de pronúncia. Naturalmente, quando definimos como "curiosos" os meios empregados para traduzir a situação, isso se deve ao fato de que estamos lendo a página presumindo no leitor certa "virgindade" assumida como hipótese de trabalho; com efeito, o tipo de estilização gráfica examinado funda-se numa série de convenções bastante pacíficas, baseado nas quais todo bom leitor de estórias em quadrinhos está em situação de colher de pronto o inteiro alcance da mensagem. Nesse ponto, o enquadramento oferece ainda dois tipos de informação. Um é dado pela resposta irônica de Canyon: "*E eu todo esse tempo pensando que eu era uma pessoa! Bondi, Mr. Doozie!*" (note-se que o nome do interlocutor está estropiado e o bom dia, dado de forma incorreta). Segunda informação: Copper, que aparece aqui mais totalmente pormenorizada, enriquecendo as considerações permitidas pelo enquadramento precedente (cigarro

141

longo, luvas pretas, maquilagem acentuando os traços "fatais"), manifesta-se ainda mais como mulher prudente e de múltiplos recursos: acompanha a conversa de uma extensão, e tem pleno controle da situação.

Décimo enquadramento – Aqui, a recusa de Steve se enriquece de outras impertinências. O enquadramento, evidentemente, retoma o diálogo na fase final (subentendem-se algumas falas interlocutórias); diz Steve: "*Mr. Dizzy* – outra deformação, desta vez mais ofensiva, visto que 'dizzy' está por 'tonto' – *Mr. Dizzy, o que disse? E eu que sou tão jovem e sensível!... Quando ouvir o clique, saiba que está solando!*" A última indicação reafirma a informação de que Steve é aviador: "solo flight" pertence ao jargão dos pilotos. Enfim, a resposta inteira de Steve surge como o ato destemido de um homem amante de sua independência, a despeito da necessidade e da adversidade. De fato, a secretária comenta, desolada, que não teria sido nada mau ter, finalmente, dinheiro para pagar o aluguel do escritório, mas não se pode, certamente, pretender que seu chefe contraia hábitos desse gênero. Com efeito, nessa vinheta, o escritório aparece como um modesto cubículo arrumado com simplicidade.

Décimo-primeiro enquadramento – No plano iconográfico, ele nada acrescenta de novo, salvo a longa espiral de fumaça soltada por Copper antes de falar – sinal de uma longa pausa. Mas, à parte o fato de que também o fenômeno "espiral de fumaça" se traduz através de outro recurso à convenção (de fato, *aquele* sinal significa "espiral de fumaça" só no universo da estória em quadrinhos), é o diálogo que aqui se faz altamente significativo. O secretário diz o que se poderia esperar de um indivíduo de sua laia: *"Copper! Você ouviu pela extensão o que disse Steve Canyon! Em toda a minha vida, eu nunca fui tão …"*. Mas Copper corta rente a tagarelice: *"Quero aquele homem! Traga-o!"* Com o que se desenha definitivamente uma personagem, e se abre um enredo denso de promessas. O fato de que o capítulo termine aqui, não é, de maneira alguma, casual. Os onze enquadramentos constituíram um crescendo de indiscutível mestria que levou o leitor até o clímax dessa última cena. Na medida de uma única página, Caniff conseguiu delinear um grupo de personagens e dar início a uma estória. Nada aconteceu ainda mas, desse momento em diante, o leitor está firmemente persuadido de que tudo poderia acontecer. A estória para aqui, no momento em que a situação está tensa como uma corda de violino. Se o termo *suspense* tem um significado, aqui está um exemplo concreto disso, e, note-se bem, sem nenhum apelo à violência, ao mistério explícito, ao tradicional lance teatral. Essa página atingiu seu escopo: convocou, de saída, uma comunidade de leitores, que, doravante, não mais abandonarão a personagem.

A linguagem da estória em quadrinhos

1. Individuamos, nessa página, os elementos de uma *iconografia* que, mesmo quando nos reporta a estereótipos já realizados em outros ambientes (o cinema, por exemplo), usa de instrumentos gráficos próprios do "gênero". Na página em exame, indicamos somente a espiral de fumaça, mas, examinando uma vasta produção nesse campo, poderíamos individuar dezenas de elementos figurativos, agora canônicos, com preciso estatuto iconológico. Poderíamos citar, por exemplo, vários processos de *visualização da metáfora ou do símile*, como os que aparecem nas estorinhas humorísticas: ver estrelas, ter o coração em festa, sentir a cabeça rodar, roncar como uma serra, são outras tantas expressões, que, na estória em quadrinhos, se realizam com o recurso constante a uma simbologia figurativa elementar, imediatamente compreendida pelo leitor. À mesma categoria pertencem as gotinhas de saliva que exprimem concupiscência, a lampadazinha acesa que significa "tive uma ideia" etc. Mas na realidade, esses elementos iconográficos compõem-se numa trama de convenções mais ampla, que passa a constituir um verdadeiro repertório simbólico, e de tal forma que se pode falar numa semântica da estória em quadrinhos.

2. Elemento fundamental dessa *semântica* é, antes de mais nada, o signo convencional da "nuvenzinha" (que é precisamente a "fumacinha", o "ectoplasma", o "balloon"), o qual, se traçado segundo algumas convenções, terminando numa lâmina que indica o rosto do falante, significa "discurso expresso"; se unido ao falante por uma série de bolinhas, significa "discurso pensado"; se circunscrito em contornos retalhados, de ângulos agudos, dentes de serra, em forma de porco-espinho, pode representar, alternadamente, medo, ira, concitação, explosão colérica, uivo, boato, de acordo com uma precisa padronização dos humores[2]. Outro elemento é o signo gráfico usado em função sonora, com livre ampliação dos recursos onomatopaicos de uma língua. Tem-se, pois, uma tabela dos ruídos, bastante rigorosa, que vai do "zip" da bolinha correndo, ao "crack" da carabina, o "snack" do soco, o "slam" da porta fechada com violência, o "swiss" do trajeto no vazio; os vários tipos de baque, do "plomb" ao "ploff"; o "sigh" e o "sob" do soluço, o "gulp" da consternação, o "mumble" dos tratos à cachola, o "rattle" da oculta corrosão efetuada quer por roedores, quer por insetos, e assim por diante. Em muitos casos, trata-se de verdadeiras onomatopeias, já dotadas de significado em inglês, e que se transferem para outros países com pura função evocativa, perdendo a imediata conexão com o significado – transformando-se, de "signo" linguístico que eram, em equivalente visivo do ruído, e voltando a funcionar como "signo" no âmbito das convenções semânticas da estória em quadrinhos.

3. Os elementos semânticos compõem-se numa *gramática do enquadramento*, de que tivemos alguns exemplos

---

[2]. Poder-se-ia observar que "semântica da estória em quadrinhos" é termo puramente metafórico, dado que a estória em quadrinhos faz uso da linguagem comum, e em termos de linguagem comum devem ser analisadas as referências dos vários signos. Todavia, antes de mais nada, a estória em quadrinhos emprega como *significantes* não só termos linguísticos mas também, como vimos, elementos iconográficos providos de significado unívoco. Em segundo lugar, do momento em que aparecem encerrados no *balloon*, os termos da linguagem comum assumem significados que frequentemente só são válidos no âmbito do código da estória em quadrinhos. Nesse sentido, portanto, o *balloon*, mais do que elemento convencional, pertencente a um repertório de signos, seria um *elemento de metalinguagem* melhor ainda, uma espécie de sinal preliminar, que impõe, para a decifração dos signos contidos no seu interior, a referência a um determinado código.

145

comprobatórios em *Steve Canyon*. Da estória em quadrinhos banal, praticamente bidimensional, chega-se a algumas elaboradas construções, no âmbito da vinheta, que obviamente se ressentem de uma sofisticada atenção aos fenômenos cinematográficos. Às vezes, o gosto pelo enquadramento domina a tal ponto a mão do desenhista, que o leva a virtuosismos inúteis às finalidades da mensagem, semelhantemente ao que acontece a quem peca em preciosismo cinematográfico, filmando um edifício de baixo para cima mesmo quando nenhum motivo de ordem expressiva exigiria tal recurso de resquícios impressionistas. Além disso, no âmbito de enquadramento, os fatores semânticos articulam-se numa série de relações entre palavra e imagem: tem-se, assim, o nível minimal de uma complementaridade por deficiência (a palavra exprime uma atitude que o desenho é inábil para representar em todas as suas implicações); a excedência pleonástica do falado, que intervém para esclarecer continuamente o que de fato já está explícito, como que para controlar melhor um público subdesenvolvido (temos vários exemplos típicos nas estórias do *Superman*); uma espécie de independência irônica entre palavra e imagem, como ocorre em certas estórias em quadrinhos onde, por exemplo, enquanto em primeiro plano se desenvolve um acontecimento, aparecem, em segundo, achados de gosto surreal ou mesmo jocoso – tais como os homens que saem da moldura dos quadros no MacManus de *Pafúncio e Marocas*, ou em certas vinhetas de *Smoke Stover*; em outros casos, a independência não se deve à ironia, mas a uma prepotente efusão do visual como em certos cuidadíssimos enquadramentos, onde, ao fundo, o gosto do pormenor, da anotação ambiental, supera as imediatas necessidades comunicacionais da mensagem, mas de fato enriquece a cena de anedotas destinadas a serem fruídas por si mesmas como os pormenores veristas de uma natureza morta pontilhosa; temos, ainda, casos em que a fusão entre a abundância dos pormenores visivos e a essencialidade do falado, concorrem para uma representação de eficácia cinematográfica, como no caso da página examinada.

4. A relação entre os sucessivos enquadramentos mostra a existência de uma sintaxe específica, melhor ainda, de uma série de *leis de montagem*. Dissemos "leis de montagem", mas

o apelo ao cinema não nos pode fazer esquecer de que a estória em quadrinhos "monta" de modo original, quando mais não seja porque a montagem da estória em quadrinhos não tende a resolver uma série de enquadramentos imóveis num fluxo contínuo, como no filme, mas realiza uma espécie de continuidade ideal através de uma fatual descontinuidade. A estória em quadrinhos quebra o *continuum* em poucos elementos essenciais. O leitor, a seguir, solda esses elementos na imaginação e os vê como *continuum* – esse é um dado mais que evidente, e nós próprios, ao analisarmos a nossa página, fomos levados a resolver uma série de momentos estáticos numa cadeia dinâmica[3].

3. Sobre a eficácia comunicativa desse *continuum* virtual, deteve-se EVELIN SULLEROT ao analisar a estrutura da fotonovela. Numa pesquisa de opinião feita sobre a capacidade de memorização de uma fotonovela, tornou-se patente que as leitoras submetidas ao teste recordavam várias cenas que de fato não existiam na página, mas resultavam subentendidas pela justaposição de duas fotografias. Sullerot examina uma sequência composta de dois quadros (pelotão de execução disparando, condenado caído no chão), referindo-se aos quais, os sujeitos falavam longamente de uma terceira imagem (condenado enquanto caía). Sullerot sugere uma analogia entre esse procedimento elíptico e o da comunicação telegráfica; analogia que pode ser definida em termos rigorosamente informacionais, como eliminação programática das redundâncias. Nesse sentido, a técnica da estória em quadrinhos deveria permitir uma mensagem de alta capacidade informativa. Na verdade, porém, essa técnica recorre a um código de tal maneira preciso, as redundâncias são eliminadas em pontos onde a previsibilidade da mensagem é de tal maneira certa, que fornecem, indubitavelmente, um significado já esperado, e portanto, uma informação reduzida. Em outros termos, a mensagem surge com redundância reduzida no que concerne à estrutura interna (e seria, portanto, dotada de um certo potencial informativo do ponto de vista de uma análise matemática da informação) mas surge como banal do ponto de vista comunicativo (relação entre estrutura da mensagem e conhecimentos já de posse do receptor): é, em suma, como um telegrama que comunique (eliminando toda redundância) que o Natal cairá no dia 25 de dezembro. O fato de que entre o pelotão de execução que dispara e o homem caído seja subentendida a imagem do homem que está caindo, obriga de fato o receptor a desencavar uma certa informação da sequência, mas a informação era, entre todas, a mais previsível e a diminuição de redundância não despertou no receptor nenhuma tendência para a descoberta. Eliminar da proposição interrogativa "Tu queres a maçã?" o pronome "tu" representava, há algum tempo atrás, uma redução de redundância. Mas o uso permitiu que essa eliminação seja agora, em italiano, aceita pelo código linguístico.

Evelyn Sullerot analisa também uma série de referências à linguagem cinematográfica, graças às quais a fotonovela consegue sugerir num só en-

5. Na página examinada, os vários elementos formais do relato (enquadramento, montagem etc.) funcionam como condições da ação, mas emergem como explícitos para a consciência do leitor; ao contrário, em outras estórias em quadrinhos, a estrutura formal do relato torna-se, ela própria, objeto de ironia ou de variação humorística. Ocorrem, assim, em certos casos, *saídas do enquadramento*, em outros, uma verdadeira *ação sobre o enquadramento*; ou ainda, estabelece-se uma relação direta entre a personagem e o autor chamado à cena ("Gould, você foi longe demais", diz, em 1936, uma personagem da série de *Dick Tracy*, voltando-se para o desenhista que a pôs numa situação difícil) – às vezes, individuando a intervenção do desenhista sob forma de lápis ou pincel, que entram no enquadramento para *de fora* mudar-lhe a ordem.

6. Os vários elementos formais examinados determinam a *natureza do enredo*. No caso de *Steve Canyon*, observamos uma espécie de enredo de tipo cinematográfico, mas em numerosos outros casos a estrutura do *plot* assume outras formas, baseando-se não tanto no desenvolvimento quanto na iteração contínua de elementos recorrentes[4].

7. Já o exame de Steve e das personagens que se movem à sua volta permitiu-nos perceber a existência de uma *tipologia caracterológica* bem definida e fundada em estereótipos precisos. No caso de *Steve Canyon*, pode-se falar comodamente em estereótipos, mais do que em "tipos"[5] e, o mais das vezes, tal condição parece ser essencial para a construção de um enredo de estórias em quadrinhos. Relembrando os mais

---

quadramento toda uma série de estados de alma, um "mood", um conjunto de conclusões implícitas – de sorte que, segundo um código cinematográfico, tais enquadramentos têm agora um valor quase fixado, e funcionam como mensagem unívoca. Cf. "Il fotoromanzo, mercato comune latino dell'imagine", in *Almanacco Bompiani 1963 – Civiltà dell'immagine* e *La presse féminine*, Paris, Colin, 1963, onde se dão vários exemplos de enquadramentos onde o corte ou a composição iconográfica assumem o valor de mensagem precisa.

4. Sobre a mecânica da iteração discorreremos mais longamente em *O mito do Superman* e *O mundo de Minduim*. Sobre a estória em quadrinhos como *lumpen-cultura*, entendida como continuum adicional sem autêntico desenvolvimento de enredo, v. ROBEKT WARSHOW, "Woofed with Dreams", em *The Funnies – An American Idiom*, The Free Press of Glencoc, 1963.

5. Sobre a diferença entre "estereótipo" (tópico, "topos") e "tipo", v o ensaio *O uso prático da personagem*.

característicos heróis da estória em quadrinhos entre as duas guerras, damo-nos conta de que, neles, o lugar-comum novelesco simplifica-se ao extremo; o Homem Mascarado, ou o Aventureiro Errante e Misterioso; Mandrake, ou a Magia; Gordon, ou o Espaço; X9, ou o Investigador; Jim das Selvas, ou o Caçador; Cino e Franco, ou os Meninos a Quem Se Permitiu a Aventura, e assim por diante. E numa escala subsidiária, cada um desses representa, respectivamente, a Ascese, a Ironia, a Beleza, a Perspicácia etc.

8. Finalmente, a página examinada mostrou-nos com clareza que, no âmbito de onze enquadramentos, já se pode elucidar uma *declaração ideológica* concernente ao universo dos valores. Em *Steve Canyon*, teríamos podido facilmente individuar como valores propostos a Beleza, o gosto pelo Risco, a indiferença pelo Ganho (temperada, porém, de respeito pelo Dinheiro como fim a atingir, embora sem compromissos), a Generosidade, a Ternura, a Virilidade, o *Sense of Humour*. São esses, pelo menos, os valores propostos pela personagem Steve; mas, no conjunto, a página recordou-nos que também são valores as Boas Relações com a Lei, a Cordialidade com os Humildes, os Símbolos do Prestígio, o Mistério, o Fascínio Ameaçador, a Procacidade, e assim por diante. Em síntese, a página de *Steve Canyon* deixa-nos entrever uma substancial adesão a um American Way of Life temperado com Lenda Hollywoodiana – de forma que a personagem e sua estória se caracterizam como modelo de vida para um leitor médio. Da mesma maneira, poderíamos achar, em outra chave, uma declaração ideológica semelhante, não só em *Terry e os Piratas*, mas em sagas como *Joe Sopapo*, *Dick Tracy* ou *Dennis the Menace*. Em outros casos, pareceu-nos identificar uma acentuação maior da lição conformista, inserida na própria estrutura da trama, e quase resolvida a nível de uma implícita metafísica[6]. Mas também seria possível identificar uma declaração ideológica fundada no protesto e na oposição, quer aparente quer real.

Eis, portanto, como uma análise dos elementos de linguagem (compreendidos nesta as convenções iconográficas e os estereótipos usados com função de signo convencional) permitiu-nos estabelecer uma tabela das possibilidades co-

---

6. V. o ensaio *O mito do Superman*.

municativas da estória em quadrinhos, aquém, ainda, de qualquer avaliação de mérito. A conclusão que emerge de tal análise, pelo menos em primeira instância, só pode ser esta: a "leitura" da página de *Steve Canyon* pôs-nos diante da existência de um código compartilhado pelos leitores e ao qual o autor se reporta para articular, segundo leis formativas inéditas, uma mensagem que se dirija, conjuntamente, à inteligência, à imaginação e ao gosto desses leitores.

Questões derivadas

Uma "leitura" crítica desse gênero resolveu-se, indiscutivelmente, numa análise descritiva que nos permitiu enfocar as "estruturas" da estória em quadrinhos. Mas determo-nos nessa ordem de considerações seria impedir a individuação do valor dessas estruturas relacionadas com um contexto cultural mais amplo. De qualquer maneira, uma definição das estruturas só pode constituir a operação introdutória a outros níveis de investigação, sob pena de redundar em mera justificação técnica do fato – de todo fato que pareça definível estruturalmente.

Eis, portanto, como, a um primeiro exame, as estruturas individuadas nos reportam a uma série de interrogações que vão além do fenômeno específico e nos obrigam a pô-lo em correlação com outras ordens de fenômenos, seja no plano sincrônico seja no diacrônico.

1. O fato de que o gênero apresente características estilísticas precisas não exclui que possa estar em posição *parasitária* relativamente a outros fenômenos artísticos. Por outro lado, o fato de que se possam salientar relações de parasitismo a certos níveis não exclui que, a outros, o gênero se encontre, ao contrário, em relação de *promoção* e *precedência*. Veja-se, por exemplo, o conjunto de convenções gráficas que concorrem para a representação do movimento no âmbito do enquadramento. Não é difícil evidenciar, a cada passo, uma estilização gráfica dos dinamismos que lembra de perto as soluções do futurismo. Entre o *Dinamismo di foot-balleur*, de Boccioni, e a típica representação de um super-herói de estória em quadrinhos (cuja passagem supersônica é significa-

da por uma espécie de traço horizontal, como imagem que tivesse passado a grande velocidade diante de uma objetiva fotográfica imóvel) a relação é evidente. É bem verdade que seria possível individuar representações do gênero em *cartoons* ou tiras que precedem as experiências futuristas, mas também é verdade que, só após os experimentos da pintura contemporânea e as descobertas dos técnicos e artistas da fotografia, pôde a estória em quadrinhos impor suas próprias convenções gráficas como linguagem universal, com base numa sensibilidade agora adquirida por um público mais vasto. Obviamente, num caso como esse, parasitismo não significa inutilidade. O fato de que uma solução estilística seja tomada de empréstimo a outros campos não lhe impugna o uso, desde que a solução venha integrada num contexto original que a justifique. No caso da representação do moto efetuada pela estória em quadrinhos, encontramo-nos diante de um típico fenômeno de transmigração para nível popular de um estilema que encontrou um novo contexto onde integrar-se e reencontrar uma fisionomia autônoma[7]. Assim também, parece supérfluo indicar os parentescos entre técnica da estória em quadrinhos e técnica cinematográfica. No plano do enquadramento, a estória em quadrinhos é claramente devedora ao cinema de todas as suas possibilidades e de todos os seus vezos. Mas, já no plano da montagem, o discurso resultaria mais complexo se se considerasse mais a fundo o aspecto, já assinalado, de que a estória em quadrinhos, contrariamente ao cinema, realiza um *continuum* graças à justaposição de elementos estáticos. Voltemos à página de *Steve Canyon* e leiamo-la como *roteiro* de uma película possível. Nesse caso, a página representa uma série de anotações essenciais que o eventual diretor deveria integrar preenchendo – por assim dizer – os hiatos que a página-roteiro deixou entre uma e outra vinheta. Realizada nesse sentido, a página resolver-se-ia numa sequência contínua, em que Steve Canyon, uma vez dentro do edifício, seria seguido passo a passo até o elevador, para ser novamente encontrado, depois de um corte, enquanto percorre um corredor e entra em seu escritório (e assim por diante). Mas experimentemos agora

---

7. V., para tudo o que for dito em seguida acerca da personagem de Ferdinando e das estórias de Pojo, nosso ensaio *O mundo de Minduim*.

pensar nessa página não como roteiro, e sim como *película*: experimentemos pensar que o filme seja *isso*, sem junções nem integrações. Perceberemos, então, que, projetada numa tela, essa sucessão de elementos imóveis, esse avançar entrecortado até a exaustão – esse discurso que teria deixado estarrecido o espectador cinematográfico de 1947 – não nos apanharia, em absoluto, de surpresa pois nele reconheceríamos o estilo do Goddard de *Vivre sa* vie, ou, melhor ainda, o do Chris Marker de *La jetée* – onde o discurso fílmico é magistralmente articulado através da pura e simples justaposição de fotogramas imóveis. Tudo isso significaria, portanto, que, ao nível da montagem, a estória em quadrinhos estava há tempos realizando um discurso que prenunciava (e até que ponto "promovia"?) o de um cinema posterior. Assim, as várias relações de parasitismo e promoção articulam-se numa série de fenômenos dificilmente redutíveis a um único juízo. De qualquer maneira, já ficou claro que "parasitismo" e "promoção" não podem constituir indicações de valor, mas unicamente caracterizações preliminares que abrem caminho para um juízo mais complexo. As estórias em quadrinhos, de *Little Nemo*, de 1905, apresentam relações com o gosto *Liberty* e revelam conexões com o *design* das construções de ferro do oitocentos tardio, sem que as "citações" surjam como estranhas ao contexto. Já as estórias do *Príncipe Valente*, de Harold Foster, acabadas e cinzeladas nos mínimos pormenores, aparecem como uma tardia revivescência de um gosto pré-rafaelesco, artesanalmente correto, substancialmente agradável, mas inteiramente acadêmico (pedagogicamente conservador – embora cumprisse também indagar se tais estampas não estariam ajudando o novo público por elas visado a recuperar uma medida de gosto da qual ainda se encontrava historicamente alienado). Já em outra chave caberia ler as indubitáveis influências surrealistas que brincam nas páginas do *Krazy Kat*, de Herriman; onde, se de um lado o amador de arte pode lamentar o fato de que determinadas sugestões oníricas, nascidas em contexto diverso, com intentos de revelação profunda, aí se encontrem como simples elementos de fundo para um enredo, poético quanto se queira, mas bem mais descompromissado – de outro, não se pode negar que as mesmas sugestões, que teriam podido de outra maneira manter-se inoperantes, aqui se tenham fundido no âmbito de um discurso jocoso, onde doidice e graciosidade se amalgamam num contexto original, nunca vulgar, extremamente maduro[8].

Conclusão: se por um lado a estória em quadrinhos coloca em circulação modos estilísticos originais, e sob esse ponto de vista deve ser estudada não só como fato estético mas também como modificadora do hábito – pelo outro, homologa e difunde estilemas, recuperando-os ou simplesmente depauperando-os. Um parecer crítico sobre esse processo não pode ser generalizado: requer uma avaliação histórico-crítico-pedagógica de caso por caso. No ensaio *A estrutura do mau gosto* procuramos elaborar instrumentos de investigação aptos a permitir discriminações do gênero[9].

2. Não é difícil, todavia, individuar alguns elementos estruturais que não só vivem em função parasitária, mas que a derivação parasitária petrifica em meros padrões. Caso típico é o que assinalamos na caracterização das personagens: a referência ao cinema obriga o autor a reduzir o esquema "ator", já previamente elaborado (enquanto protótipo de um modo de ser, ou de aparecer), a um esquema ulteriormente empobrecido Steve Canyon, em relação àqueles três ou quatro "astros" que em si resume, é bem mais elementar e genérico, mesmo porque o desenho não lhe pode conferir aquela mobilidade de expressão, que, num astro, embora padronizado, sempre revela o *indivíduo*. O próprio signo gráfico requerido pela estória em quadrinhos obriga a uma estilização quase total, de tal modo que a personagem se vai tornando cada vez mais hieroglífica. Há um limiar, além do qual a estilização recupera toda possibilidade de gradações expressivas: é o caso das personagens de Schulz ou de Feiffen. Mas, via de regra, a estilização *pela metade* (como é o caso de Caniff, mestre numa estilização *naturalista*, onde o alusivo nunca cessa de ser imitativo – no sentido de que uma ruga no canto da boca pode indicar experiência e maturidade, e

---

8. Outro caso é a utilização da linguagem joyciana realizada por Walter Kelly em *Pojo*. V. Reuel Denney, "The Revolt Against Naturalism in the Funnies", in *The Funnies*, op. cit., em particular p. 67 e ss.
9. Dizemos, exatamente, discriminações. Segundo certa atitude aristocrática (de que o ensaio de Mac Donald, já citado, constituiu um exemplo), toda transmissão de estilemas de um nível de descoberta vanguardista para um nível de consumo é fatalmente negativa.

resumir, por convenção, uma biografia, sem deixar por isso de ser uma ruga, declarando-se como tal, em termos naturalistas) restitui forçosamente uma personagem-convenção. Nesse ponto, cabe fazer duas perguntas. A primeira é sobre como se fundem os elementos originais com os elementos padronizados, e se a força comunicativa dos elementos originais (convenções de linguagem, montagem etc.) funciona adequada e unicamente quando referida a personagens padrões. Nesse sentido, a linguagem da estória em quadrinhos só estaria apta a contar estórias altamente simplificadas, onde as gradações psicológicas se reduzem ao mínimo, e a personagem não vale pela sua capacidade de individuação, mas, quando muito, por sua utilizabilidade esquemática, alegórica; ou então como puro quadro de referência para uma série de identificações e projeções livremente realizadas pelo leitor. Com o que se introduz a segunda pergunta, isto é, se a estória em quadrinhos tem a capacidade de criar tipos ou só padrões *topoi*. Procuramos responder esse problema com os três ensaios que constituem a secção desse livro dedicada às "personagens". Neles intentamos individuar a possibilidade de construção de caracteres ao mesmo tempo individuais e universais (e por isso típicos), tendo-nos igualmente parecido fatal que a maior parte da produção se oriente para a criação de puros esquemas utilizáveis, de tópicos (*topoi*) convencionais. Como é fácil intuir, o problema levantado, aqui, no âmbito da estória em quadrinhos, refere-se, porém, a todo o campo dos *mass media*, onde se encontra sob várias formas.

3. Observamos como *Steve Canyon* exprime uma clara visão ideológica. Perguntemo-nos agora se, estabelecidos esses elementos ideológicos, ficam os meios comunicativos, os elementos estilísticos individuados, restritos aos fins da comunicação *daquela* precisa ideologia (ou melhor: obrigados a não exprimir outra coisa além *dela*). Isso equivaleria a dizer que a estória em quadrinhos é ideologicamente determinada pela sua natureza de linguagem elementar baseada num código bastante simples, fundamentalmente rígido, obrigado a narrar mediante personagens-padrão, em grande parte forçada a servir-se de modos estilísticos já introduzidos por outras artes e adquiridos pela sensibilidade do grande público só depois de um considerável espaço de tempo (isto

é, quando, historicamente, não mais revestem funções provocatórias), isolados do contexto original, reduzidos a puros artifícios convencionalizados. Só lhe seria possível, infelizmente, comunicar conteúdos ideológicos inspirados no mais absoluto conformismo; sugerir ideais de vida já exaustivamente compartilhados por todos os seus leitores, ignorando toda e qualquer proposta eversiva, e reforçar, em arte como em política, em ética ou em psicologia, o já conhecido[10] Mas se, ao contrário, surgisse como pensável e demonstrável a perspectiva de uma estória em quadrinhos que, fazendo uso dos mesmos elementos comunicativos, exprimisse visão diversa, também aqui o problema se fragmentaria numa série de casos concretos e não abordaria o gênero como tal[11]. A

10. Sobre a incapacidade de os *mass media* exprimirem o que já não seja óbvio e adquirido, já se falou no ensaio *Cultura de massa e níveis de cultura*. As reflexões acima exaradas sobre as estruturas comunicativas da mensagem "estória em quadrinhos" (e as observações acerca de uma redundância que, eliminada por um lado, restabelece-se, no entanto, a outros níveis – como se disse na nota (3) parecem dar razão a quem liga a função conservadora dos *mass media* à estrutura comunicativa por eles adotada: "A redundância e os automatismos de funcionamento e uso do sistema linguístico sempre caracterizaram o nível comunicacional comum, mas hoje adquirem maior relevância quantitativa. De fato, a multiplicação dos produtos culturais médios (enciclopédias, reader's digest, revistas em rotogravura ou de estórias em quadrinhos, transmissões radiofônicas e televisionais etc.), que operam uma redução semântica do signo na medida da divulgação nocionista; a ampla difusão dos produtos industriais de consumo, indissoluvelmente ligados numa relação mágica às suas denominações, que com isso são dessemantizadas para identificarem-se, por obra da publicidade, com os atributos dos próprios objetos, a comunicação visual (cinema, televisão, estórias em quadrinhos, cartazista, sinalética), que cria um tipo de relação necessitante entre signo linguístico e imagem da realidade efetual, etc., impõem ao falante, sobretudo no plano semântico, modelos padronizados de comunicação pelos quais a consciência da arbitrariedade sígnica, no tocante ao objeto e às possibilidades expressivas ínsitas no sistema, é cada vez mais reduzida com vantagem de um tipo de comunicação imposto com a imposição de certo tipo de política cultural, de produção, de consumo etc." (Luigi Rosiello, "La funzione linguística del messagio poético", *Nuova Corrente*, 31, 1963).
11. Justamente porque o problema, na realidade, se fragmenta numa série de casos concretos, torna-se necessária, como etapa preliminar, uma análise dos conteúdos ideológicos da estória em quadrinhos. V., por exemplo, a análise de *Little Orphan Annie*, feita por Lyle W. Shannon (op. cit.), ou das fotonovelas, realizada por E. Sullerot; ou ainda a análise temática (a nível estatístico) de Francis E. Barcus, "The World of Sunday Comics", *The Funnies*, op. cit. A análise dos conteúdos torna-se, porém, incompleta se não

oposição que estabelecemos entre o Superman e Minduim, na parte dedicada às "personagens", encaminha-nos para essa segunda alternativa. 4. A meio caminho entre uma problemática estética e uma problemática ideológica, levantam-se duas questões: uma, acerca da *determinação efetuada sobre o leitor pela característica estrutura sintática do gênero*; outra, acerca das *determinações efetuadas sobre o autor pelas contingências industriais* (em termos de indústria cultural) que impõem uma particular distribuição "parcelar" do produto.

A primeira questão é: será preciso lembrar que, fragmentando a realidade numa série de momentos imóveis, a estória em quadrinhos condiciona a recepção do leitor, nela influindo psicologicamente? Poder-se-á falar, como já o fizemos, de uma verdadeira dissociação da realidade com inevitáveis repercussões psicológicas de certo peso? O risco a que se expõem interpretações do gênero (isto é, de ver em chave neurótica o que para o sujeito normal é, com efeito, superável e integrável) não exime, todavia, de que se augure uma intensificação das pesquisas nesse sentido, como já se fez abundantemente no tocante à recepção da imagem fílmica[12].

A segunda questão, ao contrário, diz respeito ao fato de se saber se a distribuição da estória em quadrinhos em tiras

for comensurada a uma análise das estruturas formais, justamente para determinar a dependência de uma opção ideológica por parte de uma dada solução estilística, ou para salientar como uma solução estilística diminui o relevo (ou muda radicalmente a fisionomia) de uma dada opção ideológica.
12. Por outro lado, parece-nos de extrema parcialidade ver na estrutura comunicacional das estórias em quadrinhos uma sequência de estímulos avaliáveis em abstrato, prescindindo-se não só dos sujeitos específicos, como dos conteúdos expressos mediante aquelas estruturas. No campo filmológico, por exemplo, ficou assente que, ao ver na tela alguém dando um soco, o espectador experimenta certas reações instintivas inelimináveis. Mas esse é apenas um dado de partida: resta perguntar em que medida o meu comportamento é influenciado pelo fato de saber *quem recebe o soco*. Suspeita-se que, qualquer que seja a reação instintiva, a resposta global do receptor muda de acordo com quem for o atingido (menino indefeso, sacerdote, celerado, ou adversário político). Estamos inclinados a pensar que a pesquisa empírica vê o estímulo tio despojado de conteúdo quanto, um estímulo de cor num laboratório psicológico. Julgamos que o estímulo na cultura popular seja, ele próprio, um fenômeno histórico, e que a relação entre estímulo e resposta seja, ela própria, pré-formada e pré-estruturada pelo destino histórico e social do estímulo e do respondente" (LEO LOWENTHAL, "Histórical perspective in popular culture", in: *Mass Culture*, op. cit.).

diárias (ou em páginas semanais) não determinaria profundamente a estrutura do enredo. No caso de *Steve Canyon*, o autor fora levado a situar o clímax da ação no décimo-primeiro enquadramento, exatamente para determinar no leitor a expectativa do capítulo seguinte (e assim a "procura" comercial). Ademais, é provável que ele tenha executado uma sequência de tamanha perfeição técnica justamente por dispor de uma página, e não de uma simples tira de três ou quatro enquadramentos[13] que o levaria, consequentemente, em circunstâncias normais, a fornecer um produto artesanalmente mais deficiente e apressado. E mais: obrigado a retomar o discurso com a distância de um dia, e mesmo de uma semana, o autor foi constrangido a propor situações e personagens-padrões, justamente para poder oferecer ao leitor claros pontos de referência sem forçar-lhe a memória. Uma mulher, "fatal" porque envolta num vestido de seda preta, impõe-se à minha memória sem equívocos. Se a personagem se delineasse através da acumulação sucessiva de pormenores infinitesimais, eu não poderia, em absoluto, conservar dela um esquema mnemônico para o qual fazer convergir cada nova informação, e a dissolveria numa série de impressões não reunificáveis. O problema é o mesmo do antigo romancista de folhetim, obrigado a construir personagens esquadrados a golpes de machado. A personagem stendhaliana não pode ser lida "em capítulos"; e só pode ser acompanhada por um leitor, com a condição de que este praticamente nunca abandone o livro, nem mesmo durante os intervalos de leitura, e que reelabore a personagem de si para consigo enquanto com ela privar. Ainda em outros termos: essa objetiva dificuldade do autor de estória em quadrinhos é a mesma que Poe focalizava ao afirmar que uma obra poética deve ser realizada de- maneira que possa ser lida de uma só "assentada", para não perder o efeito que deve produzir. A estória em quadrinhos, pelo contrário, não só deve ser lida com intervalos, mas contemporaneamente a outras estórias em quadrinhos (uma página-suplemento de diário traz, habitualmente, de quatro a dez

---

13. Quando apareceu em italiano, no semanário "L'avventura" (25 de dezembro de 1947), o primeiro capítulo de Steve Canyon terminava quatro quadrinhos antes. O efeito de tensão perdia-se totalmente.

tiras). A única ajuda mnemônica que o leitor pode receber provém então do emprego de padrões reconhecíveis.

Esse fato (que poderia marcar uma espécie de limite máximo oposto às várias possibilidades do "gênero") também explicaria por que, comumente, as estórias em quadrinhos em que se reconhece maior validade e maturidade estética e ideológica não são as que se desenvolvem em capítulos, mas aquelas que, no âmbito de uma só tira – ou mesmo de um só agregado de enquadramentos – exaurem sua estória. O caso dos Peanuts (de que falaremos no ensaio *O mundo de Minduim*) é sintomático: não apenas cada capítulo exaure um acontecimento, mas a "saga", no seu conjunto, deriva seu próprio valor do sistema reiterativo com que os vários acontecimentos concluídos se adensam uns sobre os outros: de um lado, levando à exasperação alguns elementos fixos, do outro, jogando justamente com a recognoscibilidade desses elementos fixos, e não os usando como artifícios para coordenarem a memória do leitor, mas como verdadeiros objetos de uma ironia consciente[14]. Nesse caso, o condicionamento específico é assumido como ocasião de discurso. Daí porque, ante a afirmação de que a finalidade comercial e o sistema de distribuição do produto "estória em quadrinhos" lhe determinariam a natureza, poder-se-ia responder que também nesse caso, como acontece sempre na prática da arte, o autor de gênio é o que sabe resolver os *condicionamentos* em *possibilidades*.

5. Até agora falamos em convenções, padrão, código. Tudo isso pressupõe que o recurso a convenções comunicativas se baseie na existência de uma *koiné*. Um código (como um idioma), com todas as suas possibilidades de dar lugar a mensagens decifráveis por parte de receptores, pressupõe uma comunidade de que fazemos parte, ao menos no momento em que a mensagem é emitida, tanto quem emite como quem recebe. Ora, quando pensamos na *koiné*, ao analisarmos em termos comunicacionais a estrutura de uma narrativa para estória em quadrinhos, com o que a identificamos? Com a sociedade norte-americana no seu conjunto?

---

14. Eis, assim, um produto de massa que escapa à lei da redundância indicada por Rosiello e que apresenta, embora a nível minimal, a característica fundamental da mensagem poética; isto é, a de eleger como objeto primeiro do discurso a sua própria estrutura.

Sem contar que existem estórias em quadrinhos não norte-americanas (embora o gênero tenha oficialmente nascido nos Estados Unidos e aí encontrado o seu estatuto mais articulado), é um fato que as estórias em quadrinhos produzidas para o público norte-americano também são consumidas na Europa – onde apenas têm pouca aceitação as estórias que fazem referência a aspectos específicos dos costumes políticos norte-americanos, como por exemplo *Pojo*, estórias que, portanto, se baseiam num sistema de referências mais complicado do que as outras. Mas até que ponto estamos seguros de que um leitor norte-americano identifique numa página como a de *Steve Canyon* os mesmos elementos aí reconhecidos por um leitor italiano? Isto é, até que ponto (mas o fenômeno, em outra medida, diz respeito ao destino de qualquer obra de arte vista através do tempo ou do espaço, consumida por fruidores histórica ou sociologicamente díspares) a mesma página, enquanto mensagem, não terá sido lida em referência a códigos parcialmente diversos[15]?

Parece, pois, extremamente imprudente identificar a *koiné* dos leitores com os membros de uma sociedade industrial moderna, ou com os cidadãos de uma sociedade industrial num sistema capitalista.

Que o autor, ou mesmo o produtor da estória em quadrinhos, possa construir seu produto tendo diante dos olhos o modelo de um *homem médio* como cidadão ideal de uma sociedade de massa – isso é inegável. Há toda uma ideologia da felicidade e do consumo (veja-se a amável filosofia do Dr. Dichter[16]) que procede com base numa abstração semelhante. Mas, se o "persuasor oculto" ou o produtor de um produto cultural médio para o homem médio, usa um modelo abstrato de tal espécie é porque a abstração se torna para ele uma hipótese metodológica a seguir: de um lado, sabe implicitamente que, quanto mais produzir produtos adaptados a um modelo abstrato de "homem-médio", tanto mais concorrerá para formar consumidores adaptados ao produto, e o modelo abstrato tornar-se-á realidade; de outro, a uma ética

---

15. É sintomático que, na citada edição italiana de *Steve Canyon*, não se depreenda que Steve é aviador: na tradução, perdem-se, com efeito, as alusões à sua atividade, que, no original, se trai por duas expressões em *slogans*.
16. V. o ensaio *A estratégia do desejo* (V. a N. dos E., p. 29).

da felicidade e do consumo é necessária, como base ideológica, a convicção de que exista, a um dado nível de civilização, uma sociedade sem classes, onde os símbolos de prestígio e a busca do *status* se dirijam para a substituição de toda e qualquer diferenciação. Em tal sentido, é preciso ignorar (visto que se trata de ignorância operacional) que possam existir diferenciações ideológicas (com ou sem raízes de classe) capazes de fazer consumir o produto cultural em chaves diversas. Isto é, é mais lucrativo, e cômodo, operar em referência a uma *koiné* indiferenciada, na esperança de que essa insistência na oferta possa criar justamente uma real procura – o que simplificaria profunda e definitivamente o funcionamento do mercado[17].

Mas o grotesco está em que a ilusão-abstração de uma massa indiferenciada também inspire os que deveriam investigar criticamente o fenômeno da produção e fruição dos meios de massa[18]. Também essa simplificação se ressente de

---

17. Este o equívoco, aliás bastante cômodo, que pesa, por exemplo, sobre uma política televisional pretensamente dirigida para a satisfação das exigências de um público médio; quando, na verdade, visa a um projeto de imposição das exigências (como deixamos patente no ensaio sobre a televisão).

18. Ainda que não nos pareçam de todo aceitáveis as críticas movidas ao grupo de estudiosos que servem de pretexto aos autores, concordamos com a polemica de PIERRE BOURDIEU e JEAN-CLAUDE PASSERON, em "Sociologues des Mytnologies et mythologies des sociologues", *Les Temps Modernes*, dezembro de 1963. Em seu ataque aos críticos apocalípticos da cultura de massa (só que os estudiosos escolhidos como representantes dessa tendência parecem-nos ao contrário, sob vários aspectos, escapar desse defeito – em outros termos: Bourdieu e Passeron fazem mal em lançar-se contra seus colegas franceses, já que o espírito apocalíptico tem representantes bem mais típicos e radicais), afirmam os autores: "O objeto por excelência dessa sociologia fantástica é, mais do que as 'massas', ou os *mass media*, a 'massificação', vale dizer, o que permite que as massas se tornem massas, ou melhor, o que permite que as massas sejam massas: com efeito, a massificação é, indiscutivelmente, automassificação, não sendo o devir-massa mais que o processo histórico pelo qual as massas realizam a sua essência. Em resumo, o que se descreve não são as coisas que se fazem, nem os mecanismos e os agentes que as fazem, mas uma lógica fantasmagórica que autoriza todos os deslizes, todas as subversões... Assim, por exemplo, o 'fenômeno Soraya' não é Soraya, não é o sistema de organização que produz a literatura sobre Soraya, com os seus meios, as suas funções e as suas intenções reais, não são as técnicas de transmissão da informação sobre Soraya, entre as quais a simples conversa não é a menos importante, não é a recepção diferenciada da imagem de Soraya e as formas diversas que reveste essa imagem segundo

um incônscio desejo de unificação do mercado: existe um mercado da cultura "superior" que é determinado pelo produto (que constitui em si um absoluto) e não pelas modalidades de fruição; e existe um mercado do homem-massa, que não diz respeito à cultura (nem aos produtos de cultura) senão na medida em que a elaboração de antropologias negativas permita a confecção de análises exprobratórias e generalizantes.

Voltemos a uma página como a de *Steve Canyon*. Nela individuamos, antes de mais nada, vários níveis estruturais, a saber: o enredo, os meios estilísticos, os valores imitativos (afabilidade e desejabilidade de uma personagem ou de um ambiente), os valores ideológicos, e assim por diante. O fato de que não nos tenhamos detido em avaliar a página em termos técnico-formais (sucesso-insucesso de uma estratégia comunicativa; agrado de uma representação, originalidade ou parasitariedade de um estilema) não impede que outro leitor possa, ao contrário, nela individuar unicamente valores de enredo, limitando-se a esperar com impaciência o capítulo seguinte; o fato de que tenhamos individuado valores ideológicos precisos não impede que, para outro leitor, não só esses valores passem despercebidos, como nem mesmo tenham agido inconscientemente, orientando-lhe de modo

os públicos, mas é o *mito autonomizado* de Soraya que se presta ao tratamento mistificatório. Tomar como modelo as intenções implícitas ou explícitas dos autores das mensagens, os modelos conscientes e inconscientes que dirigem suas escolhas técnicas, estéticas ou éticas, as expectativas e atitudes daqueles que recebem as mensagens, as modalidades reais da sua percepção, a sua fascinação ou o seu distanciamento, isso sim, representaria o bom-senso. Mas seria também reduzir a vulgar objeto de ciência um pretexto providencial para prestidigitações proféticas". Todavia, a acusação torna-se injusta quando tenta também envolver nessa condenação a análise estrutural de uma mensagem: para compreender certas intenções operativas que – como foi dito – podem ser inconscientes, para compreender em que modelos se apoiam os autores das mensagens, a análise estrutural da mensagem pode, muitas vezes, ser bem mais útil e reveladora do que uma tola psicanálise dos autores, ou um trabalho sobre documentos explícitos de dúbia exatidão. Sem esquecer, porém, como se dirá mais adiante, que ela deve ser integrada por aquelas pesquisas sobre as modalidades concretas de recepção, que Bourdieu e Passeron com toda a justiça colocam em primeiro plano, manifestando a convicção de que as "massas" são mais autônomas e menos "massificadas" do que se crê, e são, indiscutivelmente, capazes de compreender sozinhas o alcance e os limites das mensagens que recebem.

oculto a visão do mundo: e pode acontecer que esse mesmo leitor, prestando atenção, embora de maneira ingênua, nos simples valores formais (desenho bonito, desenho feio), tenha exaurido, nessa inspeção, o seu empenho no produto. De que maneira, perguntamo-nos agora, as várias fruições variam conforme a classe, a categoria intelectual, a idade e o sexo do fruidor? Isto é, de que modo a vinculação a uma classe, a uma categoria intelectual, a um tipo psicológico, a uma idade e a um sexo fornecem ao fruidor um código de leitura que se distingue dos demais? De que modo modificam o tipo de atenção com que o leitor intenciona o objeto? Está claro que, uma vez impostado o problema nesse sentido, fragmenta-se o fetiche da "massa" e do "homem-massa", resultando, ambos, metodologicamente paralisantes. É indubitável que esses conceitos tiveram sua função de quadro de referência para elaborar certa visão do clima cultural presente, mas sua validade não vai além da intuição de rotina. É legítimo continuar a usá-los na medida em que, em pesquisa do gênero, a intuição de rotina continue constituindo, de qualquer maneira, uma hipótese de trabalho, a individuação de um problema. Acrescente-se que a hipótese de uma "massa" homogênea de consumidores muda muitíssimo de validade conforme seja proposta *em fase de descrição das estruturas do produto ou em fase de pesquisa sobre as modalidades de fruição*. Explicamos: ao descrevermos as estruturas do produto, como no caso da leitura da página de *Steve Canyon*, salientam-se elementos de um código que claramente o autor emprega pensando na *koiné* dos fruidores; o autor pensa efetivamente em termos de massa homogênea, e essa assunção psico-sociológica passa a fazer parte da sua poética. Nesse sentido, o modelo do homem-massa não é abstrato, é um dado real que age como componente de uma intenção operacional. O erro consiste, ao contrário, em usar o modelo homem-massa quando se extraem ilações em campo teórico acerca das modalidades de fruição do produto. Aqui, o analista das estruturas comete o primeiro erro metodológico: presume que sua análise das estruturas tenha exaurido todos os aspectos do objeto analisado e, o que conta, tenha estabelecido a única hierarquia possível entre os vários aspectos fruíveis. Se, a seguir, agrava esse equívoco com o outro, isto é, o de julgar o modelo do homem-massa como modelo negativo, com o qual não se coadunam as características típicas do homem almejado pela cultura "superior", então a ilação se torna ainda mais equívoca. Simplificando: individuar em *Steve Canyon* o indubitável recurso ao arquétipo ingênuo da vamp-feiticeira e depois supor que o leitor de *Steve Canyon* sucumba sem reservas ao fascínio desse arquétipo (visto que esse leitor é de início idealizado como homem-massa dotado de escasso senso crítico, inevitavelmente dirigido em cada um dos seus gestos por um poder pedagógico contra o qual nada pode, e nada, num sentido quase metafísico), significa considerar, de saída, resolvido o problema. Acrescente-se que, habitualmente, o moralista apocalíptico nem mesmo chega à análise das estruturas do produto. Não só não o "lê", mas recusa-se a lê-lo, e condena-o como "ilegível"; não só não o julga, mas recusa-se a julgá-lo, e prefere enquadrá-lo numa suposta "Totalidade" que, de saída, concorre para tornar negativo o produto – e é difícil ver como se possa ter elaborado a ideia de "Totalidade" sem tê-la feito derivar de uma confrontação dialética dos fenômenos isolados objetivamente analisados.

Portanto, parcialmente legítimo em fase de descrição estrutural, o conceito da "massa" torna-se equívoco em fase de pesquisa sobre as modalidades de fruição. Nesse ponto, ao contrário, o único fim da pesquisa deve ser o de estabelecer se e em que medida as fruições se diferenciam, conforme diversos tipos de estratificação psicológica, cultural, social, biológica. A precedente análise das estruturas serve, nesta fase, como hipótese de trabalho, a não ser que deva ser modificada com base nos dados de uma pesquisa empírica.

Ao nível de uma análise ainda teórica dos produtos, levanta-se, porém, um problema ulterior: posto que as fruições variam, e que diversos sujeitos poderiam individuar no produto diversas ordens e hierarquias de valores – posto que a fruição poderia variar com o variar do código adotado por quem decodifica a mensagem, – poder-se-á, mesmo assim, considerar como indicáveis, no produto, elementos comunicativos tais que, ainda que variando os códigos dos fruidores, ainda possam esses elementos orientar a decifração? Em outros termos: o fato de que moda, atitudes, símbolos de prestígio surgidos em *Steve Canyon* sejam típicos de um código compartilhado pelo leitor norte-americano e que provavelmente um leitor italiano encare a página segundo outros esquemas de referência (por exemplo, a beleza da secretária tem sentido diferente para um ianque alto e louro e para um siciliano pequeno e moreno: para um, é absolutamente exótica, para o outro, moderadamente caseira), será prova de que a mesma página veicule para ambos uma mensagem absolutamente diversa? Ou existe um código de base, fundado em algumas constantes psicológicas ou em alguns valores típicos de toda sociedade ocidental, de maneira a orientar a decifração num sentido mais ou menos unitário, de modo que a figura de Steve Canyon daí se projete com algumas conotações de base – aquelas mesmas que procuramos identificar no curso de nossa leitura?

E eis que se levanta, ao nível de uma leitura de página de estória em quadrinhos, um problema bastante antigo e ainda digno de consideração filosófica: *o problema da relação entre a mutabilidade dos esquemas de degustação e a objetividade das estruturas da obra degustada.*

Hume e o selvagem: introdução à pesquisa empírica

Problema antigo, dissemos. Se devêssemos encontrar a obra que o exprimiu com maior lucidez teórica unida a um vivaz senso do empírico, teríamos de remontar a *Of the Standard of Taste*, de David Hume. Aqui, o autor parte da verificação, dada como "óbvia", da variabilidade dos gostos, que aceita como um razoável dado preliminar. Mas nesse ponto Hume pergunta-se a si mesmo se existe uma "regra" capaz de permitir uma conciliação desses sentimentos tão vários e desconformes: a velha convicção de que *le beau pour le crapaud soit sa crapaude* está presente, embora sob outra forma, no nosso pensador; mas ele pergunta se existem, em meio à "variedade dos caprichos do gosto", "certos princípios gerais de aprovação ou de censura, cuja influência possa ser encontrada em todas as operações da nossa *internal fabric*". Princípios gerais, que não constituem evidentemente puras constantes transcendentais, mas que devem ter um correspondente nas estruturas do objeto degustado, e Hume esclarece o problema com este exemplo, tirado de Cervantes: dois antepassados de Sancho (ambos considerados entendedores de gosto seguro) são um dia chamados a julgar o vinho contido numa pipa. O primeiro, depois da prova, decide que o vinho sabe ligeiramente a couro; o segundo nele distingue um sutil sabor ferruginoso. Perplexos ante essa radical divergência de gosto, os presentes esvaziam a pipa: e encontram, no fundo, uma velha chave presa a uma correia de couro. Hume comenta: "embora seja certo que beleza e disformidade (mais do que o doce e o amargo) não são qualidades subsistentes nos objetos, mas pertencem totalmente ao sentimento – seja interno ou externo – é preciso, no entanto, reconhecer que existem certas qualidades colocadas por natureza nos objetos com o fim de suscitar esses especiais sentimentos".

Uma estrutura objetiva da obra, que de um lado, consinta na variabilidade das fruições, e do outro justifique sua fundamental coerência – eis um problema com que a estética constantemente se defronta. Mas no caso dos fenômenos das comunicações de massa, o problema se coloca de maneira bem mais decidida, e requer um reconhecimento corajoso da relatividade das perspectivas que o mesmo Hume, ainda uma vez, nos ajuda a definir de modo preciso.

Afirma ele, de fato, que o juiz dos vários gêneros de beleza é naturalmente levado a cotejá-los entre si para sempre adiar e atenuar seu julgamento; e deixa entender claramente como o cotejo não pode deixar de referir-se à ressonância diversa que os vários gêneros de beleza têm no espírito de fruidores diversos. "O mais grosseiro estandarte tem um certo brilho de cores e uma certa exatidão na imitação do verdadeiro, muito distante da beleza; e todavia, o espírito de uma camponês e o de um selvagem sentirão por ele a máxima admiração. As mais vulgares baladas não são de todo destituídas de harmonia e naturalidade, e ninguém – fora quem esteja habituado a belezas superiores – dirá que seus versos são desarmônicos ou que o assunto não é interessante... Só uma pessoa habituada a ver, a examinar, a ler atentamente as obras admiradas em épocas e por nações diferentes, pode avaliar os méritos de uma obra submetida ao seu julgamento, e indicar-lhe o lugar apropriado entre as várias produções do gênio ...Toda obra de arte – para produzir seu efeito no espírito – deve ser olhada de um certo ponto de vista, e não pode ser saboreada plenamente por uma pessoa cuja situação – real ou imaginária – não esteja em conformidade com a que é requerida pela obra... O crítico, pois, de um tempo e de um país diverso, que quisesse julgar com exatidão a oração [fala-se de um discurso endereçado a um auditório específico], deveria ter diante dos olhos todas as circunstâncias e pôr-se na situação do auditório... Quem estiver influenciado por preconceitos não poderá identificar-se com essas condições: manter-se-á obstinadamente na sua posição natural, sem se colocar naquele ponto de vista que a obra requer. Se a obra se endereçar a pessoas de idade e nacionalidade diferentes da sua, ele não simpatizará com os modos de ver e os preconceitos especiais daquelas pessoas; mas – inteiramente impregnado dos usos do seu tempo e do seu país – condenará de olhos fechados o que pareceria admirável aos olhos daqueles para os quais unicamente o discurso foi ponderado"[19].

Uma página desse tipo ainda hoje funciona como lição anti-etnocêntrica para antropólogos – e revela, sob sua aparência iluminista e empirista, um senso de história que muitas vezes faltou a tantos historicistas ao julgarem obras estéticas de eras passadas, de países longínquos, ou produzidas para "massas" estranhas ao mundo da "cultura". Mas, no nosso caso, acrescenta uma sugestão fundamental. O estudioso de estética que aplica sua reflexão sobre os fenômenos da fruição artística, tais como lhe foram propostos pela tradição ocidental até há meio século passado, encontra-se numa situação de busca, em que, substancialmente, *autor e assunto da investigação coincidem*. Em outros termos: se procuro determinar o que seja a sensação de prazer que se prova examinando uma obra de arte, e se assumo como "tipo" de obra de arte um quadro de Rafael, ou uma sinfonia de Mozart, na verdade, mais ou menos explicitamente, executo uma dúplice operação. De um lado, procuro determinar quais as estruturas fruíveis da obra; do outro, esforço-me por compreender como "os homens" fruem dessas estruturas. Ao fazê-lo (mesmo sabendo que a atitude dos "homens" muda com

---

19. Uma tentativa de nos colocarmos do ponto de vista do selvagem, sem atribuir ao meio de massa uma eficácia monolítica, uma apocalíptica indiscutibilidade, foi o que fizemos no ensaio sobre *A canção de consumo*.

as várias épocas históricas e os vários países), elejo-me representante da humanidade. Esforço-me por situar-me no estado de espírito do observador renascentista enquanto se compraz com o quadro de Rafael, ou então, inspiro-me em textos ou documentos da época, mas sempre procurando estabelecer uma conexão entre o estado de espírito do contemplador de outra época e o meu, reconstruindo-o, portanto, em mim, considerando, enfim, que entre ele e mim existem diferenças superáveis – dada uma comum vinculação ao público dos degustadores da arte. O mesmo discurso vale com relação a quem seja *outro* que não eu no plano da contemporaneidade histórica. Esteja eu disso consciente ou não, continua atuante a presunção de que entre mim e os outros existe uma fundamental afinidade: presunção justificada, dado que, até meio século atrás, quem degustava uma obra de arte pertencia a uma categoria bastante precisa, intelectualmente definida. Que eu reconheça a existência de um público bastante dessemelhante de mim *e dos meus semelhantes* conta pouquíssimo: visto que sei que a obra foi produzida para um público de *meus semelhantes* (para alguém, enfim, que estivesse em situação de compartilhar as intenções do autor – ele também meu semelhante) e que os *meus dessemelhantes*, mesmo que de um ou de outro modo venham a consumir a obra, dela colherão evidentemente aspectos acessórios, contemplá-la-ão sob forma reduzida, frui-la-ão somente a certos níveis. Está claro, portanto, que o estudioso de estética nunca se esquece de que também existe uma comunidade de fruidores que não se identifica com a comunidade dos fruidores cultos e sensíveis; mas é levado, em todo caso, a definir a natureza da obra em relação a uma comunidade específica de que fazem parte o autor, ele próprio e os fruidores capazes de elevar-se ao nível do autor – dado que a reação destes concorre para pôr em evidência as verdadeiras características da obra, ao passo que a reação dos outros documenta não tanto sobre a obra quanto sobre uma situação do gosto popular numa determinada circunstância histórica ou sociológica. Por mais que o estudioso de estética se esforce por considerar a possibilidade de fruições aberrantes em relação àquela norma que é a obra, *nunca poderá evitar de usar a si mesmo como ponto de referência da fruição normal*;

e assim fazendo, caracteriza as estruturas da obra de modo tal que as fruições dessemelhantes da sua, no tocante à obra--norma, instituída pela sua fruição, surjam, justamente, como *aberrantes*. Mesmo a definição da obra como esquema de referência de infinitas fruições não se subtrai, no fundo, a esse círculo. Porque uma fruição aberrante inadvertida é justamente aquela pela qual a obra é vista não como fonte de fruições mas como algo diferente. O círculo é inevitável no momento em que se quer definir a obra de arte nos termos homogêneos de uma visão cultural precisa; e esse limite do estudioso de estética não surge, em absoluto, como uma deficiência da sua posição, mas como a natural condição em que ele se deve mover se quiser fazer um discurso comunicável nos termos de uma tradição cultural. Se o estudioso decidisse recorrer a meios de verificação sociológica, para conferir igual validade seja ao comportamento do douto que "contempla" a obra em termos estéticos, seja ao do boçal que vê, digamos, o quadro como ótimo material combustível, ou o nu grego como incentivo à pura concupiscência – entraria em outro campo de investigação. Visto que seu objetivo é o de conferir um sentido à experiência da arte no âmbito de uma noção de civilização, humanidade e cultura tomada como quadro de referência.

O problema, contudo, muda totalmente quando se fala em produtos elaborados no âmbito da comunicação de massa. Aqui, a estética, uma vez adotado o seu quadro de referência axiológico, só pode distinguir entre o campo da arte propriamente dita (criadora de valores privilegiados) e o campo de uma artisticidade difusa, que desemboca em produtos variamente utilizáveis[20]. Mas, no horizonte de uma cultura de massa, *o que se questiona é justamente a validade de uma fruição estética exemplar*; a dúvida está em que o produto tenda a uma fruição de tipo estético, no sentido próprio do termo. O produto de massa pode legitimamente tender a produzir, empregando meios "artísticos" – pondo em ação uma técnica artesanal que empresta da arte vários modos de operação e referências a valores – efeitos de tipo variado (lúdico, erótico, pedagógico). Não tem a mínima importância

---

20. V. Luigi Pareyson, no ensaio "I teorici dell'Ersatz" (in *De Homine* 5-6, 1963).

que nenhum desses efeitos diga respeito à estética propriamente dita. De qualquer maneira, dirá respeito a uma teoria das comunicações, a uma fenomenologia da artisticidade, a uma pedagogia das comunicações de massa.

Tem-se, assim, que para um objeto, analisável estruturalmente, ocorre uma variedade de reações possíveis, cujo controle foge ao investigador, assim como o controle total de todas as implicações psicológicas de um rito primitivo escapa ao etnólogo recém-chegado *ao campo*. *No campo das comunicações de massa, o pesquisador não pode mais coincidir com a cobaia.* De um lado está a obra, do outro (para imitar Hume) uma multidão de selvagens.

As reações desses selvagens não são mais reconstruíveis pelo pesquisador, por mais que procure constituir uma congenialidade profunda com a situação de outros. Os "outros" são em muito maior número e mais diferenciados do que as suas possibilidades de congenialidade lhe permitem devir. O objeto é produzido justamente em ousada referência a uma multidão de "outros" (ainda que resumidos, por comodidade, no modelo hipotético do homem-massa). Só a pesquisa empírica de campo pode esclarecer o pesquisador sobre as várias possibilidades de reação ao objeto. Desse modo, sua investigação preliminar sobre as estruturas do objeto deve vir integrada pela observação sobre o que os selvagens individuaram no objeto. A pesquisa sobre as estruturas poderá orientar a pesquisa empírica, nunca determiná-la. Quando muito, poderá ser por ela determinada em segunda instância.

Isso, de maneira nenhuma, invalida uma pesquisa sobre as estruturas: pelo contrário, institui-a como primeiro e indispensável passo da pesquisa. O que não impede que, no curso de uma pesquisa sobre as estruturas, o pesquisador avance hipóteses sobre o tipo de fruição que uma dada estrutura poderá permitir a um tipo qualquer de fruidor. Nossa "leitura de *Steve Canyon*" foi toda ela orientada nesse sentido. Só que não constitui o ponto de chegada de uma pesquisa sobre os meios de massa, mas, quando muito, o ponto de partida.

A investigação sobre as estruturas do produto pode unicamente preludiar uma pesquisa interdisciplinar em que a *estética* irá definir as modalidades de organização de uma mensagem, a poética que lhe reside na base; a *psicologia* estudará a variabilidade dos esquemas de fruição; a *sociologia* esclarecerá a incidência dessas mensagens na vida dos grupos – sua dependência do articular-se da vida dos grupos; a *economia* e as *ciências políticas* deverão esclarecer as relações entre os meios de massa e as condições de base de uma sociedade; a *pedagogia* terá para si o problema da incidência dessas relações na formação dos membros dessa sociedade; finalmente, a *antropologia cultural* estabelecerá até que ponto a presença desses meios é função do sistema de valores, crenças, comportamentos de uma sociedade industrial, ajudando-nos a compreender que sentido os valores tradicionais da Arte, do Belo, do Culto, assumem nesse novo contexto.

A tarefa da crítica e da historiografia

Seria, todavia, além de ingênuo, bastante cômodo reportar toda conclusão acerca da natureza e dos efeitos dos meios de massa a uma pesquisa empírica capaz de documentar-se sobre a relatividade, real ou suposta das reações Se se insistiu nessa necessidade é porque de fato ela tem sido quase ignorada pela maioria dos discursos sobre o fenômeno em questão – salvo algumas beneméritas pesquisas experimentais no campo sociológico ou psicológico, fatalmente circunscritas[21]. Mas considerar a descrição das estruturas como pura operação propedêutica para uma pesquisa empírica sobre as reações, encarada como ponto terminal de todo esforço de esclarecimento, não faz mais que pôr a nu a função, na verdade, desempenhada por uma reflexão crítica a nível filosófico e histórico.

Antes de mais nada, a reflexão crítica, já o dissemos, requer a investigação empírica, justamente para controlar suas hipóteses iniciais e retornar ao objeto a investigar com novos conhecimentos. Nossa leitura de *Steve Canyon* já implicava algumas conclusões, por exemplo, acerca da lição ideológica

---

21. Entre as mais recentes (e mais estimulantes), acerca dos esquemas de reação de públicos diferenciados diante de um filme (não da imagem fílmica isolada, mas do filme como enredo), citaremos a pesquisa de Leonardo Ancona, "Il film come elemento nella dinâmica dell'aggressività", in *Ikon*, abril de 1963 (e em geral todas as pesquisas publicadas nessa revista, mesmo na sua forma precedente de *Revue internationale de filmologie*). Para o campo específico das estórias em quadrinhos v. a bibliografia em apêndice a *The Funnles*, op. cit.

da narrativa, ou do valor a conferir a algumas das suas realizações técnicas. Ora, uma investigação sobre as modalidades de fruição, oferecendo uma tabela das variantes, talvez pudesse invalidar toda a nossa descrição; ou obrigar-nos a corrigir algumas perspectivas. Em todo caso, o trabalho de análise estrutural recomeçaria, porque dessa dialética deve nutrir-se a investigação. E recomeçaria fatalmente, visto que as mesmas modalidades de fruição, recontroladas após certo tempo, resultariam provavelmente diversas: mensagem emitida para os membros de uma sociedade moderna industrial, sujeita ao veloz revezamento dos padrões, uma página como a que examinamos está destinada a desencontrar-se com um público que muda de momento a momento, e que com ela se defronta sempre segundo novos códigos. Em tal sentido, a pesquisa sobre os meios de massa só pode, de contínuo, formular conclusões no condicional: "dever-se-ia concluir tal coisa, se tais condições se mantivessem inalteradas".

Mas, acima dessa variabilidade dos resultados, e portanto dos objetos, a reflexão crítica procura ainda exercitar-se a outro nível. Esforça-se, em suma, por voltar, embora consciente dos outros fatores considerados, à posição em que, por exemplo, encontramos o estudioso de estética. Este sabe que com o variar do período histórico, ou do público, também a fisionomia da obra de arte poderá mudar, adquirindo o objeto, um novo sentido. Mas é seu dever, também, assumir uma responsabilidade: a de comensurar ao período histórico, ao âmbito cultural em que trabalha, o fenômeno obra de arte, e decidir conferir-lhe *um certo sentido*, para, com base nele, elaborar suas definições, as suas verificações, as suas análises, as suas reconstruções.

É isso, enfim, o que ocorre com os produtos dos meios de massa. Cônscio de trabalhar sobre um objeto que aguarda definição por parte de uma massa de selvagens (cujas reações não deverá ignorar), o crítico (o filósofo na função de historiador da cultura) deve tomar a si uma tarefa: partindo de uma noção a mais articulada possível do período histórico em que vive, procurar definir a função do produto em referência aos valores que assumiu como parâmetro. Sabe ele muito bem que a investigação sobre os selvagens lhe poderá revelar que existem outros quadros de valores, comensurado aos quais o produto adquirirá outra fisionomia; e sua tarefa será promover também as pesquisas em tal sentido. Mas, nesse ínterim, cumpre-lhe pronunciar uma série de juízos sobre o objeto. Uma mensagem comunica, aos olhos do crítico, certos valores; é possível que aos olhos de um selvagem seu semelhante esses valores sejam outros, ou mudem de função. O fato é que, relacionados com os valores sobre os quais se exercita o discurso cultural em prática, os valores do selvagem podem ser colocados num âmbito de relações tal que, situando-os dentro de uma perspectiva, implicitamente os julgue. Vamos dar um exemplo.

Lidas por cinquenta milhões de leitores diários, há trinta anos que as estórias em quadrinhos de *Li'l Abner* (*Ferdinando*), de Al Capp, desenvolvem um discurso homogêneo próprio. Esse discurso, todavia, é dificilmente definível, já que conduzido dentro da linha do *humour* e do grotesco. Seria mais simples definir o discurso da *Little Orphan Annie*, de Harold Gray: sua linha ideológica é precisa e a vocação profundamente reacionária do autor, inequívoca. Se registrássemos as reações de milhares de selvagens, poderíamos talvez apurar que, para alguns, a estória em quadrinhos tem influência política mais ou menos oculta; para outros, a ideologia aparece aí tão disfarçada que não pode mais revestir nenhuma função de persuasão; para outros ainda, dada a intenção com que abordam a leitura cotidiana das tiras de figurinhas, parece que a mensagem ideológica não é sequer recebida (ou, como se diz vulgarmente, entra por um ouvido e sai pelo outro). Mas o juízo sobre Harold Gray e sua obra é possível, sem equívocos: ao desenho conservador, de precisão oitocentista, corresponde a ideologia conservadora. Coloque-se a obra no contexto da cultura norte-americana, e o juízo será facilmente pronunciado, obviamente conforme a posição do crítico.

Mas agora no tocante a *Ferdinando*, diga-se que Steinbeck comparou Al Capp a Sterne, Cervantes e Rabelais, declarando-o o único norte-americano digno do Nobel (com elogiável e preventiva modéstia). Sua sátira do modo de vida médio norte-americano, suas referências à vida política, recheadas de jocosos sarcasmos fazem dele um cotidiano e corrosivo *pamphlet*. Mas até que ponto? Depois que dezenas de escritores e publicistas de valia gastaram rios de tinta para celebrar Al Capp, não será um dever pôr em dúvida a contribuição inovadora dessa estória em quadrinhos e perguntar se ela – reduzindo todos os problemas ao plano de uma sátira amavelmente "indiferentista" – na verdade não esvazia as situações, e ridicularizando-as, não as desdramatiza? Auxiliado por um desenho arguto e original, não fará Al Capp, todavia, de cada personagem não uma alma que o lápis desvenda (como podia acontecer com Grosz, ou, mais simplesmente, com Feiffer), mas nada além de uma caricatura?

Uma primeira resposta a essas perguntas poderia ser dada pelo "recurso ao selvagem". Para simplicidade de discurso, restrinjamo-nos a dois únicos protocolos de leitura: um fornecido pelo próprio autor, o outro por um dos seus críticos[22]. As declarações de Al Capp oscilam entre os dois polos do cinismo operativo e do compromisso moralista. Tratando-se de um humorista, será difícil discernir os momentos em que ele se confessa daqueles em que se mascara. Suas declarações são deste tipo: "O fim primeiro de *Ferdinando* é me fazer ganhar a vida". Mas a seguir acrescenta: "O segundo, e mais famoso, é criar a suspeita e o ceticismo acerca da perfeição das instituições. Isso é o que eu chamo de educação... Uma boa cota de ceticismo acerca da sacralidade de cada aspecto do Establishment é um precioso ingrediente da educação... Meu ofício (e o ofício de todo humorista) é o de lembrar às pessoas que não devem estar contentes com nada". Por conseguinte, induzido a celebrar-se através de uma antologia crítica, Al Capp justapõe a cada estória um pontilhoso comentário moralista, sabendo a exegese de parábola evangélica.

Por fim é entrevistado por um crítico, e o fazem discorrer longamente para um gravador. O autor, então, se derrete, seu moralismo atenua-se, emergem algumas contradições não resolvidas: "A estória em quadrinhos é o mais livre dos *mass media*", diz. De fato, o autor não está sujeito à tirania do patrocinador televisional, os condicionamentos em meio aos quais se movimenta são múltiplos, mas nenhum é bastante tirânico. Assim, o autor está livre para exprimir ao seu público toda ideia que lhe passe pela cabeça. É evidente que exis-

---

22. Para as opiniões de Al Capp e de D. Manning White, v. *From Dogpatch to Slobbovia* (*The* Gasp! *World of Li'l Abner*), Bacon Press, Boston, 1964. É uma antologia de *strips* de Capp, comentadas pelo autor é por White.

tem alguns limites: antes de mais nada, deve fazer com "que a ideia seja bem claramente afirmada para que possa ser compreendida pelo maior número de pessoas". Mas essa condição, não mudará ela totalmente a ideia a exprimir?

Primeiramente, Capp responde deixando supor que, de fato, não lhe interessa a ideia a exprimir: "Meu primeiro pensamento é ser tão divertido e fazer o leitor ficar tão perplexo que o obrigue a ler-me também no dia seguinte". Então, uma pura finalidade comercial? Não, Capp acrescenta que tem "algumas noções sobre o mundo e o homem que ele quer propor aos leitores das suas estórias". Então, finalidade pedagógica. Mas como se constitui esse projeto pedagógico? "Penso que o homem está interessado em duas ou três coisas. Está interessado na morte; e aí, passa a divertir-se com o pensamento da morte. Essa, a base de todas as aventuras de *Ferdinando*. Há sempre uma espécie de namoro com a morte; há sempre o triunfo sobre algo que pensávamos dever triunfar sobre nós. Acho, portanto, que *Ferdinando* propõe uma espécie de fuga da certeza final.

"Penso, ademais, que as pessoas estão interessadas no amor, sob todos os seus aspectos. Muita gente se sente frustrada em amor. Em *Ferdinando* acontece que também a frustração transforma em verdadeiras as fantasias amorosas. As acanhadas, ridículas, lastimáveis decepções dos habitantes de Brejo Seco, dão azo a que o resto de nós, tão facilmente exposto ao malogro dos próprios desejos, sinta-se, talvez, um pouco menos idiota e incompetente.

"E finalmente, acho que também estamos interessados no que denominaremos fortuna ou poder – tudo o que, em suma, resulta da vitória, do alcançar alguma coisa em concorrência com outrem. Morte, amor e poder são os três grandes interesses do homem. E estão na raiz de todas as estórias de *Ferdinando*...

"Creio que todo o significado da existência, o prêmio por haver vivido um outro dia, é que esse dia tenha sido menos feio do que poderia ser. Creio que a maior satisfação para os leitores de *Ferdinando*, seja que, por mais feio que tenha sido o dia deles, o dele [de Ferdinando] terá sido pior".

Que acrescentar a essas declarações, se não que se inspiram numa antiquíssima e elementar filosofia, num pessimismo trágico e desacreditado? Na verdade, do momento em que se torna projeto pedagógico (convencer os outros de que, de fato, apesar de tudo, ainda se vive do melhor dos modos possíveis), do momento em que se faz cibo cotidiano para os cidadãos de uma civilização de massa, já suspeitos de heterodireção, de passiva manipulação por parte de um poder que os transcende, essa filosofia em nada se distingue daquela ética da felicidade barata pela qual se rege uma civilização do lucro e dos consumos. Mas então, Al Capp não será mais que o servo fiel do poder, o inventor de um esplêndido paliativo inoculado em doses cotidianas numa comunidade de cinquenta milhões de fiéis?

Eis, porém, o segundo protocolo de leitura, fornecido por um porta-voz "culto" de Al Capp, e que é também um apaixonado apologista da estória em quadrinhos como típica arte norte-americana, David Manning White: Capp está na linha dos grandes autores satíricos sobre a e dentro da tradição norte-americana ... sendo, com Kelly, o único cartoonista a usar suas tiras para comentar os problemas políticos. Ocupou-se ele de todos os grandes problemas que obsediaram a sociedade norte-americana, do preconceito racial à ajuda aos países estrangeiros, do programa espacial à política de bem-estar. Se existe uma mensagem que se manifesta e desenvolve através das suas estórias, é a denúncia da estupidez que de todas as partes nos espreita, a nós, pobres mortais, a denúncia do fanatismo, da beatice, da intolerância, da estultice dos *mass media*, do peso da burocracia míope, da dureza de coração; mas não só em sentido universal, como também numa referência direta aos vícios nacionais norte-americanos.

Numa entrevista sua com Al Capp, White adiantou a opinião de que em trinta anos o nosso autor teria demolido praticamente todas as grandes instituições da cena social norte-americana. Capp respondeu que apenas se limitara a dizer que "nada é perfeito". White concluiu que aceitava a tese do interlocutor, contanto que ele continuasse a falar desse modo, sem reservas.

Assim, a interpretação de *Ferdinando*, nesse confronto entre duas "leituras" particularmente autorizadas, oscila entre uma poética genericamente metafísica e uma interpretação em chave social. Uma pesquisa sobre as reações de milhares de outros selvagens poderia trazer resultados interessantes e revelar outras perspectivas. Quem escreve estas linhas lembra-se de ter visto as primeiras estórias em quadrinhos de *Ferdinando*, aos treze ou quatorze anos de idade, no após-guerra: e a primeira coisa que, nessas páginas, lhe chamou a atenção, não foi nem a polêmica social nem o pessimismo extra temporal (temperado pelo trágico otimismo do autor), foi a procaz beleza de Violeta e o desalinho de sua roupa, foi esse arquétipo feminino que, dentro de um decênio, iria encontrar sua encarnação cinematográfica em Marilyn Monroe[23]. Para quantos leitores, mesmo os que já estão longe dos quatorze, as estórias de *Ferdinando* não terão continuado e não continuarão a ser nada mais do que isso, um convite à evasão através de um apelo sexual iluminado pelo *humour* – ou através de um apelo sexual depauperado no ridículo[24]?

As respostas do selvagem poderão variar e esclarecer-nos sobre a função social de Al Capp. Mas, como dissemos, ainda resta espaço para a indagação cultural, num retorno ao ato crítico que faça referência ao contexto histórico. Veja-se, por exemplo, o ensaio que Reuel Denney, em *The Astonished Muse*[25], dedica a *Ferdinando* comparando-o com as estórias de *Pojo*. Aqui, ele coloca *Ferdinando* num filão de naturalismo típico das estórias em quadrinhos norte-americanas, nascidas em conexão com a pedagogia deweyana e com os propósitos

---

23. Uma relação direta entre Violeta e Marilyn Monroe é estabelecida por EDGAR MORIN, em *I divi* (Milão, Mondadori, 1963, p. 104), Morin tenta, também, um confronto – mais discutível – entre Steve Canyon e Charlton Heston. De qualquer maneira, em ambos os casos, a estória em quadrinhos precede o cinema como criadora de costume; coloca-se, portanto, ao nível dos padrões e caracteres, em posição não parasitaria, mas de promoção.

24. O problema do ridículo poderia vir a ser examinado mais a fundo. Não é por acaso que nos *comics* o aspecto humorístico prevalece notavelmente. MORIN (*L'industria culturale*, Bolonha, Il mulino, 1963, p. 70) estabelece uma relação entre *loisir* e trituração das "grandes transcendências": "da vacância dos grandes valores, nasce o valor das vacâncias". Como oposição à trituração das transcendências, e portanto ao niilismo, nasce o *humour*: "o extraordinário desenvolvimento do *humour* na cultura de massa, o *humour* que substitui a sátira dos desenhos de jornal, o *humour* absurdo que se impõe no cômico cinematográfico... testemunham o processo do niilismo e seus antídotos: o jogo, a diversão".

25. Reproduzido em *The Funnies* (op. cit.) como *The Revolt Against Naturalism in the Funnies*.

do Popular Front de 1930. Em 1935, *Ferdinando* teria aparecido como exemplo de um realismo "regional" e "cultural" (no sentido antropológico do termo), esclarecendo o leitor acerca de uma situação de pauperismo agrícola. As estórias de *Ferdinando* teriam, assim, refletido, desde o início, a exigência popular, estimulada pelo New Deal, de tomar consciência de uma situação nacional, vista nas suas contradições reais[26]. *Pojo*, ao contrário, põe em cena animais antropomorfos, que vivem numa comunidade rural do Sul, mas, alienando-os de situações sociais concretas – refletindo a natureza culta das suas narrativas numa linguagem de derivação joyciana, capaz de exprimir, na sua dissociação, uma série de distúrbios psicológicos de que tais personagens são, universalmente falando, os representantes –, desenvolve um discurso de sátira política, indubitavelmente democrática, mas em chave de sofisticação individualista.

Ferdinando, ligado a um signo gráfico caricatural mas realista, inspirando-se nas personagens e nas atmosferas de um Sherwood Anderson, levanta continuamente o problema do indivíduo em contato com os problemas da desorganização social, adquirindo, assim, uma força permanente de impacto ideológico. Força que *Pojo* não teria, ocupado como está em divulgar para a elite uma psicologia pós-freudiana que encara "a existência humana como uma série de problemas colocados para o indivíduo na psicopatologia da vida cotidiana". Eis um exemplo de leitura crítica, indubitavelmente digno de atenção, porque realiza um ideal de pesquisa em que as motivações históricas esclarecem o articular-se dos valores estruturais (com efeito, Denney desenvolve longamente a comparação entre elementos gráficos e ideológicos nas duas estórias em quadrinhos, mostrando a inter-relação forma-conteúdo; e a relação entre linguagem e visão psicológica é, por exemplo, tratada com muita agudeza). Tal análise pode, todavia, não satisfazer. A leitura de *Ferdinando* faz

---

26. Nesse sentido, seria interessante ver *Ferdinando* como reflexo daquele ímpeto de nacionalismo de fundo democrático que Alfred Kazin tão bem descreveu no capítulo "America! America!" do seu *On Native Grounds* (*Storia della letteratura americana*, Milão, Longanesi, 1956, cap. XVI): uma exigência de descoberta da realidade norte-americana que não por acaso tomou a forma típica de um *mass-medium* como o documentário fotográfico.

nascer em nós a suspeita de que tamanha adesão aos valores populares, à realidade regional, aos problemas concretos, se resolva, apesar de tudo, nos termos expressos por Al Capp, como um otimista convite a não se deixar abater pelas adversidades, porque o mundo poderia ser pior. Qual será, portanto, a raiz de uma crítica que, embora tão desapiedada, se detém sempre à beira da revolta, e reabsorve a intolerância numa espécie de humorístico Amor Fati?

A resposta está, provavelmente, além das conclusões de Denney: *Ferdinando* é – como muitos disseram – um herói norte-americano[27], na verdadeira acepção do termo. Isto é, um herói no qual a revolta contra a injustiça, a crítica generosa dos erros dos homens, o reconhecimento das contradições sociais e políticas, não vai além de uma fé quase religiosa no sistema. Herói kennedyano, justamente porque new-dealista, *Ferdinando* representa a crítica do homem bom às trapaças de que é testemunha. Mas já que foi o próprio ambiente que o produziu como "homem bom", ele sabe, inconscientemente, que deverá encontrar as soluções única e exclusivamente dentro de seu próprio ambiente. Na sua ingenuidade, *Ferdinando* é o melhor e mais iluminado dos *radicais* stevensonianos, ele e seu autor. Tendendo a uma busca da pureza, a única suspeita que jamais lhe ocorre é a de que a pureza possa tomar a fisionomia da subversão total, da negação do sistema. Nisso, é o expoente de uma religiosidade norte-americana que se abebera na pregação dos Padres Pellegrini[28]. No âmbito do seu universo, *Ferdinando* é perfeito – e é aí provavelmente que cumpre ser julgado. Mas no fundo, sua base ideológica é ainda a de *Steve Canyon*; onde Caniff aceitava como bons todos os mitos do homem norte-americano, disso fazendo comércio, Capp os submete a uma revisão contínua; mas o intento final é a salvaguarda do sistema atra-

---

27. Sobre Ferdinando como típico "herói norte-americano", cf. HEINZ POLITZER. "From Little Nemo to Li'l Abner", em *The Funnies*, op. cit.

28. Nisso, a ideologia de *Ferdinando* lembra a de um autor como THEODORE WHITE quando, em *Como se faz um presidente*, descreve a técnica de conquista do poder por parte de Kennedy com uma subterrânea adesão ao sistema norte-americano como garantia positiva, indiscutida, enquanto aprofunda as próprias raízes em toda uma história nacional; e vejam-se, a propósito, as observações de FURIO COLOMBO no prefácio ao volume (Milão, Bompiani, 1962).

vés da reforma; Capp sabe que, se não os mitos, o homem que os professa deve ser substancialmente preservado[29].

A identidade ideológica é confirmada por uma identidade formal (mas a chave interpretativa é, para nós, oposta à de Denney). Na raiz, também aqui, *Steve Canyon* e *Ferdinando*, em medidas muito diferentes, baseiam-se numa assunção naturalista. Violeta é tão desejável quanto Copper Calhoon, embora a primeira, implicitamente, ironize a segunda. Ambos os desenhos apelam para os hábitos adquiridos pela sensibilidade comum. O respeito das *endoxa* no campo do gosto não pode deixar de abarcar o respeito das *endoxa* nos outros campos. Mesmo na estória em quadrinhos, a negação de um modo de pensar deve passar quase sempre pelo crivo da negação de um modo de formar. Feiffer já chegou a esses limites. Ele já não condescende com o seu leitor, nem lhe oferece uma sensação a consumir. Sugere-lhe uma realidade possível (Schulz, por seu lado, foge ao naturalismo através de uma estilização grotesca; e o seu grotesco não é o de Al Capp, suas personagens são "Verdadeiras" justamente porque não poderiam ser reais; Violeta, não: pode ser desejável, faz-nos voltar à realidade de todos os dias, não porque nos obrigue a refletir sobre essa realidade, mas porque no-la apresenta tal como é, ou quase). Assim a leitura crítica de *Ferdinando*, apenas esboçada, já nos oferece algumas perspectivas de reflexão em termos de história da cultura.

A leitura de *Steve Canyon*, efetuada com o máximo rigor, localizada numa só página, mantida a nível puramente descritivo, abriu-nos uma problemática bastante vasta que abarca os meios de massa no seu complexo. E mostrou-nos um campo de investigação com muito ainda por explorar, a mais níveis, e por mais lados. Reportando-nos à necessidade de uma pesquisa coletiva interdisciplinar, voltou a confirmar-nos, porém, a validade de uma leitura descritiva preliminar e de uma interpretação crítica efetuada ainda a nível de história da cultura. Circunscreveu, por isso, o campo de algumas "leituras" que se seguirão, como a do Superman, a de Minduim ou a de Rita Pavone.

---

29. Que é, ademais, a interpretação dada por Denney, no ensaio citado, sobre Kelly e seu *Pojo*: sem se dar conta de que também Capp e seu *Ferdinando* são expressão da mesma cultura.

RETÓRICA E IDEOLOGIA EM
OS MISTÉRIOS DE PARIS DE EUGÈNE SUE

Expressões como "estudo sociológico da literatura" ou "sociologia da literatura" servem (e serviram), muitas vezes, para designar pesquisas realizadas em direções opostas. Pode-se ver na obra literária um simples documento relativo a um período histórico; pode-se conceber o elemento social como explicação da solução estética; pode-se, enfim, pensar numa dialética entre dois pontos de vista (a obra como fato estético e a sociedade como contexto explicativo), onde o elemento social determina as escolhas estéticas mas onde também o estudo da obra e das suas características estruturais permite melhor compreender a situação de uma sociedade[1].

Que utilidade podem ter, no quadro desse terceiro método, os estudos semiológicos orientados para as macroestruturas de comunicação representadas pelos elementos do

1. Ver as pesquisas de LUCTEN GOLDMANN em *Pour une sociologie du roman* (Paris, Gallimard. 1964), e alguns estudos ulteriores desse autor, como o ensaio sobre Genet que figura na edição italiana da obra citada.

enredo? Se a descrição da obra como sistema de signos possibilitasse o enfoque das estruturas significantes dessa obra de maneira absolutamente neutra e objetiva (sem levar em conta o conjunto complexo dos significados que a história atribui continuamente à obra-mensagem), o próprio contexto social e a ideologia que se exprime através da obra inteira, considerada como um signo global, permaneceriam excluídos, pelo menos provisoriamente, do estudo semiológico. Mas esse rigor limitativo da investigação é apenas aparente. De fato, não podemos identificar um significante e nomeá-lo (indicá-lo, pô-lo em evidência) senão atribuindo-lhe, pelo menos implicitamente, uma significação. Isolar algumas estruturas significantes numa obra é reconhecer essas estruturas como as mais pertinentes em relação às ideias que nos propomos expor sobre essa obra, é já nos situarmos dentro de uma perspectiva interpretativa; tratamos descritivamente uma obra segundo uma hipótese de totalidade (a totalidade dos significados aos quais a obra se reportaria) que a análise deve verificar. Por mais objetiva que se queira a descrição (focalização das estruturas presentes na obra), as estruturas focalizadas são as que surgem como pertinentes somente se considerarmos a obra dentro de uma certa perspectiva. Nesse sentido, toda análise estrutural dos signos contidos na obra torna-se, inevitavelmente, a verificação de hipóteses ao mesmo tempo históricas e sociológicas – e isso acontece mesmo contra a vontade e à revelia do observador: é, portanto, preferível ter consciência desse fenômeno, a fim de reduzir tanto quanto possível a margem de subjetividade, e tirar o máximo proveito da subjetividade inevitável. A análise estrutural da obra segue, pois, um movimento "circular"[2] que, ao que parece, caracteriza toda investigação sobre os atos de comunicação. O aspecto científico de tal método consiste não em deixar de lado esse condicionamento da pesquisa, mas em admiti-lo, em fundamentá-lo de maneira crítica, em dele fazer uma fonte de compreensão.

Uma vez admitidos esses princípios, a descrição semiológica das estruturas da obra surge como um dos mais fecundos

---

2. Duas teorias da crítica insistem no caráter circular desse método: são os *Essays in stylistics*, de L. SPITZER (Princeton, Princeton University Press, 1948), p. 1-39, e "The history of art as a humanistic discipline", de Erwin PANOFSKY, publicado em *Meaning in the visual arts* (Nova York, Doubledav. 955).

métodos para recolocar a obra em seu contexto histórico-
-sociológico. Em outras palavras, é altamente recomendável
que um estudo sociológico sério se submeta à verificação
semiológica. O método "circular" permite, então, ir do contexto social (externo) para o contexto estrutural (interno) da
obra analisada; consiste em elaborar a descrição dos dois
contextos (ou de outros contextos introduzidos no jogo interpretativo) segundo critérios homogêneos; em focalizar, por
conseguinte, homologias de estrutura entre o contexto estrutural da obra, o contexto histórico-social e eventualmente
outros contextos para os quais o estudo se oriente. Perceberemos, assim, que a maneira pela qual a obra "reflete" o contexto social – retomando a clássica imagem do espelho – pode
definir-se em termos estruturais, pela elaboração de sistemas
(ou séries) complementares que, visto que puderam ser des-
critos mediante instrumentos homogêneos, surgem como
estruturalmente homólogos. Aplicado esse método "circular",
o contexto social não aparecerá mais determinante do que as
estruturas estéticas relativamente à cultura (às relações sociais) promovida, e, mesmo que o discurso deva, por vezes,
apelar para hipóteses ou para uma terminologia causais, o
objeto do estudo terá que ser a focalização das homologias e
não das relações de causalidade. Isso não quer dizer que não
seja preciso introduzir relações de causalidade num estudo
histórico mais apurado; porém, nesse estágio da pesquisa,
seria prematuro e inoportuno querer demonstrá-las. O estudo só focaliza paralelismos. Caberá a outros tipos de discursos explicar como esses paralelismos se produziram.

O fim primeiro de uma pesquisa como a nossa será pôr
em evidência as homologias entre dois sistemas: retórica e
ideologia[3].

Essas especificações sobre o método podem ser ilustra-
das pelos resultados de uma pesquisa sobre as estruturas
narrativas dos *Mistérios de Paris*, de Eugène Sue. Exporemos,
nas páginas que se seguem, as conclusões de uma leitura inicial da obra, destinada a bem separar as "séries" ou os "sistemas" que merecem consideração, a saber: a) ideologia do
autor; b) condições do mercado que determinaram ou favo-

---

3. Pensamos, aqui, no sentido que Roland Barthes atribui a esses dois
termos em "Rhétorique de l'image" (*Communications*, 4).

receram o aparecimento, a produção e a difusão do livro; c) estruturas narrativas (estrutura do enredo, "figuras" ou "tópicos" de retórica, tratamentos linguísticos, soluções estilísticas ao nível da estrutura da frase ou do período). Seria, aliás, inexato dizer que a leitura feita do ponto de vista semiológico, que visa a focalizar as estruturas do enredo ou de outras figuras de estilo, teria podido fazer abstração de tudo quanto sabia o leitor sobre a posição ideológica do autor. Por mais que visasse tal leitura a uma espécie de *épokhê* semiológica, seria impossível ao leitor esquecer tudo o que sabia. Procurou-se, portanto, verificar cada hipótese sobre os significados que se apresentou ao espírito no curso da leitura, recorrendo às estruturas significantes, e *vice-versa*. Múltiplos meios favoreceram ao máximo essa *épokhê* – por exemplo, o fato de saber que existem estruturas recorrentes na narrativa[4] e no romance popular em geral, permitiu identificar essas estruturas na obra estudada, fazendo abstração da personalidade do autor e das características do período histórico no qual a obra nasceu. Mas, precisamente, esse recurso às estruturas "recorrentes" ou "constantes" (sendo elas mesmas, também, consideradas como hipóteses e não como dogmas semiológicos) permitiu, às vezes, ver como, na obra em questão, as estruturas constantes haviam sofrido flexões, modificações. A descrição semiológica tornava então inevitável a pergunta: "Por que essas estruturas se modificam desta maneira e precisamente nesta obra?" Para respondermos a essa pergunta foi preciso justamente nos reportarmos ao contexto sócio-histórico e formular, em seguida, outra pergunta: "Que fenômenos estranhos à obra apresentam características estruturais homólogas que permitam discernir, através da homologia-paralelismo, uma certa relação (não necessariamente uma relação determinista em sentido único, mas antes dialética) entre as diversas ordens de fenômenos?"

A análise que se segue decorre dessas perguntas e desses métodos de leitura. Visa a elucidar as relações entre uma obra

---

4. Pensamos, aqui, no estudo de V. J. Propp, *Morfologia Skazki* (Leningrado, 1928) e nas indicações de pesquisa extraídas dessa obra por C. Lévi-Strauss, em diversos escritos, Claude Buemond, em "Le message narratif" (*Communications*, 4) e A. Greimas, em *Sémantique structurale* (Paris, Larousse, 1966).

(as estruturas do enredo e as figuras de estilo), a ideologia de seu autor e as condições do mercado no qual essa obra foi introduzida e ao qual estava destinada.

Todo o nosso estudo, naturalmente, articulou-se da maneira acima indicada, porque julgamos precisamente que a análise semiológica deve partir não tanto de obras diferentes para nelas revelar constantes universais da comunicação, mas sim da hipótese de vários possíveis comportamentos constantes de comunicação para definir as diferenciações sócio-históricas dessas constantes, sob o impulso de fenômenos concomitantes que estão em relações recíprocas com a atividade estruturante do autor (ela também, fenômeno histórico não intemporal). Em outros termos, os motivos pelos quais uma análise estrutural nos parece importante e fecunda não são motivos metafísicos (pesquisa da identidade do espírito humano através dos seus diversos modos de expressão), mas históricos e sociológicos: trata-se de uma pesquisa sobre a maneira pela qual modelos virtualmente idênticos se afastam histórica e socialmente, dando lugar a diversos modos de expressão. É, pois, uma pesquisa sobre as interações entre uma retórica e uma ideologia (concebidas ambas como fenômenos "culturais" e, por esse motivo, histórica e socialmente circunscritas).

Eugène Sue: uma posição ideológica

Para se compreenderem as posições ideológicas de Sue no momento em que escreve *Os Mistérios de Paris*, é indispensável uma breve referência à sua evolução intelectual – que, aliás, foi objeto de importantes e bem documentados estudos[5]. O próprio Sue dá-nos uma resumida informação sobre o assunto, num texto escrito já no fim da vida: "Comecei a escrever romances marítimos porque vira o mar; nesses primeiros romances, há um lado político e filosófico (*La*

---

5. Para todos os pormenores biográficos, consultar a excelente obra de JEAN-LOUIS BORY, *Eugène Sue, le roi du roman populaire* (Paris, Hachette, 1962), bem como a *Présentacion des "Mystères"* (Paris 1963), do mesmo autor, e a "Introdução", cronologia e notas da antologia intitulada *Les plus belles pages. Eugène Sue* (Paris, Mercure de France, 1963).

Salamandre, Atar-Gull e *La Vigie de Koat-Ven*, entre outros) radicalmente oposto às minhas convicções a partir de 1844 (*Os Mistérios de Paris*); seria talvez curioso ver através de que transformações sucessivas de minha inteligência, de meus estudos, de minhas ideias, de meus gostos, de minhas ligações... cheguei, depois de ter firmemente acreditado na ideia religiosa e absolutista encarnada nas obras de Bonald, de Maistre, Lamennais (*De l'indifférence en matière de religion*), meus mestres daquele tempo, cheguei, instruído unicamente pela justiça, a verdade e o bem, a professar diretamente a república democrática e social"[6].

Sue passou do legitimismo político, do dandismo de sua vida pública e privada, a uma profissão de fé socialista. Mas de que natureza era o socialismo de Sue? Um rápido exame de sua biografia faz-nos ver que de início tratava-se somente de um entusiasmo fortuito, nascido do encontro com um operário culto e de grande maturidade política, cuja consciência de classe, retidão e simplicidade de costumes, entusiasmo revolucionário levaram Sue a profissões de fé puramente sentimentais. Tudo leva a crer que, no começo, o socialismo representou para Sue apenas uma nova e excitante maneira de manifestar a excentricidade de seu dandismo. E, quando começa a escrever *Os Mistérios*, sua narrativa está totalmente impregnada de um gosto "satânico" pelas situações mórbidas, pelo horrível e pelo grotesco. Sue compraz-se em descrever as sórdidas tabernas da cidade velha e reproduzir a gíria dos ladrões dos *bas-fonds*, mas desculpa-se, sem cessar, diante de seus leitores, dos horrores e misérias de que fala, prova de que ainda tem consciência de dirigir-se a um público aristocrático e burguês, ávido de emoções mas estranho aos protagonistas do romance. Todavia, à medida que o romance prossegue, e que os episódios se sucedem no *Le Journal des Debats*, Sue obtém grande êxito junto ao público. De repente, vê-se guindado à situação de bardo do proletariado, desse mesmo proletariado que se reconhece nos acontecimentos que ele narra. E, à medida que cresce a aprovação popular, Sue vai sendo ganho pelos sentimentos que evocou. Como afirma Bory:

6. Citado por A. Parmenie e C. Bonnier de La Chapelle, *Histoire d'un éditeur et de ses auteurs; P. J. Hetzel* (Paris, Albin Michel, 1963). Ver Bory, *Eugène Sue...*, op. cit., pp. 370-371.

"O romance popular (quanto ao seu objeto), tornando-se popular (quanto ao seu êxito) não tardará a tornar-se popular quanto às ideias e à forma"[7].

Na sua terceira parte, a obra já propõe reformas sociais (a granja de Bouqueval); na quinta, a ação faz-se mais lenta para dar lugar a intermináveis discursos moralizadores e a proposições "revolucionárias" (que, como veremos, não são, de fato, mais que reformistas). À medida que o livro vai chegando ao fim, os discursos moralizadores multiplicam-se e atingem os limites do suportável.

No decorrer da ação e das considerações edificantes, a nova posição ideológica de Sue vem à luz: *Os Mistérios* revelam ao leitor condições sociais iníquas que produzem, através da miséria, o crime. Se se atenuar a miséria, se se reeducar o presidiário, se se arrancar a jovem virtuosa ao rico sedutor, o operário honesto à prisão por dívidas, dando a todos uma possibilidade de redenção fundada numa ajuda cristã fraternal, a sociedade poderá melhorar. O "mal" é apenas uma enfermidade social. Começado como epopeia da gatunagem, o livro termina como epopeia do trabalhador infeliz e como manual da redenção.

É bastante evidente que essa perspectiva não surge como "revolucionária" no sentido que se atribui a esse termo depois da experiência do marxismo; nem por isso, tais tomadas de posição deixaram de suscitar, em Paris, as reações escandalizadas da imprensa conservadora. Outros críticos, mais perspicazes, perceberam, no entanto, os limites burgueses do pretenso socialismo de Sue.

Edgar Allan Poe, numa de suas *Marginalia*, escrita logo após a tradução dos *Mistérios* para o inglês, notava: "Os motivos filosóficos atribuídos a Sue são absurdos ao mais alto grau. Seu primeiro e, na realidade, único objetivo, é fazer um livro apaixonante e por conseguinte, vendável. A intenção (implícita e direta) de melhorar a sociedade etc. é apenas um estratagema comuníssimo nos autores, que assim esperam dar aos seus escritos um ar de dignidade ou de utilidade social, a fim de melhor mascarar-lhes o caráter licencioso"[8]. A crítica de Poe não pode ser definida como "de esquerda": o poeta

---

7. Ver Bory, *Eugène Sue...*, op. cit. p. 248.
8. Edgar Allan Poe, *Marginalia*, XC, 1844.

norte-americano limita-se a enfocar certa duplicidade e atribuir ao autor intenções não-confessadas (ou dissimuladas sob a superestrutura ideológica). A crítica que Belinski dirigirá, naquele mesmo ano, a Sue, será muito mais penetrante e precisa, do ponto de vista ideológico. Depois de ter feito um breve apanhado da condição das classes populares na civilização industrial ocidental, Belinski inicia os ataques:

"Eugène Sue teve a sorte de ser o primeiro a ter a ideia lucrativa de especular sobre o povo, literalmente falando... Honrado burguês, no sentido pleno do termo, filisteu essencialmente pequeno-burguês, se pudesse ser deputado, seria desses deputados que hoje vemos às centenas. Quando, em seu romance, ele pinta o povo francês, considera-o, como todo verdadeiro burguês, de maneira simplista: vê nele uma plebe famélica que a ignorância e a miséria votam ao crime. Ignora os verdadeiros vícios e as verdadeiras virtudes do povo; nem mesmo suspeita de que o povo tem um futuro diferente do partido que, hoje, ocupa triunfalmente o poder, porque o povo tem a fé, o entusiasmo, a força moral. Eugène Sue compadece-se com as misérias do povo: por que recusar-lhe a nobre faculdade de compadecer-se? – tanto mais que aí está uma fonte de lucros certos: Ele se compadece, mas como? Aí já é uma outra questão! Seu desejo é que o povo não fique mais na miséria, que deixe de ser uma plebe famélica, impelida, mau grado seu, para o crime, e se torne uma plebe satisfeita, decente, devidamente comportada, enquanto os burgueses e os atuais legisladores continuarão senhores da França, uma casta de especuladores altamente cultivados.

"Em seu romance, Sue demonstra que a legislação francesa protege involuntariamente o deboche e o crime, e é preciso confessar que ele o faz de maneira exata e convincente. Porém nem sequer suspeita de que o mal não reside em certas leis, mas em todo o sistema da legislação francesa, em toda a organização da sociedade"[9].

A acusação é clara: Sue adota a atitude tipicamente reformista que consiste em desejar, que alguma coisa mude a fim de que tudo continue como está. Politicamente, é um

---

9. V. BELINSKI, *Textos filosóficos escolhidas* (Moscou, 1951); artigo sobre Sue, pp. 394 e ss.

socialdemocrata: no plano literário, é um vendedor de emoções que especula sobre a miséria humana.

Se relermos agora as páginas d'*A sagrada família*, de Marx e Engels[10], encontraremos aí os mesmos elementos polêmicos. O objeto dessa obra é fazer uma sátira sistemática dos jovens hegelianos da "Allgemeine Literaturzeitung", e, em particular, de Szeliga, que apresenta *Os Mistérios* como a epopeia do esforço constante para preencher o fosso que separa o imortal do perecível; é, portanto, Szeliga, e não Sue, quem está no centro da polêmica. Mas, para poderem convencer seus leitores, Marx e Engels têm que destruir a obra de Sue, apresentando-a como uma espécie de tratantada ideológica, na qual, precisamente, apenas Bruno Bauer e consortes podiam ver uma mensagem salvadora. O caráter reformista e pequeno-burguês da obra é posto em evidência, muito simplesmente, pela frase que pronuncia o infortunado Morei, no ápice de suas atribulações financeiras: "Ah! se o rico soubesse!" A moral do livro está, portanto, em que os ricos podem sabê-lo e intervir para sanarem, mediante ações generosas, as chagas da sociedade. Marx e Engels vão mais longe: não contentes em denunciar o caráter reformista da obra de Sue (não se limitam, com efeito, a criticar do ponto de vista econômico a ideia do banco dos pobres proposta pelo príncipe Rodolfo), sublinham o espírito reacionário de toda a moral do livro. A vingança justiceira de Rodolfo é um ato hipócrita; a descrição da reabilitação social de Chourineur [O Estripador] é hipócrita; toda a nova teoria penal de Sue, ilustrada pelo castigo do Mestre-escola, está contaminada de hipocrisia religiosa; hipócrita também é a redenção de Fleur-de-Marie, exemplo típico de alienação religiosa, no sentido feuerbachiano da palavra. Sue é estigmatizado não como socialdemocrata ingênuo, mas como reacionário, legitimista e discípulo de Joseph de Maistre, pelo menos quando, jovem, fazia o elogio do colonialismo escravista.

Se quiséssemos estudar a personalidade de Eugène Sue ao longo de sua vida, seria preciso corrigir o julgamento negativo sobre ele exarado por Marx e Engels. Já em 1845, n'*O Judeu Errante*, o humanitarismo conciliador e enfadonho dá

---

10. *Die heilige Familie oder Kritik der krilischen Kritik. Cegen Bruno Bauer und Consorlen* (Francforte sobre o Meno, 1845).

lugar a uma visão mais lúcida e rigorosa da luta entre o mundo operário e o poder oficial; todavia, essa dissensão ainda reveste a forma de uma luta entre personagens simbólicas (o jesuíta intrigante e maléfico e o padre virtuoso e heroico), e articula-se segundo uma utopia fourierista. Em compensação, na obra seguinte, *Os Mistérios do Povo* – obra longa, mal acabada mas reveladora – Sue mostra que descobriu a luta das classes. Escreve seu livro no momento em que se empenha a fundo na luta política como candidato do partido republicano socialista, quando se opõe ao golpe de estado de Luís-Napoleão e passa os últimos anos de sua vida exilado em Annecy, e doravante reconhecido como chantre da revolução proletária[11].

O julgamento de Marx e Engels limitava-se, todavia, aos *Mistérios*, e nossa leitura, fazendo abstração dos textos precedentes e subsequentes, deve também procurar enfocar as estruturas do enredo e as soluções de estilo que se revelariam homólogas às estruturas ideológicas identificadas.

A estrutura da consolação

O autor de um romance popular jamais encara problemas de criação em termos puramente estruturais ("Como fazer uma obra narrativa?") mas em termos de psicologia social ("Que problemas é preciso resolver para construir uma obra narrativa destinada a um vasto público e visando a despertar o interesse das massas populares e a curiosidade das classes abastadas?").

Esta seria uma resposta possível: tomar uma realidade cotidiana existente, onde se voltam a encontrar os elementos de uma tensão não resolvida (Paris e suas misérias); acrescentar um elemento resolutório em luta com a realidade inicial, e que se opõe a esta como solução imediata e consolatória das contradições iniciais. Se a realidade inicial for efetiva e não contiver, em si mesma, as condições que permitam resolver as oposições, o elemento resolutório deverá ser fantástico. Como tal, será imediatamente concebível, apresentado no início como já em ação, e poderá agir de pronto,

---

11. Ver também UMBERTO ECO, *E. Sue, il socialismo e la consolazione*, prefácio a *I misteri di Parigi* (Milão, Sugar, 1965).

sem passar pelas mediações limitativas dos acontecimentos concretos. Rodolfo de Gerolstein será esse elemento. Possui todas as qualidades fabulosas da função: é um príncipe (e príncipe soberano, ainda que Marx e Engels zombem dessa pequena alteza alemã tratada por Sue como um rei – mas, como todos sabem, ninguém é profeta em sua terra); e um príncipe que organizou seu reinado segundo as regras ditadas pela prudência e pela bondade[12]. É muito rico. Consome-se num remorso incurável e numa tristeza mortal (seu amor infeliz pela aventureira Sara Mac Gregor; a morte presumida da filha nascida dessa união; o fato de ter voltado sua arma contra o próprio pai).

Embora digno de compaixão, Rodolfo possui as características do herói romântico, que o próprio Sue apresentara sob uma luz favorável em seus livros precedentes; adepto da vingança, não recua diante das soluções violentas; compraz-se, ainda que em nome da justiça, com horríveis crueldades (cegará o Mestre-escola; fará Jacques Ferrand morrer de frenesi erótico). Proposto como solução imediata para os males da sociedade, Rodolfo não pode observar as leis demasiadamente exauridas dessa sociedade: inventará, portanto, as suas próprias leis. Juiz e justiceiro, benfeitor e reformador fora da lei, é um super-homem, o primeiro, talvez, na história do romance-folhetim e o herdeiro direto do herói satânico do romantismo; protótipo de Monte Cristo, contemporâneo de Vautrin (personagem nascida antes dele, mas que atingirá sua plena estatura pela mesma época), é, de certa maneira, o precursor do modelo nietzschiano.

Antônio Gramsci já notara, com muita penetração e ironia, que, nascido no romance-folhetim, o super-homem ascende, a seguir, ao plano da filosofia[13].

12. "Essa boa gente gozava de uma tio profunda felicidade, estava tão completamente satisfeita com sua condição, que a solicitude esclarecida do grão-duque pouco tinha a fazer para preservá-la da mania das inovações constitucionais". (Segunda parte, capítulo XII).
13. "Em todo o caso", diz também Gramsci, "parece que se pode afirmar que o "super-humano" nietzschiano tem, em grande parte, como origem e modelo doutrinal não Zaratustra, mas o *Conde de Monte-Cristo*, de Alexandre Dumas". Gramsci não leva em conta o fato de que Rodolfo serviu de modelo a Monte-Cristo, tendo a obra que leva esse nome surgido em 1844 (assim como *Os três Mosqueteiros*, onde aparece o segundo super-homem, Athos,

191

Outros arquétipos vêm, a seguir, enxertar-se sobre esse super-homem e, como observa Bory, Rodolfo é um Deus Pai (seus protegidos não se cansam de repeti-lo), que se disfarça de trabalhador, faz-se homem e vem ao mundo. Deus faz-se operário. Marx e Engels não tinham examinado a fundo o problema de um super-homem em ação; daí censurarem Rodolfo, concebido como modelo humano, por não ser inteiramente guiado por motivos desinteressados e generosos mas pelo gosto da vingança e da transgressão. É exato: Rodolfo é um Deus cruel e vingativo, seria um Cristo com alma de Jeová.

Para resolver pela imaginação os dramas reais do Paris miserável dos *bas-fonds*, Rodolfo terá que: a) converter o Chourineur; b) punir a Coruja e o Mestre-escola; c) salvar Fleur-de--Marie; d) consolar Madame d'Harville dando um sentido à sua vida; e) arrancar os Morei ao desespero; f) aniquilar o sombrio poder de Jacques Ferrand e devolver aos fracos e indefesos o que este último lhes tomou; g) encontrar a filha perdida, escapando das armadilhas de Sara Mac Gregor. Vêm, a seguir, diversas tarefas secundárias, mas ligadas às principais, tais como a punição de malfeitores de segunda ordem, como Polidori, os Martial e o jovem Saint-Rémy; a redenção dos semicelerados como a Loba e o bom Martial; a salvação de alguns bons, como o jovem Germain, Mademoiselle de Fermont etc.

O elemento real (Paris e suas misérias) e o elemento fantástico (as soluções de Rodolfo) terão que, um a um, ferir

---

ao passo que o terceiro, com o qual Gramsci constrói sua teoria, José Bálsamo, surge em 1849); mas a obra de Sue está sempre presente em seu espírito, e ele a analisa repetidas vezes. "Talvez o super-homem popular de Dumas deva ser considerado justamente como uma reação democrática à concepção racista de origem feudal, relacionada com a exaltação do "galismo" expressa nos romances de Eugène Sue (ao passo que, em Nietzsche, seria também preciso discernir as influências que culminaram, a seguir, em Gobineau e no pan-germanismo de Treitschke)." GRAMSCI, *Letteratura e vila nazionale, III: Letteratura popolare*. "O romance-folhetim substitui (e ao mesmo tempo excita) a imaginação do homem do povo, é um verdadeiro sonhar acordado ... Pode-se dizer, nesse caso, que a imaginação popular depende de complexo de inferioridade (social) que desencadeia intermináveis devaneios sobre a ideia de vingança, ou de punição dos responsáveis pelos males padecidos."
GRAMSCI, *op. cit.*, p. 108.

o leitor, atrair-lhe a atenção e exasperar-lhe a sensibilidade. O enredo terá, portanto, que apresentar a informação como que por lampejos, isto é, de maneira inesperada. Para que o leitor se possa identificar seja com as personagens e as situações antes da solução, seja com as personagens e as situações depois da solução, os elementos característicos terão que ser repetidos até que a identificação se torne possível. O enredo deverá, portanto, comportar amplas sequências repetitivas, isto é, deter-se longamente no inesperado, de maneira a torná-lo familiar.

A necessidade de informar exige lances teatrais a necessidade de repetir exige que esses lances retornem a intervalos regulares. Nesse sentido, *Os Mistérios* não têm parentesco com as obras narrativas de curva constante (onde os diversos elementos do enredo se acumulam até criar uma tensão maximal que o desfecho fará explodir), mas com as obras de estrutura que chamaremos de sinusoidal (tensão, distensão, nova tensão, nova distensão etc.).

Com efeito, *Os Mistérios* é cheio de pequenos dramas esboçados, parcialmente resolvidos, abandonados para seguir os meandros da linha principal da narrativa, como se a estória fosse uma grande árvore cujo tronco seria a procura por parte de Rodolfo de sua filha perdida, e os diversos ramos, a estória do Chourineur, a de Saint-Rémy, as relações entre Clémence d'Harville e seu marido, entre Clémence, seu velho pai e sua madrasta, o episódio de Germain e Rigolette, as vicissitudes de Morei. Cumpre, agora, perguntar se essa estrutura sinusoidal corresponde a um plano narrativo deliberado ou se depende de circunstâncias externas. A julgar pelas profissões de fé do jovem Sue, parece que essa estrutura é intencional; a propósito de suas aventuras marítimas (de *Kernok* a *Atar-Gull* e *Salamandre*), ele já formula uma teoria do romance em episódios: "Ao invés de seguir essa severa unidade de interesse distribuído por um número determinado de personagens, que, partindo do começo do livro, devem, de bom ou de mau grado, chegar ao fim para contribuir para o desfecho, cada um com sua quota-parte..." é melhor, diz Sue, não constituir blocos em torno de "personagens que, não servindo de cortejo obrigatório à abstração moral, que seria o pivô da obra, poderiam ser abandonados no meio do caminho, conforme a oportunidade e a exigente lógica dos acontecimentos"[14].

Daí a liberdade do romancista deslocar a atenção e a trama diretora de uma personagem para a outra. Bory qualifica de "centrífugo" esse tipo de romance (que multiplica o lugar, o tempo e a ação), e vê nele um exemplo característico do romance-folhetim, constrangido, por seu aparecimento escalonado no tempo, a renovar a atenção do leitor de semana em semana, ou por dias a fio. Mas não se trata somente de uma adaptação natural da estrutura do romance às condições próprias de um gênero (já determinado por um tipo particular de publicação): as determinações do "mercado" vão mais longe. Como ainda observa Bory: "o êxito prolonga". A germinação de episódios sucessivos deve-se às vontades do público, que não quer perder suas personagens. Estabelece-se uma dialética entre a procura do mercado e a estrutura do enredo, a tal ponto que o autor chega a transgredir certas exigências fundamentais da narrativa, que parecem, no entanto, sagradas para todo romance "de consumo".

Quer a trama siga uma curva constante ou sinusoidal, as condições essenciais da narrativa, tais como Aristóteles as definiu na sua *Poética* (início, tensão, ponto culminante, desenlace e catarse), permanecem imutáveis.

A estrutura sinusoidal resulta quando muito do entrecruzamento de vários enredos, e esse problema já foi discutido por teóricos dos séculos XII e XIII, os primeiros mestres da crítica estrutural francesa[15]. A necessidade psicológica, experimentada pelo leitor, da dialética tensão-desenlace, é tal que, no pior dos romances-folhetins, chegam-se mesmo a produzir falsas tensões e falsos desenlaces. Por exemplo, em *Le forgeron de la Cour-Dieu*, de Ponson du Terrail, há dezenas de reconhecimentos fictícios, pelos quais o autor mantém seu leitor de respiração suspensa para revelar-lhe fatos de que já foi informado nos capítulos precedentes e que apenas uma dada personagem ignora. Mas n'*Os Mistérios*, acontece algo

---

14. EUGÈNE SUE, prefácio de *Atar-Gull* (ver BORY, *Eugène Sue...* op. cit., p. 102).
15. Ver E. FARAL, *Les arts poétiques du XIIe et du XIIIe siècle* (Paris, 1958). Não é por acaso que os textos desses teóricos são agora exumados pelos estruturalistas.

mais, e algo de absolutamente espantoso. Rodolfo, que chora a filha perdida, encontra a prostituta Fleur-de-Marie e a arranca às garras da Coruja. Faz com que volte para o bom caminho, e acha para ela um refúgio na granja-modelo de Bouqueval. Nesse ponto da narrativa, germina uma suspeita no espírito do leitor: e se Fleur-de-Marie fosse a filha de Rodolfo? Excelente tema sobre o qual bordar durante páginas e páginas, e que o próprio Sue deve ter considerado como o fio condutor de seu livro. Ora, no capítulo XV da segunda parte, mal atingida a quinta porção do livro, Sue põe fim ao *suspense*, e nos adverte: deixemos, agora, de lado esse fio do enredo que retomaremos mais tarde, pois o leitor já terá adivinhado que Fleur-de-Marie é filha de Rodolfo. O desperdício é tão evidente, o suicídio narrativo tão inexplicável que o leitor de hoje fica desnorteado; mas coisa bem diversa deveria ocorrer ao tempo da publicação em capítulos. Sue vira-se bruscamente na obrigação de prosseguir sua estória, a máquina fora montada para uma curva narrativa mais breve; a tensão não teria podido manter-se até o fim, o público queria saber; pois ali estava a revelação, lançada como pasto à sua voracidade, e agora era partir em busca de outros filões. A procura do "mercado" é satisfeita mas o enredo propriamente dito fez fiasco. O tipo de distribuição comercial, que podia fornecer regras certas para esse gênero romanesco, num dado momento se desencaminha, e o autor, como artista, rende-se. *Os Mistérios de Paris* não é mais um romance, mas uma cadeia de montagem destinada a produzir satisfações contínuas e renováveis. A partir desse momento, Sue não mais se preocupa com seguir as regras da boa narração e introduz, à medida que a estória progride, artifícios cômodos, que as grandes obras narrativas do século XIX felizmente ignoraram, e que voltamos a encontrar, bastante curiosamente, em certas estórias em quadrinhos como as do Superman[16].

Por exemplo, o que a narrativa não consegue mais dizer por ela mesma torna-se objeto de uma nota de rodapé. *Nona parte*, *capítulo IX*: a nota previne que Madame d'Harville faz determinada pergunta porque, chegada na véspera, não pode saber que Rodolfo reconheceu em Fleur-de-Marie a filha perdida. *Epílogo*, *capítulo I*: uma nota informa o leitor de que

---

16. Ver nosso *O mito do Superman*.

Fleur-de-Marie se chama, de agora em diante, Amélie, porque seu pai lhe deu esse nome dias atrás. *Nona parte, capítulo II*: "O leitor não se esqueceu de que a Coruja, um momento antes que Sara batesse, acreditava e lhe dissera que..." *Segunda parte, capítulo XVII*: uma nota precisa que os amores de juventude de Rodolfo e Sara não são conhecidos em Paris. E assim por diante. O autor lembra o que já foi dito, de medo que o público já se tenha esquecido, e estabelece tarde demais o que ainda não disse, porque não se pode tudo dizer: o livro é um macrocosmo no qual evoluem personagens demais, e Sue não chega a dominar todos os fios. Observe-se que todas essas notas vêm após a revelação da identidade de Fleur-de-Marie, que marca a queda da intriga.

Portanto, Sue comporta-se às vezes como um simples observador que não tem domínio sobre um mundo que lhe escapa, e se arroga, além do mais, os divinos direitos do romancista onisciente que excita a curiosidade do leitor. Poe já notava que lhe falta o *ars celare artem*, e que Sue nunca deixa de dizer ao leitor: "Pois daqui a pouco, você verá o que vai ver. Vai experimentar uma impressão extraordinária. Prepare-se, que vou excitar bastante sua imaginação e sua piedade". Crítica feroz, mas exata. Sue comporta-se precisamente assim, porque um dos principais objetivos do romance "de consolação" é emocionar, o que se pode fazer de duas maneiras. O método mais cômodo consiste justamente em dizer: "Atenção ao que vai acontecer". O outro supõe o recurso ao Kitsch, isto é, aos efeitos fáceis e de mau gosto[17].

Os Mistérios de Paris está visivelmente impregnado de Kitsch. O que emociona na certa, por já ter sido experimentado? O tópico literário já utilizado com êxito em outro contexto. O tópico, devidamente evocado, não só funciona, como até enobrece. Desencadeia, em seguida, o reflexo condicionado do arrepio estético. Aí, também, há duas soluções possíveis. Primeiramente, pode-se evocar uma sensação que outros já provaram e descreveram. No capítulo XIV da sétima parte, lê-se: "Para completar o efeito desse quadro, recorde o leitor o aspecto misterioso, quase fantástico, de um quarto onde a

---

17. Sobre a definição estrutural do Kitsch, ver o ensaio *A estrutura do mau gosto*.

chama da lareira luta contra as grandes sombras negras que tremulam no teto e pelas paredes..." O autor exime-se de fazer a sensação nascer diretamente, descrevendo o que deve provocá-la, e solicita o concurso do leitor, referindo-se ao já visto. Em segundo lugar, apela-se para chavões. Toda a personagem de Cecily, sua beleza e sua perfídia de mulata, faz parte de um arsenal exótico-erótico de origem romântica. Numa palavra, trata-se de um cromo, mas construído sobre uma tipologia: "Todos ouviram falar dessas moças de cor, por assim dizer fatais aos europeus, desses vampiros encantadores, que, embriagando suas vítimas com seduções terríveis, sugam-lhes o ouro e o sangue até a última gota, e só lhes deixam, conforme a enérgica expressão do país, as lágrimas para beber e o coração para roer". Aqui a coisa talvez seja pior, porque se está diante não mais de um tópico literário, mas de um chavão popular. Absolutamente genial a esse respeito, Sue inventou até mesmo um Kitsch dos pobres. Não faz um cromo incorporando à tela elementos da arte, mas compõe um mosaico com o auxílio dos cromos precedentes: é o que se chamaria hoje de uma operação "pop", com a condição, pelo menos, de que haja alguma ironia na intenção.

Muito ligado a essa particularidade de estilo está o que, para certos críticos, e em especial Bory, se apresenta como um jogo elementar e poderoso de arquétipos: os rostos dos maus lembram, segundo as teorias de Lavater, animais por cujos nomes muitas vezes são designados (a Coruja, por exemplo; o misto de Harpagão-Tartufo que encontramos em Jacques Ferrand; o par formado pelo Mestre-escola, já cego, e o infame monstrinho – o Torto –, réplica horrenda do par Édipo-Antígona; e mesmo Fleur-de-Marie, "virgem maculada" de origem nitidamente romântica). Não há dúvida de que ele joga com os arquétipos como inventor culto e genial; mas não para fazer do romance um itinerário para o conhecimento através do mito, à semelhança de Mann, e sim para empregar "modelos" de funcionamento seguro. O Kitsch é, dessarte, um instrumento da imaginação, e oferece soluções à realidade, segundo o projeto definido inicialmente.

A duração excessiva das cenas é um último artifício para assegurar os efeitos e explorá-los ao máximo A morte de Jacques Ferrand, vítima de satiríase, é descrita com a precisão de um manual clínico, a exatidão de uma gravação em fita magnética. O romancista não dá uma síntese imaginativa do fato: "registra-o" integralmente, fazendo-o durar tanto quanto dura na realidade; sua personagem repete as frases tantas vezes quantas um moribundo poderia repeti-las na realidade. Mas a repetição não cria um ritmo; Sue, simplesmente, põe tudo na página, sem interrupções, até que o leitor, mesmo o de espírito mais lerdo, tenha afundado até o pescoço na situação para nela afogar-se com a personagem.

Estruturas narrativas desse gênero não podem deixar de traduzir as opções ideológicas que já atribuímos ao Sue dos *Mistérios*. Assim como as perspectivas de informação devem perder-se bruscamente no vago das repetições consoladoras e conciliantes, os acontecimentos devem, igualmente, prestar-se a soluções que os submetam aos desejos dos leitores, sem, porém, abalá-los na base. Será inútil perguntarmos se, em Sue, a formulação ideológica precede a invenção narrativa ou se a invenção narrativa, dobrando-se às exigências do mercado, impõe-lhe uma certa formulação ideológica. Na realidade, os diversos fatores em jogo agem uns sobre os outros em diversas ocasiões e o único objeto de verificação nos é dado pelo livro tal qual é. Será, pois, igualmente de todo incorreto dizer que a escolha do gênero "romance-folhetim" conduza necessariamente a uma ideologia conservadora e mansamente reformista, ou que uma ideologia conservadora e reformista deva, por força, produzir um romance-folhetim. Pode-se somente dizer que, em Sue os diversos elementos desse mosaico congregaram-se dessa maneira.

Se examinarmos a "educação" de Fleur-de-Marie, ver-nos-emos diante de um problema que se propõe no plano ideológico da mesma maneira que no plano narrativo: a) há uma prostituta (modelo fixado pela sociedade burguesa segundo certas normas); b) os fatos é que fizeram dessa moça o que ela é (ela é inocente), mas nem por isso menos prostituta (é uma mulher marcada); c) Rodolfo convence-a de que pode regenerar-se, e a prostituta se regenera; d) Rodolfo descobre que ela é sua filha, uma princesa de sangue real.

O leitor vê-se assaltado por lances teatrais que são como descargas de informação. Do ponto de vista narrativo, o processo funciona, mas, do ponto de vista dos princípios morais dos leitores, atingiram-se os limites. Um passo a mais seria intolerável. Fleur-de-Marie não pode, portanto, reinar e ser feliz. Todas as identificações possíveis com a situação romanesca, no seu conjunto, viriam abaixo. Fleur-de-Marie morrerá, portanto, roída de remorsos. É exatamente o que o leitor bem pensante deve esperar da justiça divina e do senso das conveniências. As informações adquiridas são afogadas na repetição apaziguadora de alguns princípios de moral e de civilidade pacientemente confirmados. Depois de ter comovido o leitor contando-lhe o que ele ainda não sabia, Sue tranquiliza-o, repetindo-lhe o que ele já sabe. O mecanismo do romance exige que Fleur-de-Marie termine assim. A formação ideológica pessoal de Sue, homem de seu tempo, fará, em seguida, com que ele articule esses episódios recorrendo à solução religiosa.

A análise de Marx e Engels se nos oferece, aqui, em toda a sua perfeição. Fleur-de-Marie descobriu que é possível reabilitar-se e, graças aos recursos de sua mocidade, começa a gozar de uma felicidade humana e concreta; quando Rodolfo lhe anuncia que ela passará a viver na fazenda de Bouqueval, a moça quase fica louca de alegria. No entanto, pouco a pouco, sob a influência das piedosas insinuações de Madame Georges e do pároco, a felicidade "humana" da jovem transforma-se numa inquietude "sobrenatural"; a ideia de que seu pecado não pode ser apagado, de que a misericórdia de Deus não poderá deixar de socorrê-la "malgrado" a enormidade de sua falta, a convicção de que a salvação total lhe é doravante recusada na terra, levam, pouco a pouco, a um abismo de desespero a infortunada cantadeira. "A partir desse momento, Maria é subjugada pela consciência do pecado. Enquanto que, nas mais desgraçadas circunstâncias, ela soubera forjar para si uma personalidade amável e humana e, na degradação exterior, tinha consciência de sua humanidade como de seu ser verdadeiro, a mancha da sociedade atual, que a tocara exteriormente, agora marca seu mais íntimo ser; a tortura lenta provocada por essa mácula torna-se o dever de sua vida, a missão que lhe confiou o próprio Deus"[18].

O mesmo ocorre na conversão do Chourineur. Ele matou e, embora seja fundamentalmente honesto, é um marginal da sociedade. Rodolfo salva-o, dizendo-lhe que ele tem coração e honra. Aperta-lhe a mão. Lance teatral. Mas depois é preciso reduzir o desvio e trazer as coisas de volta para os limites do que se pode esperar. Deixemos de lado a primeira observação do Marx e Engels, segundo a qual Rodolfo o transforma num agente provocador, utilizando-o para atrair o Mestre-escola a uma armadilha; já aceitamos, de saída, as maneiras de agir do super-homem como legítimas. É exato que Rodolfo faz do Chourineur um "cão", um escravo, incapaz, doravante, de viver a não ser na sombra do seu novo mestre, de seu ídolo, por quem morre. O Chourineur é regenerado pela aceitação de uma caridade paternalista e não pela aquisição de uma nova consciência independente e dinâmica.

A "educação" de Madame d'Harville impõe uma escolha mais sutil: Rodolfo impele-a para a atividade social, mas essa escolha deve tornar-se verossímil aos olhos do vulgo. Clémence passará a servir os pobres porque a caridade é um prazer, uma alegria nobre e sutil. A pessoa pode divertir-se praticando o bem[19]. Os pobres devem tornar-se o divertimento dos ricos.

A própria punição de Ferrand ocorrerá segundo as previsões: seu pecado foi a luxúria, e é de luxúria insatisfeita que ele morre. Subtraiu dinheiro às viúvas e aos órfãos; terá, portanto, que restituí-lo no testamento que lhe dita Rodolfo, e pelo qual seus bens são legados ao banco dos pobres, em vias de formação.

É aqui que se desenvolvem as grandes linhas da doutrina social de Rodolfo e, portanto, de Sue. O primeiro elemento dessa doutrina é a granja-modelo de Bouqueval, concretiza-

---

18. *A sagrada família*, op. cit. cap. VIII, 2.
19. "As expressões de que se serve Rodolfo, em sua conversa com Clemência: "tornar atraente", "utilizar o gosto natural", "organizar a intriga", "utilizar os pendores para a dissimulação e a astúcia", "transformar em qualidades generosas instintos imperiosos, inexoráveis", etc.; essas expressões, assim como os instintos atribuídos aqui de preferência a natureza feminina, traem a fonte secreta da ciência de Rodolfo: Fourier. Ele teve entre as mios um tratado popular do "fouriérismo". (*A sagrada família*, cap. VIII, 5.).

ção do paternalismo triunfante. Basta que o leitor se reporte ao capítulo VI da terceira parte. Essa granja é um perfeito falanstério, criado, todavia, por um patrão que vem em auxílio dos que se encontram sem trabalho. O banco dos pobres procede de uma inspiração análoga, assim como as teorias conexas a respeito da reforma dos montepios: já que existe a miséria e que o operário pode ficar sem trabalho, procuremos um meio de fornecer-lhe uma ajuda em dinheiro durante os períodos de desemprego. Quando voltar ao trabalho, ele a devolverá. "Quando trabalha, ele sempre me dá – comentam os autores d'*A Sagrada Família* – o que de mim recebe ao ficar desempregado."

O mesmo ocorre com os projetos concernentes à prevenção do crime, à redução das custas judiciárias para os indigentes e, por fim, ao projeto de criar uma polícia dos bons que, como a polícia judiciária vigia os maus, prende-os e julga-os, vigiaria os bons, apontaria à comunidade seus atos virtuosos, convocá-los-ia a julgamentos públicos, em que a sua bondade fosse reconhecida e recompensada. No fundo, a ideologia de Sue é a seguinte: vejamos o que se pode fazer pelos humildes, sem mudar as atuais condições da sociedade, graças a uma cooperação fraternal entre as classes.

É notório que essa ideologia teve correspondências políticas fora do romance-folhetim. Se está ou não ligada à natureza "consoladora" do romance, eis um ponto que mereceria ser aprofundado, mas já fornecemos os instrumentos desse estudo. Trata-se, ainda uma vez, de consolar o leitor, mostrando-lhe que a situação dramática pode ser resolvida, mas de tal maneira que esta não cesse de identificar-se com a situação do romance no seu conjunto. A sociedade sobre a qual Rodolfo pratica uma operação cirúrgica, à maneira de um curandeiro dotado de dons miraculosos, permanece imutável. Se mudasse, o leitor não se reconheceria nela, e a solução, em si fantástica, parecer-lhe-ia inverossímil ou, em todo caso, o impediria de experimentar um sentimento de participação[20]. De qualquer maneira, nenhuma das reformas exa-

---

20. É preciso confessar que é difícil incluir nesse esquema as curiosas teorias de Sue concernentes à reforma penitenciária e penal, em geral. Mas assistimos aqui a uma livre improvisação do autor sobre o tema da "reforma", à formulação de um ideal político e humano pessoal, ultrapassando o quadro

minadas prevê a outorga de uma nova autonomia ao "povo", considerado seja como "classes laboriosas", seja como "classes perigosas". Diante da honestidade de Morel, Sue exclama: "Então não é nobre, consolador, pensar que não é a força, não é o terror, mas o bom senso moral que, sozinho, contém esse temível oceano popular, cujo transbordamento poderia submergir a sociedade inteira, zombando de suas leis, de seu poder, como o mar em fúria zomba dos diques e das muralhas!" A reforma é, pois, necessária para fortalecer e encorajar o sentido moral providencial das massas laboriosas. Como? Graças a um ato inteligente e esclarecido dos "ricos", que se reconhecem como os depositários de uma fortuna a empregar para o bem comum, graças ao "salutar exemplo da associação dos capitais e do trabalho... Mas de uma associação honesta, inteligente, equânime, que assegurasse o bem-estar do artesão sem prejudicar a fortuna do rico... e que, estabelecendo, entre essas duas classes, liames de afeição, salvaguardasse para sempre a tranquilidade do Estado".

A tranquilidade que, no romance de grande difusão, toma a forma da consolação pela reiteração do esperado, reveste, na formulação ideológica, o aspecto da forma que muda alguma coisa a fim de que tudo permaneça imutável: isto é, a forma da ordem que nasce da unidade na repetição, da estabilidade dos significados. Ideologia e retórica juntam-se e fundem-se totalmente.

Isso nos é confirmado por um aspecto técnico particular do romance de Sue: trata-se de um artifício narrativo fundado numa repetição do tipo "Meu Deus, que sede!"

do romance; as anedotas que vêm interromper o desenrolar do "melodrama" desenvolvem seus próprios temas. Ainda aí, encontramos o mecanismo provocacão-tranquilização imediata. É uma provocação reclamar a abolição da pena de morte, mas, para substitui-la, o que se propõe é cegar o culpado (assim, este terá tempo de voltar a si, arrepender-se e reencontrar-se). É uma provocação afirmar que a prisão, longe de corrigir os detentos, corrompe-os, e que reunir num mesmo recinto dezenas de malfeitores reduzidos a inação só pode estragar mais ainda os maus e corromper os bons. Mas e tranquilizante propor em troca, como solução a cela individual (que como remos, é o equivalente da cegueira).

Aludimos aqui a uma velha brincadeira cujo protagonista é uma personagem que irrita seus companheiros de viagem, repetindo sem parar: "Meu Deus, que sede!" Exasperados, os outros viajantes, na primeira parada, precipitam-se em direção à saída do carro e trazem para o infeliz bebidas de toda espécie. O trem torna a partir, há um momento de silêncio, e depois o infortunado recomeça a repetir, indefinidamente: "Meu Deus! que sede!" Ora, eis uma cena típica de Sue: um grupo de infelizes (os Morei, a Loba na prisão, Fleur-de-Marie em, pelo menos, três ou quatro situações) não param de gemer e é em lágrimas que narram as suas desgraças. Quando a tensão do leitor atinge o máximo, Rodolfo – ou um de seus enviados – chega e arruma as coisas. Depois, de novo, tudo recomeça, os mesmos protagonistas conversam entre si ou com outros recém-chegados, contam em que angústia até há pouco se encontravam, e como Rodolfo os tirou do mais negro desespero.

É verdade que o público gostava de ouvir repetir e confirmar o que se tinha passado, e que qualquer das leitoras, que se condoía das desgraças de uma personagem, ter-se-ia comportado da mesma maneira, em situação análoga. Todavia, a razão secreta do mecanismo "Meu Deus, que sede!" parece-nos outra: é que esse mecanismo permite trazer as situações exatamente para o ponto em que estavam antes de serem modificadas. A modificação desfaz um nó, mas não muda a corda.

O equilíbrio, a ordem, interrompidos pela violência informativa do lance teatral, são restabelecidos sobre as mesmas bases emotivas de antes. Sobretudo, as personagens não mudam. Ninguém "muda" n'*Os Mistérios*. Quem se converte já era bom antes, quem era mau, morre impenitente. Nada acontece que possa preocupar ninguém. O leitor é reconfortado, ao mesmo tempo porque acontecem centenas de fatos extraordinários e porque esses fatos não alteram em nada o movimento ondulante das coisas. Lágrimas, alegria, dor, prazer não alteram o movimento regular do mar. O livro desencadeia uma série de mecanismos compensatórios, dos quais o mais satisfatório e consolador é o fato de que tudo continua no lugar. As mudanças operadas pertencem ao domínio do puro fantástico: Maria sobe ao trono, Cinderela sai da crisálida. Entretanto, um excesso de prudência condena-a a morrer. No interior dessa armadura, o devaneio tem livre curso: Rodolfo, para cada leitor, está em cada esquina – basta saber esperar. Observou-se que Sue morreu no ano do aparecimento de *Madame Bovary*. Ora, *Madame Bovary* é a narrativa crítica da vida de uma mulher que lia romances consoladores à maneira de Eugène Sue, onde aprendera a esperar algo que jamais chegou. Seria injusto considerar Sue – o homem e o escritor – unicamente à luz simbólica dessa impiedosa dialética: mas é interessante observar que sobre o romance de consumo.de Sue aos nossos dias, paira a sombra de uma consolação mistificadora.

Conclusão

Faremos, para concluir, algumas observações que deverão ser retomadas alhures, mais pormenorizadamente.

Todo o estudo precedente corresponde a uma leitura feita por um leitor determinado, provido de alguns instrumentos de cultura que lhe permitiram descobrir, na obra, conotações globais com a ajuda de códigos eruditos verificados dentro da perspectiva de certo distanciamento histórico. Não ignoramos, em absoluto, que outros leitores, na época de Sue, não apreenderam suas conotações reformistas e, da mensagem global, retiveram apenas os significados mais evidentes (a situação dramática das classes trabalhadoras, a malignidade de alguns poderosos, a necessidade de uma mudança, qualquer que ela fosse etc.). Isso explica a influência dos *Mistérios*, que parece bem estabelecida, sobre os movimentos populares de 1848. Como diz Bory: "Sue – é inegável – tem uma responsabilidade certa na revolução de fevereiro de 1848. Fevereiro de 1848 é a irresistível saturnal, através da Paris dos *Mistérios*, dos heróis de Sue, numa mistura de classes laboriosas e classes perigosas"[21].

Cumpre, portanto, não perder de vista um princípio característico de todo estudo sobre as comunicações de massa (das quais o romance popular é um dos primeiros exemplos notáveis): a mensagem, elaborada por uma elite culta (grupo

21. *Présentation des Mystères de Paris* (Pauvert, 1963).

cultural ou órgão especializado inspirado pelo grupo detentor do poder econômico ou político), estrutura-se em função de "códigos iniciais" determinados, mas é recebida por grupos diferentes de usuários e interpretada com base em outros códigos que são os "códigos dos destinatários". Nesse processo, os significados sofrem frequentemente distorções ou filtragens que alteram completamente a função "pragmática" da mensagem. Por conseguinte, toda leitura semiológica da obra de arte deve ser completada por controles de campo. O estudo semiológico esclarece os significados da mensagem no momento da emissão; a verificação de campo deve estabelecer que novos significados são atribuídos à mensagem, como estrutura significante, no momento da recepção.

Nossa pesquisa voltou-se para uma obra de entretenimento que recorria amplamente a soluções padronizadas e não pretendia atingir a complexidade formal típica da obra de arte no sentido pleno do termo. Nesse romance, as relações entre a ideologia e a estrutura significante (entre a ideologia e a retórica) já eram evidentes à primeira leitura, e a pesquisa das estruturas narrativas serviu apenas para melhor esclarecer algumas hipóteses que estão ao alcance de todo leitor atento. Se se voltasse para obras mais complexas, uma pesquisa desse gênero seria certamente muito mais difícil. A tal ponto que se poderia pensar que as técnicas de descrição estrutural se aplicam unicamente a obras "simples" (estereotipadas e claramente determinadas por motivações coletivas) e não a obras "complexas", onde a solução individual e inovadora do "gênio" desempenha um maior papel.

Responderemos que: *a*) uma resposta definitiva só poderá ser dada quando análises desse gênero forem feitas em maior escala, de maneira mais sistemática e a todos os níveis – mas, por isso mesmo, é preciso começar a níveis modestos, onde as verificações são mais fáceis; *b*) a objeção seria válida se a análise estrutural da obra visasse somente a enfocar constantes universais da narrativa: então, com efeito, ela não serviria para explicar os casos marcados por profundas inovações individuais; mas se, como tentamos fazê-lo, a análise visa a esclarecer a maneira pela qual as constantes admitidas como hipóteses mudam, dentro de situações sócio-históricas particulares (isto é, como os esquemas evoluem ou se modificam até nas obras que utilizam estereótipos), o método – mesmo que, de início e a título de exercício, se aplique a obras padronizadas – deve fornecer-nos instrumentos úteis para compreendermos não importa que tipo de mensagem narrativa.

AS PERSONAGENS

O USO PRÁTICO DA PERSONAGEM

O recurso ao tópico literário é experiência possível mesmo para uma pessoa não excessivamente culta: se dizer que um escorço de cidade *"lembra Stendhal"* ou definir uma situação como "kafkiana" ainda pode revelar uma certa sensibilidade particularmente formada e informada, já dizer de uma situação piegas e lacrimável que "tudo isso *lembra* tanto as Duas Orfãzinhas" constitui recurso ao alcance do leitor comum, escassamente dotado de senso crítico. A citação do tópico ou da personagem literária intervém, portanto, no discurso cotidiano, muitas vezes à toa, às vezes numa referência feliz (e nesses casos, com uma eficácia de enfatização quase epigráfica, com uma cota de penetração e sabor que permite atingir, mediante o recurso ao tópico, uma incisividade de juízo impossível a qualquer outro torneio mais complexo de palavras). Recorrer ao tópico literário significa, portanto, atingir, por meio da memória, o repertório da arte para dele emprestar figuras e situações, introduzindo-as no contexto de um discurso crítico, perorativo, emotivo.

O emprego do "tópico" pode verificar-se a nível minimal e padronizado, proverbial; como em "até aí morreu o Neves", onde já nem mais subsiste a referência à personagem original, e Neves virou um curioso *flatus voci*, como o Bonifácio a conta de quem lançamos todas as impaciências. Outras vezes, ao contrário, a citação toma forma justamente como rememoração da personagem em toda a sua individualidade, sentida tal como a obra, lida tempos atrás, no-la havia apresentado; reviver a personagem com toda a intensidade do *modo* por que fora proposta, em toda a sua integridade de produção estética, é condição indispensável para aplicar o recurso. Recorrermos a Pavese por ocasião de uma emoção provada ante o espetáculo da colina turinense entrevista da rua Po, numa determinada hora e estação, comporta toda a aceitação e comparticipação daquela tonalidade emotiva que o escritor nos havia comunicado em *Il diavolo sulle colune* ou *La bella estale*. Mas não se trata apenas de revivermos uma emoção casualmente conexa com a nossa leitura de Pavese: em casos semelhantes, o recurso ao tópico só é pleno e operante se se estabelecer uma *identificação* com a mesma emoção ou disposição conceptual que o artista realmente pretendera comunicar. Nesse recurso, revive-se a obra justamente porque, naquele momento, a forma assumida pelo sistema das solicitações emotivas (que é a obra) suscita a forma da nossa emoção, com ela coincide; instantaneamente, de um lado se confirma a emoção compartilhada um dia por força de uma persuasividade do discurso estético, e, do outro, nossa emoção presente recebe uma ordem, uma definição, uma qualificação, um valor pelo fato mesmo de a recanalizarmos para dentro de uma fórmula que nos fora proposta pelo artista. Sem termos, um dia, lido Pavese, talvez a emoção desse momento nos assaltasse confusamente, e em vão procuraríamos defini-la e qualificá-la. O recurso ao tópico realiza-se, portanto, da seguinte maneira: temos a rememoração de uma experiência alheia, e no entanto esse processo não se resolve num simples jogo de complacências livrescas, porque, havendo usado a memória da experiência estética para qualificar nossa experiência moral ou intelectual, a consciência adquirida não permanece a nível contemplativo mas trabalha em direção prática. Nossa identificação com a experiência Pavese não se resolve numa complacência, seja ela das mais nobres para com Pavese, mas numa atitude de vida conexa a aquisições de conhecimento e decisões que terão origem nessa atitude. Daí, para aquele dia, nossa emoção, que não será mais a emoção de Pavese mas passará a integrar nossa história psicológica pessoal; daí a aceitação ou a recusa dessa emoção, tão logo o recurso ao tópico tiver esclarecido sua natureza. Daí, em suma, nossa história e nossa aventura moral em toda a sua complexidade e individualidade.

O exemplo adotado, com aquele toque mórbido que pode deixar entrever, não deve fazer pensar no recurso ao tópico como jogo estético muito culto e requintado. O recurso ao tópico pode ocorrer também, e especialmente, no sentido de um lúcido e corajoso reconhecimento moral: em Emma Bovary pode ser-nos repentinamente revelada a miséria filisteia de um adultério, em Tonio Kroger, a ambiguidade de uma disposição intelectual que impossibilita a adaptação à normalidade e à relação com os outros, no elliotiano James Prufrock, a angústia de um anonimato sem esperança e a inexistência de uma relação positiva com o mundo. Toda vez que nossa situação pessoal coincidir, seja mesmo nos matizes, com a personagem, o reconhecimento atuará como princípio de uma resolução ética. O recurso ao tópico, nesse caso, levou-nos a individuar na personagem um "tipo" moral.

O problema estético do "tipo"

Ora, reintroduzir o problema do "tipo" pode significar ressuscitar um fantasma justiçado há muito e muito tempo. Do ponto de vista filosófico, a noção de tipicidade do produto artístico comporta uma série de aporias, e falar em "personagem típica" significa pensar na representação, através de uma imagem, de uma abstração conceptual: Emma Bovary ou o adultério punido, Tonio Kroger ou a enfermidade estética, e assim por diante. Fórmulas que, justamente pelo fato de serem tais, esvaziam e traem a personagem que pretendem definir. Os termos da polêmica são histórica e culturalmente postos de lado: se o tipo é tentativa, por parte da arte, de atingir à generalidade e à discursividade da filosofia, então a tipicidade é a negação mesma da arte, visto que toda a estética contemporânea se afanou em elaborar os conceitos do individual, do concreto, do original, do insubstituível da imagem artística.

De Sanctis não desdenhara levar em consideração as possibilidades artísticas do típico, mas via o tipo, quando muito, como uma etapa, positiva mas intermédia, para a plena individuação da criatura artística. Em certos períodos da história literária, em confronto com o caráter abstrato da alegoria, o tipo já constitui como que o imediato pressentimento do indivíduo.[1] Croce, por seu lado, levara a cabo a eliminação do conceito de tipicidade como categoria estética com uma argumentação impecável: se por tipo se entende uma abstração ou um conceito, então a arte se torna substitutiva do pensamento filosófico; "que se por típico se entende o individual, também aqui se faz uma simples variação de palavras. Tipizar comportará, nesse caso, caracterizar, ou seja, determinar e representar o indivíduo. D. Quixote é um tipo; mas de que é ele tipo se não de todos os D. Quixotes? tipo, por assim dizer, de si mesmo?... Em outros termos: na expressão de um poeta (numa personagem poética, por exemplo), encontramos as nossas mesmas impressões plenamente determinadas e realizadas e chamamos de típica a expressão que poderemos chamar simplesmente de estética."[2]

Claro está que se a crítica e a estética contemporânea ainda quiserem ocupar-se com o problema da personagem típica, não poderão deixar de levar em conta essas observa-

---

1. "Lezioni e saggi del período zurighese: Paradiso, lez. XVI", in *Lèzioni e Saggi su Dante*, Turim, Einaudi, 1955, p. 603. No tipo já está superada a dualidade entre forma e ideia abstrata ("o gênero não deve encerrar-se majestosamente em si mesmo, como um deus ocioso; deve transformar-se, tornar-se tipo"; no tipo, "a forma penetra na essência, identifica-se com o pensamento, o pensamento existe como forma"; v. pp. 588-9). Mas no tipo, o leitor tende, apesar de tudo, a anular o indivíduo para recompreender a ideia.
2. *Estética*, Bari, Laterza, 1902, IX ed., p. 39. Um processo desse gênero fora indicado por De Sanctis, ao lembrar "Há nomes de indivíduos que, pouco a pouco, se transformam em apelidos ou nomes típicos, como Dom Quixote, Dom Juan. Rodomonte, Tartufo etc. Inicialmente, um tipo é apenas esboçado, até que, após certo tempo de formação, se encarna completamente num indivíduo. Este se torna o exemplar, que continua a ser desenvolvido e completado por outros poetas, até que se passa do amaneirado ao vivo, e por último, à reprodução mecânica" (*op. cit.*, p. 318).

ções, bem como as de De Sanctis Se a personagem não for concretamente individual em cada uma de suas ações, não será uma personagem artisticamente realizada. Com isso não se exclui que a arte também possa produzir figuras alegóricas, redutíveis a um conceito originador: só que, em tal caso, não tratamos com personagens, mas com cifras simbólicas (e portanto, com outro gênero, que consideramos legítimo, de realização estética). Faux Semblant, Bon Accueil e todas as demais figuras do *Roman de la Rose* são, sem dúvida, bem diferentes de uma personagem como Lúcia Mondella ou o Doutor Jivago são figuras heráldicas, emblemas, abstrações – se preferimos – mas abstrações concretizadas numa imagem estilizada e graciosa. Numa época em que os mecanismos imaginativos do leitor aderiam a esse tipo de solicitação alegórica, essas personagens permitiam uma fruição estética satisfatória (recuperável por quem hoje leia esse poema fazendo seus os modos e as razões do gosto medieval). A literatura contemporânea está redescobrindo o emprego do símbolo e do emblema, e a estética se apercebe de que, se a personagem narrativa em sentido tradicional deve ter a concretude de uma "pessoa", é, todavia, possível o êxito estético de um discurso feito de símbolos, estilizações e hieróglifos.

Os trabalhos de De Sanctis e Croce, no sentido de precisar o tipo, parecem-nos, portanto, válidos, principalmente no âmbito de uma poética da personagem: quando a personagem é bem realizada, passa a constituir um produto estético, e é inútil defini-la através da ulterior categoria do típico.

Razões das poéticas da tipicidade

O discurso torna-se, porém, simples demais diante do reflorescer contemporâneo de poéticas que, propondo-se como arte compromissada, formadora e educadora, repropõem o problema da tipicidade como categoria estética fundamental. Como intérprete oficial de uma poética de partido, Fadeev afirmava, anos atrás, que o desenvolvimento da vida socialista gera, no homem, determinadas qualidades: "mas para reconhecê-las, deve o artista condensá-las, generalizá-las, tipizá-las... É necessário *escolher* as melhores qualidades e os melhores sentimentos do homem soviético"[3]. É essa a formulação daquele "romantismo revolucionário" que encontra o seu teórico mais autorizado em Máximo Gorki[4]; e consiste, indiscutivelmente, numa poética que se propõe a produção do tipo *positivo*, poética em si legítima e prenhe de possibilidades, ainda que, a certa altura, os próprios críticos e escritores formados nessa escola se tenham dado conta de que não só a positividade ideal, mas a vida em toda a sua complexidade problemática (dúvida, erro, malogro inclusive), deve tornar-se objeto da arte, sem que com isso se abandone o compromisso em face da realidade.

É bem verdade que, de um certo ponto de vista, a proposição "cumpre produzir personagens típicos" é vaga e inverificável até que a veleidade original não se tenha traduzido num "objeto" narrativo: isto é, até que a personagem não tenha sido inventada e posta em ação. Só então se pode iniciar um discurso sobre a tipicidade: portanto, o problema do típico não interessa à estética enquanto permanece no estágio de poética (quer seja ela aspiração ou fórmula expressa), mas só quando emerge em fase de "leitura da obra". A tipicidade não pode ser encarada como critério de uma poética produtiva, mas sim como categoria de uma metodologia crítica (ou, de um modo mais geral, de uma estética filosófica). Isso porque pode muito bem acontecer que, no ato da leitura, se reconheça tipicidade em operações produzidas com intenções discrepantes do conceito de típico que guia o leitor, mas que, todavia, adequam suas exigências em tal sentido; assim como é possível descobrir que obras visando ao gênero de tipicidade procurado pelo leitor malograram em seu intento, dando forma a uma personagem não típica, a uma larva de personagem, a uma fórmula vazia de interesse.

Exemplo evidente de tal experiência de leitura é o que justamente nos dão os clássicos do marxismo. Engels, por exemplo, afirma que o realismo de que é o corifeu (que con-

---

3. Relatório apresentado à reunião plenária da direção da "União de Escritores Soviéticos", in *Arte e letteratura nell' URSS*, Roma, ed. Sociali, 1950.
4. "Aquele romantismo que está na base do mito, e é útil para favorecer o despertar de uma atitude revolucionária rumo a realidade, de uma atitude que muda praticamente o mundo" (*Relatório ao I Congresso dos escritores soviéticos*, 1934).

siste em reproduzir fielmente "caracteres típicos em circunstâncias típicas") pode manifestar-se mesmo a despeito das ideias do autor[5] Antes mesmo de proporem receitas infalíveis para a produção de personagens típicas (como, depois, fez a escolástica marxista), Engels e Marx procuravam encontrar nas personagens literárias a individuação de experiências sociais fundamentais; assim verificaram, por exemplo, que um autor como Balzac, considerado como campeão do catolicismo e legitimista, conseguia, entretanto, construir personagens tão aderentes aos problemas de seu tempo, que elas se tornavam "típicas" para os fins de uma interpretação dialético-marxista da história: as personagens de Balzac exprimiam a decadência de uma sociedade aristocrática, o trabalho de uma classe burguesa em violenta ascensão, a importância do fator econômico nas determinações práticas dos indivíduos; exprimiam, em suma, aqueles motivos sociológicos que podiam ser usados para corroborar uma interpretação marxista da sociedade.

Também Lukács, identificando tipicidade e realismo, define como mais típicas as personagens de Stendhal do que as de Zola, que, no entanto, se propusera uma poética "realista"; e isso porque o realismo não visa à reprodução minuciosa da realidade, mas só alcança êxito quando numa personagem artística se entrosam de modo eficaz (num escorço novo e original) os momentos mais significativos de um período e de uma situação histórica. Em tal sentido, uma personagem surreal e fantástica dos contos de Hoffmann pode resumir melhor os dados mais profundos de uma situação do que uma personagem construída através de um paciente e servil mosaico de artifícios rigorosamente reais. Tanto Engels quanto Lukács insistem no fato de que a personagem, para ser típica, não tem que ser a representação de uma média estatística, mas deve, antes de mais nada, ser um indivíduo bem concretizado, um "este aqui"[6]; é claro que, dentro de tal perspectiva

---

5. V. MARX e ENGELS, *Sull'arte e la letteratura*, Milão, 1954, p. 28.
6. Engels, analisando o romance *Die Allen und die Neuen*, de Minna Kautsky, dizia das suas personagens: "Cada uma é um tipo, mas é também, ao mesmo tempo, um indivíduo perfeitamente determinado, um *este aqui*, para empregar a expressão do velho Hegel, e assim também deve ser" (*op. cit.*, p. 32); quanto a Lukács, v. *Il marxismo e la critica letteraria*, Turim, Einaudi, 1953, no capítulo *F. Engels, teórico e crítico della letteratura* (para a referência a Hoffmann. v. p. 44).

(não obstante a preocupação política), o que induz a definir como típica uma personagem é a sua efetiva consistência artística. As personagens e situações balzaqueanas surgiam como típicas para Marx e Engels justamente porque o romancista se preocupara com produzir criaturas que tivessem todas as aparências da vida (justamente porque se preocupara, acima de tudo, com fazer concorrência ao Registro Civil e não a um instituto de pesquisas econômicas). É possível que Marx recorra a Balzac como a um simples texto de economia[7], mas o uso político-sociológico que faz das personagens do romancista só se realiza, o mais das vezes, graças a uma compreensão preliminar das suas individualidades estéticas[8].

O emprego que os clássicos do marxismo nos propõem, da tipicidade como critério de leitura, reforça em nós a opinião de que só quando a personagem atingiu plena realização artística podemos nela reconhecer motivos e comportamentos que são também os nossos e sufragam a nossa visão da vida.

Especificações estéticas sobre o típico

Esses exemplos nos levam, portanto, a pensar que o fenômeno da tipicidade não interessa tanto à "ontologia" da personagem, quanto à sua "sociologia": a tipicidade não é um dado objetivo que a personagem deva adequar para tornar-se esteticamente (ou ideologicamente) válida, mas resulta da relação de fruição entre personagem e leitor, e um reconhecimento (ou uma projeção) que o leitor realiza diante da personagem. Visto por esse ângulo, o problema do típico liberta-se das contradições que haviam perturbado a estética

---

7. "Em *Le curé du village*, de Balzac, encontra-se o seguinte trecho: "Si le produit industriel n'était pas *le double en valeur* de son prix *de revient en argent*, le rommerce n'existerait pas. Qu'en dis-tu?" (Carta a Engels, *op. cit.*, p. 93).
8. A exclusão do dinheiro da circulação seria precisamente o oposto da sua valorização como capital, e a acumulação de mercadorias, no sentido de seu entesouramento, uma verdadeira loucura. Assim em Balzac, que estudou com grande profundidade todas as nuanças da avareza, o velho usurário Gobseck já está doido quando começa a formar o seu tesouro amontoando mercadorias. (*O Capital*, vol. I)

idealista, e o conceito de tipicidade não se coloca como categoria estética que diz respeito à definição da personagem, como produto autônomo da arte, mas define uma certa *relação com a personagem* que se resolve em seu "emprego" ou desfrute.

Definindo a relação de fruição entre personagem e leitor, o conceito de tipicidade nos reporta, contudo, a uma consideração "ontológica" da personagem, isto é, em termos mais rigorosos, a uma reflexão sobre sua *estrutura* de objeto estético. De fato, cumpre estabelecer que aspectos do objeto estético representado pela personagem estimulam o leitor a encará-la como exemplar e a identificar-se – pelo menos *sub aliqua ratione* – com ela.

Antes de mais nada, cabe perguntar se não se deva denominar de típico, em geral, todo resultado da arte, seja ele a obra entendida na sua plenitude ou mesmo apenas em alguns de seus aspectos (como as personagens de um romance ou o modo com que um pintor realiza os seus claro-escuros, e assim por diante). Com efeito, a própria "maneira" com que a obra bem realizada gera sua plêiade de discípulos não é senão um resultado, um efeito daquela tipicidade que possui. Típico pode ser um modo de dispor a matéria, de transmitir uma emoção, de exprimir uma ideia, de reproduzir uma circunstância real: todos esses modos, quando organicamente perfeitos e plausíveis, tornam-se emblemáticos, promovem e resumem toda uma série de possibilidades análogas (nunca antes realizadas com aquela sobriedade e eficácia). Mas achamos que a esse propósito será melhor falar, como se fez, de *exemplaridade da obra de arte*, entendendo-se por exemplar toda forma bem realizada[9].

Mais: toda obra pode ser chamada de típica, visto que manifesta, não só nos seus modos estilísticos, mas também nos conteúdos que forma e apresenta, uma visão pessoal da realidade, reconhecível por diversos fruidores como o exemplar perfeito do seu próprio modo de ver o mundo. E o que nos acontece diante de uma paisagem, quando, dominados por uma impressão ainda não analisada, impressão que se vai a pouco e pouco aprofundando, vem-nos à mente o quadro

---

9. V. Luigi Pareyson, *Estetica: teoria della formatività*, Turim, 1934, capítulo VII (*Esemplarità dell'opera d'arte*).

de um grande paisagista que surge como a individuação mais exata e duradoura da nossa própria experiência visiva. Mas a tipicidade de que se fala nestas notas parece-nos redutível a um âmbito mais restrito, e é a própria acepção em que comumente é usado o termo "típico" que nos impele a essa mais restrita delimitação.

Parece-nos cabível falar em tipicidade a propósito das artes onde se faz uma referência explícita ao homem, ao seu mundo, aos seus comportamentos, e para a delimitação desse âmbito, vale-nos a definição aristotélica do fato trágico como "mimese de uma ação"

Temos ação (dramática ou narrativa) quando temos *mimese* de comportamentos humanos, quando temos um *enredo*, através do qual as personagens se explicitam e assumem uma fisionomia e um caráter, e quando, sempre através do enredo, toma fisionomia e caráter uma situação produzida pela interferência variada de comportamentos humanos.

É preciso, naturalmente, assumir esses vários termos de modo inequívoco, mesmo porque os assumimos numa acepção mais lata do que a aristocrática original 1) antes de mais nada, quando dizemos *mimese* não pensamos (e aliás nem Aristóteles o fazia) numa chã imitação dos fatos ocorridos, mas na capacidade produtiva de dar vida a fatos, que, pela sua coerência de desenvolvimento, surjam como *verossímeis*; onde, portanto, a lei da verossimilhança é lei estrutural, de sensatez lógica, de plausibilidade psicológica; e melhor ainda que em mimese, poder-se-ia falar em *estruturação de uma ação*[10]; 2) quando dizemos *ação*, ampliamos o significado do termo abarcando mesmo aqueles eventos que Aristóteles teria definido diversamente; entendemos por ação não apenas o suceder de fatos externos tais como o reconhecimento e a peripécia, mas também o discurso exterior através do qual as

---

10. Abre-se, aqui, o complexo problema de uma diferença (a aprofundar-se, oportunamente) entre *enredo* e *ação* (*mythos* e *pragma*): se o enredo consiste na composição de fatos visando a dar-nos a imagem de uma ação, a ação será, então, o verdadeiro objeto dramático, o complexo dos fatos mais aquele no qual significado que o autor pretende comunicar. Especificações sobre o assunto, não destituídas de ambiguidade, podem ser encontradas em FRANCIS FERGUSSON, *Idea di un teatro*, Parma, Guanda, 1937; *Appendice*; a distinção aparece mais aprofundada em HENRI GOUHIER, *L'oeuvre théatrale*. Paris, Flammarion, 1938.

personagens se esclareçam reciprocamente, e o discurso interior, no qual as personagens se esclarecem a si mesmas e ao leitor: a introspecção psicológica desenvolvida na primeira pessoa, a descrição dos motos interiores feita por um autor onisciente, o registro objetivo de um incônscio ou incontrolado *stream of consciousness*[11]; 3) e mais: todo discurso em torno da ação deve restringir-se não apenas à narrativa, ao teatro ou ao filme, mas dirigir-se também ao poema épico, a obras como a *Divina Comédia*, a todas aquelas obras, em suma, onde há o predomínio do enredo e a referência a comportamentos humanos representados em ato, ou mesmo onde, como em certos exemplos de arte figurativa, a ação, no estágio virtual, é sugerida, e a personagem se faz presente em todas as possibilidades do seu caráter (e pensamos em certos retratos de Lotto ou de Holbein, ou mesmo em cenas da vida diária como *Os comedores de batatas*, de Van Gogh).

Fisionomia da personagem típica

O tipo que se constitui como resultado da ação narrada ou representada é, portanto, a personagem ou a situação bem realizada, individual, convincente, que permanece na memória. Pode ser reconhecida como típica uma personagem que, pela organicidade da narrativa que a produz, adquire uma fisionomia completa, não apenas exterior, mas intelectual e moral.

A expressão "fisionomia intelectual" é usada por Lukács para definir *um* dos modos por que pode tomar forma uma personagem: uma personagem é válida quando, através dos seus gestos e do seu proceder, se define a sua personalidade, o seu modo de reagir às coisas e de agir sobre elas, a sua concepção do mundo: "as grandes obras-primas da literatura delineiam sempre acuradamente a fisionomia intelectual das personagens"[12]. O enredo torna-se, assim, uma síntese de ações complexas, e através do conflito narrativo, toma forma

---

11. Sobre esses diversos modos de apresentar a psicologia da personagem, veja-se a classificação de HENRI POUILLON, *Temps et roman*, Paris, Plon, 1930.
12. V. o capítulo *La fisionomia intellettuale dei personaggi artistict*, em *Il marxismo e la critica letteraria*, op. cit., p. 333.

uma paixão, uma atitude mental. Sem mais, é agora legítimo afirmar que a personagem artística é significativa e típica "quando o autor consegue revelar os múltiplos nexos que coligam os traços individuais dos seus heróis aos problemas gerais da época; quando a personagem vive, diante de nós, os problemas gerais do seu tempo, mesmo os mais abstratos, como problemas individualmente seus, que tenham para ela uma importância vital"[13]. Mas é a particular impostação da poética lukacsiana que o induz a julgar que se tenha tipicidade *somente* nessas condições. Para Lukács só é típico "o que expõe os contrastes sociais na sua forma plenamente desenvolvida"; parece-nos, porém, que se tenha personagem persuasiva, e capaz de ser sentida pelo leitor como profundamente verdadeira, mesmo onde essa personagem não manifesta sua concepção do mundo, seu modo de agir sobre as coisas e sua personalidade, mas sua impersonalidade, sua ausência de concepções, seu modo de sofrer as coisas sem rebelar-se. Atraído pelo ideal (não de todo renegado) de um *tipo positivo*, o crítico húngaro é, assim, levado a desvalorizar, por exemplo, a obra de Flaubert: e só uma compreensível falta de congenialidade, ou um obstinado amor a teses, pode tê-lo impedido de ver que eficaz imagem de uma crise moral (histórica e psicologicamente *típica*) nos é oferecida, por exemplo, pelo Frédéric Moreau d'*A Educação Sentimental*, e quão exemplar nos surge – seja ela programática ou não – a contraposição entre o seu abandonar-se à aventura individual e os eventos grandiosos e violentos dos motins parisienses de 1848 que constituem o contraponto da ação principal. Sem compreender o valor exemplar de certas situações e rejeitando-as como não positivas, comete-se, evidentemente, um erro, também do ponto de vista de uma pedagogia revolucionária. Ao rejeitar as obras que nos apresentam casos humanos e fenômenos sociais num nível minimal, de "média" e de "banalidade", onde as personagens nunca fazem aqueles discursos importantes e decisivos aptos para determinar sua fisionomia intelectual e manifestar a relação consciente delas com os grandes problemas do seu tempo, Lukács fecha-se para a compreensão da denúncia típica de uma situação que tais obras representam.

13. *Op. cit.*, p. 338.

Sabemos como, em pleno período fascista, *Os Indiferentes*, de Moravia, descobriram com tanta crueza o vazio moral subjacente a uma sociedade de fachada retórica e pré-imperial que contribuíram, mais que muitos outros escritos, para uma tomada de consciência política e ética por parte de uma geração de leitores. Moravia, como outrora Flaubert, escrevia sobre personagens apagadas em circunstâncias realisticamente apagadas. Faltava aquela tradução do "excepcional como realidade social típica" que, segundo Lukács, é necessária para subtrair a personagem à mediedade estatística e constituí-la como modelo ideal, que assuma, em si, não os caracteres acidentais da realidade cotidiana, mas os caracteres "universais" de uma realidade exemplar[14]. Mas se essa técnica de realização da personagem serviu para definir figuras vigorosas como as de Stendhal, Shakespeare e Goethe, ela representa, no entanto, apenas um, um entre os mais felizes, dos modos de definir figuras. Madame Bovary não possui a "excepcionalidade" de Hamlet nem a de Otelo, mas possui universalidade, se universalidade quer dizer para a personagem (nem saberíamos encontrar para tal termo uma acepção mais compromissada) possibilidade de ser compreendida e compartilhada por leitores dela distanciados pelos séculos e pelos costumes, em virtude das qualidades de persuasiva organicidade com as quais a personagem é expressa[15].

No âmbito de um particular compromisso ideológico ou de uma dada visão do mundo, Emma Bovary poderá surgir como um tipo negativo: mas isso não impede que muitos leitores possam nela reconhecer-se. O tipo propõe-se e trabalha na consciência do leitor: esse, o dado de fato. Assim,

14. Em Lukács sempre intervém locuções como "universal" ou "realidade na sua essência", que exigiriam uma atenta análise; ver-se-ia, então, como, justamente por serem compreensíveis apenas no âmbito de uma cena metafísica da história, tais categorias limitam muito a acepção do conceito do típico.

15. Para nos apoiarmos na terminologia proposta no ensaio *A estrutura do mau gosto*, diremos que, numa obra bem composta, o nível sintático da mensagem surge tão bem construído (como sistema de relações tal que um elemento chama o outro e dele não pode prescindir) que qualquer leitor, embora situado em época diversa, e em outro contexto histórico, não pode deixar de reconhecer os elementos fundamentais do código pelo qual a obra se rege. Recupera-lhe, assim, o nível semântico – em outros termos, penetra ainda mais no mundo do autor, realiza uma congenialidade que lhe permite entrar em diálogo com a obra.

também a personagem a quem Lukács não reconheceria fisionomia intelectual, a personagem que não "tem tempo" de dizer coisas importantes, cuja consciência se dilui no fluxo do verossímil cotidiano, no fluido de impressões não filtradas, ou a personagem de Ionesco que fala já sem significados e encarna zombeteiramente uma condição de incomunicabilidade, todas essas personagens são típicas a seu modo. Exprimem com eficácia as condições – ou algumas condições – da civilização contemporânea e o estado de uma cultura.

Se quisermos, portanto, tomar a Lukács o termo "fisionomia intelectual", deveremos conferir-lhe uma acepção mais vasta e conforme com a perspectiva dentro da qual estamos examinando a questão. Por fisionomia intelectual podemos entender aquele perfil que a personagem adquire e pelo qual o leitor chega a compreendê-la em todas as suas razões, a compartilhar-lhe sentimentalmente os motivos e a compreendê-la intelectualmente, como se, mais que uma narração, tivéssemos entre as mãos um inteiro tratado bio-psico-sócio-histórico sobre tal personagem, chegando mesmo, através da narração, a compreendermos aquele indivíduo (censitariamente inexistente) melhor do que se o tivéssemos conhecido em pessoa, e do que qualquer análise científica nos permitiria compreendê-lo.

Não é um paradoxo sustentar que conhecemos melhor Julien Sorel do que a nosso pai. Porque de nosso pai sempre nos escaparão muitos aspectos não compreendidos, muitos pensamentos calados, ações não motivadas, afetos não declarados, segredos custodiados, lembranças e ocorrências de sua infância... Ao passo que de Julien Sorel sabemos tudo o que *é preciso* saber. Eis o ponto: nosso pai pertence à vida, e na vida, na história (diria Aristóteles), tantas coisas acontecem, uma em seguida à outra, que não podemos captar o jogo complexo dos seus nexos. Ao passo que Julien Sorel é obra de invenção e arte, e a arte escolhe e compõe somente *o que importa* aos fins daquela ação e do seu orgânico e verossímil desenvolvimento. De Julien Sorel, ainda é possível não entendermos muitas coisas, mas será apenas questão de intensidade de atenção da nossa parte; todos os elementos para compreendê-lo, para aquele tanto que serve à narração, estão presentes na narração. E para o que não serve, Julien Sorel não existe. Portanto, dessa personagem temos plena compreensão também em termos de inteligência, visto que somos levados não só a simpatizar ou não com os seus movimentos, mas também a julgá-los e discuti-los.

Variados e complexos são, por outro lado, os modos de conferir fisionomia intelectual a uma personagem, e essa fisionomia não emerge apenas dos comportamentos exteriores e do jogo móvel dos acontecimentos, mas também de um curso de pensamentos conscientes, ou de descrições preliminares. No *Doctor Fausíus*, de Mann, por exemplo, a fisionomia de Adrian Leverkühn toma forma em virtude de apresentação minuciosa, ponderada, quase clínica que dela faz Serenus Zeitblom; através dessa exposição, os gestos de Adrian adquirem sempre um halo de ambiguidade e a personagem não emerge como figura viva e quente; o leitor sente-se atraído e repelido ao mesmo tempo pela sua falta de humanidade, pelo gelo simbólico que o domina; com tudo isso, ninguém pode negar a essa figura uma fascinante individualidade, embora ela nos chegue tracejada com uma técnica narrativa particular. Paralela à apresentação de Adrian, desenvolve-se, em seguida, a implícita apresentação de Serenus: o seu caráter – muito mais vivo e forte do que à primeira vista possa parecer, e que resume, juntamente com uma boa metade de Thomas "Mann, certo tipo de intelectual alemão de tradição goethiana – emerge das reações, transparentes no tom da narrativa, do narrador diante de Adrian Quase com a mesma técnica narrativa, usada com duas intenções paralelas, agindo contemporaneamente em dois planos, caracterizam-se de modo diferente duas diferentes personagens. Na mesma frase que define um gesto de Adrian o tom emotivo com que a frase é pronunciada constitui, frequentemente, o "gesto" de Serenus. Já Anthony Patch, o protagonista de *Belos e Malditos*, de Fitzgerald, ao contrário, nos é apresentado minuciosamente no início do romance, antes mesmo de atuar na ribalta, numa estória não tanto dos seus pensamentos quanto dos seus comportamentos e hábitos, vistos no seu desenvolvimento quase em termos de irônica relação pedagógica, como o sugerem os parágrafos iniciais (exemplo: *Passado e personalidade do protagonista*). A personagem entra em cena já com boa metade de si definida e julgada. Do lado oposto, Francis Macomber,

o protagonista de um dos contos de Hemingway, revela-se-
-nos passo a passo, e sua personalidade emerge, página por
página, dos próprios gestos. Sua velhacaria, sua impotente
submissão de marido traído, sua reação tragicamente orgu-
lhosa, essas qualidades que fazem dele uma personagem tão
memorável, o autor nunca as arrola nem as analisa. Mostra-as
narrando-nos pelos gestos, registrando diálogos e pensamentos quase telegráficos. A personagem inteira emerge, toda ela,
da ação, até aquela morte estúpida, indispensável para defini-
-la, e que todavia não depende dela mas constitui um evento
impessoal da ação. Já em outras personagens, a fisionomia,
delineada pelo fornecimento de registros de pensamentos e
emoções, resulta tão complexa e abundante, tão indiscriminadamente maciça que leva a pensar que em tanta *não-esco-
lha* de material oferecido, a personagem não exista mais como
indivíduo e seja, antes, um exemplo clínico indeterminado
de desagregação mental. É o que parece acontecer com as
personagens do *Ulysses*, de Joyce, sobre as quais Lukács sustenta, a propósito de fisionomia intelectual, que a exclusiva
concentração no momento psicológico tenha levado à dissolução do caráter[16]. Mas, na verdade, o leitor atento, no fim do
romance, extrai uma imagem vigorosíssima de uma personagem como Bloom, por exemplo, que pode ser tomado em
todos os seus significados simbólicos (o *everyman* em exílio
na cidade, a busca da paternidade ou da integração etc.) justamente porque ele se apresenta como personagem, com as
suas sensações e os seus atos intelectivos, e portanto, com um
drama seu, um conflito de paixões: salvo que, para traçar os
contornos dessa figura, o autor lançou mão de uma técnica
narrativa original, escolhendo como essenciais os dados que
a narrativa tradicional teria considerado inessenciais, dispon-

---

16. "O moderno pensamento burguês dissolve a realidade objetiva num complexo de percepções imediatas" (*op. cit.*, p. 360). Essa depreciação das técnicas narrativas "de vanguarda" é retomada pelo crítico húngaro no livrinho *Il significato attuale del realismo critico*, Turim, Einaudi, 1957: aqui, Lukàcs repropõe uma fácil contraposição entre escritores realistas e escritores decadentes (Joyce, Kafka, Proust), já formulada também nas conferências realizadas na Itália, em 1955. Para uma série de inteligentes objeções a essa condenação das modernas técnicas narrativas, veja-se a nota de RO-BERTO BARILLI. "Lukács e gli scrittori dell' avanguadia", in *Il Mulino*. maio de 1958, p 354.

do a ação ao longo de abscissas temporais fixadas numa nova concepção das dimensões psíquicas, individualizando e tipizando, em suma, com diversos critérios de escolha; sendo assim, o leitor, para colher os contornos daquele tipo de personagem, tem necessidade de uma concentração e de uma agudeza maior do que a requerida, digamos, para compreender a personagem de Renzo Tramaglino.

Mostradas de modos tão diferentes, as cinco personagens arroladas constituem, em grau diverso, cinco figuras de notável individualidade; e isso indiscutivelmente, porque cada uma foi apresentada *dispondo com coerência os meios escolhidos para descrevê-la*. A personagem resultou eficaz em virtude de uma relação calibrada entre meios e fim. Mas a relação tornou-se convincente *porque levou a uma equilibrada exasperação comportamentos que nos é dado encontrar na vida de todos os dias*: o narrador os escolheu, compôs, exasperou para torná-los visíveis, fê-los reagir a outros comportamentos, igualmente escolhidos e compostos[17]. E nessa escolha e composição (que é o *jazer com arte*), a personagem, no *contexto* da obra, assumiu fisionomia intelectual. Tanto que somos levados a vê-la como fórmula vivente, definição encarnada daqueles mesmos comportamentos. Daí a possibilidade de reconhecermo-nos nela, embora ela não constitua, em absoluto, o retrato especular ou a soma estatística das nossas situações reais: porque essas situações nós as encontramos aí propostas de maneira intraduzível e inalterável, e justamente por isso convincentes. Assim, com base em possibilidades estruturais objetivas, a tipicidade da personagem se define na sua *relação com o reconhecimento que o leitor nela pode efetuar*. A personagem bem realizada – sentida como tipo – é uma fórmula imaginária com mais individualidade e viço do que todas as experiências verdadeiras que resume e emblematiza. Uma fórmula ao mesmo tempo *gozável e crível*.

---

17. Nesse sentido, deve-se convir com Lukács, quando afirma: "O profundo conhecimento da vida nunca se detém na observação da realidade cotidiana, mas consiste, ao contrário, na capacidade de colher os elementos essenciais e de inventar, com base neles, caracteres e situações que são absolutamente impossíveis na vida cotidiana, e que todavia estão em situação de revelar, à luz da suprema dialética das contradições, aquelas tendências, aquelas forças operantes, cuja ação mal se entrevê na penumbra da vida de todos os dias" (*op. cit.* p. 343).

Essa *credibilidade*, que atua sobre a *gozabilidade*, diz-nos que o tipo, realizando-se como termo de um processo artístico e consignando-se ao leitor só ao cabo de uma avaliação estética, perdura na memória do leitor, a quem pode tornar a propor-se como experiência moral. Efeito de um processo estético, funciona ele na vida cotidiana como *modelo de comportamento ou fórmula de um conhecimento intelectual*, metáfora individual substitutiva, em suma, de uma categoria[18].

Tipo, símbolo, tópico

Falamos em *fórmula* e *emblema*: e essas duas expressões nos sugerem a possibilidade de sentir e usar o tipo bem realizado – no discurso comum ou na qualificação cultural de experiências – como *símbolo*. Isso é possível, contanto que se mantenha para "símbolo" a acepção agora difundida (e ampliada ao definir como "simbólico" todo fato de arte) de um signo particularíssimo não consumido no ato de colher o signado, mas percebido e avaliado num todo com ele, em virtude daquela similitude orgânica, pela qual, como dissemos, o símbolo poético é *semanticamente reflexivo* no sentido de ser uma parte do que significa. Se se deve, com Coleridge, entender o símbolo como "certa transparência do especial no individual, ou do geral no individual", a facilidade com que pessoas de toda espécie podem reconhecer-se nas personagens narrativas sugere-nos, indubitavelmente, uma função simbólica do tipo[19].

18. Metáfora possibilitada pela coincidência de duas situações. Lembramos, aqui, o ensaio de Virgílio Melchiorre, "La ripresa. Appunti sul concetto di possibilita", in *Drammaturgia*, dezembro de 1956. Em outro contexto filosófico, Melchiorre sublinha dois fatos que nos interessam de perto: 1) a universalidade da obra de arte deve entender-se no sentido de que "cada um deve aceitar como sua aquela possibilidade que o poeta procurou para si"; 2) a rememoração da personagem pode aproximar-se do conceito de "repetição" que Melchiorre empresta de Kierkegaard: uma personagem oferecida por uma obra de arte torna-se *exemplar*, e nós a reconhecemos como parte do nosso passado: a esse título, nós a *adotamos* e nela nos fundimos, ao projetar para o futuro. Sentir a personagem como típica será, portanto, um "recordar prosseguindo."
19. Ao que parece, esse modo de entender o símbolo deve ser mais amplo do que a acepção estreitamente "simbolística" de várias poéticas contemporâneas, para as quais o símbolo é uma imagem definida em si, e que reporta a alguma coisa de indefinido e indefinível.

Se todo tipo pode ser um símbolo, já o inverso não é verdadeiro. Em Melville, o Capitão Achab é uma personagem tão incisiva e convincente, ainda que psicologicamente tão indefinida e aludida, que podemos aceitá-lo como símbolo de várias situações morais; mas, com Moby Dick acontece o contrário: caracterizada através de mil exegeses de variados significados simbólicos – nem ninguém duvida que Melville quisesse transformá-la em símbolo – não chega, contudo, a ser uma personagem e muito menos um tipo. Típica será a situação humana da caçada, a relação Achab-Baleia ou Ismael--Baleia; mas a Baleia, em si, não passa de um fascinante hieróglifo. Está claro, portanto, que o campo do típico não é coextensivo ao do simbólico; o uso e a organização artística de símbolos constitui outro legítimo território da arte que exorbita do presente discurso.

O símbolo, além disso, diferencia-se do tipo porque pode muito bem preexistir à obra como elemento de um repertório mitológico, antropológico, heráldico, mágico. Pode preexistir como tópico literário na origem e agora achatado pela convenção, como situação cotidiana que a literatura tornou tópica e prenhe de possibilidades alusivas (a viagem, o sonho, a noite, a mãe), pode existir como "ideia arquétipa", manifestações do inconsciente coletivo de que nos fala Jung (exemplo: a fecundidade como feminilidade, Gea, Cibele, a deusa-mãe e o eterno feminino em várias religiões)[20]. O tipo, ao contrário, nunca preexiste à obra, mas constitui o que dela resulta. Nada impede que o tipo, como resultado, se torne popular e se achate em tópico de repertório (o acontecimento "odisseico", a "perpétua"*). E ao contrário, frequentemente acontece que um tópico, um símbolo muito comerciado e de pesada tradição histórica, entrando numa nova obra, se encarne tão bem numa personagem, que se resolva em tipo individualíssimo, não obstante suas originais atribuições simbólicas: é o caso do arquétipo Gea Tellus que, no *Ulysses*, de Joyce, se transforma na personagem Molly Bloom.

20. Para um exame dos *topoi* na tradição ocidental, cf. E. R. CURTIUS, *Europaeisch Literatur und lateinisches Mittelalter*, Berna, 1948, caps. V e VI.

* Perpétua é o nome da criada de D. Abbondio, no romance de Manzoni, *I promessi sposi*, tendo passado a integrar como substantivo comum o vocabulário de língua italiana, com o significado de *criada de padre*. (N. da T.)

O uso científico da tipicidade

A personagem não se torna típica por encarnar uma categoria sociológica e psicológica, geral e abstrata. Os Buddenbrook não são típicos por generalizarem numa contradição eficaz todas as análises possíveis sobre um dado tipo de burguesia mercantil, num dado momento histórico. Todavia, o sociólogo e o psicólogo podem muito bem esclarecer a própria análise recorrendo à personagem ou à situação típica. Esse emprego pode restringir-se à mutuação de uma figura num processo de achatamento e convencionalização, como aconteceu com o "complexo de Édipo"; mas, outras vezes, pode ocorrer o recurso esteticamente vivaz, e nesse caso o cientista recorre ao tipo como a uma metáfora, com toda a esteticidade de discurso que o emprego de uma metáfora inusitada comporta[21]. Outras vezes, ainda, o recurso ao típico, para usos teóricos, tem a mesma intensidade emotiva que acompanha o recurso ao típico, no ápice de uma experiência pessoal nossa: pensemos no uso que Kierkegaard faz da figura de Dom Juan.

Em todos esses casos, ainda que depois o tipo se transforme em categoria geral, no momento do recurso subsiste um respeito à integridade estética da personagem, sentida e fruída como tal.

Tipo e "topos"

A afirmação de que o reconhecimento de tipicidade ocorre apenas face às personagens artisticamente realizadas, esteticamente ricas e complexas, pode ser contestada por uma série de experiências facilmente verificáveis. Poder-se-ia observar que é mais fácil reconhecer como típicas de nossas situações não tanto as figuras propostas pela grande arte (que

---

21. Por ex., Lewis Mumford, analisando o *idolum*, o campo ideológico e as possíveis e imperfeitas definições do mundo e da vida que se seguiram ao advento de uma concepção mecanicista do universo (no século XVII), conclui explicando como a fração de mundo, que a nova ciência explicava, era a de Calibã, transformado em modelo do homem novo: "esse novo mundo não tinha lugar nem para o divino, nem para o completamente humano; tanto Ariel como Próspero estavam dele banidos" (*La condizione dell'uomo*, Milão, Comunità, 1957, p. 302).

requerem um processo de compreensão e sintonização com suas razões profundas), mas justamente aquelas oferecidas pela literatura e pelo filme comercial, pelo artesanato miúdo, de imediata eficácia e ampla difusão. O estrelismo é, já por si mesmo, uma forma de tipicidade muito operante (ainda que a nível puramente empático, sem que particulares conteúdos, morais e intelectuais ajam no processo de identificação); as personagens de feitura válida como o Pato Donald ou o casal Pafúncio e Marocas de Mac Manus, podem ser designados correntemente como "tipos" cujos correspondentes nos é dado individuar na vida real.

Todavia, percebemos que a infelicidade conjugai de Pafúncio não é a mesma (não tão compartilhável, tocante, memorável) que Chaplin apresenta em *Dia de Pagamento*, onde vemos o esquálido servente de pedreiro, voltando para casa no fim de semana e encontrando a mulher, virago imane, à sua espera na esquina pronta a arrancar-lhe todo o salário. Há, portanto uma diferença entre o tipo oferecido pelo relato comercial e o proposto pelo relato que atinge a completude da arte. *Mas é preciso justamente esclarecermos no que consiste a diferença de intensidade, para compreendermos por que, num caso, se fala em arte e no outro, não.* E dado que no exemplo aduzido a diversidade é tão sensível que torna demasiado simplista a conclusão, recorramos a um caso em que a diversidade, menos evidente, requeira uma individuação mais acurada.

Os Três Mosqueteiros não será uma obra de arte, no sentido que a moderna terminologia estética confere a esse termo, e, crocianamente, poder-se-ia defini-la como obra de literatura, mas justamente dentro desses limites – e nisso contamos exatamente com o assentimento de Croce – é uma obra apaixonante. Com o seu *plot* rico de imaginação, de situações, de imprevistos e lances teatrais, com a sua *verve* e a sua vitalidade, a astúcia grosseira mas aguerridíssima com que o artesão Dumas dispõe a sua estória, *Os Três Mosqueteiros* não só foi e continua sendo lido como forneceu ao repertório imaginativo dos leitores de dois séculos uma série de figuras e momentos que poderíamos muito bem dizer típicos, porque citáveis, reevocáveis, recorrentes ou identificáveis em experiências comuns. Num certo sentido e num certo tipo de memória popular, d'Artagnan equivale a Ulisses

229

ou a Roldão, o paladino. Diante de uma situação em que a complexidade da intriga se resolva com piratesca irreflexão, com galhardia acrobática e inocente falta de escrúpulos (e todavia com animal positividade), podemos muito bem evocar d'Artagnan por Ulisses e vice-versa: em particulares condições de espírito, o que virá mais facilmente à lembrança será justamente o gascão. E quando se diz "à mosqueteira", esse é apenas outro modo de recorrer ao tipo d'Artagnan.

Está claro, no entanto, que ao operarmos um reconhecimento dessa espécie, ainda estamos aquém de uma análise e de um juízo sobre a situação; ou melhor, a evocação de d'Artagnan serviu-nos justamente para evitar, no jogo um tanto divertido da referência romanesca, o juízo autêntico. A evocação do tipo narrativo, nesse caso, foi exatamente um álibi e um pretexto: "a situação tal poderá ser julgada como quiserem, mas, no fundo, *lembra* tanto d'Artagnan!" O recurso ao tópico interveio, portanto, para resolver num jogo da imaginação, a exigência de um juízo e uma definição moral. Se quiséssemos prosseguir no juízo e na definição, d'Artagnan não mais nos serviria: perceberíamos que, como figura humana, falta-lhe complexidade (embora faça tantas coisas) e não tem "dimensões" suficientes para que nele possamos reconhecer situações humanas reais. Enquanto nos divertia (a mui digno nível) com aventuras, não percebíamos que o autor, no fundo, nada nos dizia sobre ele, e que as aventuras que d'Artagnan vivia de maneira alguma *o definiam*. Sua presença nelas era totalmente casual. Aramis teria podido resolvê-las do mesmo modo, excetuadas algumas diferenças acessórias. A relação, no corpo da obra, entre a personagem d'Artagnan e suas vicissitudes não era absolutamente *necessária* e orgânica. D'Artagnan era o pretexto em torno do qual se desenvolviam fatos, e se entre fato e fato subsistia aquela relação de "necessidade", que Aristóteles julga essencial ao enredo, entre a personagem e os fatos essa relação cedia passo a uma relação de concomitância e casualidade.

Portanto, no momento em que procuramos explicar-nos por que d'Artagnan não é plenamente utilizável como tipo, percebemos por que *Os Três Mosqueteiros* não são verdadeiramente uma obra de arte: malgrado o aprazível suceder-se de eventos narrados, falta-lhes justamente uma condição de "sistema", que ligue, em relações estruturais, dificilmente alteráveis, o nível do *plot* ao da descrição caracterológica, e estes dois ao nível linguístico, e unifique o todo, exatamente, resolvendo-o num "modo de formar" que se manifeste como estruturalmente semelhante em todos os níveis – de modo que o leitor crê reconhecer-se na personagem típica, mas com efeito se reconhece na obra inteira, na personalidade que nela se declara, na conjuntura histórica, social, cultural de que ela se faz "modelo" Bem diversamente sucederia, ao contrário, se diante de outra e mais complexa experiência de vida nos ocorresse espontaneamente o recurso ao tipo Julien Sorel, e nessa figura nos reconhecêssemos e por esse reconhecimento medíssemos a nossa situação. Perceberíamos, então, que o tipo que se nos oferece é plenamente utilizável, com uma margem de fecundidade não fruída. As aventuras de d'Artagnan podiam muito bem desenrolar-se na corte de Espanha ou alguns séculos mais tarde, na corte de Napoleão, e teria bastado mudar algumas particularidades para que o enredo funcionasse igualmente; Constance Bonacieux era camareira da rainha, mas também poderia ser uma dama da corte sem que a relação dos acontecimentos tivesse que mudar grande coisa; d'Artagnan é, portanto, uma personagem tão "disponível", tão aberta a tantas traduções, que sua utilizabilidade é extremamente limitada. As vicissitudes interiores e exteriores de Julien são, ao contrário, dificilmente cindíveis das conjunturas históricas e do clima moral da França sob a Restauração; mas justamente porque a estória é tão complexamente individual, justamente porque as conexões são tão singulares que se tornam verdadeiramente vitais e plausíveis (as condições e o caráter de Louise Renal e Mathilde de La Mole não são, em absoluto, permutáveis e traduzíveis), justamente por isso, a narrativa stendhaliana adquire necessidade interna e o tipo Julien se torna "universal" (no sentido já esclarecido)[22]. A uti-

---

22. Em *Introduzione alla critica dell'economia política* (op. cit., p. 13), Marx reconhecia que a dificuldade de uma estética materialista não consistia em admitir que a arte e o *epos* dos gregos estivessem ligados a certas formas da evolução social, mas em explicar como essa arte ainda hoje constituísse uma fonte de gozo estético, e uma norma e o modelo inatingível também para quem se acha em situação histórica diversa. A explicação, ao que parece, não nos vem de Marx em termos de "nostalgia por uma infância histórica perdida", mas em termos de estética estrutural: como diz Francis Fergusson (*op. cit.*,

lizabilidade do tipo amplia-se, portanto, a nível moral, e Julien Sorel, resultado da arte, torna-se uma *categoria da moralidade*.

D'Artagnan, ao contrário, poderá ser empregado como *categoria da imaginação*: como predicado visual, pictórico. Servirá para identificar uma figura ou uma situação no seu contorno exterior, na sua pictoricidade imediata. Um modo de mover-se, de acontecer, de compreender pode "lembrar d'Artagnan"; isso até que não nos perguntem as razões daquele mover-se, acontecer, compreender. Julien Sorel define, ao contrário, um modo de ser.

Definiremos, por conseguinte, como obra de arte a narração que produz figuras capazes de se tornarem modelos de vida e emblemas substitutivos do julgamento sobre as nossas experiências. As outras obras produzem "tipos" que só por hábito de linguagem podemos ainda designar como tais: úteis e inocentes, eles nos socorrem como módulos imaginativos que se consomem na impressão não aprofundada, e seu emprego tem algo da felicidade inventiva com a qual de um lampejo de vida se extrai uma situação narrativa. Podemos definir melhor esses produtos literários como *topoi*, *tópicos*, fáceis de convencionalizar e empregáveis sem compromisso. O *topos*, como módulo imaginativo, é aplicado nos momentos em que certa experiência exige de nós uma solução inventiva, e a figura evocada pela lembrança substitui exatamente um ato compositivo da imaginação, que, pescando no repertório do *já feito*, se exime de inventar aquela figura ou aquela situação que a intensidade da experiência postulava. Às vezes, um ândito escuro, uma estrada frouxamente iluminada, um lampeão entrevisto na neblina, podem estimular a imaginação e colocá-la em orgasmo inventivo: e com divertida superficialidade podemos comprazer-nos em imaginar a figura de Fantomas deslizando ao longo das calçadas de uma Paris de mentira. A situação já estava inventada, e é usada sem escrú-

pp. 19-20), o fato de não conhecermos as festas de Dionísio para as quais Sófocles escreveu o *Édipo Rei* e de ignorarmos os significados rituais da forma trágica, não nos impede de ainda hoje saborear a tragédia e considerar a intensa vitalidade da personagem; isso porque, através do enredo e das palavras, se depreende certo "ritmo representável da vida e da ação" que ainda nos pode tocar.

Esse ritmo é o que numa nota precedente chamávamos de organização sintática, que também nos orienta acerca do código segundo o qual ler a obra.

pulos de fidelidade e cultura. Mas a mesma situação, em outro sítio, poderia tornar-se verdadeira e profundamente típica: e a mesma rua escura pode sugerir-nos a evocação do assassínio de Josef K., cometido atrás da esquina.

Recurso ao típico e sensibilidade decadente

O uso do tópico como substitutivo para a invenção tem algo de semelhante com o jogo, enquanto distinto da arte: o menino que joga *transforma* uma coisa na outra, mas não constrói[23]. Ora, é próprio da atitude alexandrina recorrer ao produto artístico e aplicá-lo como forma à vida, não para definir melhor a vida como tal, e poder assim atuar sobre ela, e não para tornar contínua a memória da arte, introduzindo-a na sequência ativa dos comportamentos práticos, mas para resolver e imobilizar a vida em arte, em percepção com fim em si mesma, em revelação, e liquefazê-la em memória. Também o recurso à arte se torna a rememoração preciosa de um tópico cultural que preenche uma exigência da imaginação preguiçosa. Para o decadente, também o recurso ao típico se nivela a um recurso ao tópico, um recurso à experiência artística, sem reportá-la à vida da qual se originou e à qual reconduz. Já que é próprio dos períodos alexandrinos e decadentes, como dissemos, discorrer sobre os livros e não sobre a vida, escrever sobre os livros e não sobre as coisas, experimentar de segunda mão a vida emprestando sua imagem dos produtos da imaginação, e amiúde imaginar com as imagens alheias, quando não a energia formativa, mas a sobreposição do *topos* dá forma à experiência. Não há página de *Il piacere* onde a experiência do momento não esteja relacionada, por Andréa Sperelli, com o tópico artístico. Dado que sua imaginação é toda visual e sensória, os seus recursos apontam habitualmente para as artes figurativas, mas o mecanismo não muda: "Constanza Landbrook... parecia uma

---

23. V. E. CASSIRER. *Saggio sull-uomo*, Milão, 1948, p. 240. Graças a um poder de invenção e personificação, mais o de produzir formas sensíveis, o menino que joga reordena e redistribui o material que lhe é oferecido pela percepção, mas não produz formas novas. Veja-se o que dissemos acerca do *bricolage* no ensaio A *estrutura do mau gasto*.

criatura de Thomas Lawrence"; quanto a Elena Muti, "os lineamentos alegres do rosto recordavam certos perfis femininos nos desenhos do Moreau jovem, nas vinhetas de Gravelot"; para Elena, o próprio Andréa, com sua boca jovem, "lembrava, por uma singular coincidência, o retrato do fidalgo incógnito que está na Galeria Borghese". Em todos esses e em outros casos, a citação intervém para substituir uma descrição por si mesma evocadora; e muitas vezes a relação entre a experiência do momento e o tópico citado é pouco mais que casual. Os tópicos perdem sua individualidade e tornam-se modos de uma tonalidade contemplativa sempre igual, como a de Andréa Sperelli, quando intentam bloquear a realidade no desenho fruível ("Roma surgiu, de uma cor de ardósia muito clara, com linhas um pouco indecisas, como numa pintura desbotada, sob um céu de Cláudio Lorenense, úmido e fresco...")

Mas pelo menos Andréa Sperelli consegue ser um exemplo típico de decadente que recorre ao tópico, ao contrário, o exemplo típico de um recurso ao típico que é difícil descobrir; visto que os autores que, como homens, tenham capacidade de sentir a tipicidade das personagens lidas no sentido pleno e vigoroso que se disse, não recorrem, nos seus romances, nem fazem recorrer aos tipos, mas produzem tipos, e ponto final. O recurso ao típico só ocorre de modo são e produtivo na vida (e jamais com muita facilidade); habitualmente, quando aparece num livro, a sensibilidade do autor é suspeita e nos aproximamos perigosamente de um recurso ao tópico.

No início de *Dentro de um mês, dentro de um ano*, de Françoise Sagan, Bernard, um dos protagonistas, encontra-se numa reunião literária e admira em silêncio a mulher amada, Josée. Enquanto a contempla, propondo-se a revelar-lhe o seu amor, ouve alguém executar ao piano uma linda e terna música, "avec une phrase légère qui revenait sans cesse..." Naquele instante, Bernard adverte que aquela frase musical reveste para ele o valor de uma revelação, identifica-se com o objeto amado, com seu desejo de amante, com o desejo de todos os homens, com suas mocidades e melancolias. Esse sentimento é muito obscuro, impalpável, e o leitor aguarda que seja esclarecido. Mas, nesse ponto, a autora comunica-nos um imprevisto pensamento de Bernard: "Voilà – pensa-t-il avec exaltation – c'est cette petite phrase! Ah, Proust, mais il y a Proust; je n'ai rien à faire de Proust à la fin..." E aqui termina o breve episódio; o encanto rompeu-se, Bernard retorna à vida do salão. A autora, com Bernard, queria, evidentemente, dar-nos a imagem de um homem de letras bastante *blasé*, que já não pode nem mesmo gozar do viço de certas situações porque já as reconhece literariamente deduzidas. Mas nesse episódio assistimos também a outro jogo, mais inadvertido, e pelo qual Françoise Sagan acaba se identificando com Bernard. A autora indicou uma certa emoção da sua personagem, mas no momento mesmo em que essa emoção devia ser analisada e aprofundada evitou o obstáculo: "Se quiserem saber o que Bernard sentiu ouvindo aquela frase musical – parece ela sugerir – lembrem-se das emoções e dos pensamentos de Swann ao ouvir a famosa frase da sonata de Vinteuil, como narra Proust no primeiro volume da *Busca*". A autora demonstrou falta de vitalidade formativa, renunciou a produzir uma situação e um caráter, tomando de empréstimo situação e caráter de outra obra. Esse ato de preguiça narrativa de maneira nenhuma nos definiu a personagem, mas só a imaturidade da escritora que, pelo menos neste caso, traiu uma preponderância de experiência livresca e a incapacidade de produzir uma ação que tivesse a intensidade da vida[24].

Mas é provável que nessa atitude também houvesse outra coisa: o apelo, por comodidade, a uma espécie de esnobe cumplicidade com o esnobismo do leitor. Isto é, subentende-se que o leitor já tenha provado uma emoção diante do fato artístico de origem, e é a ela que o fazem voltar, como entre pessoas que "se entendem". Fazendo isso, a autora obtinha um resultado com pouca despesa: não tinha que "representar" ou "construir" uma emoção, mas reportava o leitor à emoção "já confeccionada". Esnobismo e preguiça, bem como comércio de "universais" já grávidos de prestígio. Eis uma típica manifestação de *midcult*, no sentido em que o entende MacDonald.

---

24. Em falhas desse gênero pode, contudo, incorrer até mesmo um experimentado criador de personagens como Balzac. No quinto capítulo de *Um caso tenebroso*, para descrever Lourença de Cinq-Cygnes, o autor inspira-se numa personagem de Walter Scott, Diana Vernon, de *Rob-Roy*: "Essa lembrança pode fazer-nos compreender Lourença, se acrescentais às qualidades da caçadora escocesa a exaltação contida de Carlota Corday, suprimindo, porém, a amável vivacidade que torna Diana, tão atraente".

Evidentemente, a imaginação, se quiser ser produtiva, deve renunciar aos módulos preexistentes[25]; o que não acontece com a ação prática, que tem necessidade de módulos e paradigmas, e tanto mais viva resulta quanto mais vivo for o modelo, quanto mais longe estiver da fórmula mnemônica e do artigo de lei. Uma vitalidade de tal gênero parece-nos produzir-se na relação autêntica de recurso ao tipo.

Conclusões

Esse autêntico recurso ao típico caracteriza-se, portanto, como *o uso prático* de um *produto artístico* já fruído numa consciência dos nexos que o ligavam à realidade e às nossas experiências efetuadas ou possíveis. Essa viva heteronomia da relação fruitiva (que não se opõe à autonomia da personagem enquanto objeto estético dirigido por leis autônomas) é possível porque o narrador ou o dramaturgo trabalharam no intento de dar vida a um mundo autossuficiente, no qual, entretanto, era empregado um copioso material de vida, diluído tanto nos acontecimentos representados como no modo de representá-los. O artista produziu organizando uma estratégia de efeitos comunicativos com vistas às possíveis atitudes dos fruidores: sua obra concretizou-se num modo formal, que, atingindo a complexidade da existência em todas as suas inter-relações de interesses e atitudes, exige ser realizado (interpretado e assimilado) por fruidores concretamente compromissados com os vários interesses do mundo, e não por olhos puramente contemplativos. A obra realiza-se, assim, na fruição de pessoas concretas, que não podem transformar-se em seu templo exclusivo, mas" uma vez tendo-a acolhido na memória, carregam-na, por assim dizer, consigo, através das vicissitudes do dia-a-dia, espremendo-lhe e utilizando-lhe

---

25. Essas observações valem apenas para as artes da ação. O uso que certa lírica contemporânea faz de "tópicos" e personagens tem outro sentido: aí, o esforço produtivo não se elude, mas identifica-se com a construção de uma relação alusiva entre *topoi*, no jogo das chamadas e na "música de ideias". Lembremos Eliot. Enfim, a poesia pode mesmo permitir-se um discurso afetuoso e nostálgico feito exclusivamente de *topoi* literários: Montale, em *Keepsakt* (*As ocasiões*), limita-se a arrolar várias personagens de obras célebres (Fanfan retorna vencedor; Molly – vende-se em hasta pública.

a substância ao msclá-la a volições, compreensões, emoções de outro gênero.

Ora, nos termos em que foi conduzido, o discurso poderia levar a pensar que só se tenha realização do "tipo" nas manifestações que comumente se entendem como de arte "superior" ou "culta", ao passo que na narrativa ou na dramaturgia de consumo teríamos apenas *topoi*, mais ou menos realizados. No ensaio *Leitura de Steve Canyon*, nós mesmos avançamos a hipótese de que num certo tipo de discurso popular (no caso, a estória em quadrinhos) fosse indispensável recorrer a caracteres convencionais (e, consequentemente, a tópicos padronizados, preexistentes à narrativa, como, no fundo, o módulo do gascão d'Artagnan preexistia a *Os Três Mosqueteiros* e a emoção de Swann preexistia à emoção do Bernard, de Sagan).

Aqui, porém, também será necessário precisar duas definições. Uma é que o emprego do *topos* não impede necessariamente um êxito artístico; falou-se em poemas alegóricos que procedem por emblemas, e toda a fabulística, no fundo, se rege por *topoi* (o príncipe lindo e bom, a fada, a bruxa, o menino desobediente, e assim por diante). É sensata a hipótese de que toda narrativa que recorra a *topoi*, no plano da utilização prática, não comunique senão mensagens pedagogicamente "conservadoras"; o *topos* é prefixado, e portanto espelha uma ordem que preexiste à obra; só uma obra que crie *ex novo* um tipo humano pode propor uma visão do mundo e um programa de vida que esteja *além* do estado de fato. Uma leitura das estórias em quadrinhos contemporâneas, de grande parte da literatura policial, uma análise das personagens televisionais, levaria a verificar facilmente tal hipótese. No entanto, o fato é que, em alguns casos (por exemplo, em certos contos de ficção científica), o *topos* convencional (o herói espacial, o monstro com olhos de inseto – a tal ponto *topos*, que já está marcado, na literatura crítica sobre a SF, com uma sigla, "BEM", *bug eyed monster* – o tecnarca intergaláctico ou o cientista louco) torna-se elemento constitutivo de uma alegoria que o supera, e assume função de ruptura e proposta, e não de mera configuração do fatual; mas nesses casos, evidentemente, a narrativa não visa tanto à definição da personagem, nem a personagem assume aí um papel central, tornando-se pretexto para desenredar uma sequência de eventos de clara função gnômica. A conclusão seria que, ao contrário, toda vez que a personagem fictícia (enquanto puro *topos*) se torna central fim explícito da narrativa, então a obra propõe unicamente modelos de vida prática puramente exteriores, em que o leitor acredita reconhecer-se, quando de fato neles projeta apenas o aspecto mais superficial da sua personalidade. O ensaio sobre o Superman (que se segue) dá a imagem de um *topos* cuja improbabilidade é sustentada justamente por uma consequente manipulação do *plot*: o esquema narrativo sustem e fundamenta a convencionalidade da personagem. Mas, toda vez que a personagem, ainda que fictícia, cessa de ter função central para fazer-se suporte de outros conteúdos que a narrativa tende a exprimir usando o *topos* explicitamente como tal, a título de mero pretexto, então a convencionalidade da personagem não se torna sinal de malogro da obra. Como segunda definição, poder-se-á, enfim, recordar que também no âmbito de uma narrativa popular, como a estória em quadrinhos, ocorrem casos em que uma personagem aparentemente esquemática, desculpavelmente convencional, tornou-se algo mais, um "este aqui", modelo de situações morais concretíssimas; e isso graças a uma particular estrutura da narração, a um sistema de iterações e *leitmotiv* que contribuíram para cavar, sob a casca do esquema convencional, a profundidade de um tipo. Ainda que em medida mínima, pareceu-nos individuar essas características na personagem Minduim a que dedicamos o terceiro ensaio desta seção.

O MITO DO SUPERMAN

I

O problema com que nos pretendemos defrontar exige uma definição preliminar e, em suma, aceitável, de "mitificação" como simbolização incônscia, identificação do objeto com uma soma de finalidades nem sempre racionalizáveis, projeção na imagem de tendências, aspirações e temores particularmente emergentes num indivíduo, numa comunidade, em toda uma época histórica.

De fato, quando se fala em "desmitificação" com referência ao nosso tempo, associando o conceito a uma crise do sagrado e a um empobrecimento simbólico daquelas imagens que toda uma tradição iconológica nos habituara a contemplar sempre carregadas de profundos significados sacros, pretende-se justamente indicar o processo de dissolução de um repertório simbólico institucionalizado, típico da primeira cristandade e da cristandade medieval (e, em certa medida, ressuscitado pelo catolicismo contra-reformista). Esse repertório permite transferir, de maneira quase unívoca, os conceitos de uma religião revelada para uma série de imagens, servindo-se delas, depois, para transmitir, *per speculum in aenigmale*, os dados conceptuais de origem, de modo que eles pudessem ser apreendidos também pelos simples, privados de requintes teológicos, o que, aliás, foi sempre a preocupação constante dos vários concílios que se ocuparam com o problema das imagens.

A "mitificação" das imagens era, portanto, um fato institucional, que partia de cima, codificado e decidido por homens da Igreja como o Abade Suger, que, por seu lado, se apoiavam num repertório figurai fixado por séculos de hermenêutica bíblica, e finalmente vulgarizado e sistematizado pelas grandes enciclopédias da época, pelos bestiários e lapidários. É verdade que quem fixava o valor e o significado dessas imagens de certa maneira interpretava tendências mitopoiéticas que vinham de baixo, colhendo o valor icônico de certas imagens arquétipos e tomando de empréstimo a toda uma tradição mitológica e iconográfica elementos que agora, na fantasia popular, caminhavam associados a certas situações psicológicas, morais, sobrenaturais[1]; e também é verdade que essas identificações simbólicas passavam a fazer parte da sensibilidade popular de modo tão profundo que a certo ponto se tornou difícil estabelecer uma discriminação entre mitopoiética "dirigida" e mitopoiética "espontânea" (e a iconografia das catedrais medievais está cheia de exemplos do gênero); mas, indiscutivelmente, todo o assestamento desta última repousava sobre algumas coordenadas de unidade de uma cultura, que haviam sido fixadas e se fixavam nos concílios, nas *summae*, nas enciclopédias, e eram transmitidas pela atividade pastoral dos bispos, pela atividade educativa das abadias e dos conventos.

A crise desse estreito liame entre imagens e verdades históricas e sobrenaturais significadas, e a seguir o "consumo" da carga sacra de uma estátua ou de uma figura pintada, a mundanização de elementos iconográficos, que aos poucos se foram tornando puros pretextos para exercitações formais

---

1. Sobre os acontecimentos representados em certas figurações simbólicas, v. JURGIS BALTRUSAITIS, *Le Moyen Age Fantastique* (Paris, Colin, 1944) e *Réveils et prodiges* (Paris, Colin, 1960).

(ou para a transmissão de outros significados, embora permanecendo aparentemente ligados ao sistema de signos de uma religião revelada), identifica-se com a crise de uma sistemática e de toda uma cultura; do momento em que novas metodologias de investigação põem em dúvida a estabilidade de uma visão do mundo e estabelecem a possibilidade de uma pesquisa continuamente revisável, já não é mais possível aceitar uma relação fixa entre um repertório de imagens e um repertório de significados filosóficos, teológicos e históricos que perderam suas características de estabilidade.

Prova de que, todavia, o processo de "mitificação" das imagens não se identificava com o processo, historicamente bem delimitado, de identificação de imagens e corpo de verdade institucionalizado, é o esforço, que toda a arte moderna vem progressivamente desenvolvendo para criar, ante a queda dos *símbolos objetivos*, sobre os quais repousava a cultura clássica e medieval, *símbolos subjetivos*. No fundo, os artistas têm continuamente tentado (e quando a operação não era intencional nos artistas, acorria a sensibilidade culta e popular, carregando de significações simbólicas uma imagem, ou mesmo erigindo-a em símbolo de determinadas situações e valores) estabelecer equivalentes icônicos de situações intelectuais e emotivas: e temos tido símbolos do amor, da paixão, da glória, da luta política, do poder, da insurreição popular. Enfim, a poesia contemporânea tem marchado no sentido de uma simbolização sempre mais subjetiva, particular, compartilhável apenas pelo leitor que consegue identificar-se, por congenialidade, com a situação interior do artista.

Símbolos dessa espécie são as três árvores de Proust, a mulher-pássaro de Joyce, os cacos de garrafa de Montale. Mesmo quando o poeta atinge um repertório simbólico tradicional (Mann, Eliot), ele o faz para redar nova substância simbólica a velhas imagens míticas, e mesmo quando tenta universalizar o seu processo, confia a universalização à força comunicante da poesia, sem fiar-se de uma situação, sócio psicológica existente; isto é, tenta *instituir* um modo de sentir e ver, e não aproveita um modo de sentir e ver cuja universalidade, justamente, reconhece como rompida e irreconstituível.

241

Símbolos e cultura de massa

Todavia, existem no mundo contemporâneo setores onde se foi reconstituindo, com bases populares, essa universalidade de sentir e de ver. Isso se verificou no âmbito das sociedades de massa onde todo um sistema de valores, a seu modo bastante estável e universal, se concretizou, através de uma mitopoiética cujos modos examinaremos, numa série de símbolos oferecidos ora pela arte ora pela técnica. Numa sociedade de massa, na época da civilização industrial, observamos, de fato, um processo de mitificação afim com o das sociedades primitivas, mas que frequentemente procede, de início, segundo a mecânica mitopoiética posta em prática pelo poeta moderno. Isto é, trata-se da identificação privada e subjetiva, na origem, entre um objeto, ou uma imagem, e uma soma de finalidades, ora cônscias ora cônscias, de maneira a realizar-se uma unidade entre imagens e aspirações (e que tem muito da unidade mágica na qual o primitivo baseava sua operação mitopoiética).

Se o bisonte desenhado na parede da caverna pré-histórica se identificava com o bisonte real, garantindo, assim, ao pintor, a posse do animal através da posse da imagem, e envolvendo, assim, a imagem numa aura sagrada, não é muito diferente o que hoje acontece quando o novo automóvel, construído o mais possível segundo modelos formais escorados numa sensibilidade arquetípica, torna-se a tal ponto signo de um *status* econômico, que com ele se identifica. A moderna sociologia, de Veblen à análise popular e divulgadora de Vance Packard, convenceu-nos de que, numa sociedade industrial, os chamados "símbolos de *status*" conseguem indiscutivelmente identificar-se com o próprio *status*: atingir um *status* quer dizer possuir certo tipo de carro, certo tipo de televisor, certo tipo de casa com certo tipo de piscina; mas, ao mesmo tempo, cada um dos elementos possuídos – carro, geladeira, casa, televisor –, torna-se símbolo tangível da situação no seu conjunto. O objeto é a situação social e, ao mesmo tempo, o seu signo: consequentemente, não constitui apenas um fim concreto perseguível, mas o símbolo ritual, a imagem mítica em que se condensam aspirações e desejos[2]. É a projeção do que gostaríamos de ser. Em outros termos: no objeto, visto inicialmente como manifestação da própria personalidade, anula-se a personalidade.

Ora, tal mitopoiética tem cunhos de universalidade porque de fato é comum a toda uma sociedade; e tem as características da criação do nível baixo. Mas, ao mesmo tempo, é proposta pelo nível alto, porque um automóvel se torna símbolo de *status* não só por tendência mitificante, que parte inconscientemente das massas, mas porque a sensibilidade dessas massas é instruída, dirigida e provocada pela ação de uma sociedade industrial baseada na produção e no consumo obrigatório e acelerado. Portanto, os Suger da nossa época que criam e difundem imagens míticas destinadas a radicar-se em seguida na sensibilidade das massas, são os escritórios-estúdios das grandes indústrias, os *advertising meti* de Madison Avenue, os que a sociologia popular designou com o sugestivo epíteto de 'persuasores ocultos".

Em face, portanto, destas novas situações mitopoiéticas, parece-nos que o processo a seguir deve ter duas qualidades: de um lado, a pesquisa dos *objetivos* que a imagem encarna, do *que está depois da imagem*; de outro, um processo de *desmistificação*, que consiste em identificar *o que está por trás da imagem*, e, portanto, não só as exigências incônscias que a promoveram como também as exigências cônscias de uma pedagogia paternalista, de uma persuasão oculta motivada por fins econômicos determinados[3].

A civilização de massa oferece-nos um exemplo evidente de mitificação na produção dos *mass media* e, em particular, na indústria das *comic strips*, as "estórias em quadrinhos":

---

2. Como divulgação popular da temática sociológica do *status* e seu simbolismo, recomendamos Vance PACKARD, *I cacciatori di prestigio* (Turim, Einaudi, 1961); sobre o *status* como categoria sociológica, v. L. REISSMAN, *Class in American Society* (Free Press, 1959); sobre a ambiguidade do conceito e os riscos de uma fácil sociologia sobre os símbolos de *status*, v. E. LARRABEE, *The Self-Conscious Society* (Nova York, Doubleday, 1960), *Wreck of the status system*. Em particular sobre o simbolismo do automóvel, v. D. RIESMAN e E. LARRABEE. "Autos in America", in *Consumer Behavior*, aos cuidados de Lincoln H. Clark Nova York, Harper, 1958).
3. Apoiamo-nos na metodologia traçada por Paul Ricoeur, em *Herméneutique et réflexion* (no simpósio *Demittzzazione e Immagine*, Roma, 1962).

exemplo evidente e singularmente adequado ao nosso objetivo, porque aqui assistimos à coparticipação popular de um repertório mitológico claramente instituído de cima, isto é, criado por uma indústria jornalística, porém particularmente sensível aos caprichos do seu público, cuja exigência precisa enfrentar[4].

Que as *comic strips* sejam lidas, ao menos nos Estados Unidos (mas o fenômeno já se está verificando gradativamente também nos outros países), mais por adultos que por crianças, é fenômeno indiscutível; que perto de um bilhão de exemplares de *comic books* sejam produzidos só nos Estados Unidos, é o que nos revelam as estatísticas, as quais nos dizem, também, que, através das tiras que aparecem diariamente nos jornais (em todos os jornais, exceto o *New York Times* e o *Christian Science Monitor*: e o fenômeno já agora está atingindo todos os vespertinos italianos e alguns matutinos), com uma venda total de dois bilhões e meio de exemplares no domingo, 83 por cento dos leitores masculinos e 79 por cento das leitoras acompanham diariamente esse tipo de literatura[5].

Que, enfim, essa literatura de *massa* obtenha uma eficácia de persuasão comparável apenas à das grandes figurações mitológicas partilhadas por toda uma coletividade, é o que nos revelam alguns episódios altamente significativos. Não nos referimos, aqui, às modas que dela derivam, aos objetos fabricados sob a inspiração das personagens mais célebres, desde os relógios de mostrador ilustrado com a imagem do herói, até as gravatas e os brinquedos; mas sim a casos em que toda a opinião pública participou histericamente de situações imaginárias criadas pelo autor de *comics*, como se participa de fatos que tocam de perto a coletividade, do voo espacial ao conflito atômico. Exemplo típico é o de Terry, a personagem desenhada por Milton Caniff. Aventureiro cujas proezas

4. Para as notícias que se seguem, apoiamo-nos na vasta literatura a que o fenômeno deu lugar. Em particular, v. Coulton WAUGH, *The Comics* (Nova York, Macmillan, 1947), Stephen BECKER, *Comic Art in America* (Nova York, Simon A Schuster, 1960); e, em particular, Cario DELLA CORTE, *I Fumetti* (Milão, Mondadori, 1961), e (Vários Autores) *The Funnies*, Free Press, Glencoe, 1963.
5. V. E. J. ROBINSON e D. M. WHITE, *Who Reads the Funnies and Why?*; L. BOGART, *Comic Strips and Their Adult Readers* (ambos em *The Funnies*, op. cit.); C. DELLA CORTE, *I Fumetti*. op. cit., p. 186.

tiveram início em 1934, popular por uma série de ambíguas vicissitudes nos mares da China, Terry a tal ponto se tornara o ídolo do público norte-americano que, ao eclodir a guerra, foi necessário da noite para o dia restituir-lhe uma virgindade que de fato ele jamais possuíra; transformou-se, assim, em combatente regular, nutrindo a imaginação dos soldados na frente de batalha, e das famílias em ansiosa expectativa; ora, a opinião pública acompanhava de tal maneira as personagens de Caniff, que quando este se viu na necessidade – a um tempo narrativa e política – de decidir da sorte de Burma, fascinante aventureira comprometida com os japoneses, o fato interessou as próprias autoridades militares. Em Burma, colidiam dois mitos igualmente fortes, um de ordem sexual, outro, de ordem patriótica. Burma era bela, misteriosa e encarnava a quintessência de uma sexualidade ambígua e "maldita"; como tal um *avatar* da *vamp* cinematográfica e, melhor ainda, da velha *belle dame sans merci*; mas agora, era a inimiga de um país em guerra, de que Terry era o símbolo mais positivo. O problema de Burma tornou-se, assim, um estímulo de neuroses coletivas dificílimo de resolver. Quando Terry foi promovido na zona de ação, jornais seríssimos divulgaram oficialmente a notícia, e a aviação norte-americana, de forma autorizada e oficial, enviou-lhe (ou melhor, enviou ao autor pelo correio) uma carteira com número de matrícula. Num outro caso, Caniff escolheu uma personagem que até então ficara em segundo plano, uma menina – Raven Sherman – e se empenhou em torná-la cada dia mais interessante, fascinante, símbolo de virtude, de graça e heroísmo ao mesmo tempo; Raven apaixonou amplos estratos de leitores, até que, no momento oportuno, Caniff fez com que ela morresse. Os resultados foram superiores a todas as expectativas: os jornais publicaram o feral anúncio, os estudantes da Universidade de Loyola observaram um minuto de silêncio e, no dia dos funerais, Caniff teve de justificar pelo rádio a sua conduta[6].

Quando Chester Gould, autor da personagem Dick Tracy, fez morrer o gangster Flattop, também desencadeou um fe-

---

6. V. DELLA CORTE (*op. cit.*, p. 179 e ss.). Em Waugh (*op. cit.*), transcreve-se também uma página de *Terry*, onde aparece bem clara a função de propaganda patriótica que a estória em quadrinhos passara a assumir, sob a égide evidente das autoridades.

245

nômeno de histeria pública de dimensões semelhantes: Flattop havia morbidamente polarizado a admiração do público, e inteiras comunidades citadinas decretaram luto, enquanto milhares de telegramas atacavam o autor e lhe pediam contas da sua decisão. Nesses, como em outros casos, não se trata apenas do desaponto de leitores afeiçoados, que se veem privados de uma personagem que representa uma fonte de divertimento ou de excitação; fenômenos do gênero já aconteciam no século passado, quando os leitores escreviam aos autores de *feuilletons*, como Ponson du Terrail, para protestarem contra a morte de uma personagem simpática. Mas, no caso das estórias em quadrinhos, trata-se de uma reação muito mais maciça de uma comunidade de fiéis, incapaz de suportar a ideia do desaparecimento repentino de um símbolo que até então encarnara uma série de aspirações. O histerismo provém da frustração de uma operação empatizante, uma vez que passa a faltar o suporte físico de projeções necessárias. Cai a imagem e, com ela, caem as finalidades que a imagem simbolizava. A comunidade dos fiéis entra em crise, e a crise é não só religiosa mas também psicológica, porque a imagem revestia uma função demasiado importante para o equilíbrio psíquico dos indivíduos.

O mito do Superman

Imagem simbólica de particular interesse é a do Superman. O herói dotado de poderes superiores aos do homem comum é uma constante da imaginação popular, de Hércules a Siegfried, de Roldão a Pantagruel e até a Peter Pan. Frequentemente, a virtude do herói se humaniza, e seus poderes, ao invés de sobrenaturais, são a alta realização de um poder natural – a astúcia, a velocidade, a habilidade bélica, e mesmo a inteligência silogisticizante e o puro espírito de observação, como acontece em Sherlock Holmes. Mas numa sociedade particularmente nivelada, onde as perturbações psicológicas, as frustrações, os complexos de inferioridade estão na ordem do dia; numa sociedade industrial onde o homem se torna número no âmbito de uma organização que decide por ele, onde a força individual, se não exercitada na atividade esportiva permanece humilhada diante da força da máquina que age pelo homem e determina os movimentos mesmos do homem – numa sociedade de tal tipo, o herói positivo deve encarnar, além de todo limite pensável, as exigências de poder que o cidadão comum nutre e não pode satisfazer.

O Superman é o mito típico de tal gênero de leitores: o Superman não é um terráqueo, mas chegou à Terra, ainda menino, vindo do planeta Crípton. Crípton estava para ser destruído por uma catástrofe cósmica e o pai do Superman, hábil cientista, conseguira pôr o filho a salvo, confiando-o a um veículo espacial. Crescido na Terra, o Superman vê-se dotado de poderes sobre-humanos. Sua força é praticamente ilimitada, ele pode voar no espaço a uma velocidade igual à da luz, e quando ultrapassa essa velocidade, atravessa a barreira do tempo e pode transferir-se para outras épocas. Com a simples pressão das mãos, pode submeter o carvão a uma tal temperatura que o transforma em diamante; em poucos segundos, a uma velocidade supersônica, pode derrubar uma floresta inteira, transformar árvores em toros e construir com eles uma aldeia ou um navio; pode perfurar montanhas, levantar transatlânticos, derrubar ou edificar diques; seus olhos de raios X permitem-lhe ver através de qualquer corpo, a distâncias praticamente ilimitadas, fundir com o olhar objetos de metal; seu superouvido coloca-o em condições vantajosíssimas, permitindo-lhe escutar discursos de qualquer ponto que provenham. É belo, humilde, bom e serviçal: sua vida é dedicada à luta contra as forças do mal e a polícia tem nele um colaborador incansável.

Todavia, a imagem do Superman não escapa totalmente às possibilidades de identificação por parte do leitor. De fato, o Superman vive entre os homens sob as falsas vestes do jornalista Clark Kent; e como tal, é um tipo aparentemente medroso, tímido, de medíocre inteligência, um pouco embaraçado, míope, súcubo da matriarcal e mui solícita colega Míriam Lane, que, no entanto, o despreza e está loucamente enamorada do Superman. Narrativamente, a dupla identidade do Superman tem uma razão de ser, porque permite articular de modo bastante variado a narração das aventuras do nosso herói, os equívocos, os lances teatrais, um certo *suspense* próprio de romance policial. Mas, do ponto de vista mitopoiético, o achado chega mesmo a ser sapiente: de fato, Clark Kent personaliza, de modo bastante típico, o leitor médio torturado por complexos e desprezado pelos seus semelhantes; através de um óbvio processo de identificação, um *accountant* qualquer de uma cidade norte-americana qualquer, nutre secretamente a esperança de que um dia, das vestes da sua atual personalidade, possa florir um super-homem capaz de resgatar anos de mediocridade.

A estrutura do mito e a civilização do romance

Estabelecida, por conseguinte, a inegável conotação mitológica da personagem, cumprirá individuar as estruturas narrativas através das quais o "mito" é cotidianamente, ou semanalmente, oferecido ao seu público. Há, de fato, uma diferença fundamental entre uma figura como o Superman e figuras tradicionais, como os heróis da mitologia clássica, nórdica, ou as figuras das religiões reveladas.

A imagem religiosa tradicional era a de uma personagem, de origem divina ou humana, que, na imagem, permanecia fixada nas suas características eternas e no seu acontecimento irreversível. Não se excluía que, por trás da personagem, existisse, além de um conjunto de características, uma estória: mas a estória já se achava definida segundo um desenvolvimento determinado e passava a constituir, de modo definitivo, a fisionomia da personagem.

Em outros termos: uma estátua grega podia representar Hércules ou uma cena dos trabalhos de Hércules: em ambos os casos, no segundo mais que no primeiro, Hércules era visto como alguém que tivera uma estória e essa estória caracterizava-lhe a fisionomia divina. De qualquer forma, a estória ocorrera, e não podia mais ser negada. Hércules concretizara-se num desenrolar temporal de eventos, mas esse desenrolar encerrara-se, e a imagem simbolizava, com a personagem, a estória do seu desenvolvimento – era o seu registro definitivo e o seu julgamento.

A imagem podia ter uma estrutura narrativa: pensemos na série de afrescos da Invenção da Santa Cruz, ou em narrativas de tipo cinematográfico, como a estória do clérigo

Teófilo, que vende a alma ao diabo e é salvo pela Virgem, representada no tímpano de Souillac. A imagem sacra não excluía a narração, mas era a narração de um trajeto irreversível, no qual a personagem sacra se fora definindo de modo agora irrecusável.

A personagem das estórias em quadrinhos nasce, ao contrário, no âmbito de uma *civilização do romance*. A narrativa preferida nas antigas civilizações era quase sempre a que referia alguma coisa já acontecida e já conhecida do público. Podia-se contar pela enésima vez a estória do Paladino Roldão, mas o público já sabia o que havia sucedido ao seu herói. Pulci retoma o ciclo carolíngio e, no final, nos diz o que já sabíamos, isto é, que Roldão morre em Roncesvales. O público não pretendia ficar sabendo nada de absolutamente novo, mas simplesmente ouvir contar, de maneira agradável, um mito, repercorrendo o desenrolar conhecido, no qual se podia comprazer, todas as vezes, de modo mais intenso e mais rico. Não faltavam os vários acréscimos e os embelezamentos novelescos, mas esses não eram de molde a ofender a fixidez definitiva do mito narrado. Era também assim que funcionavam as narrativas plásticas e pictóricas das catedrais góticas ou das igrejas renascentistas e contra-reformistas. Narrava-se, muitas vezes de modo dramático e conturbado, o *já acontecido*.

A tradição romântica (e aqui não importa se as raízes dessa atitude se implantam bem antes do romantismo) oferece-nos, ao contrário, uma narrativa em que o interesse principal do leitor é deslocado para a imprevisibilidade *do que acontecerá*, e portanto, para a invenção do enredo, que passa para primeiro plano. O acontecimento não ocorreu *antes* da narrativa: ocorre *enquanto* se narra, e, convencionalmente, o próprio autor não sabe o que sucederá.

Na época em que nasce, o lance teatral de Édipo, que se descobre culpado após a revelação de Tirésias, "funciona" junto ao público não porque colha de surpresa os ouvintes ignorantes do mito, mas porque o mecanismo da *fábula*, segundo as regras aristotélicas, conseguiu, mais uma vez, tornar-nos o acontecimento compartilhável, por virtude da piedade e do terror, levando-nos a identificar-nos com a situação e com a personagem. Quando, ao contrário, Julien Sorel atira na Senhora Renal, quando o detetive de Poe descobre o culpado do dúplice delito da Rue de la Morgue, quando Javert paga sua dívida de gratidão a Jean Valjean, assistimos, ao contrário, a um lance teatral cuja imprevisibilidade faz parte da invenção e assume valor estético no contexto de uma nova poética narrativa, independente da validade daquele *elóquio* (para usar o termo aristotélico) através do qual o fato é comunicado. Quanto mais popular for o romance, tanto mais importante se fará esse fenômeno, e o *feuilleton* para as massas – a aventura de Rocambole e de Arsène Lupin – não tem outro valor artesanal que não o da invenção engenhosa de fatos inesperados[7].

Essa nova dimensão da narrativa é contrabalançada por uma "mitificabilidade" menor da personagem. A personagem do mito encarna uma lei, uma exigência universal, e deve, numa certa medida, ser, portanto, *previsível*, não pode reservar-nos surpresas; a personagem do romance, pelo contrário, quer ser gente como todos nós, e o que lhe poderá acontecer é tão imprevisível quanto o que nos poderia acontecer. Assim, a personagem assumirá o que chamaremos de uma "personalidade estética", espécie de co-participabilidade, uma capacidade de tornar-se termo de referência para comportamentos e sentimentos que também pertencem a todos nós, mas não assume a universalidade própria do mito, não se torna o hieróglifo, o emblema de uma realidade sobrenatural, que é o resultado da universalização de um acontecimento particular. Tanto isso é verdade que a estética do romance deverá reverdecer, para essa personagem, uma velha categoria, de cuja existência nos damos conta justamente quando a arte abandona o território do mito: e é o "típico".

A personagem mitológica da estória em quadrinhos encontra-se, pois, nesta singular situação: ela tem que ser um arquétipo, a soma de determinadas aspirações coletivas, e, portanto, deve, necessariamente, imobilizar-se numa fixidez emblemática que a torne facilmente reconhecível (e é o que acontece com a figura do Superman); mas, como é comerciada no âmbito de uma produção "romanesca" para um público que consome "romances", deve submeter-se àquele

---

7. Diremos que o valor visado por esse tipo de narrativa é definível em termos de riqueza de "informação", informação mensurável quantitativamente. V. em nossa *Obra Aberta* (op. cit.), o capítulo "Abertura e informação".

desenvolvimento característico, como vimos, da personagem do romance.

Para resolvermos uma situação como essa, temos compromissos de vários tipos, e um exame dos enredos dos *comics*, desse ponto de vista, seria altamente instrutivo. Limitar-nos-emos a examinar aqui a figura do Superman, porque com ela nos achamos diante do exemplo limite, o caso em que o protagonista, de saída, e por definição, tem todas as características do herói mítico, encontrando-se, ao mesmo tempo, inserido numa situação romanesca de molde contemporâneo.

O enredo e o consumo da personagem

Tem-se um enredo trágico, estabelece Aristóteles, quando ocorre à personagem uma série de acontecimentos, peripécias e agnições, casos lamentáveis e terríficos, que culminam em catástrofe; tem-se um enredo romanesco, acrescentaremos, quando esses nós dramáticos se desenvolvem numa série contínua e articulada que, no romance popular, tornando-se fim em si mesma, deve, o mais possível, proliferar *ad infinitum*. *Os Três Mosqueteiros*, cujas aventuras continuam em *Vinte Anos Depois*, e terminam, por cansaço, no *Visconde de Bragelonne* (mas eis que intervém narradores parasitas que continuam narrando as aventuras dos filhos dos mosqueteiros, o choque entre d'Artagnan e Cyrano de Bergerac, e assim por diante), é um exemplo de enredo narrativo que se multiplica como uma tênia, e aparece com tanto maior vitalidade quanto mais souber sustentar-se através de uma série indefinida de contrastes, oposições, crises e soluções.

Já o Superman, que por definição é a personagem incontrastável, acha-se na inquietante situação narrativa de ser um herói sem adversário e, portanto, sem possibilidade de desenvolvimento. Acrescente-se a isso que, por precisas razões comerciais (também elas explicáveis através de uma investigação de psicologia social), suas aventuras são vendidas a um público preguiçoso, que se apavoraria ante um desenvolvimento indefinido de fatos que o levasse a empenhar a memória semanas a fio; e cada estória se conclui no fim de poucas páginas, ou melhor, cada álbum semanal compõe-se de duas ou três estórias completas, cada uma das quais apresenta, desenvolve e resolve um particular nó narrativo sem deixar escórias. Estética e comercialmente privado das ocasiões basilares para um desenvolvimento narrativo, o Superman suscita sérios problemas aos seus roteiristas. Pouco a pouco se vão projetando várias fórmulas para provocar e justificar um contraste: o Superman, por exemplo, tem um ponto fraco, isto é, torna-se praticamente inerme ante as radiações da criptonita, metal de origem meteorítica, que, naturalmente, seus adversários buscam com afã, para neutralizarem o seu carrasco. Mas uma criatura dotada de tais superpoderes, e de superpoderes intelectuais além de físicos, encontra facilmente o meio de livrar-se de tais impasses, e é o que o Superman faz, saindo vitorioso de semelhantes ocorrências. Ademais, considere-se que, como tema narrativo, o atentado aos seus poderes através da criptonita não oferece uma gama tão vasta de soluções, e só pode ser usado com parcimônia.

Não resta mais, portanto, que colocar o Superman em confronto com uma série de obstáculos, curiosos pela sua imprevisibilidade, mas, inquestionavelmente, superáveis por parte do herói. Em tal caso, obtêm-se dois efeitos: antes de mais nada, atinge-se o leitor com a estranheza do obstáculo, excogitando invenções diabólicas, aparições de seres espaciais curiosamente dotados, máquinas capazes de fazer viajar no tempo, êxitos teratológicos de novos experimentos, ciladas de cientistas perversos para ferirem o Superman com a criptonita, lutas do Superman com criaturas dotadas de poderes iguais ou equivalentes aos seus, como o gnomo Mxyzptlk, que vem da quinta dimensão e que só pode ser expulso de volta para ela se o Superman conseguir fazê-lo pronunciar o próprio nome às avessas (Kltpzyxm), e assim por diante; em segundo lugar, graças à indubitável superioridade do herói, a crise é rapidamente superada, e a narrativa pode manter-se dentro do limite da *short story*.

Mas isso nada resolve. De fato, vencido o obstáculo, e vencido dentro de um termo prefixado pelas exigências comerciais, o Superman sempre acaba *realizando alguma coisa*; por conseguinte, a personagem praticou um gesto que se inscreve no seu passado e pesa sobre o seu futuro; em outras palavras, deu um passo para a morte, envelheceu, embora de uma hora apenas, aumentou de modo irreversível o armazém de suas experiências. *Agir*, portanto, para o Superman, como para qualquer outra personagem (e para cada um de nós), significa *consumir-se*.

Ora, o Superman não pode consumir-se, porque um mito é inconsumível. A personagem do mito clássico, já vimos, tornava-se inconsumível justamente porque pertencia à própria essência da parábola mitológica o fato de ter-se já consumido em alguma ação exemplar; ou então lhe era igualmente essencial a possibilidade de um renascimento contínuo, no caso de simbolizar algum ciclo vegetativo, ou mesmo certa circularidade dos eventos e da própria vida. Mas o Superman só é mito com a condição de ser criatura inserida na vida cotidiana, no presente, aparentemente ligado às nossas mesmas condições de vida e de morte, ainda que dotado de faculdades superiores. Um Superman imortal não seria mais homem, mas deus, e a identificação do público com a sua dupla personalidade (identificação para a qual se excogitou a dupla identidade) cairia no vazio.

O Superman deve, portanto, permanecer inconsumível, e todavia consumir-se segundo os modos da existência cotidiana. Possui as características do mito intemporal, mas só é aceito porque sua ação se desenvolve no mundo cotidiano e humano da temporalidade. O paradoxo narrativo, que os roteiristas do Superman têm, de algum modo, que resolver, mesmo sem estarem disso conscientes, exige uma solução paradoxal na ordem da temporalidade.

Consumo e temporalidade

Ora, desde a definição aristotélica que o apresenta como "o número do movimento segundo o antes e o depois", o tempo implica uma ideia de *sucessão*; e a análise kantiana estabeleceu de modo inequívoco que essa ideia deve ser associada a uma ideia de *causalidade* "É lei necessária da nossa sensibilidade e portanto condição de todas as percepções que o Tempo precedente determine necessariamente o sequente"[8]. Essa ideia foi mantida pela própria física relativis-

---

8. V. *Crítica da Razão Pura*, Analítica dos princípios, cap. II, parte 3ª.

ta, não ao estudar as condições transcendentais das percepções, mas ao definir, em termos de objetividade cosmológica, a natureza do tempo; de modo que o tempo apareceria como a *ordem das cadeias causais*. Apoiado a essas concessões einsteinianas, Reichenbach recentemente definia a ordem do tempo como a ordem das causas, a ordem das cadeias causais abertas, que vemos verificar-se no nosso universo, e a *direção* do tempo em termos de *entropia crescente* (retomando, agora em termos de teoria da informação, aquele conceito da termodinâmica que por mais de uma vez interessara os filósofos que o elaboraram, ao tratar da irreversibilidade do tempo)[9].

O *antes* determina causalmente o *depois*, e a série dessas determinações não pode ser remontada, pelo menos no nosso universo (segundo o modelo epistemológico com o qual explicamos o mundo em que vivemos), mas é irreversível. É sabido que alguns modelos cosmológicos podem prever outras soluções para esse problema; mas no âmbito da nossa compreensão cotidiana dos eventos (e por conseguinte, no âmbito da estruturação de uma personagem narrativa), essa concepção do tempo é a que nos permite mover-nos e reconhecer os eventos e sua direção.

Embora em outros termos, mas sempre com base na ordem dos *antes* e dos *depois* e da causalidade do antes em relação ao depois (enfatizando diversamente a determinatividade do antes sobre o depois), existencialismo e fenomenologia deslocaram o problema do tempo para o âmbito das estruturas da subjetividade, no tempo basearam suas discussões acerca da ação, da possibilidade, do projeto, da liberdade. O tempo como *estrutura da possibilidade* é justamente o problema do nosso movimento em direção a um futuro, tendo um passado atrás de nós; e seja esse passado visto em bloco, relativamente à nossa liberdade de projetar (projeto que nos impõe em definitivo à escolha aquilo que já fomos), seja entendido como fundamento das possibilidades por vir, e portanto possibilidades de conservação ou de mutação do que se foi, dentro de limites determinados de liberdade, mas sempre em termos de processo e de operatividade progressi-

---

9. V., em particular Hans REICHENBACH, *The Direction of Time* (Un. of Califórnia Press. 1956).

va e positiva (e de um lado, pensamos no Heidegger de *Sein und Zeit*; do outro, em Abbagnano) em todos esses e em outros casos, a condição e as coordenadas das nossas decisões foram identificadas nas três estases da temporalidade e numa articulada relação entre elas.

Se, como diz Sartre, "o passado é a totalidade sempre crescente do em-si que somos", se esse passado, quando eu quiser protender-me para um futuro possível, devo sê-lo e não posso deixar de sê-lo, minhas possibilidades de escolher ou não escolher um futuro dependem, em todo caso, dos gestos que pratiquei e que me constituíram como ponto de partida das minhas decisões possíveis. E repentinamente, apenas tomada, minha decisão, constituindo-se em passado, modifica o que sou e oferece outra plataforma aos projetos subsequentes. Se tem algum significado colocar em termos filosóficos o problema da liberdade e da responsabilidade das nossas decisões, a base argumentativa, o ponto de partida para uma fenomenologia desses atos é sempre a estrutura da temporalidade[10].

Para Husserl, "o eu é livre enquanto eu-passado. Com efeito, o passado me determina e por isso determina também o meu futuro, mas o futuro, por sua vez, 'liberta' o passado... Minha temporalidade é minha liberdade, e da minha liberdade depende o fato de que meu ser-devindo me determina, sim, mas jamais completamente, porque, numa contínua síntese com o futuro, só deste último recebe ele o seu conteúdo"[11]. Ora, se "o eu é livre enquanto já-determinado, e conjunto como eu-que-deve-ser", nessa liberdade tão gravada de condições, tão onerada do que foi e continua sendo de modo irreversível, existe uma "dolorosidade" (*Schmerzhaftigkeit*) que não é mais que "facticidade"[12]. Portanto, cada vez que projeto, atento para a tragicidade da condição em que estou, sem dela poder sair: no entanto, projeto, justamente,

---

10. Para a discussão sartriana, pensamos em *L'être et le néant*, cap. II.
11. GERD BRAND, *Mondo, Io e Tempo nei manoscritti inediti di Husserl* (Milão, Bompiani, 1960), pp. 218-219 (dos manuscritos C 4, p. 12, e C 13 III. p. 11).
12. *Ibidem*, p. 220 (manuscrito C 2 III, p. 3). Compare-se com Sartre: "Eu sou o meu futuro, na continua perspectiva da possibilidade de não sê-lo Daí a angústia que anteriormente descrevemos e que provém do fato de eu não ser suficientemente aquele futuro que devo ser e que dá sentido ao meu presente; sou um ser cujo sentido e sempre problemático" (*L'être et le néant*, cap. II, 1 C).

porque a essa tragicidade oponho a possibilidade de uma positividade, que é a mutação do que é, e que realizo ao protender-me para o futuro. Projeto, liberdade e condição articulam-se, portanto, enquanto atento para essa conexão de estruturas do meu agir, segundo uma dimensão de *responsabilidade*. Isso entra nas considerações de Husserl quando diz que nesse ser "dirigido" do eu para escopos possíveis se estabelece como que uma "teologia ideal", e que "o futuro como 'haver' possível em relação à futuridade de origem na qual já estou, é a prefiguração universal do escopo da vida"[13].

Em outros termos, portanto, o estar situado numa dimensão temporal permite que eu atente para a gravidade e dificuldade de minhas decisões, mas que ao mesmo tempo atente para o fato de que devo decidir, de que sou eu quem deve decidir e de que esse meu decidir se liga a uma série indefinida de dever-decidir que envolve todos os outros homens.

Um enredo sem consumo

Se, dentro da variedade das enfatizações, nessa concepção do tempo se baseiam as discussões contemporâneas que arrastam o homem a uma meditação sobre seu destino e sua condição, decididamente a essa concepção do tempo se subtrai a estrutura narrativa do Superman para salvar a situação já por nós configurada.

No Superman entra em crise, portanto, uma concepção do tempo, fragmenta-se a própria estrutura do tempo: e isso não acontece no âmbito do tempo *sobre o qual se narra*, mas do tempo *no qual se narra*. Vale dizer que, se nas estórias da nossa personagem também se fala em fantásticas viagens no tempo (e o Superman entra em contato com gente de diversas épocas, viajando no futuro e no passado), isso, contudo, não impediria que a personagem se visse envolvida naquele acontecimento de desenvolvimento e consumo que indicamos como letal para sua natureza mítica – embora se aceitem paradoxos cosmológicos como o de Langevin, para quem um astronauta, depois de ter viajado alguns anos pelo espaço à velocidade da luz, ao voltar à terra, encontra (tendo ele envelhe-

---

13. Manuscrito C 2 III, p. 4 (Brand, p. 221).

cido apenas os anos de sua viagem) todos os seus contemporâneos mortos de longa data, pois sobre a Terra já transcorreram centenas de anos desde o dia de sua partida. Mas essa distorção das habituais leis temporais não subtrai o astronauta ao consumo: pelo menos não subtraiu ao consumo a relação entre o astronauta e seu ambiente de outrora.

Nas estórias do Superman, ao contrário, o tempo posto em crise é o *tempo de narrativa*, o que vale dizer a noção de tempo que liga uma narrativa à outra.

No âmbito de uma estória, o Superman pratica uma dada ação (desbarata, por exemplo, uma quadrilha de *gangsters*); nesse ponto, termina a estória. No mesmo *comic book*, ou na semana seguinte, inicia-se uma nova estória. Se ela retomasse o Superman no ponto em que o havia deixado, o Superman teria dado um passo para a morte. Por outro lado, iniciar uma estória sem mostrar que fora precedida por outra, conseguiria, de certo modo, subtrair o Superman à lei do consumo, mas, com o passar do tempo (o Superman existe desde 1938), o público perceberia o fato e atentaria para a comicidade da situação – como aconteceu com a personagem da Orfãzinha Annie, que prolonga sua meninice onerada de infortúnios por dezenas de anos, tornando-se alvo de observações satíricas, como as que aparecem, ainda atualmente, nos periódicos humorísticos como *Mad*.

Os roteiristas do Superman, ao contrário, excogitaram uma solução muito mais sensata e indubitavelmente original. Essas estórias desenvolvem-se, assim, numa espécie de clima onírico – inteiramente inadvertido pelo leitor – onde aparece de maneira extremamente confusa o que acontecera antes e o que acontecera depois, e quem narra retorna continuamente o fio da estória como se se tivesse esquecido de dizer alguma coisa e quisesse acrescentar alguns pormenores ao que já dissera.

Acontece, a seguir, que ao lado das estórias do Superman passam a narrar-se as estórias do Superboy, isto é, do Superman ainda garoto, ou do Superbaby, isto é, do Superman-nenê. E a certa altura, surge em cena, também, a Supergirl, prima do Superman, igualmente salva da destruição de Críptton. Em decorrência, todas as estórias concernentes ao Superman são, de certo modo, "recontadas" a fim de incluir também a presença dessa nova personagem (que não fora até então mencionada, ao que se diz, por viver incógnita num colégio feminino, esperando a puberdade para poder ser apresentada ao mundo; mas volta-se atrás para contar em quais e quantos casos ela, de quem nada se dissera, teria participado das muitas aventuras, onde só havíamos identificado a presença do Superman). Imagina-se, através da solução de viagens no tempo, que a Supergirl, contemporânea de Superman, possa encontrar-se no passado com o Superboy, e brincar com ele; e até que o Superboy, superada por puro incidente a barreira do tempo, se encontre com o Superman, e portanto com o seu próprio eu de muitos anos depois. Mas já que também um fato desse tipo poderia comprometer a personagem numa série de desenvolvimentos capazes de influenciar suas ações subsequentes, eis que, terminada a estória, insinua-se a suspeita de que o Superboy tenha sonhado, e suspende-se o assentimento a tudo quanto fora dito. Dentro dessa linha, a solução mais original é, indubitavelmente, a dos *imaginary tales*: acontece, de fato, que muitas vezes o público, pelo correio, pede aos roteiristas desenvolvimentos narrativos saborosos: por exemplo, por que o Superman não se casa com a jornalista Míriam Lane que o ama há tanto tempo? Mas, se o Superman se casasse com Míriam Lane, daria, como já dissemos, outro passo em direção à morte, estabeleceria uma premissa irreversível; e todavia é preciso encontrar sempre novos estímulos narrativos e satisfazer as exigências "romanescas" do público. Conta-se, assim, "o que teria acontecido *se* o Superman tivesse desposado Míriam". Tal premissa é desenvolvida em todas as suas implicações dramáticas e, ao final, adverte-se: atenção, essa é uma estória "imaginária" que na verdade não aconteceu[14].

---

14. Nesse sentido, parece-nos poder esclarecer de outro ângulo uma observação de Roberto Giammanco (v. *Diálogo sulla società americana*, Einaudi, Turim, 1964, p. 218) acerca da natureza constantemente "homossexual" de personagens como o Superman ou Batman (outra variação do tema "superpoderes"). É fora de dúvida que esse aspecto existe (especialmente em Batman), e Giammanco propõe-lhe os motivos que retomaremos a seguir: mas no caso específico do Superman, mais que de homossexualidade, parece-nos dever falar de "parsifalismo". No Superman está quase ausente o elemento "celibato masculino", que é, ao contrário, evidente em personagens como Batman e Robin, o Arqueiro Verde e seu *partner*, e assim por diante. Embo-

Os *imaginary tales* são frequentes, como também os *untold tales*, isto é, os relatos que concernem a acontecimentos já narrados, mas em que "se esquecera de dizer alguma coisa", pelo que são recontados sob outro ponto de vista, descobrindo-lhes aspectos laterais. Em meio a esse bombardeio maciço de acontecimentos já não mais ligados por nenhum fio lógico, nem mutuamente dominados por nenhuma necessidade, o leitor, naturalmente sem se dar conta disso perde a noção da ordem temporal. E passa a viver num universo imaginativo em que, diversamente do que ocorre no nosso, as cadeias causais não são abertas (A provoca B, B provoca C, C provoca D e assim até o infinito) mas fechadas (A provoca B, B provoca C, C provoca D e D provoca A), e não tem mais sentido, portanto, falar daquela ordem do tempo em que nos baseamos ao descrever habitualmente os sucessos do macrocosmo[15].

Poder-se-ia observar que – afora as necessidades mitopoiéticas, e também comerciais, que impelem a tal situação – semelhante assestamento estrutural das estórias do Superman reflete, ainda que a baixo nível, uma série de convicções difundidas em nossa cultura acerca da crise dos conceitos de causalidade, temporalidade e irreversibilidade dos eventos; e de fato, grande parte da arte contemporânea, de Joyce a Robbe-Grillet, até filmes, como *O Ano Passado em Marien-*

ra trabalhe amiúde de acordo com a Legião dos Super-Heróis do futuro (mocinhos dotados de poderes extraordinários, em geral efébicos, mas, convém notar, de ambos os sexos), o Superman também não desdenha trabalhar com a prima Supergirl – nem se pode dizer que às *avances* de Míriam Lane (ou de Lana Lang, ex-colega de escola e rival de Míriam) o Superman reaja com a repugnância do misógino. Demonstra, antes, o acanhamento pudico de um rapazinho médio numa sociedade matriarca! E por outro lado, os mais argutos filólogos não ignoram o seu amor infeliz por Loris Lemaris que, como sereia, só lhe poderia oferecer um *ménage* submarino, correspondente a um exílio dourado, que o Superman deve recusar por senso de dever, pela imprescindibilidade da sua missão. O que, ao contrário, caracteriza o Superman é a dimensão platônica dos seus afetos, o implícito voto de castidade, que não depende tanto da sua vontade quanto da força das coisas, da singularidade da sua situação. Ora, se temos que procurar uma razão estrutural desse dado narrativo, só podemos reportá-la as noções que o impedem de consumir-se, e o protegem dos eventos (e portanto, dos decursos temporais) conexos ao compromisso erótico.
15. V. ainda REICHENBACH, *The Direction of Time*, op. cit. pp. 36-40.

bad, refletem situações temporais paradoxais, cujos *modelos*, todavia, existem nas discussões epistemológicas dos nossos tempos. Mas o fato é que, em obras como o *Finnegans Wake* ou *Dans le Labyrinthe*, a ruptura das relações temporais habituais ocorre de um modo consciente, seja por parte de quem escreve seja por parte de quem deverá fruir esteticamente de tal operação: e, portanto, a crise da temporalidade tem uma função de pesquisa e ao mesmo tempo de denúncia, e tende a fornecer ao leitor modelos imaginativos capazes de fazê-lo aceitar situações da nova ciência e conciliar, assim, a atividade de uma imaginação habituada a velhos esquemas com a atividade de uma inteligência que se aventura a hipotizar ou a descrever universos irredutíveis a imagem ou a esquema. E por conseguinte essas obras (mas aqui se abre outro discurso) desenvolvem sua função mitopoietica, oferecendo ao habitante do mundo contemporâneo uma espécie de sugestão simbólica ou de diagrama alegórico daquele absoluto que a ciência resolveu, não numa modalidade metafísica do mundo, mas num possível modo de estabelecer nossa relação com o mundo, e portanto num possível modo de descrever o mundo[16].

As aventuras do Superman, ao contrário, não têm, de modo algum, essa intenção crítica, e o paradoxo temporal que as sustem *deve* escapar ao leitor (como provavelmente escapa aos autores), porque uma noção confusa do tempo é a única condição de credibilidade da narrativa. O Superman só se sustenta como mito se o leitor perder o controle das relações temporais e renunciar a raciocinar com base nelas, abandonando-se, assim, ao fluxo incontrolável das estórias que lhe são contadas e mantendo-se na ilusão de um contínuo presente. Uma vez que o mito não é isolado exemplarmente numa dimensão de eternidade, mas, para ser compartilhável, tem que estar inserido no fluxo da estória em curso, essa estória em curso é negada como fluxo e vista como presente imóvel.

16. Para uma discussão dessas ideias recomendamos a nossa *Obra Aberta – Forma e abertura*: em particular, os ensaios *A poética da obra aberta* e *Da "Summa" ao Finnegans Wake*. (Este último ensaio não consta da 2ª ed. italiana, de onde foi traduzida a ed. brasileira tendo sido publicado à parte em *As Poéticas de Joyce*). (N. da T.)

Ao habituar-se a esse exercício de presentificação contínua do que acontece, o leitor perde, ao contrário, consciência do fato que o que acontece deve desenvolver-se segundo as coordenadas das três estases temporais. Perdendo consciência delas, esquece os problemas que nelas se baseiam: isto é, a existência de uma liberdade, da liberdade de fazer projetos, do dever de fazê-los, da dor que esse projetar comporta, da responsabilidade que dele provém, e enfim da existência de toda uma comunidade humana cuja progressividade se baseia sobre o meu projetar.

O Superman como modelo de heterodireção

A análise proposta seria um tanto ou quanto abstrata, e poderia mesmo parecer apocalíptica (pareceria, em suma, uma espécie de variação retórica, a alto nível problemático, de um fato de dimensões bem mais reduzidas), se o homem que lê o Superman e para o qual o Superman é produzido, não fosse o mesmo de quem nos têm falado várias pesquisas sociológicas, e que foi definido como homem "heterodirigido". Um homem heterodirigido é um homem que vive numa comunidade de alto nível tecnológico e particular estrutura social e econômica (nesse caso baseada numa economia de consumo), e a quem constantemente se sugere (através da publicidade, das transmissões de TV, das campanhas de persuasão que agem sobre todos os aspectos da vida cotidiana) o que deve desejar e como obtê-lo segundo certos canais pré-fabricados que o isentam de projetar *perigosamente e responsavelmente*. Numa sociedade desse tipo a própria opção ideológica é "imposta" através de um cauteloso controle das possibilidades emotivas do eleitor, e não promovida através de um estímulo à reflexão e à avaliação racional. Um mote como *I like Ike* revela, no fundo, todo um modo de proceder de fato; com ele não se diz ao eleitor: "você deve votar em tal pessoa pelos seguintes motivos que submetemos à sua reflexão" (aliás, o manifesto colorido, com o cossaco dando de beber ao cavalo na pia de água benta de São Pedro, ou o gordo capitalista de braço com um padre, comendo nas costas do operário, também representam, no fundo, ainda que em limite extremo, um exemplo de propaganda política de estrutura argumentativa, que leva o eleitor a refletir sobre uma possibilidade negativa que obteria com a vitória de um certo partido); mas diz-se: "você deve ter vontade disto" Isto é, não o convidam a um projeto, mas sugerem-lhe que deseje algo que outros já projetaram[17].

Na publicidade, como na propaganda, e nas relações de *human relations*, a ausência da dimensão "projeto" é, no fundo, essencial para o estabelecimento de uma pedagogia paternalista, a qual requer, justamente, a secreta convicção de que o sujeito não seja responsável pelo próprio passado, nem dono do próprio futuro, nem, enfim, sujeito às leis da projetação segundo as três estases da temporalidade; porque tudo isso implicaria cansaço e dor, ao passo que a sociedade está em situação de oferecer ao homem heterodirigido os resultados de projetos já feitos, de maneira a responder aos seus desejos, desejos esses, que, ademais, lhe foram incutidos de modo a fazê-lo reconhecer, no que lhe é oferecido, o que ele teria projetado.

17. Se a formulação parecer demasiado radical, leia-se essa obra exemplar que é *Como se faz um presidente*, de THEODORE H. WHITE; nessa reportagem de um jornalista democrático, que defende o sistema que descreve (e como ilustração do sistema, o livro já foi adotado em quatro universidades norte-americanas), delineia-se a imagem de uma conquista do poder articulada em 4 momentos: 1) Um grupo de homens decide conquistar o poder; 2) estudam os caprichos e as paixões do público cujo consenso pretendem alcançar; 3) põem em ação uma máquina psicológica, que, apoiando-se em tais caprichos e paixões, provoque o assentimento do público com base em motivações irracionais; 4) obtido o poder, esses homens exercitarão a "razão", da qual surgem como os representantes qualificados para agirem politicamente em favor daquele público que os elegeu. E singular que num livro desse gênero não se levante o problema do *fundamento* daquela razão na qual se baseará a atuação da elite dirigente (subentende-se que ela seja o exercício de um *common sense* de tradição anglo-saxônica, historicamente fundado na herança moral dos Padres Pellegrini, teologicamente garantível através da verificação do êxito concreto – conforme a relação já individuada por Weber entre o espirito do capitalismo e a ética protestante); mas estabelece-te de modo bastante explícito que o exercício dessa razão, e todo o planejamento que daí se seguir, pertencem à elite que conquistou o poder, e que o conquistou justamente por oferecer ao público projetos aceitáveis, e eximi-lo, portanto, de projetar por conta própria.

A análise das estruturas temporais no Superman ofereceu-nos a imagem de um *modo de contar* na aparência fundamentalmente ligado aos princípios pedagógicos que governam uma sociedade do gênero. Será possível estabelecer conexões entre os dois fenômenos afirmando que o Superman não é mais que um dos instrumentos pedagógicos dessa sociedade e que a destruição do tempo que ele objetiva faz parte de um projeto de desabituação à ideia de projeto de auto responsabilidade?

Interrogados a propósito, os roteiristas do Superman responderiam negativamente, e provavelmente seriam sinceros. Mas, da mesma maneira, qualquer população primitiva, interrogada sobre certo hábito ritual ou certo tabu, seria incapaz de reconhecer a conexão que liga o solitário gesto tradicional ao *corpus* geral das crenças que a comunidade professa, ao núcleo central do mito pelo qual a sociedade se rege. Interrogado sobre a razão que o levava a observar, ao esculpir um portal da catedral, certas proporções canônicas, um mestre medieval teria aduzido várias razões estéticas e técnicas, mas nunca teria sabido dizer que, respeitando essa norma e difundindo um gosto proporcional, ele se aliava a uma temática da Ordem que regia a estrutura das *Summae* e dos códigos jurídicos, a hierarquia do Império e da Igreja, e que tudo isso se estabelecia como uma reafirmação contínua, às vezes teorizada, muitas outras inconsciente, de uma convicção radical, isto é, da ideia de que o mundo fosse criatura divina, de que Deus tivesse agido segundo certa ordem, e de que essa ordem deveria ser reproduzida e confirmada em todas as obras do homem. Assim, sem saber, o artesão que esculpia em canduras simétricas a barba de um profeta, dava, inconscientemente, o seu assentimento ao "mito" da criação. Hoje vemos no seu gesto a manifestação de um *modelo de cultura* unitário, capaz de reiterar-se em cada um de seus mínimos aspectos. Devidamente advertidos por essas conscientizações da moderna historiografia, poderemos, portanto, aventar uma hipótese de antropologia cultural que nos permita ler as estórias em quadrinhos do Superman como *reflexo* de uma situação social, reafirmação periférica de um modelo geral.

II

Defesa do esquema iterativo

Poder-se-ia agora observar que uma série de eventos, que se repetem segundo um esquema fixo (iterativamente, de modo que cada evento recomece de uma espécie de início virtual, ignorando o ponto de chegada do evento precedente), não é fato novo na narrativa popular. E dentro dessa linha, poderíamos recordar, só para dar um exemplo, as estórias do Senhor Bonaventura, em que a aquisição do milhão final em nada modificava a situação do protagonista, que o autor nos entregava pontualmente, no início da estória seguinte, privado de todo sustento, à beira da miséria, *como se nada tivesse acontecido antes*, e, portanto, *como se o tempo tivesse recomeçado*. Citamos deliberadamente um exemplo caro à memória de qualquer leitor italiano justamente para pôr em evidência a possibilidade de emprego do "esquema iterativo" segundo modos inócuos e aprazíveis; e dificilmente poderíamos acoimar as límpidas vinhetas de Sérgio Tofano de oculta estratégia paternalista – ainda que de fato se pudesse ver, na personagem Bonaventura, um reflexo bastante explícito de uma Itália indigente e sempre esperançada, confiante na Providência, perenemente deprimida.

Por outro lado, é no "achado" da iteração, como salientamos igualmente em outra parte deste livro, que se fundamentam certos mecanismos da evasão, tais como os que se realizam, por exemplo, na recepção das pequenas cenas publicitárias do programa de TV intitulado "Carosello": onde se segue distraidamente o desenrolar de um *sketch*, para em seguida fixar a atenção na fala resolutiva final ("Não usei a brilhantina Linetti", "Lombardi é bom", "E agora... Moplen") – que retorna pontualmente, ao fim de cada estorieta, e em cujo retorno, previsto e esperado se funda o nosso modesto mas inconfutável prazer.

Não é por acaso que "Carosello" é o programa de TV que atrai principalmente as crianças; e não foi por acaso que se deu o exemplo de uma estória infantil como o Senhor Bonaventura: o mecanismo sobre o qual repousa o gozo da iteração é típico da infância, e são as crianças que pedem para ouvir não uma nova estória, mas a estória que já conhecem e que lhes foi narrada várias vezes.

Ora, um mecanismo de evasão, no qual se realize uma regressão à infância de tão razoáveis proporções, pode ser encarado com olhos indulgentes: e cabe perguntar se, colocando-o no banco dos réus, não estaremos construindo teorias vertiginosas sobre fatos banais e substancialmente normais. Definia-se o prazer da iteração como um dos fundamentos da evasão, do jogo. E ninguém pode negar a função salutar dos mecanismos lúdicos e evasivos.

Analisemos, por exemplo, a nossa atitude de telespectadores diante de um filme policial de Perry Mason. Também aqui, em cada "capítulo", a perícia do autor e do roteirista tende a inventar uma situação que seja diversa das precedentes; mas nosso gozo não se baseia senão minimamente nessas diversidades. Na verdade, gozamos a reiteração do esquema de base, a situação *"delito – incriminação do inocente – intervenção de Mason – fases do processo – interrogatório das testemunhas – neqüícia ao procurador público – cartada sensacional do advogado do diabo – desfecho feliz da estória com o lance final"*. Um episódio de Perry Mason não é um *short* publicitário que acompanhamos distraidamente, é algo que decidimos ver, e para o que ligamos deliberadamente o televisor. Se analisarmos a fundo o móvel primeiro, e último, dessa nossa decisão, acharemos, na base, o profundo desejo de voltar a encontrar *um esquema*.

Essa atitude não é só do telespectador. O leitor de romances policiais poderá facilmente realizar uma honesta autoanalise para estabelecer as modalidades segundo as quais ele os "consome". Antes de mais nada, de saída, a leitura do romance policial, pelo menos o de tipo tradicional, presume a degustação de um esquema: do delito à descoberta, através da cadeia das deduções. O esquema é de tal maneira importante, que os autores mais célebres fundaram seu êxito na sua imutabilidade. Não se trata apenas de um esquematismo na ordem do *plot*, mas de um esquematismo estável dos próprios sentimentos e atitudes psicológicas: no Maigret, de Simenon, ou no Poirot, de Agatha Christie, tem-se o moto recorrente de piedade a que o detetive chega, através de um desvendamento dos fatos, que coincide com uma identificação com os móveis do culpado, um ato de *charitas*, que se mescla, embora sem se opor, ao ato da justiça que denuncia e condena.

Não contente com isso, o autor do romance policial introduz, a seguir, continuamente, uma série de conotações (por exemplo, as características do policial e do seu *entourage* imediato) tais que sua recorrência, em cada estória, seja condição essencial para sua aprazibilidade. E temos, assim, os tiques já históricos de Sherlock Holmes, as vaidades pontilhosas de Hercule Poirot, o cachimbo e os sarilhos familiares de Maigret, até as perversidades cotidianas dos mais desabusados heróis do romance policial de pós-guerra, da água-de-colônia e do Player's Nº 6 de Slim Gallaghan, de Peter Cheyney, ao conhaque com o copo de água gelada do Michael Shayne, de Brett Halliday. Vícios, gestos, vezos quase nervosos que nos permitem reencontrar na personagem um velho amigo, e que são a condição principal por que podemos "entrar" na estória. Prova disso é que, se o nosso autor de policiais preferido escrever uma estória onde não apareça o protagonista costumeiro, nós nem nos damos conta de que o esquema de base continua o mesmo de sempre: lemos o livro com uma espécie de distanciamento, imediatamente levados a julgá-lo como obra "menor", fenômeno transitório, fala inter locutória.

Tudo isso emerge ostensivamente se considerarmos uma personagem ora famosa, como Nero Wolfe, imortalizada por Rex Stout. Por pura preterição – e por cautela, caso entre os leitores exista algum de leituras tão sisudas que nunca na vida deparou com a nossa personagem – faremos breve chamada para os elementos que concorrem para construir o "tipo" Nero Wolfe e seu *environnement*. Então vejamos: Nero Wolfe, montenegrino naturalizado norte-americano desde tempos imemoriais, é desmesuradamente gordo, e tanto que precisa de uma poltrona de couro expressamente desenhada para ele, dado seus ataques de pavorosas manifestações de preguiça. De fato, nunca sai de casa (os casos em que isso aconteceu – sabem-no os seus fãs – foram tão raros que, quando se verificaram o leitor deixou o livro marcado na estante), valendo-se, para suas investigações, do ousado Archie Goodwin, com quem entretém relações contínuas de extensa e arguta polêmica, temperada com o *sense of humour* de ambos. Nero

Wolfe é muito guloso, e o cozinheiro Fritz é a vestal adida ao cuidado contínuo de um paladar tão requintado quão voraz é o estômago adjacente; mas ao lado dos prazeres da mesa, Wolfe cultiva uma absorvente e exclusiva paixão pelas orquídeas de que tem uma coleção de valor inestimável, em sua estufa no último andar da casa ajardinada onde mora. Preso entre a glutoneria e as flores, atormentado por uma série de tiques acessórios (o amor às leituras eruditas, a misoginia sistemática, a sede insaciável de dinheiro), Nero Wolfe conduz suas investigações, obras-primas de penetração psicológica, sentado em seu escritório, sopesando os dados fornecidos pelo empreendedor Archie, estudando os protagonistas dos vários casos, obrigados a visitá-lo em seu estúdio, discutindo ora com o inspetor Cramer (atenção: esse traz sempre na boca um charuto cuidadosamente apagado) ora com o odioso sargento Purley Stebbins; e reunindo, enfim, com uma cenografia fixa da qual nunca deflete, os protagonistas do caso em seu estúdio, habitualmente à tardinha, ali, com hábeis enredos dialéticos, quase sempre antes de possuir a verdade completa, impele o culpado a dar pública manifestação de histerismo e a denunciar-se como tal.

Quem conhece as estórias de Rex Stout sabe quo esses particulares apenas exaurem pela rama o repertório dos *topoi*, dos tópicos fixos e recorrentes que animam essas estórias. A casuística é bem mais ampla: a detenção quase canônica de Archie, suspeito de reticência e falsificação de provas; as diatribes legais sobre as modalidades segundo as quais Wolfe é contratado por um cliente; a contratação de agentes adventícios como Saul Panzer ou Orrie Carther; o quadro na parede do estúdio, por trás do qual Archie ou o próprio Wolfe podem acompanhar, através de um orifício invisível, os comportamentos e reações de um sujeito testado no próprio estúdio; a cena que Wolfe arma com o cliente insincero... Poder-se-ia continuar até o infinito: por fim, chega-se a ver que a lista desses tópicos é de molde a exaurir todas as possibilidades de acontecimento permitido pelo número de páginas de cada uma das estórias.

Não obstante, as variações sobre o tema são infinitas, cada delito tem novas motivações psicológicas e econômicas, toda vez o autor excogita uma situação aparentemente nova.

Diz-se *aparentemente*: porque de fato o leitor nunca é levado a verificar em que medida lhe é narrado algo de inédito. Os pontos-força do relato não são, de modo algum, aqueles onde está acontecendo algo de inesperado; estes são os pontos-pretexto. Os pontos-força são aqueles em que Wolfe repete seus gestos costumeiros, em que sai, pela enésima vez, para cuidar de suas orquídeas enquanto o acontecimento atinge o auge da dramaticidade, em que o inspetor Cramer entra, ameaçador, pondo um pé entre a porta e o batente, e "passa um sabão" em Goodwin, e adverte Wolfe – agitando o dedo – de que, desta vez, as coisas não ficarão assim. O atrativo do livro, o senso de repouso, de distensão psicológica que é capaz de conferir, vêm do fato de que, afundado em sua poltrona, ou no diva da cabine do trem, o leitor encontra continuamente, e ponto por ponto, o que já sabe, o que quer saber ainda uma vez, e pelo que pagou o preço do fascículo – o prazer da não-estória, se é que uma estória é um desenvolvimento de eventos, que nos deve levar de um ponto de partida a um ponto de chegada, ao qual jamais teríamos sonhado chegar. Um prazer em que a distração consiste na recusa do desenvolvimento dos eventos, num subtrair-nos à tensão passado-presente-futuro que nos retira para um *instante*, amado porque recorrente.

O esquema iterativo como mensagem redundante

Não há dúvida de que mecanismos do gênero se realizam com maior insistência na narrativa de consumo contemporânea, mais do que ocorria no romance de folhetim oitocentista, onde, como já vimos, o acontecimento se baseava num *desenvolvimento*, e onde se requer da personagem que ela se consuma a fundo, até a morte (talvez uma das primeiras personagens inconsumíveis, ao entardecer do romance de folhetim, a cavaleiro entre os dois séculos, quando floresce a "Belle Epoque", seja justamente Fantomas[18]; com ele se encer-

---

18. Cada episódio de Fantomas se encerra com uma espécie de "catarse frustrada"; Juve e Fandor conseguiram finalmente capturar o incapturável, quando este, com imprevista manobra, se subtrai à prisão. Outro elemento singular: Fantomas – responsável por trapaças e roubos fabulosos – no início de cada episódio, sempre se acha inexplicavelmente pobre, necessitado de dinheiro, e portanto de novas "ações" Pode, assim, recomeçar o ciclo.

ra uma época). Restaria, portanto, perguntar se os modernos mecanismos iterativos não correspondem de fato a alguma exigência profunda do homem contemporâneo, sendo, por isso mesmo, mais motivados e justificáveis do que se estaria disposto a admitir a um primeiro exame.

Se examinarmos o esquema iterativo do ponto de vista estrutural, perceberemos que nos encontramos em presença de uma típica *mensagem de alta redundância*. Um romance de Souvestre e Allain, ou de Rex Stout, é uma mensagem que nos informa pouquíssimo, e que reforça, pelo contrário, graças ao emprego de elementos redundantes, um significado que havíamos pacificamente adquirido na leitura ria primeira obra da série (no caso, o significado é um certo mecanismo da ação, resultante da interferência de personagens "tópicas"). O gosto pelo esquema iterativo apresenta-se, portanto, como um gosto pela redundância. A fome de narrativa de entretenimento baseada nesses mecanismos é uma *fome de redundância*. Sob esse aspecto, a maior parte da narrativa de massa é uma narrativa marcada pela redundância.

Portanto, paradoxalmente, o próprio romance policial, que estaríamos propensos a inscrever entre os produtos que satisfazem o gosto pelo imprevisto e pelo sensacional, é, de fato, na raiz, consumido justamente pelas razões opostas, como convite ao que é pacífico, certo, familiar, previsível. Ignorar o culpado é elemento acessório, quase um pretexto; tanto isso é verdade que, no romance policial de ação (onde a iteração do esquema celebra os seus fastos tanto quanto no policial de investigação), a tensão acerca do culpado muitas vezes nem sequer subsiste; não se trata de descobrir quem teria cometido um delito, mas de seguir alguns gestos "tópicos", de personagens "tópicas" cujos comportamentos fixos agora amamos. Para explicar essa "fome de redundância" não serão necessárias hipóteses muito sutis. O romance de folhetim, baseado no triunfo da informação, representava o cibo preferido de uma sociedade que vivia em meio a mensagens carregadas de redundância: o sentido da tradição, as normas do viver associado, os princípios morais, as regras de comportamento operativo válidas no âmbito da sociedade burguesa oitocentista, daquele típico público que representava os consumidores do romance de folhetim – tudo isso constituía um sistema de comunicações previsíveis que o sistema social emitia endereçado aos seus membros, e que permitiam que a vida transcorresse sem saltos imprevistos, sem perturbação dos quadros de valores. Nesse âmbito, adquiria, então, um sentido preciso o abalo "informativo" que podia provocar a novela de Poe, o lance teatral de Ponson du Terrail... Numa sociedade industrial contemporânea, ao contrário, o revezamento dos parâmetros, a dissolução das tradições, a mobilidade social, a consumibilidade dos modelos e princípios, tudo se resume sob o signo de uma contínua carga informacional que atua por meio de fortes sacudidelas, implicando contínuos reassestamentos da sensibilidade, adequações das assunções psicológicas, requalificações da inteligência. A narrativa da redundância surgiria então, nesse panorama, como um indulgente convite ao repouso, a única ocasião de real distensão oferecida ao consumidor. Ao qual, pelo contrário, a arte "superior" só faz propor esquemas em evolução, gramáticas em mútua eliminação dialética, códigos em revezamento contínuo[19].

Não é natural que mesmo o fruidor culto, que nos momentos de tensão intelectual pede ao quadro informal ou ao trecho serial estímulos para a sua inteligência e imaginação, tenda, nos momentos de repouso e evasão (salutares e indispensáveis), para os fastos da preguiça infantil, e peça ao produto de consumo que o acalme na orgia da redundância?

Tão logo se considera o problema sob esse ângulo, é-se tentado a demonstrar, em relação aos fenômenos do entretenimento evasivo (entre os quais se incluiria também o nosso mito do Superman), uma indulgência maior, censurando-nos por haver aplicado um ácido moralismo, condimentado com filosofemas, a coisas inócuas e talvez benéficas.

Mas o problema muda de aspecto na medida em que o prazer da redundância, de momento de repouso, pausa no ritmo convulso de uma existência intelectual empenhada na

19. Sobre essa renovação dos códigos, típica da arte contemporânea, *Obra Aberta*, op. cit., bem como os ensaios "Due ipotesi sulla morte dell' arte" in *Il Verri*, 8, 1963; "Postille a un dibattito", in *La Biennale*, nn. 44-45, 1961; "Del modo di formare come impegno sulla realtà", in *Menabò*, 5, 1962, em particular, nota 10 (publicado em *Obra Aberta*, Perspectiva); bem como o primeiro ensaio deste volume: *Cultura de massa e "níveis" de cultura*.

recepção de informações, torna-se *a norma* de toda atividade imaginativa. Em outras palavras: para quem a narrativa da redundância constitui uma alternativa, e para quem, ao contrário, constitui a única possibilidade? Mas há mais: dentro dos próprios esquemas iterativos, em que medida uma dosagem diversa dos conteúdos e dos temas (em outros termos: dentro de uma mesma estrutura sintática, em que medida uma diversa articulação das referências semânticas) não reforça a função negativa do esquema?

O problema não está em perguntar se, veiculados por um mesmo esquema narrativo, diferentes "conteúdos" ideológicos podem surtir efeitos diferentes. É antes o seguinte: um esquema iterativo torna-se e permanece como tal unicamente na medida em que sustem e exprime referências semânticas que são, por sua vez, privadas de desenvolvimento. Em outros termos ainda: uma estrutura narrativa exprime um mundo; mas disso nos damos conta ainda mais, revelando que o mundo tem a mesma configuração da estrutura que o exprimia. O caso do Superman é a confirmação dessa hipótese. Se examinarmos os "conteúdos" ideológicos das estórias do Superman perceberemos que, de um lado, eles se sustentam e funcionam comunicativamente graças à estrutura da série narrativa; do outro, concorrem para definir a estrutura que os exprime, como uma estrutura circular, estática, veículo de uma mensagem pedagógica substancialmente imobilista.

Consciência civil e consciência política

As estórias do Superman têm uma característica em comum com uma série de outras aventuras baseadas em heróis dotados de *superpoderes*. No Superman, os vários elementos se fundem num todo mais homogêneo, o que justifica o fato de lhe termos dedicado uma atenção especial; afinal, não é por acaso que o Superman surge, entre os heróis de que falaremos, como o mais popular: ele não apenas representa o estípite principal do grupo (data de 1938), mas, de todas essas personagens, é ainda a mais bem traçada, dotada de uma personalidade reconhecível, escavada por uma anedótica plurienal. Se, contudo, pelas razões aduzidas, e por outras que veremos, não pode ser definido como um *tipo*, de todos os seus confrades é ele o que mais poderia aspirar a tal título. Ademais, é preciso não esquecer que há sempre, em suas estórias, uma pitada de ironia, uma complacente indulgência dos autores que, enquanto desenham a personagem e os seus acontecimentos, estão bem conscientes de estar montando, no fim das contas, uma "comédia" e não um "drama" ou um "romance de aventuras". É essa consciência da dosagem dos efeitos romanescos, esse vender a personagem com um mínimo indispensável de auto ironia, que salva, em parte, o Superman da banalidade baixo-comercial, e o transforma, desse modo, num "caso". Seus confrades não lhe chegam aos pés, são fantasmas que se agitam de vinheta em vinheta, de tal modo fungíveis, que se torna impossível simpatizar com eles, e muito menos amá-los.

Mas vamos por partes. Entre os vários super-heróis poderíamos distinguir os dotados de poderes ultra-humanos e os dotados de normais características terrestres, ainda que potenciadas no grau máximo. Entre os primeiros, estão o Superman e *The Manhunter from Mars* (O agente de Marte). Do primeiro, já sabemos; quanto ao segundo, trata-se de um marciano, que se encontra acidentalmente na Terra, onde efetua ação de missionariado policialesco, ocultando-se sob as falsas vestes do detetive John Jones. Característica marcante do Agente de Marte (cujo verdadeiro nome é J'onn J'onzz) é a de poder assumir com a máxima facilidade o aspecto de qualquer indivíduo, bem como poder desmaterializar-se, atravessando, assim, corpos sólidos. Seu único adversário é o fogo (que desempenha aqui a função da criptonita do Superman). Seu *pet* é Zuk, animal de origem espacial, dotado de vários super poderes, que representa um análogo do cão Cripto, *pet* do Superman[20].

Entre os heróis dotados de características humanas temos, antes de mais nada, o par Batman e Robin. Aqui, também, temos dois indivíduos que se ocultam habitualmente sob disfarces (o tema da dupla identidade, pelos motivos já aduzidos, é substancial, e nunca obliterado), e que, ao chamado da polícia

---

20. Incluamos aqui um parente próximo do Agente de Marte, um certo Radar, de produção ítalo-francesa, que pode assumir formas de animal tão logo ouve, mesmo que de longe, um pedido de socorro.

(um enorme morcego que se desenha contra a capa escura do céu, graças a um jogo de refletores de emergência), acorrem ao local dos vários crimes envergando um traje que lembra a forma do morcego. Como acontece com o Superman e O Agente de Marte (e com os demais que veremos), é sempre indispensável que a roupa seja do tipo calça-malha elástica, estreitamente aderente: o que corrobora a hipótese de quem, como o já citado Qiammanco, vê nesses heróis, e nas suas condições de celibato masculino, elementos homossexuais. A especialidade de Batman e Robin é lançarem-se de edifício em edifício, por meio de um engenhoso jogo de longas cordas, descendo, no fim, de seu helicóptero particular (também ele em forma de morcego, como em forma de morcego são seu automóvel e sua lancha a motor – e com efeito, cada um desses veículos é sempre denominado com o prefixo *bat-*).

Parentes próximos de Batman e Robin são o Arqueiro Verde e Speedy. A calça-malha, aqui, sujeita-se a alguns compromissos e, acrescida de um par de botas e luvas, lembra a roupa de Robin Hood, de quem os dois heróis são, de fato, uma tardia e tecnológica encarnação, visto que agem somente graças ao uso de flechas. Essas flechas são concebidas de modo extremamente elaborado, e desenvolvem várias possibilidades de ação: são flechas-ventosa, flechas-escada, flechas-foguete, flechas-soco, flechas-rede, flechas-gancho, flechas-bolha, flechas-bengala, e assim por diante. O mirabolante emprego desse aparato técnico permite que os poderes dos dois heróis resultem tão eficazes quanto a agilidade ginástica de Batman e Robin e igualem, embora nem sempre, os superpoderes do Superman e J'onn J'onzz.

A esses, acrescente-se Flash. As características fundamentais são as mesmas: roupa justa, capacidade de rápida transformação, dupla identidade (na vida comum, trata-se de um químico da polícia, e sua noiva é jornalista; ponha-se no ativo de Flash o fato de que demonstra publicamente não ser insensível ao fascínio da jovem; de vez em quando ele a beija).

No caso de Flash, do engaste de um anel que traz no dedo, salta em velocidade supersônica seu uniforme de guerra. Superpoderes: capacidade de correr à velocidade da luz e, por conseguinte, capacidade de fazer o périplo terrestre em poucos segundos, capacidade de atravessar os corpos sólidos graças a um não muito bem explicado princípio físico relacionado com a aceleração, a nível fotônico, das partículas que compõem o organismo do herói.

A lista poderia continuar[21] mas acreditamos ter individuado as personagens mais características, ou, em todo caso, aquelas cujas aventuras são conhecidas também na Itália. Que tais personagens são todas elas construídas segundo um esquema comum, está mais que evidente. Mas uma leitura mais atenta demonstraria que o que as une e unifica, enquanto mensagem pedagógica unitária, é um fator menos evidente.

Cada uma delas é dotada de poderes tais que poderia, de fato, derrubar o governo, desbaratar um exército, alterar o equilíbrio das relações planetárias. Se é lícito alimentar algumas dúvidas no tocante a Batman e ao Arqueiro Verde, o mesmo não ocorre com os outros três, cuja soma de possibilidades operativas está fora de discussão. Por outro lado, está claro que cada uma dessas personagens é profundamente boa, moral, lígia às leis naturais e humanas, e portanto é legítimo (e bonito) que use seus poderes só para o bem. Nesse sentido, a mensagem pedagógica dessas estórias seria, pelo menos no plano da literatura infantil, altamente aceitável, e os próprios episódios de violência, que entretecem as várias narrativas, encontrariam sua justificativa nessa reprovação terminal do mal e no triunfo dos honestos[22]

21. Entre as demais personagens, lembramos (sempre editadas pelo mesmo grupo, a National Periodical Publication Inc.) Green Lantern, possuidor de um anel capaz de libertar energia; Aquaman, com o "partner" Aqualad (rapazinho efébico), capaz de viver sob a água, e dotado de poderes telepáticos com os quais comanda os monstros do mar; Wonder Woman, o equivalente feminino do Superman. De outros editores, Dr. Solar (superpoderes atribuídos à absorção de radiações atômicas); Magnus, the Robot Fignter; The Fantastic Fours, quatro criaturas de poderes diversos; e vários outros. O tema do superpoder é recorrente, quase espasmódico.

22. Convém, ademais, observar que cada um desses heróis evita o sangue e a violência: Batman e o Arqueiro Verde, que são seres humanos, não podem eximir-se de surrar com galhardia os seus adversários (mas, de qualquer maneira, nunca os ferem mortalmente – no máximo, o vilão perece num trágico incidente, do qual ele próprio í o remoto responsável); mas o Superman e o Agente de Marte – e Flash, que é humano, mas regenerado por uma acidental contingência química – evitam exatamente lesões imotivadas; o Superman, habitualmente, para capturar um bando de celerados, não tem mais que transportar o automóvel que os recolhe, ou o navio, ou o edifício, arrancado pelos alicerces.

Mas a ambiguidade do ensinamento surge no momento em que nos perguntamos *o que é o Bem*.

Nesse ponto, basta reexaminar a fundo a situação do Superman, que também resume as outras, pelo menos nas coordenadas fundamentais.

O Superman é praticamente onipotente; já falamos sobre suas capacidades físicas, mentais e tecnológicas. Sua capacidade operativa estende-se numa escala cósmica. Ora, um ser dotado de tais capacidades, e votado ao bem da humanidade (coloquemos o problema com o máximo de candor, mas com o máximo senso de responsabilidade, aceitando tudo como verossímil), teria diante de si um imenso campo de ação. De um homem que pode produzir trabalho e riqueza em dimensões astronômicas ao fim de poucos segundos, poderíamos esperar as mais estonteantes revoluções da ordem política, econômica, tecnológica do mundo – da solução dos problemas da fome ao beneficiamento de áreas inabitáveis, à destruição de sistemas inumanos (mesmo lendo o Superman dentro do "espírito de Dallas": por que não vai ele libertar os seiscentos milhões de chineses do jugo de Mao?), e até mais: o Superman poderia praticar o bem a nível cósmico, galático, e forneceu-nos com isso, ao mesmo tempo, uma definição que, através da amplificação fantástica, celebrasse precisas linhas éticas.

Muito ao contrário, o Superman desenvolve sua atividade ao nível da pequena comunidade onde vive (Smallville na meninice, Metrópolis, quando adulto) e – como acontecia ao camponês medieval, para quem era mais fácil conhecer a Terra Santa do que a comunidade, fechada e separada, que florescia a cinquenta quilômetros de seu centro de vida – ainda que afrontando com desenvoltura viagens em outras galáxias, ele praticamente ignora, não digo a dimensão "mundo", mas a dimensão "Estados Unidos"[23] No âmbito de sua *little town*, o mal, o único mal a combater, se lhe configura sob a espécie de partidários do *underworld*, do submundo do crime, de preferência ocupado não em contrabandear estu-

---

23. Só uma vez, mas trata-se de um "Imaginary Tale" – ele se torna presidente dos Estados Unidos. Creio que Roberto Ciammanco deve ter escrito algumas páginas sobre a dimensão "familiar" e substancialmente apolítica que repentinamente o problema assume.

pefacientes nem – é evidente – em corromper administradores ou políticos, mas em esvaziar bancos e carros pagadores. Em outros termos: *a única forma visível que assume o mal é o de atentado à propriedade privada*. O mal extra-espacial é condimento acessório, é casual, e sempre assume formas imprevistas e transitórias: o *underworld* é, ao contrário, mal endêmico, como que uma espécie de filão maldito, que invade o curso da história humana, claramente dividida em zonas pela incontrovertibilidade maniqueia – onde toda autoridade é fundamentalmente boa e incorrupta, e todo perverso, perverso desde as raízes, sem esperança de redenção.

Naturalmente, aqui se procede por amplas" zonas temáticas entretecidas de pequenos episódios excêntricos (em todo o caso, sempre de sabor deamicisiano: o rapazinho perverso por fraqueza, a imprevista resipiscência de um "vilão" endêmico como Luthor, adversário de inteligência altíssima e diabólica, verdadeiro sacerdote do mal, inimigo jurado do Superman por razões que provêm da infância: o jovem Superboy foi responsável, pelo menos assim afirma Luthor, pela sua calvície): mas um fácil estudo estatístico, realizado a nível temático, poderia facilmente verificar as hipóteses acima assinaladas. Como outros já disseram, temos, no Superman, um perfeito exemplo de consciência *civil* completamente cindida da consciência *política*. O civismo do Superman é perfeito, mas atua e configura-se no âmbito de uma pequena comunidade fechada[24].

É singular como, voltando-se para o bem, o Superman gaste enormes energias para organizar espetáculos de beneficência a fim de recolher dinheiro para órfãos e indigentes. O paradoxal desperdício de meios (a mesma energia poderia ser empregada para produzir diretamente riquezas ou para modificar radicalmente situações mais vastas) não deixa de intrigar o leitor, que vê o Superman perenemente empenhado em espetáculos de tipo paroquial. Assim como o mal assume o aspecto único de ofensa à propriedade privada, *o bem*

---

24. Irmão do Superman – como modelo de absoluta fidelidade aos valores estabelecidos – surgiria a seguir, também, o Dr. Kildare, herói da estória em quadrinhos e da televisão. Veja-se, a propósito, o arguto ensaio de FURIO COLOMBO, "Il dr. Kildare e la cultura di massa", in *Il Mondo*, 18-1-64.

configura-se apenas como caridade[25]. Bastaria essa simples equivalência para caracterizar o mundo moral do Superman. Mas, de fato, o que se vê é que o Superman é constrangido a manter suas operações dentro do âmbito de pequenas e infinitesimais modificações do fatual, pelos mesmos motivos arrolados a propósito da estaticidade de suas tramas: toda modificação geral impeliria o mundo, e dentro dele o Superman, para o consumo.

Por outro lado, seria inexato dizer que a judiciosa e dosada virtude do Superman dependa unicamente da estrutura do enredo, isto é, da exigência de se impedir que daí brotem excessivos e irrecuperáveis desenvolvi mentos. Também o contrário é verdadeiro: que a meta física imobilista subtendida a essa concepção do enredo é a direta e não voluntária consequência de um mecanismo estrutural complexo, o qual surge como único apto a comunicar, através da temática individuada, um determinado ensinamento. O enredo deve ser estático e eludir todo desenvolvimento, porque o Superman *deve* fazer com que a virtude consista em vários pequenos atos parciais, nunca numa tomada de consciência total. E a virtude, em contraposição, deve ser caracterizada pela prática de atos unicamente parciais, a fim de que o enredo resulte estático. Ainda uma vez, o discurso observa menos a precisa vontade dos autores do que o adaptar-se deles a uma concepção de "ordem", que impregna o modelo cultural onde vivem e do qual fabricam, em escala reduzida, modelinhos "análogos" com funções de *espelhamento*.

Conclusões

Assim, definitivamente, o episódio Superman nos confirma na convicção de que não pode existir enunciação ideológica eficaz que não resolva o material temático em *modo de formar*. As estórias do Superman são um exemplo mínimo mas exato de fusão dos vários níveis, homogeneizados num sistema de relações, onde cada nível reproduz, em escala di-

25. Já mostramos como tal "lição" é típica de muitas culturas de massa, em nosso "Fenomenologia di Mike Bongiorno", in *Diario minimo*, Milão, Mondadori, 1963.

versa, limites e contradições dos demais. Se a ideologia ética do Superman representa, como representa, um *sistema* coerente, e a estrutura das várias estórias um outro sistema, a "saga" do Superman surge como um calibradíssimo *sistema de sistemas* – onde, por conseguinte, não seria inútil examinar também a natureza do desenho, as cadências da linguagem, a caracterização das várias personagens. Uma breve inspeção sobre a psicologia de Míriam Lane, ou o tipo de laços que unem a família Kent ou a família Lang a Smallville, levar-nos-ia facilmente a individuar, ao nível dos caracteres, uma formulação dos vários problemas e um planejamento das soluções pedagógicas semelhante – estruturalmente – ao que se verifica a outros níveis.

No ensaio seguinte, veremos como, nas estórias em quadrinhos de Charles M. Schulz, a mesma estrutura iterativa do relato não impede mas, ao contrário, permite o delineamento de personagens concretas e "estóricas". Mas então entramos num campo onde o elemento iterativo se torna patente, proposital, quer ser fruído como tal, torna-se não cadência fascinatória, mas *ritmo estético*: e através dele estabelecem-se as relações entre as personagens e o mundo estórico, com clareza de reportações, com exatidão de referências. As personagens dos *Peanuts* não são fungíveis. Mas as personagens do Superman, sim; e o próprio Superman é fungível, em grande parte, como qualquer outro super-herói de qualquer outra saga. Assim, permanece *topos* genérico, mas de tal maneira dissociado do contexto em que age, que sua redução ao *mínimo comum agível*, seu negar-se às possibilidades que de fato tem (e que a verossimilhança lhe imporia), surgem tão macroscópicas e incômodas que exigem do leitor um ato de confiança, uma "suspension of disbelief" no mais grosseiro sentido do termo; uma decisão de aceitar o Superman pelo que é, uma personagem de fábula, de que se fruem as contínuas variações sobre o tema.

E como em todas as fábulas, na saga do Superman, desencadeiam-se possibilidades de enredo, que *devem ser ignoradas*, sob pena de se passar da fábula evasiva ao apelo problemático.

Peixe, peixinho, que príncipe sois,
fosse por mim, chamava depois
mas é aquela bruxa da minha mulher
que quanto mais pede, tanto mais quer.

Assim implora o pescador ao peixe encantado. E tudo quanto a mulher pede lhe é concedido, porque essa é a lei da fábula. Mas quando a mulher pede para ser Deus, o peixe-rodovalho se encoleriza, e tudo volta à antiga miséria. Poderá uma fábula alterar a ordem do universo?

O MUNDO DE MINDUIM

A análise do mito do Superman mostrou-nos, portanto, que as estórias em quadrinhos não são um inócuo divertimento que, feito para as crianças, possa ser igualmente apreciado pelos adultos depois do almoço sentados em suas poltronas, para consumirem as suas quatro evasões sem dano e sem proveito. A indústria da cultura de massa fabrica as estórias em quadrinhos em escala internacional e as difunde a todos os níveis: face a elas (como face à canção de consumo, ao romance policial e ao programa de TV), morre a arte popular, a que vem de baixo, morrem as tradições autóctones, não nascem mais lendas contadas ao pé do fogo, e os cantadores não mais exibem os seus folhetos narrativos durante as festas, no eirado ou na praça. A estória em quadrinhos é um produto industrial, encomendado de cima, funciona segundo todas as mecânicas da persuasão oculta, supõe no fruidor uma atitude de evasão que estimula imediatamente as veleidades paternalistas dos comitentes. E os autores, o mais das vezes, se adequam: assim a estória em quadrinhos, na maioria dos casos, reflete a implícita pedagogia de um sistema e funciona como reforçadora dos mitos e valores vigentes. Assim *Denis the Menace* (*Pimentinha*) reforçará a imagem, indiscutivelmente feliz e irresponsável, de uma boa família *middle class* que tenha feito do naturalismo deweyano um mito educativo pronto para ser mal interpretado e produzir neuróticos em série; e a *Little Orphan Annie* tornar-se-á, para milhões de leitores, a *supporter* de um maccartismo nacionalista, de um classismo paleocapitalista, de um filisteísmo pequeno-burguês, pronto a celebrar os fastos da John Birch Society; *Jiggs and Maggie* (Pafúncio e Marocas) reduzirão o problema sociológico do matriarcado norte-americano a um simples fato individual; *Terry e os Piratas* prestou-se, com constância, a uma educação nacionalista-militarista das jovens levas de soldados estadunidenses; *Dick Tracy* pôs o sadismo do "policial" de ação ao alcance de todos, não só através das tramas, mas do próprio signo de um lápis dos mais complexos e sanguinários (sem contar que no plano do gosto modernizou de muito o paladar do seu público); e *Joe Palooka* (*Joe Sopapo*) continua cantando seu hino ao protótipo do ianque integérrimo e cândido, o mesmo sobre o qual se apoiam todas as persuasões eleitorais de fundo conservador. Assim, também o protesto e a crítica do costume, quando os houve, foram contidos com garbo no âmbito do sistema e reduzidos a dimensões fabulísticas. Todos sabemos que a figura de Tio Patinhas resume todos os vícios de um capitalismo genérico fundado no culto do dinheiro e no desfrute dos próprios semelhantes com fins exclusivos de lucro, mas o próprio nome que a personagem assume no original, Uncle Scrooge (reportando ao velho avarento do *Conto de uma noite de Natal*, de Dickens), serve para endereçar essa crítica indireta contra um modelo de capitalismo oitocentista (irmão da exploração de menores no trabalho das minas e das punições corporais nas escolas) que, obviamente, já não atemoriza a sociedade moderna e que qualquer um se pode dar ao luxo de criticar. E se as estórias em quadrinhos de Al Capp desenvolvem, através das aventuras de Li'l Abner (Ferdinando) uma crítica dos tiques e dos mitos norte-americanos, às vezes com indômita maldade – refiro-me à sátira de uma sociedade opulenta fundada no consumo, que a estória do Shmoo tão saborosamente prolongou durante certo tempo – todavia, mesmo essa crítica se mantém sempre sobre um fundo indestrutível de bonomia e otimismo, enquanto o palco dos acontecimentos, a cidadezinha de Dogpatch (Brejo Seco), na sua dimensão "extraprovinciana", reduz constantemente ao nível de saga primitiva o mordente dos vários ataques a situações que, na origem, eram concretas e delimitáveis.

Deveremos então dizer que a estória em quadrinhos, encerrada nas regras férreas do circuito industrial-comercial da produção e do consumo, só se destina a oferecer os produtos padronizados de um paternalismo às vezes incônscio e às vezes programado? Tendo elaborado, como elaborou, módulos estilísticos, talhes narrativos, propostas de gosto indiscutivelmente originais e estimulantes para a massa que as assimilava, sempre usará, no entanto, dessas audácias artísticas para uma constante função de evasão e de mascaramento da realidade?

Ora, mesmo só teoricamente, poderíamos responder que, desde que o mundo é mundo, artes maiores e artes menores só têm, quase sempre, podido prosperar no âmbito de um dado sistema que permitisse ao artista certa margem de autonomia em troca de certa porcentagem de condescendência para com os valores estabelecidos: e que todavia, no interior desses vários circuitos de produção e consumo, viram-se agir artistas que, usando das oportunidades concedidas a todos os demais, conseguiam mudar profundamente o modo de sentir dos seus consumidores, desenvolvendo, dentro do sistema, uma função crítica e liberatório Como sempre, é questão de genialidade individual, de saber elaborar um discurso de tal forma incisivo, límpido, eficaz, que consiga dominar todas as condições dentro das quais o discurso, por força das circunstâncias, se move.

Creio que nesse sentido a estória em quadrinhos nos tenha oferecido dois grandes caminhos. O primeiro é o adotado por Jules Feiffer, seu mais recente e talvez maior representante: a sátira do autor de *Il complesso facile* e *Passionela* é tão precisa, colhe com tanta exatidão de contornos os males de uma sociedade industrial moderna, traduzindo-os em outros tantos *tipos* exemplares, põe, na descoberta desses tipos, tanta humanidade (maldade e piedade ao mesmo tempo), que qualquer que seja o jornal em que apareçam essas estórias, qualquer que seja o sucesso que as bafeje, ainda que todos as aceitem sorrindo, inclusive os que se deveriam ofender ou atemorizar, nada perdem elas de sua força. Uma estória de Feiffer, uma vez publicada, não pode mais ser exorcizada; uma vez lida, conserva-se na mente e aí trabalha em silêncio. Nos casos em que a sátira permanece mecânica, pode, com o decorrer do tempo, ir inscrever-se no repertório dos lugares-comuns; mas nos casos em que se atinge (e frequentemente isso acontece) um momento "universal" da fraqueza humana, a estória em quadrinhos sobrevive e derrota o sistema que procurava condicioná-la.

Há, ainda, um segundo caminho, e para exemplificá-lo, gostaria de escolher uma estória em quadrinhos já clássica, a *Krazy Kat*, de George Herriman, nascida entre 1910 e 1911 e desaparecida em 1944, com a morte do autor. As *dramatis personae* eram três: um gato, de sexo indefinido, provavelmente uma gata; um rato, Ignatz Mouze; um cão na função de policial, Offissa Pop. Desenho singular por algumas de suas escapadas surrealistas, especialmente nas paisagens lunares e improváveis, feitas de propósito para subtraírem a ação a toda e qualquer verossimilhança. E a situação? O gato ama loucamente o rato, e o rato, maldoso, odeia e tiraniza o gato, mimoseando-o de preferência com tijoladas na cabeça. O cachorro procura em todos os momentos, proteger o gato, mas o gato despreza esse seu amor sem reservas; o gato ama o rato e está sempre pronto para Justificá-lo. Dessa situação, absurda e sem particulares pigmentos cômicos, o autor extraía uma série infinita de variações, baseando-se num fato estrutural que é de fundamental importância para a compreensão da estória em questão: a breve estória diária ou semanal, a tira tradicional, embora narre um fato que se conclui no fim de quatro vinhetas, não funciona tomada isoladamente, mas só adquire todo o seu sabor na sequência contínua e teimosa que se desenrola, nas tiras que se seguem umas após outras, dia após dia. Em *Krazy Kat*, a poesia nascia de certa obstinação lírica do autor, que repetia um sem-número de vezes o acontecimento, sempre variando sobre o tema, e só nessas condições a protérvia do rato, a compaixão sem recompensa do cão e o desesperado amor do gato atingiam o que, para muitos críticos, pareceu uma autêntica condição de poesia, como, que uma ininterrupta elegia feita de dolente candor. Numa estória em quadrinhos do gênero, o espectador, não solicitado pela *gag* desbordante, pela referência realista ou caricatural, ou por qualquer apelo ao sexo ou à violência, subtraído, portanto, da rotina de um gosto que o levava a buscar na estória em quadrinhos a satisfação de determinadas exigências, descobria, assim, a possibilidade de um mundo puramente alusivo, um prazer de tipo "musical", um jogo de sentimentos não banais. Reproduzia-se, numa certa medida, o mito de Xerazade: a concubina tomada pelo Sultão para o gozo de uma noite, após o que seria eliminada, começava a narrar uma estória, e o sultão, esquecida a mulher pela estória, descobria, afinal, um outro mundo de valores e prazeres.

A melhor prova de que a estória em quadrinhos é produto industrial de puro consumo é que, embora uma personagem seja inventada por um autor genial, dentro em pouco esse autor é substituído por uma equipe, sua genialidade se torna fungível, e sua invenção, produto de oficina. A melhor prova de que Krazy Kat, por força daquela sua rude poesia, conseguiu dominar o sistema, é que com a morte de Herriman ninguém pensou em recolher-lhe a herança e os industriais da estória em quadrinhos não souberam forçar a situação[1].

E eis que o discurso nos leva aos *Peanuts*, de Charles M. Schulz, que inscreveríamos no filão "lírico" de Krazy Kat.

Aqui também, temos uma situação elementar: um grupo de crianças, Charlie Brown (Minduim), Lucy, Violet, Patty, Frida, Linus, Schroeder, Pig Pen e o cão Snoopy (Xerêta), ocupados com os seus jogos e os seus discursos. Sobre esse esquema básico, um fluxo contínuo de variações, segundo

---

1. Relato aqui um argumento já canônico que, tomado ao pé da letra, é falso. Com efeito, o ciclo de Krazy Kat foi recentemente retomado pelos *Dell Comics*. Mas (à parte a qualidade modesta do *remake*) tratava-se mais de reexumação, de especulação sobre um mito do que propriamente de continuação.

um ritmo peculiar a certas epopeias primitivas (e primitivo até o ponto de indicar sempre, com uma fidelidade absurda, o protagonista pelo seu nome e sobrenome – até a mãe o chama assim – como um herói epônimo), de modo que não se poderia jamais descobrir a força dessa "poésie ininterrompue", lendo apenas uma ou duas ou dez estórias, mas só depois de haver entrado a fundo nos caracteres e situações, visto que a graça, a ternura ou o riso nascem somente da repetição, infinitamente cambiante, dos esquemas, nascem da fidelidade à inspiração básica, e requerem do leitor um ato contínuo e fiel de simpatia.

Só essa estrutura formal bastaria para estabelecer a força dessas estórias. Mas há mais: a poesia dessas crianças nasce do fato de que nelas encontramos todos os problemas, todas as angústias dos adultos que estão atrás dos bastidores. Nesse sentido, Schultz é um Herriman, mas mais próximo do filão crítico e social de um Feiffer. Essas crianças nos tocam de perto porque num certo sentido, são monstros: são as monstruosas reduções infantis de todas as neuroses de um moderno cidadão da civilização industrial. Tocam-nos de perto porque nos damos conta de que, se são monstros, é porque nós, os adultos, as fizemos assim. Nelas encontramos tudo: Freud, a massificação, a cultura absorvida através das várias "Seleções", a luta frustrada pelo êxito, a busca de simpatias, a solidão, a reação proterva, a aquiescência passiva e o protesto neurótico. E no entanto, todos esses elementos não florescem, tal qual os conhecemos, da boca de um grupo de inocentes: são pensados e réditos depois de terem passado pelo filtro da inocência.

As crianças de Schulz não são o instrumento malicioso para contrabandear os nossos problemas de adultos; esses problemas são nelas vividos segundo os modos de uma psicologia infantil, e justamente por isso nos parecem tocantes e sem esperança, como se de repente reconhecêssemos que os nossos males poluíram tudo, na raiz.

E ainda: a redução dos mitos adultos a mitos da infância (de uma infância que já não vem antes da nossa maturidade, mas depois – mostrando-nos as suas gretas) permite a Schulz uma recuperação: e essas crianças-monstros tornam-se, de súbito, capazes de canduras e genuinidades que recolocam tudo em questão, filtram todos os detritos e nos restituem um mundo que continua, apesar de tudo, delicadíssimo e macio, sabendo a leite e a limpeza. Assim, num oscilar contínuo de reações, dentro de uma mesma estória, ou entre uma estória e outra, não sabemos se devemos nos desesperar ou conceder-nos um hausto de otimismo. De qualquer maneira, porém, percebemos que saímos, num ou noutro caso, de um circuito banal do consumo e da evasão, e quase chegamos ao limiar de uma meditação.

A prova mais assombrosa dessas e outras coisas é que, enquanto estórias em quadrinhos decididamente "cultas", como as de *Pogo Possum*, só agradam aos intelectuais (e são consumidas pela massa apenas como distração), os *Peanuts* fascinam com igual intensidade os grandes mais sofisticados e as crianças, como se cada um aí encontrasse algo para si, e é sempre a mesma coisa, fruível em duas chaves diversas.

O mundo dos Peanuts é um microcosmo, uma pequena comédia humana para todos os bolsos.

No meio, está Minduim: ingênuo, cabeçudo, sempre inábil e, portanto, votado ao insucesso. Necessitado até à neurose de comunicação e "popularidade", e recebendo em troca, das meninas matriarcais e sabichonas que o rodeiam, o desprezo, as alusões à sua cara de lua-cheia, as acusações de burrice, as pequenas maldades que ferem profundamente. Minduim, impávido, procura ternura e afirmação em toda parte: no *baseball*, na construção de "papagaios", nas relações com seu cão Xereta, nos contatos de jogo com as meninas. Fracassa sempre. Sua solidão torna-se abissal, seu complexo de inferioridade, esmagador (colorido pela suspeita contínua, que também atinge o leitor, de que Minduim não tenha nenhum complexo de inferioridade, mas seja realmente inferior). A tragédia é que Minduim não é inferior. Pior: é absolutamente normal. É como todos. Por isso, caminha sempre à beira do suicídio ou, na melhor das hipóteses, do colapso: porque busca a salvação segundo as fórmulas comodamente propostas pela sociedade em que vive (a arte de fazer amigos, como tornar-se um solicitado animador de reuniões sociais, como conseguir cultura em quatro aulas, a busca da felicidade, como agradar às meninas... obviamente, o Doutor Kinsey, Dale Carnegie e Lin Yutang o arruinaram). Mas como o faz com absoluta pureza de coração, e nenhuma velhacaria, a sociedade está pronta a rejeitá-lo na figura de Lucy, matriarcal, pérfida, segura de si, empresária de lucro certo, pronta a comerciar uma prosopopeia falsa de fio a pavio, mas de indubitável efeito (são as duas aulas de ciências naturais ao irmãozinho Linus, uma mixórdia de idiotices que dão náuseas a Minduim – "I can't stand it", não posso aguentar isso, geme e desgraçado, mas com que armas se pode deter a má-fé impecável, quando se tem a desventura de ser puro de coração?...)

Minduim foi, assim, definido como "o menino mais sensitivo que jamais apareceu numa estória em quadrinhos, capaz de variações de humor de tom shakespeareano" (Becker), e o lápis de Schulz consegue reproduzir essas variações com uma economia de meios que raia o milagre: a estória em quadrinhos, sempre mais ou menos áulica, numa língua de Harvard (raramente essas crianças escorregam na gíria ou usam anacolutos), une-se, assim, a um desenho capaz de dominar, em todas as personagens, o mínimo matiz psicológico. Destarte, a cotidiana tragédia de Minduim se delineia aos nossos olhos com uma incisividade exemplar.

Para fugir a essas tragédias da não-integração, a tabela dos tipos psicológicos oferece algumas alternativas. As meninas lhe fogem em virtude de uma pertinaz autossuficiência e arrogância: Lucy (*géante* inspiradora de uma admiração estarrecida). Patty e Violet não têm brechas; perfeitamente integradas (ou não seria preferível dizer "alienadas"?), vão desde a atitude hipnótica diante do televisor até o jogo de pular corda e os discursos cotidianos, tecidos de perfídia, atingindo paz através da insensibilidade.

Linus, o menor, já aparece, ao contrário, onerado de todas as neuroses, e a instabilidade emotiva seria a sua condição perpétua se, com a neurose, a sociedade em que vive não lhe tivesse oferecido também os remédios: Linus carrega aos ombros Freud, Adler, e talvez mesmo Binswanger (por intermédio de Rollo May). Individuou, no seu cobertorzinho da primeira infância, o símbolo de uma paz uterina e de uma felicidade puramente oral... De dedo na boca, e cobertor (o *blanket*) encostado a uma das faces (possivelmente de televisor ligado, diante do qual fica empoleirado como um índio, mas, no limite também nada, um isolamento de tipo oriental, apegado aos seus símbolos de proteção), Linus encontra o seu "sentimento de segurança". Tirem-lhe o *blanket* e ele recairá em todos os distúrbios emocionais que dia e noite o assediam. Visto que – acrescente-se – absorveu com a instabilidade toda a sapiência de uma sociedade neurótica, Linus representa o seu produto tecnologicamente mais aguerrido. Enquanto Minduim não consegue construir um "papagaio" que não precipite entre os ramos de uma árvore, Linus revela de repente, em certos momentos, habilidades de ficção científica e vertiginosas mestrias: constrói jogos de alucinante equilíbrio, atinge no voo uma moeda de um quarto de dólar com a ponta do cobertor que estala como um chicote ("the fastest blanket in the West!"). Schroeder, ao contrário, encontra a paz na religião estética: sentado ao seu pianinho de araque, de onde tira melodias e acordes de complexidade transcendental, afundado em sua total admiração por Beethoven, salva-se das neuroses cotidianas, sublimando-as numa alta forma de loucura artística. Nem mesmo a amorosa e constante admiração de Lucy consegue comovê-lo (Lucy não pode gostar de música, atividade pouco rendosa cuja razão não compreende, mas admira em Schroeder um vértice inatingível, talvez mesmo a estimule essa adamantina inacessibilidade dos seus dezesseis avós de Percival, e prossegue com contumácia em sua obra de sedução, sem nem mesmo arranhar as defesas do artista): Schroeder escolheu a paz dos sentidos no delírio da imaginação. "Não fale mal desse amor, Lisaweta; ele é bom e fecundo. Nele há nostalgia e melancolia, inveja e um pouco de desprezo, e uma completa, casta felicidade" – não é Schultz, naturalmente, é o *Tonio Kroeger*, mas a conjuntura é essa; e não é à toa que os bonecos de Schultz representam um microcosmo onde a nossa tragédia ou a nossa comédia está toda ela representada.

Também Pig Pen teria uma inferioridade de que se queixar: é irremediavelmente, assombrosamente porco. Sai de casa lindo e penteado, e num segundo, os cordões do sapato se desamarram, as calças caem-lhe sobre os quadris, os cabelos se enxovalham de caspa, a pele e a roupa ficam cobertas de uma camada de lodo... Cônscio desta sua vocação para o abismo, Pig Pen faz de sua situação um elemento de glória: "Sobre mim se adensa a poeira dos séculos inumeráveis... Iniciei um processo irreversível: quem sou eu para alterar o curso da história?" – não é uma personagem de Becket, naturalmente, é Pig Pen falando, o microcosmo de Schulz atinge as extremas ramificações da escolha existencial.

Antístrofe contínua às angústias dos humanos, o cão Xereta leva até à última fronteira metafísica as neuroses decorrentes de uma frustada adaptação. Xereta sabe que é um cão; ontem era um cão; hoje é um cão; amanhã talvez ainda seja um cão; para ele, na dialética otimista da sociedade opulenta, que consente saltos de um para outro *status*, não há nenhuma esperança de promoção. Às vezes tenta o extremo recurso da humildade ("nós, cães, somos tão humildes..." suspira, todo consolado), apega-se ternamente a quem lhe promete estima e consideração. Mas, de hábito, não se aceita a si mesmo, e procura ser o que não é; personalidade dissociada como nunca se viu igual, gostaria de ser um crocodilo, um canguru, um abutre, um pinguim, uma serpente. Tenta todos os caminhos da mistificação, para depois render-se à realidade, por preguiça, fome, sono, timidez, claustrofobia (que o assalta quando rasteja por entre as ervas altas), ignávia. Sentir-se-á tranquilizado, nunca feliz. Vive num *apartheid* contínuo, e, do segregado, tem a psicologia, e dos negros à Pai Tomás, a devoção ou, *faute de mieux*, o ancestral respeito pelo mais forte.

De repente, nessa enciclopédia das fraquezas contemporâneas, surgem, como dissemos, clareiras luminosas, variações descompromissadas, alegros e rondós onde tudo se apazigua: em poucas tiradas ágeis e desenvoltas, os monstros voltam a ser crianças, e Schulz torna-se um poeta da infância.

Sabemos que não é verdade, e contudo, fazemos de conta que acreditamos. Na tira seguinte, Schulz continua a mostrar-nos, no rosto de Minduim, com dois traços rápidos de lápis, a sua versão da condição humana.

OS SONS E AS IMAGENS

A CANÇÃO DE CONSUMO

Os autores desse livro[1] quiseram estudar sob quatro aspectos complementares o problema da canção de consumo da música chamada "gastronômica" produzida por uma indústria da canção para vir ao encontro de algumas tendências que esta individua (e cultiva) no mercado nacional. Já o terem restringido o campo de indagação a uma música assim apelidada sugere o caráter polêmico daqueles estudos; e refletindo sobre o fato de que aqui se examina e se fazem acusações à família da "música ruim", voltada para a satisfação de exigências, que por definição são banais, epidérmicas, imediatas, transitórias e vulgares, poderia o leitor pensar que os autores tenham empregado um considerável número de páginas para convencer-nos de algo que jamais puséramos em dúvida. Mas os autores tentaram fundar – ainda que através de uma análise por vezes vivaz e irritada – as razões históricas e estruturais de um mau hábito musical.

1. M. L. STRANIERO, S. LIBEROVICI, E. JONA, G. DE MARIA, *La canzoni della cattiva coscienga*, Milão, Bompiani, 1964.

Assim, Michele L. Straniero examina passo a passo a história da cançoneta na Itália, desde o entardecer de uma sociedade umbertina, através da moda dos anos vinte, até o limiar da nossa "primavera neocapitalista", colocando em evidência nexos e paralelismos significativos. Sérgio Liberovici identifica um "modelo" de solução rítmica, o *terzinato* (erigido em caso típico, ponto de vista circunscrito por exigências de método), e partindo daí desenvolve um discurso sobre o mau hábito musical, justamente enquanto *musical*, individuando-lhe as raízes e os mecanismos num modo de *jazer música*, na circulação de modelos formais, no seu comércio, no seu furto circular e sistemático. Emilio Jona tenta uma espécie de *psicanálise do letrista* ou, como veremos melhor, de psicanálise das fórmulas pelas quais o letrista, reduzido a entidade convencional e intercambiável, é dominado e obrigado a falar. E por fim, Giorgio De Maria insere o problema da cançoneta industrializada, vista como *esbanjamento de sons*, num mais vasto horizonte de cultura – e nas suas conexões com outros fenômenos históricos, fato até agora estudado mais pela musicologia acadêmica do que por uma empenhada história do costume.

Vê, assim, o leitor, desenhar-se um panorama da música de consumo, do qual é possível deduzir a existência de algumas linhas de desenvolvimento e direções de marcha que não são casuais. A música de consumo é um produto industrial que não mira a nenhuma intenção de arte, e sim à satisfação das demandas do mercado; mas a pergunta que fazem esses ensaios, e à qual respondem, é se a produção industrial dos sons se adequa às livres flutuações de tal mercado ou se, pelo contrário, não intervém como plano pedagógico bem definido para orientar o mercado e determinar a procura. Se o homem de uma civilização industrial de massa é tal qual o têm mostrado os sociólogos, um indivíduo heterodirigido (para o qual pensam e desejam os grandes aparelhos da persuasão oculta e os centros de controle do gosto, dos sentimentos e das ideias – e que pensa e deseja em conformidade com as deliberações dos centros de direção psicológica), a canção de consumo surge então como um dos instrumentos mais eficazes para a coerção ideológica do cidadão numa sociedade de massa.

A análise dos autores é guiada, no fundo, por alguns princípios de método que facilmente se poderiam assim resumir: a canção de consumo deve ser analisada como superestrutura e é na estrutura econômica do sistema que procuraremos as razões por que ela é assim e não poderia ser de outra maneira. Já de saída, se dava de barato que essa assunção de método torna unilateral e mais árdua a indagação; mas pelo menos, assim agindo, os autores revelam-se imunes a um vício que insidia os melhores críticos da sociedade de massa: o ódio pela massa, e o individuar na sua incurável bestialidade a raiz de todos os males. Os autores desse livro perguntam-se por que motivos histórico-sociais, no âmbito de que determinações concretas, a massa (que, em muitos momentos do dia, cada um de nós é, sem exceção) se teria identificado com certo produto musical. A relação é estabelecida entre um conjunto de condições históricas e um conjunto de modelos musicais que as refletem e lhe corroboram o perpetuar-se. A "gente", graças aos céus, não está envolvida nessa crítica de um aspecto da nossa cultura de hoje.

Melhor: o verdadeiro objeto da polêmica e da acusação nem mesmo são os autores isolados, os intérpretes isolados (como não o são, já vimos isso, os consumidores isolados). Se assim fosse, o fato de que Jona, por exemplo, se demore numa pesquisa das referências sexuais, mesmo nos mais banais versinhos de canções jocosas, deveria fazer com que encarássemos a "igrejinha" dos letristas como um bando de obsessos perenemente ocupados em comerciar propositadamente uma pornografia barata. Ao passo que o mal é bem mais grave. Se a algum resultado chegaram as análises desse livro, foi justamente o de mostrar como agora o mundo das formas e dos conteúdos da canção de consumo, apertado na dialética inexorável da oferta e da procura, segue uma *lógica das fórmulas* da qual as decisões dos artesãos isolados estão completamente ausentes. Mas atenção: ausente não está a responsabilidade, assumida que foi no momento em que o autor decidiu produzir música de consumo para o mercado que a procura, e a procura tal qual é. Mas, tomada essa decisão, toda invenção, pela própria necessidade das condições mecânicas indispensáveis ao êxito do produto, desaparece. Se, como disse Wright Mills em *White Collar*, na sociedade de massa a *fórmula substitui a forma* (e portanto, a fórmula *precede* a forma, a invenção, a própria decisão do autor), o campo da música de consumo apresenta-se como um modelo típico a ser atentamente estudado. Vejam-se as páginas de Liberovici (onde cada observação é sufragada por documentos musicais) sobre o decalque quase literal dos esquemas introdutivos numa série de canções: um exemplo sucede ao outro, uma canção copia a outra, em cadeia, quase por necessidade estilística, exatamente como se desenvolvem determinados movimentos de mercado, além da vontade dos indivíduos. E não importa, diremos a Liberovici, que o Caio do seu exemplo seja um pequeno trapaceiro, que procura viver parasitariamente sobre o êxito da canção alheia, decalcando-se em seus parâmetros; na realidade, onde a fórmula substitui a forma, só se alcança êxito decalcando os parâmetros, e uma das características do produto de consumo é que ele nos diverte não por revelar-nos algo de novo, *mas por repetir-nos o que já sabíamos, o que esperávamos ansiosamente ouvir repetir e que é a única coisa que nos diverte...*

Haverá algum telespectador, para entrarmos em outro campo, que atente para o mecanismo de conto policial empregado nas várias cenas publicitárias do inspetor Rocie? O mecanismo do conto policial muda todas as vezes, e no entanto não é isso o que nos interessa: interessa-nos apenas o momento em que, diante da badalação "mas o senhor não se engana nunca!", Cesare Polacco tira o panamá, descobre a careca e pronuncia as fatídicas palavras "sim, errei uma vez etc." Só nesse ponto a cena nos agrada e sorrimo-nos uns para os outros, assim como as crianças se agradam com ouvir repetir a estória que já conhecem. É o mecanismo em que se baseia o romance policial de personagem fixa, o conto da estória em quadrinhos, a estória primitiva, e aquela forma elementar de estrutura musical que é o ritmo de tanta. A análise de Liberovici mostra que na canção de consumo toda a ministração do prazer se baseia nessa mecânica: e portanto, o plágio não é mais delito, mas a última e mais completa satisfação das exigências do mercado. E é o último e mais completo ato pedagógico de homogeneização do gosto coletivo e da sua esclerosação em exigências fixas e imutáveis, onde a novidade é introduzida ajuizadamente, em doses pequenas, para despertar o interesse do comprador sem abalar-lhe a preguiça. Assim, todas essas pesquisas nos dão como que uma radiografia das intenções impessoais que regem a indústria da canção; como que o mapa de um inconsciente social que é rotina, e baseado no qual se sustem um sistema de relações humanas (para o qual o discurso sobre a canção abre um respiradouro, uma perspectiva). Outros realizaram análises sobre os carunchos semânticos que permitem que, ao falarmos, sejamos *falados* pelas fórmulas da língua, e pela sua própria estrutura sintática (não foi por acaso, aliás, que um cultor da General Semantics, Havakawa, dedicou um penetrante ensaio, igualmente citado por Jona, à canção de consumo na América do Norte); outros, ainda, analisaram as "mitologias" com que se tece o nosso comportamento psicológico e social. Nessa linha, poderíamos ver a contribuição de Straniero, Liberovici, Jona e De Maria, ainda quando – e às vezes acontece – a indignação do moralista sobrepuja a frieza do analista que por si só bastaria para fazer justiça.

A canção "diferente"

Seria, no entanto, inexato pensar que esse livro comporte um ato de desconfiança em relação à "cançoneta", em relação à música não "séria" (não de concerto, não experimental), em relação à música "aplicada" em geral, à música de entretenimento e de evasão, de jogo e de consolo. Porque não é necessário que entretenimento e evasão, jogo e consolo sejam por isso mesmo sinônimo de irresponsabilidade, automatismo, indiferentismo, ou glutonaria desregrada. Creio que vale a pena pagar esse tributo aos quatro autores do volume que estiveram, e estão, entre os iniciadores de um movimento para a renovação da música ligeira em nosso país. Atentos aos problemas da música popular, admiradores de uma tradição da canção, que em outros países deu ótimos frutos (oferecendo textos de nível poético, melodias de indubitável dignidade e originalidade), foram eles, de fato, juntamente com outros, que deram vida àquele movimento dos *Cantacronache* que influiu, de maneira muito mais incisiva do que se pensa, no costume musical. Quando os *Cantacronache* começaram a compor suas canções, mobilizando letristas como Calvino e Fortini, reinventando um folclore guerrilheiro já envolto na nostalgia provocada pela distância, arriscando alguns exemplos de canção polêmica, deliberadamente agressiva (*anticonformista*, diríamos, se o esnobismo não se tivesse agora assenhoreado do *projeto*, reduzindo-o a fórmula, como acontece com todos os gestos de vanguarda), quando os *Cantacronache* puseram em circulação os primeiros discos ou enfrentaram uma audiência de massa em algumas manifestações populares, eram poucas, na Itália, as tentativas isoladas de pessoas de boa vontade. Havia o "caso Fo", o "caso Vanoni", havia Roberto Leydi, que trabalhava com afinco numa paciente redescoberta do folclore popular (anárquico, ressurgimental, resistencial, proletário), estava tomando forma o "caso Betti" Mas eram casos, apenas.

Não saberíamos dizer se os *Cantacronache* agiram como catalisador ou se constituíram um fermento maciço que, unindo-se aos demais, deu corpo ao que se preparava para tornar-se corrente, não mais "caso", mas hábito, prática musical. O fato é que hoje, passados sete ou oito anos, podemos apontar em nosso país um filão ativo de autores; musicistas e cantores que *fazem canções de modo diferente dos outros*. Hoje, um programa como "Canzoniere Minimo", de Giorgio Gaber, pôde prosperar na televisão, fazendo com que ouçamos cantores que não urlam, que renunciam ao que as pessoas acreditavam ser a melodia, que parecem rejeitar o ritmo, se é que por ritmo o grande público entendia apenas o ritmo de Celentano, e que cantam, enfim, canções cujas letras têm importância e *se ouvem*. E não são letras que falam necessariamente de amor, mas de muitas outras coisas; e quando designam o amor, não o fazem por fórmulas abstratas, sem tempo e sem lugar, mas circunscrevem-no, dão-lhe como fundo os bastiões da Porta Romana, ou os tristes e doces domingos de um arrabalde industrial e lombardo. Diremos até que esse novo filão da canção, partindo da sátira política, da reexumação um tanto pedante dos cantos da malandragem, chegou, por um lado, a restituir ao grande público uma canção civil, encharcada de problemas, e a seu modo, de uma autêntica consciência histórica (veja-se o êxito obtido em

Milão por um espetáculo como "Milanin Milanon"), e encontrou, pelo outro, os caminhos da canção de amor, que alhures definimos como um "neocrepuscularismo compromissado", do qual um dos mais comprovadores exemplos é a canção de Margot – que, não por acaso, começou a encontrar um auditório inesperado em algumas grandes comunidades operárias piemontesas, as quais assim descobriram uma nova e mais autêntica dimensão do *evadir-se cantando* Não sabemos o que pode ainda resultar desse filão; mas parece-nos que se trata de uma renovação de .costume que, pouco a pouco, vai encontrando os caminhos da audiência popular. De qualquer maneira, trata-se de um processo já iniciado, e que não ficará sem consequências.

Uma proposta de pesquisa

Mas, se se quer agir de maneira mais consciente no âmbito de uma sociedade na qual se irá operar culturalmente, é preciso ter presente uma terceira ordem de problemas que esse livro sugere mas ainda não enfrenta.

Até agora consideramos duas possibilidades operativas: de um lado, uma análise ético-política das correntes negativas no mundo da canção de consumo; do outro, a pesquisa ainda experimental de uma canção "diferente". A análise das correntes negativas põe termo a alguns equívocos, desmistifica hábitos perigosos, indica-nos que insídias minam paternalisticamente a sensibilidade coletiva. A proposta de uma canção "diferente" tenta caminhos alternados. Mas de que modo os percorre? Fatalmente, é preciso dizê-lo, ainda a nível "culto" (e por "culto" se entende um modo de encarar os valores que deriva de toda uma tradição cultural de cunho humanista; tradição sobre a qual nos formamos, mas que não nos oferece instrumentos adequados para resolvermos os problemas suscitados pela existência de uma coletividade mais vasta e diferenciada do que aquela para a qual se voltava a cultura humanista, e que está elaborando, a seu modo, e quase sempre de modo aberrante, o seu próprio quadro de valores).

A canção nova, de que se falou há pouco, orientou sua polêmica contra a melodia gastronômica, indo buscar modos novos até mesmo na música de igreja, além da folclórica; orientou sua polêmica contra o ritmo gastronômico elaborando "falados", "contínuos" discursivos próprios para dar novo relevo aos conteúdos, não procurando atenazar a atenção do ouvinte mediante o fascínio de um ritmo primitivo, mas sim através da presença envolvente de conceitos e apelos inusitados. O resultado foi o de fornecer uma canção que a pessoa *se concentra para escutar*. Habitualmente, a canção de consumo é usada come fundo musical *enquanto •", faz outra coisa*; a canção "diferente" requer respeito e interesse.

Faltava, na Itália (o que não ocorria na França, por exemplo), uma canção desse tipo, e foi um mérito e um êxito tê-la tornado agradável e necessária. Mas uma canção que requer respeito e atenção ainda representa, mesmo a nível de uma cultura de massa, uma opção "culta". Representa o extremo máximo a que uma cultura pode aspirar; o primeiro degrau para uma educação ulterior do gosto e da inteligência, através do qual se entre na posse de experiências mais complexas. Uma passagem fundamental, portanto. Mas não representa uma resposta para todos os problemas do consumo musical de massa.

Falamos, anteriormente, em música "aplicada", de evasão e entretenimento: e falamos naquela tendência primitiva (que emerge até mesmo no mais culto de nós), que nos leva a fruir, durante o dia, daqueles momentos de repouso e distensão em que o apelo elementar de um ritmo repetido, de um jogo já conhecido, de uma brincadeira verbal ou de um modelo narrativo sem imprevistos, se revela como complemento indispensável de uma vida psíquica equilibrada. Ouvir repetir a famigerada frase do Inspetor Rock, assobiar todas as manhãs o mesmo motivo, ou reler todos os dias a mesma estória de Pafúncio e Marocas (que muda quanto ao pretexto exterior, mas continua radicalmente a mesma, e é por isso que agrada), não constitui degeneração da sensibilidade e entorpecimento da inteligência, mas um saudável exercício de normalidade. *Quando representa o momento de descanso*. O drama de uma cultura de massa é que o modelo do momento de descanso se torna norma, faz-se o sucedâneo de todas as outras experiências intelectuais, e portanto o entorpecimento da individualidade, a negação do problema, a redução ao conformismo dos comportamentos, o êxtase passivo requerido por uma pedagogia paternalista que tende a criar sujeitos adaptados. Pôr em discussão a cultura de massa como *a situação antropológica em que a evasão episódica se torna norma* é uma coisa. E um dever. Mas pôr em discussão como radicalmente negativa a mecânica da evasão episódica é outra, e pode constituir um perigoso exemplo de *ybris* intelectualista e aristocrática (quase sempre professada só em público, porque, em particular, o sisudo moralista costuma aparecer como o mais prono e silencioso adepto das evasões que, em público, estigmatiza por profissão).

O fato de que a canção de consumo possa a rair-me graças a uma imperiosa agógica do ritmo, que intervém para dosar e dirigir os meus reflexos, pode constituir um valor indispensável, que todas as sociedades sãs têm buscado com afã e que constitui o canal normal de desafogo para uma série de tensões. E esse é apenas um exemplo entre muitos. Eis, portanto, os primeiros delineamentos para uma pesquisa, que consiste em individuar, nos mecanismos da cultura de massa, valores de tipo imediato e vital a serem repensados como positivos num contexto cultural diferente.

Mas não se trata apenas disso. O êxtase, o enlevo emotivo do fruidor-padrão da canção diante de um apelo "gastronômico", que, a justo título, nos ofende, pode constituir, para aquele tipo de fruidor, a única possibilidade que lhe é oferecida no âmbito de um determinado campo de exigências, onde a "cultura erudita" não lhe oferece nenhuma alternativa. Valeria a pena (no limite) registrar alguns protocolos verbais que um fruidor "ingênuo" desse das emoções por ele experimentadas ao escutar um disco do rouxinol comercial da moda; e é provável que, ao traduzirmos o protocolo ingênuo em termos técnicos, descobríssemos que o tipo de emoção denunciado é o mesmo que o fruidor "culto", diante de um produto musical "culto", denunciaria como "emoção lírica", intuição sentimental de uma totalidade. Análises do gênero abririam interessantes caminhos de discussão, seja para compreender melhor o tipo de valores fruído pelo sujeito "ingênuo", seja para avaliar a inadequação categorial da definição "culta" em relação ao produto "culto" (e muita estética entraria em crise). Mas, sem nos adentrarmos em terrenos tão perigosos, gostaríamos de sugerir uma experiência imaginária – a partir da qual poderiam tomar impulso uma série de hipóteses de trabalho e de elaborações metodológicas mais rigorosas, para procedermos depois a experimentos reais, concretos, a nível estatístico.

Elejamos um modelo de fruidor "ingênuo", entendendo como tal o consumidor não determinado por preconceitos intelectuais de origem "culta"; poderia tratar-se de um operário, ou de um pequeno-burguês. Naturalmente, uma investigação metodologicamente correta deveria desenvolver-se a vários níveis sociais e psicológicos para verificar, por exemplo, até que ponto, no âmbito de uma cultura de massa, os níveis sociais constituem elemento de diferenciação da fruição (visto ser razoável a suspeita de que a pedagogia continuada de uma cultura de massa já esteja, por conta própria, realizando um perigoso interclassismo psicológico, que representa, no plano do gosto, o que, no plano do costume político, é o indiferentismo; e, em outras palavras, tratar-se-ia, sob outra forma, do desafio que – numa civilização neocapitalista – o mito da *seicento* e do televisor estão lançando à consciência política).

Entreviste-se o consumidor "ingênuo" sobre *x* modelos de respostas possíveis que é levado a dar para protocolar o que experimenta escutando uma dada canção. Para elaborar os modelos das respostas possíveis, também aqui seria preciso aceitar, de saída, uma hipótese acerca das possíveis funções de um produto artístico (entendendo-se "artístico" no seu sentido mais geral). Por exemplo, Charles Lalo sugeria cinco possíveis funções da arte:

1. *Função de diversão* (arte como jogo, estímulo para a divagação, momento de descanso, de "luxo");

2. *Função catártica* (arte como solicitação violenta das emoções e consequente libertação, relaxamento da tensão nervosa ou, a nível mais amplo, de crises emotivas e intelectuais);

3. *Função técnica* (arte como proposta de situações técnico-formais, para serem gozadas como tal, avaliadas segundo critérios de habilidade, adaptação, organicidade etc.);

4. *Função de idealização* (arte como sublimação dos sentimentos e problemas, e portanto, como evasão superior – e suposta como tal – da sua contingência imediata);

5. *Função de reforço ou duplicação* (arte como intensificação dos problemas ou das emoções da vida cotidiana, de maneira a pô-los em evidência e a tornar importante e inevitável sua consideração ou coparticipação).

Aplique-se esse modelo às possíveis reações do nosso sujeito "ingênuo" diante de uma canção.

1 – Ela poderia aparecer-lhe como convite à distensão, ao repouso, pretexto para esquecer os problemas da vida cotidiana; trata-se de uma reação bastante normal que todos nós podemos atribuir a uma música de consumo.

2 – Poderia aparecer-lhe como campo de estímulos psicofisiológicos próprio para desencadear as forças de vários tipos e coordená-las segundo as leis do *pattern* melódico, harmônico ou rítmico que determina o processo; pensando bem, trata-se do tipo de fruição que realizamos, a nível mínimo, quando usamos música para ritmar nossa atenção enquanto lemos, escrevemos ou fazemos outra coisa; e é o desafogo de tendências reprimidas que se realiza ao desencadear-se de um *twist*: na raiz, trata-se ainda da função que os antigos atribuíam à música como medicina das paixões, e ninguém jamais pôs em dúvida que toda uma série de rituais de tal gênero (por exemplo, as festas dionisíacas) não correspondessem a exigências profundas do corpo social; na sociedade contemporânea, função análoga é exercida pelo esporte, sendo positiva quando o esporte é praticado, mas aberrante quando o esporte é observado enquanto outro o pratica, como acontece nos estádios; se bem que, mesmo aí, diante do espetáculo inquietante oferecido por grandes grupos humanos que fazem dessa catarse dominical o escopo de toda a semana, reduzindo assim, o que devia ser princípio de purificação a princípio de obsessão, poder-se-ia opor o testemunho inconfutável daqueles que, dando prova de equilíbrio intelectual na vida de todos os dias, afirmam encontrar em práticas do gênero, oportunamente dosadas, ocasiões de distensão que ninguém lhes poderia honestamente negar.

3 – A canção poderia ser por ele encarada como objeto técnico a avaliar pelos seus valores construtivos, estímulo,

portanto, para um exercício de crítica estética, que, conquanto elementar, não é, todavia, de subestimar. Seria interessante, em tal sentido, ver quanto os achados rítmicos e tímbricos do produto, suas soluções melódicas e harmônicas, são advertidos como tais e gozados de per si, mais do que fruídos inconscientemente corno estímulos para uma resposta de tipo "catártico". Seria interessante avaliar o quanto esse fator intervém no êxito obtido por novas tendências da canção (os urladores contra os melódicos, por exemplo) e o quanto avaliações desse tipo importam, realmente, no contexto geral da resposta conjunta ao estímulo-canção.

4 – A canção poderia ser descrita como idealização dos grandes temas do amor ou da paixão. Aqui nos encontraríamos ante uma reação de tipo inferior e mais impressivamente "ingênuo", mas não seria inútil apurar, num grupo social ou numa categoria psicológica determinada, o quanto tal fator influi e em que medida prevalece sobre os demais fatores.

5 – Da mesma maneira, a canção poderia ser fruída como o momento privilegiado em que os problemas da vida tomam forma e força e são submetidos a apaixonada consideração. Assim, no caso (4), indicar-se-ia a canção como elemento narcótico capaz de atenuar ficticiamente tensões reais, graças a uma solução de elementar misticismo; no caso (5), denunciar-se-ia a canção como excitante capaz de suscitar disposições emotivas de outra forma irrealizáveis por parte de uma sensibilidade vadia (o caso (5) compreenderia também, portanto, as excitações de caráter erótico).

Uma vez assente que as respostas não tenderiam provavelmente para uma solução única, mas proporiam diversas formas de dosagem de todas essas reações fruitivas, cabe pensar que as respostas (1), (2) e (3) indicariam a presença de elementos estruturais (na canção em exame) e de esquemas de reação (no sujeito), que, oportunamente instrumentalizados e criticamente aceitos, ainda poderiam constituir um valor positivo a considerar.

As respostas do tipo (4) e (5) denunciariam provavelmente atitudes exprobráveis, mas levantariam outro problema: de fato, visto que idealização e intensificação podem constituir valores positivos em obras que estamos habituados a considerar como altamente "artísticas" (a *Divina Comédia* ou a *Quinta Sinfonia*, *Madame Bovary* ou *Guernica*), a resposta do sujeito interrogado abriria caminho a uma indagação estrutural para pôr em foco as diversas condições, graças às quais as obras acima nomeadas conseguem provocar reações identicamente catalogáveis, sem obter nem efeitos de pura narcose nem de mera excitação. Claro está que aí se trata do velho problema da "pureza" da obra de arte, mas a comparação com o produto inferior serviria, de um lado, para esclarecer o mecanismo estrutural deste e, do outro, para perguntarmo-nos se, nas obras "superiores", se tem sempre e verdadeiramente aquela pureza e aquele distanciamento de que habitualmente se fala, ou se também sua fruição não comporta, ao contrário, elementos como aqueles denunciados pelo sujeito em relação ao produto de consumo; e em que medida, nos dois tipos de produtos, esses elementos se organizam com outros, de modo a dar dois resultados nitidamente distintos. Mas, sobretudo, abrir-se-ia caminho para uma nova questão: os sujeitos analisados fruirão valores de idealização e intensificação da maneira tosca permitida pelos produtos de consumo porque *escolhem* aquele tipo particular de fruição ou *porque a cultura contemporânea não lhes oferece alternativas possíveis*, isto é, produtos capazes de estimular reações análogas de modo mais crítico e complexo, partindo, todavia, de bases comunicativas congeniais a eles?

Um mito geracional

E eis como uma investigação aparentemente analítico-descritiva, uma espécie de listinha de bolso capaz de explicar as oscilações do gosto num dado contexto histórico-sociológico, poderia abrir perspectivas críticas mais aprofundadas para a diagnose de um sistema. Ver os produtos da cultura de massa como resposta industrializada a exigências reais, pode tornar-nos palpável uma carência de valores que vai além do fato musical específico; e pode sugerir-nos as direções ao longo das quais operar culturalmente para uma modificação dos dados de fato, através de uma substituição preliminar dos "modelos de comportamento" Leia-se a *enquête* realizada por

Roberto Leydi no *L'Europeo* de 12 de janeiro de 1964 (que, surgida enquanto se redigiam estas páginas, aparece como uma interessante antecipação, a nível jornalístico, do tipo de pesquisa que esperamos ver realizado a nível mais complexo e rigoroso): trata-se de uma série de respostas, dadas por um grupo de rapazes de várias situações sociais, acerca das suas preferências musicais.

A tonalidade dominante das respostas concerne ao reconhecimento de uma certa produção de consumo (Celentano, Rita Pavone, Françoise Hardy) como a música "nossa" (deles, adolescentes) por excelência que é preciso defender contra a incompreensão dos adultos, e ouvir como própria, enquanto for negada pelos adultos. As respostas especificam, em muitos outros pontos, que as canções em questão "interpretam os nossos sentimentos e os nossos problemas"; delas conta não só o ritmo ou a melodia, mas também as letras, os problemas do amor (enquanto "único tema verdadeiramente universal"), expressos segundo uma problemática adolescencial. Uma geração reconhece-se numa certa produção musical; mas atenção: não só a *usa* como a *assume* como bandeira, assim como a outra geração assumira o *jazz*. Mas a assunção do jazz comportava, além de uma adesão instintiva ao espírito do tempo, um projeto cultural elementar, a escolha de uma música ligada a tradições populares e ao ritmo da vida contemporânea, a escolha de uma dimensão internacional e a recusa de um falso folclore despatriado, de evasão, identificado com os anos vinte ou com a política cultural dos telefones brancos. Na assunção dos cantores adolescentes por parte dos novos adolescentes, revela-se, ao contrário, um comportamento mais imediato, a escolha instintiva das únicas expressões de "cultura" que parecem interpretar verdadeiramente a problemática de uma geração. A tal ponto que (e continuamos a nos referir à reportagem de Leydi), interrogados acerca da influência que pode ter sobre suas opções a ação persuasiva da indústria da canção, os jovens entrevistados tendem a reafirmar, com energia, que são eles que escolhem, que nenhuma persuasão publicitária incide verdadeiramente e a fundo sobre seu comportamento. Mas é uma energia voltada menos para resolver o problema do que para rejeitá-lo como fictício, para *removê-lo*.

O panorama surge, então, mais dramático e ambíguo do que nunca. Visto que de um lado está, e nós o sabemos, uma contínua modelação do gosto coletivo por parte de uma indústria da canção que cria, através dos seus astros e das suas músicas, os modelos de comportamento que em seguida, de fato, se impõem; e quando os jovens pensam escolher os modelos baseados em seu comportamento individual, não se dão conta de quanto agora o comportamento individual se articula com base na determinação contínua e sucessiva dos modelos. Do outro, está o fato de que, na sociedade em que vivem, esses adolescentes não encontram *nenhuma outra fonte de modelos*; ou pelo menos, nenhuma tão enérgica e imperativa. E no tocante à indústria da canção temos o fato de que ela, do modo aberrante já suficientemente analisado por numerosíssimas pesquisas, institui, todavia, e satisfaz algumas tendências autênticas dos grupos aos quais se dirige. Sempre dentro da citada reportagem, pode-se controlar como as respostas dos jovens indicam, nas "suas" canções, exatamente a satisfação daquelas exigências de *idealização e intensificação* dos problemas reais a que nos referimos.

Tem-se, assim, o problema de uma fonte única, industrializada, das respostas a algumas exigências reais; mas enquanto industrializada, a fonte não tende tanto a satisfazer as exigências quanto a repromovê-las de forma sempre variada. Assim, o círculo não se rompe, e a situação surge como insolúvel. Acusem a cultura de massa, que assim talvez os senhores salvem as suas almas, mas com isso não terão substituído por nenhum objetivo real os objetivos místicos que querem negar aos seus contemporâneos. Louvem a função de *Ersatz* que a cultura de massa exerce, e os senhores se estarão tornando cúmplices da sua contínua mistificação.

Um dos fenômenos mais exemplares, a esse respeito, parece-nos o de Rita Pavone, vista como modelo de comportamento. A personagem Rita Pavone constitui um nó, onde se torna clara a ambiguidade conexa a todos os fenômenos que nos interessam. Liquidar o caso como exemplo de mau costume industrial, parece-nos ingênuo. Exaltar a personagem com o espírito esnobe do intelectual, que vai assistir aos ritos públicos a ela dedicados (feliz de bancar, por uma noite, "massa" ele próprio, e todavia de pairar acima da massa, graças ao juízo irônico que a seu respeito exara, enquanto dela participa), é outra solução execrável.

Nas suas primeiras aparições, Rita Pavone havia despertado perplexidade em torno de sua idade. A Rita Pavone real podia mesmo ter dezoito anos (como depois se apurou), mas a personagem "Pavone" oscilava entre os treze e os quinze. O interesse suscitado logo tomou um aspecto mórbido. Havia nessa meninota uma espécie de apelo não redutível às categorias consuetas. O significado do berro de Mina era claro. Mina era mulher feita, a excitação musical que provocava não podia estar separada de um interesse erótico, embora sublimado; mas nisso nada havia de doentio. O moralista poderá execrar o êxito do mito Bardot, mas o mito Bardot apoia-se em tendências perfeitamente naturais, mesmo quando joga com o fascínio turvo da adolescente impudica; também o gosto pela impudicícia se inclui entre os projetos de mãe natura. O significado do mito Paul Anka era igualmente claro: aquela estupenda curta-metragem que é *Lonely Boy* mostrou-nos, com divícia de pormenores, o tipo de reações histéricas que o cantor provocava tanto em meio à multidão das *teen agers*, que acorriam para vê-lo, como (de modo mais contido) entre as velhas senhoras de um *night-club*. Em ambos os casos, uma saudável tendência erótica estava na base das manifestações aberrantes: pode-se levar à loucura um indivíduo através do desejo sexual, mas isso não impede que o desejo sexual, em si, seja um fato normal. Com Rita Pavone, ao contrário, realizava-se uma espécie de apelo bem mais esfumado e impreciso. Rita surgia como a primeira estrela da canção que não era mulher; mas nem ao menos era menina, no sentido em que o são as costumeiras e insuportáveis crianças-prodígio. O fascínio de Rita estava no fato de que, nela, tudo quanto até então fora argumento reservado para os manuais de pedagogia e os estudos sobre a idade evolutiva, se tornava elemento de espetáculo. Os problemas da idade do desenvolvimento, aqueles pelos quais a menina sofre por não ser mais criança e ainda não ser mulher, as perturbações de uma tempestade glandular que habitualmente têm desenlaces secretos e desgraciosos, tornavam-se nela declaração pública, gesto, teatro, e faziam-se estado de graça. Essa moça que caminhava para o público com ar de pedir um sorvete, enquanto da boca lhe saíam palavras de paixão; essa voz ineducada, cujo timbre e intensidade eram bons para chamar a mamãe, do quintal, e que transmitia mensagens de paixão atormentada; aquele rosto, do qual agora; passado o primeiro desnorteamento, se esperavam piscadelas maliciosas, e de repente declarava um mundo feito de simplicidade e meias de lã branca... Em Rita Pavone, pela primeira vez, diante de uma inteira comunidade nacional, a puberdade transformava-se em bale e conquistava plenos direitos na enciclopédia do erotismo – mas atenção: a nível de massa, e com os crismas do organismo televisional do Estado, e portanto aos olhos da nação consenciente, e não nas páginas de um Nabokov dedicado a compradores cultos, e, quando muito, a adolescentes curiosos. Nesse sentido, Rita Pavone teria podido tornar-se o ponto de referência de uma série inextricável de projeções míticas, símbolo de inocência e corrupção ao mesmo tempo, de tal maneira nos faz ela pensar na sua personagem como numa obra-prima de crueldade escravista, numa vítima daqueles *comprachicos* de que nos falou Victor Hugo, e cujos contornos físicos eram, desde o berço, deformados por uma cruel cirurgia que os transformava em monstros de exibir nas feiras. Mas se a adolescência dessa moça se tivesse artificiosamente encerrado nos treze anos presumidos, a fim de transformá-la em espetáculo para as mais variadas qualidades de curiosos, o fenômeno ter-se-ia imediatamente restringido. A cultura de massa tem, na sua procura da "mediedade", uma espécie de mecânica moralidade pela qual recusa tudo o que é abnorme, preocupada, unicamente, em fixar-se sobre uma "normalidade" que não incomode ninguém.

O fato singular, portanto, é que, no cadastro mitológico da indústria cultural ligeira, a idade de Rita Pavone se tenha rapidamente estabilizado nos dezoito anos. O espetáculo com que provisoriamente se despediu dos palcos leva como título "Não é fácil ter dezoito anos". Automaticamente, isto é, por uma espécie de homeostase do mercado, a personagem encontrou o caminho certo e tornou-se emblema de uma geração, modelo exemplar de uma adolescência nacional, que faz dos dezoito anos uma espécie de ponto de referência em torno do qual giram os problemas das gerações imediatamente precedentes e posteriores. Assim Rita Pavone, de Caso

Clínico que podia constituir, tornou-se Norma Ideal e estabilizou-se como Mito. Enquanto mito, ela realmente encarna os problemas de seus fãs; as ânsias pelo amor não correspondido, o despeito pelo amor contrariado (no qual a situação de Julieta e Romeu assume as dimensões não lendárias que deve ter para atingir os jovens de perto, e torna-se o encontro fugaz enquanto se vai tomar um copo de leite), a escolha entre uma dança ginástica, com funções de sociedade, e a dança de par agarrado e quase imóvel, com funções eróticas (mas ao mesmo tempo a recusa de um erotismo indiferenciado, a opção erótica reservada a um só, e portanto uma inequívoca declaração de moralidade, um diferenciar-se da genérica imoralidade dos adultos). Aqui encontramos, satisfeitas, as cinco exigências já hipotizadas: *idealização e intensificação* da vida cotidiana, *choque catártico* provocado pela intensidade do berro *qualidade técnica* de um ditado canoro novo e apreciado como tal, *evasão* de um mundo construído pelos adultos graças à legalização, realizada pela cantora, de um mundo particular e reservado da adolescência: a canção – e a personagem que canta – não se tornam Mito por acaso, correspondem a todas as expectativas do seu público.

Mas, e nisto está a contradição, correspondem com perfeição porque desenvolvem, ao mesmo tempo, uma tarefa planificada de cuja existência os jovens fruidores nem sequer suspeitam: *O Mito Pavone age de modo que os problemas da adolescência se mantenham dentro de uma forma genérica*. A adolescência, através da mistificação realizada pelo mito, continua sendo uma classificação biológica, e não é confrontada com as condições históricas de um mundo em que o adolescente vive.

Se formos ler as respostas dadas pelos jovens às várias pesquisas de opinião promovidas pelo *Almanacco Bompiani 1964*, encontraremos singularmente enfatizada essa visão da adolescência como classe biológica, que rejeita toda corresponsabilidade com o mundo em que vive – o qual encara como *dado* pelos adultos, e ao qual se opõe mediante programas e manobras, que fazem uso contestatório das estruturas preparadas pelos adultos, sem prever seu recambio concreto. Esse esvaziamento histórico dos problemas exemplifica-se justamente através de um dos êxitos de Rita (que, já há tempos, faz furor na França), isto é, de *Datemi um martello*. Pretexto para a dança, apresenta-se essa canção como expressão de um audacioso anarquismo juvenil, declaração programática *contra* alguma coisa, em que o que conta não é essa alguma coisa, mas sim a energia despendida no protesto.

Na realidade, a canção é a padronização rítmica (segundo modos que a análise de Liberovici sobre outros textos ajuda a compreender) de um canto político norte-americano, *If I had a hammer*, onde as referências polêmicas aparecem claramente e o protesto é dirigido contra objetivos reais, históricos. O martelo de que se fala, na origem, é o martelo do juiz: "Se eu tivesse o martelo do juiz – queria bater forte – para dizer do perigo que estamos correndo". O autor é Pete Seeger: suas canções valeram-lhe uma condenação por parte da Comissão para Atividades Antiamericanas. Rita Pavone, ao contrário, pede um martelo para: 1) dar na cabeça "daquela sirigaita" que chama a atenção de todos os rapazes da festa; 2) bater em todos os que dançam agarrados e com pouca luz; 3) quebrar o telefone de quem vai logo chamar a mamãe dizendo que está na hora de voltar pra casa. E eis como uma mensagem, já dotada de significado próprio, é tomada apenas em sua configuração superficial, sobre a qual se fez incidir uma mensagem de segunda potência, aplastrada numa significação nova, com função consolatória: como que para obedecer a uma inconsciente exigência de tranquilização. Nesse sentido, como diz Roland Barthes, o Mito está sempre à direita.

Será possível, ao nível da música de consumo, uma operação cultural tal que um novo compromisso, como o manifestado por uma canção "diferente", se realize, levando em conta as exigências profundas que, a seu modo, até a mais banal canção de evasão exprime?

Ou uma canção só será "diferente" na medida em que se recusar à popularidade e à circulação industrial, já que, no contexto onde vivemos, a canção, para industrializar-se, tem que fatalmente percorrer os caminhos do Mito mistificatório, produtor de exigências fictícias?

Mesmo que assim fosse – e ainda que a solução para os problemas de uma cultura de massa não levasse em conta a proposta de novas formas culturais dentro de um dado contexto, mas na modificação radical do contexto para, depois, dar novo sentido às formas de sempre –, uma análise sempre mais aprofundada dos comportamentos de fruição do produto artístico de consumo só fará clarear o âmbito dentro do qual nos movemos.

A MÚSICA, O RÁDIO E A TELEVISÃO

O rádio e a televisão constituem um *meio técnico* apto para transmitir sons ou imagens a grande distância e, em segundo lugar (aspecto esse que foi alvo de muitas discussões), um *meio artístico* que, como tal, promove a formação de uma linguagem autônoma e abre novas possibilidades estéticas. O problema da transmissão musical através dos canais audiovisuais deve ser, portanto, examinado sob esses dois aspectos[1].

1. P. Larrieu, *La musique devant le micro*, Paris, 1937; R. Arnheim, *La radio cerca la sua forma*, Milão. 1937; E. Rocca, *Panorama dell'arte radiofônica*, Milão, 1938; H. Dutilleux, "Opinion dun musicien sur le théâtre musical radiophonique", In *Polyphonie*, I, Paris, 1948, pp. 121-128; *La musique mécanisée*, ivi, VI, 1950; G. Chestek e R. G. Garnet, *Radio and Television an Introduction*, Nova York, 1950; A. Silbermann, *La musique, la Radio et l'Audileur*, Paris, 1954; C. Siepmann. *Radio, Television and Society*, Oxford Un. Pr.; 1950; L. Bogart, *The age of television*, Nova York, 1956; *Elettronica*, número especial sobre a música eletrônica, 1956, nº 3; G. Lossan, "Für eine Kritik der Musik im Rundfunk", in *Musica*, 1959, nº 6, p. 363; A. Bucurechliev, "La musique electronique", in *Esprit* I, 1960; M. Rinaldi, *La musica nelle transmizzioni radiotelevisive*, Caltanissetta-Roma, 1960.

*Os meios audiovisuais como instrumento
de informação musical*

Os meios audiovisuais nasceram e cresceram praticamente com o rádio como meio de difusão: em 1916, David Sarnoff, então jovem empregado da American Marconi Company, propusera aos superiores promover a construção e difusão de aparelhos radio receptores ou "Caixas radiomusicais". Mas nessa época a Marconi Co. interessava-se unicamente em comunicações comerciais, e a proposta não foi levada em consideração. Alguns anos depois, um pesquisador da Westinghouse, Frank Conrad, com um transmissor que construíra à guisa de passatempo numa garagem de Pittsburgh, começou a transmitir, a título de experiência, notícias lidas dos jornais e música de disco. Gradativamente se formou um público de radioamadores que acompanhava aquelas transmissões ao acaso e começou a escrever-lhe, pedindo para ouvir suas músicas preferidas. Em seguida, nas lojas de Pittsburgh, começaram a aparecer aparelhos rádio receptores, apresentados como particularmente adaptados "para ouvir a Westinghouse Station". A direção da Westinghouse, após as primeiras perplexidades, compreendeu a importância do acontecimento. As transmissões dos resultados das eleições presidenciais de 1920 e do relato da luta Dempsey-Carpentier, em 1921, assinalavam o início das transmissões radiofônicas e do rádio como *mass médium*.

Os ouvintes de Conrad não demonstravam particulares inclinações estéticas: queriam apenas ouvir música em casa; nesse sentido, o rádio desempenhou imediatamente uma função musical, cujo alcance só se poderá avaliar a uma distância de várias dezenas de anos. De fato, o rádio pôs à disposição de milhões de ouvintes um repertório musical ao qual, até bem pouco tempo, só se podia ter acesso em determinadas ocasiões. Daí a expansão da cultura musical nas classes médias e populares (fenômeno que se pode apreciar melhor recordando como a música setecentista foi toda dedicada e dirigida a um público de corte, enquanto que a do século passado se tornou, ao contrário, um divertimento típico da burguesia), o aprofundamento do conhecimento do repertório (dado que o rádio também podia impor ao público as composições menos conhecidas e mais esquecidas nos programas dos concertos habituais), e o estímulo para promover manifestações musicais e compor músicas originais (campo em que o rádio, bem ou mal, assumiu o papel que, no passado, pertencera a indivíduos isolados ou às instituições com tendências ao mecenatismo). Por outro lado, o rádio – nisso ajudado pelo disco – pondo à disposição de todos uma enorme quantidade de música já "confeccionada" e pronta para o consumo imediato – desencorajou aquelas práticas de execução autônoma que caracterizavam os aficionados, os diletantes musicalmente sensíveis dos séculos passados; inflacionou a audição musical, habituando o público a aceitar a música como complemento sonoro das suas atividades caseiras, com total prejuízo de uma audição atenta e criticamente sensível, levando, enfim, a um hábito da música como coluna sonora da jornada, material de uso, que atua mais sobre os reflexos, sobre o sistema nervoso, do que sobre a imaginação e a inteligência. Uma situação típica, nessa ordem de ideias, é a do aficionado, que, ainda há poucos anos atrás, para ouvir música de seu agrado, esperava pelo programa pré-anunciado, ao passo que hoje, confiando-se ao fluxo ininterrupto da filodifusão, obtém, para o dia inteiro, um *continuum* musical, no qual, gradativamente, acabarão por confundir-se até mesmo o caráter, o título, o autor e a qualidade das execuções isoladas. Se esse fenômeno se verifica com a música chamada clássica, maior razão terá para manifestar-se com a música ligeira, cuja função declarada é justamente a de oferecer-se como objeto de uso. Se a abundância da música clássica desviou das práticas musicais as classes cultas e burguesas, a abundância da música ligeira influiu no declínio da música popular. Assim é que a música folclórica, longe de aproveitar o meio radiofônico para afirmar-se e difundir-se, sofreu-lhe, ao contrário, o influxo, adotando, muitas vezes, os modos da cançoneta comercial para sobreviver numa forma abastardada.

Cabe, a seguir, notar que, sendo o consumo de música ligeira um fenômeno a avaliar dentro do quadro geral das vicissitudes do gosto de uma época, o rádio sempre tem a possibilidade de promover um apuramento do gosto musical: se não no sentido de uma maturação artística, pelo menos habituando o ouvido a acostumar-se com meios técnicos sempre mais complexos e articulados. Nessa direção, independentemente de todo juízo do hábito, a revolução que se realizou de alguns anos a esta parte no campo da canção italiana (por exemplo, os fenômenos dos berradores, dos autores-cantores, a adoção de módulos rítmicos inusitados como o acompanhamento em tercinas, a mediação de modos típicos do cool-jazz, o uso do eco magnético, a valorização do texto na esteira da produção francesa etc.) constituiu, indubitavelmente, uma evolução da sensibilidade musical de massa, e como tal deve ser julgada positivamente, tanto que foi possível afirmar, ainda que só paradoxalmente, que essa música prepara o terreno para aquela nova sensibilidade musical tão almejada pelos musicistas seriais e eletrônicos. Já nessa evolução, o rádio não desenvolveu, de modo algum, função de comando, mas antes sofreu a iniciativa das casas gravadoras e dos *juke-boxes*, adaptando-se com atraso ao fato novo: a ponto de, entre as exibições dos vários Cláudio Villa, só incluir nos seus programas as novas tendências, quando estas já estavam de tal maneira assimiladas pela sensibilidade corrente que já constituíam uma expressão do conservantismo musical, privada de toda a salutar força de impacto e reduzida a uma nova maneira, capaz unicamente de encorajar a habituação do ouvido e não de desenvolver-lhe as tendências latentes.

Terá o rádio, como instrumento de informação musical, tido efeitos positivos ou negativos? – eis uma pergunta que se integra num exame mais amplo de fatores culturais, sociológicos, econômicos. "Democratização da audição", "difusão do repertório", "encorajamento da audição direta de concertos" são contrabalançados por um bloqueio da atenção e por uma política de conservação cultural (especialmente no campo da música ligeira, que visa não a renovar mas a encorajar o gosto existente). Essa situação é conexa com as particulares condições econômicas em que operam habitualmente os organismos radiofônicos, submetidos a exigências comerciais ou – em regimes de monopólio – a não louváveis concessões demagógicas.

Quanto à televisão, o problema surge bem mais restrito no que diz respeito à música clássica; a música ligeira, as exigências do espetáculo, que deram preferência a executantes dotados de maior talento cênico, e a imprescindível exigência de atualidade a que esse meio, mais do que o radiofônico, está submetido, permitiram ao novo meio de comunicação agir no sentido de uma modernização que acabou influindo sobre o próprio rádio. Por exemplo, a voga dos autores-cantores e das canções em que se busca certa nobreza do texto deve-se, indubitavelmente, à imposição e difusão da canção francesa feita nos espetáculos de televisão durante alguns anos, de 1955 até hoje, contra os desejos expressos da maioria dos usuários.

Os meios audiovisuais como jato estético

O problema deve ser examinado tanto do ponto de vista psicológico da recepção, quanto do técnico-formal da linguagem radiotelevisional.

a) Situação do radiouvinte. Quem escuta música transmitida pelo rádio, posto que a escute intencionalmente, acha-se numa particular condição de intimidade e isolamento, disposto para a recepção dos sons puros, sem outro complemento visual ou emotivo.

Falta, portanto, ao ouvinte a ligação com o executante (solista ou conjunto orquestral), ligação que se concretiza naquele particular "magnetismo", que pode ser variamente definido, mas não ignorado; falta, ademais, ao ouvinte a ligação direta, física com o grupo dos que escutam com ele. Ora, o magnetismo do executante e o magnetismo do público são parte essencial de uma audição musical tradicional, introduzindo na audição uma cota de "teatralidade" que não nega mas caracteriza o rito musical. O radiouvinte, ao contrário, é posto em contato direto com o universo sonoro na sua absoluta pureza: escuta timbres que o meio técnico, conquanto perfeito, não lhe oferece nunca iguais aos originais, mas caracterizados por uma frieza maior; não é distraído nem ajudado por presenças humanas diretamente ligadas ao fato musical, que ele colhe no seu aspecto rigorosamente formal, numa atmosfera que já se quis definir como de rarefação metafísica. Seria inexato afirmar que o tipo tradicional de audição (teatral, coral, conjuntamente visual e auditiva) representasse o *optimum* contra o tipo novo, ou vice-versa. Pode-se simplesmente afirmar que o rádio, introduzindo novas modalidades de audição musical e oferecendo, assim, novos estímulos à sensibilidade, deu início a novas possibilidades de uma arte com caracteres próprios, assim como a audição numa sala de concertos se opõe à audição toda, interior e imaginativa, mas nem por isso menos válida, do musicista que lê uma partitura. Negada, pois, toda e qualquer hierarquia de valores entre os vários tipos de audição, caberá, todavia, observar que essas novas possibilidades estéticas podem ser fruídas diversamente pelos diversos tipos de ouvintes. O ouvinte musicalmente preparado aproveitará de uma audição radiofônica para um rigoroso controle do discurso musical, destituído de comistões psicológicas e fixado nos valores formais, técnicos e expressivos. Em contraposição o ouvinte musicalmente inculto aproveitará do isolamento a que o rádio o constrange, para dar asas à sua fantasia, que, estimulada pela música, e não mais orientada pela presença direta de um aparato ritual, poderá fazer, do fato sonoro, ocasião para abandonar-se à onda indiscriminada dos sentimentos e imagens; já ao amador principiante faltará aquele subsídio constituído, na sala de concerto, pelo gesto do solista ou, melhor ainda, do maestro, que lhe permite seguir o fluir do discurso sonoro, espacializando os vários níveis melódico--harmônicos e as seções tímbricas.

Todos esses problemas se reduzem ao mínimo na televisão, em virtude da escassez das execuções musicais clássicas: mas é oportuno observar que, no vídeo, a presença visiva dos executantes e do público não substitui a presença física, ao passo que, ao mesmo tempo, age como fator perturbador em relação à audição radiofônica. Por isso, uma execução musical televisionada oferece, hoje, apenas possibilidades de crônica, ou então pedagógicas.

b) Linguagem musical radiotelevisional. Em todas as atividades artísticas, a adoção de um novo material de trabalho sempre institui – estabelecendo condições insuperáveis, sugerindo novas possibilidades – uma linguagem autônoma. Nesse sentido o complexo *"aparelhamentos transmissores – ondas eletromagnéticas – aparelhamentos receptores"* constitui um material de formar, e portanto, um material dotado de potencial estético; de modo que, mesmo quando não dá vida a fenômenos artísticos autônomos, influencia e modifica os fatos artísticos que o adotam como veículo comunicativo. A matéria radiofônica, tomada como veículo, cria, assim, fenômenos de modificação de outras linguagens artísticas; tomada como *médium* formativo, permite o nascimento de uma nova linguagem.

Os reflexos sobre a prática musical são múltiplos. Muitas vezes se observou como o tocar ou o cantar dian e do microfone exige do intérprete particulares adaptações dos seus meios técnicos, e como isso influi indubitavelmente em seu estilo e repercute na prática vocal e instrumental em geral. Consequentemente, o uso de especiais estratagemas técnicos para obter determinados efeitos de fidelidade cria uma dimensão da transmissão como execução. Esse caráter criativo da transmissão acentua-se naturalmente, quando o recurso ao meio técnico não visa unicamente à tradução fiel dos sons, mas à sua deformação, através do uso de microfones especiais, de gravações em baixa velocidade, ou destorcidas por meios eletroacústicos, ou sobrepostas, amplificadas, complicadas por ecos magnéticos etc. Se de um lado, portanto, a execução musical radiofônica sublinha certas qualidades técnicas ou estéticas de determinadas obras, e chega mesmo a promover sua maior assimilação (observava Casella como o rádio, ao qual se adaptam melhor os timbres simples e puros, fora beneficiado com a afirmação da música pós-romântica, que recorre de preferência a esses timbres), do outro, através de experimentos e rupturas dos hábitos acústicos estabelecidos, promove uma nova sensibilidade auditiva, estimula a invenção de timbres e de frequências inéditas. No primeiro caso – como observa Mario Rinaldi – as exigências da radiofonização influenciam a prática musical, impondo pureza de timbre, simplicidade instrumental, adesão aos "a soli", eliminação do som dobrado nos acordes, dinâmica controlada. No segundo caso, foram exatamente as experiências radiofônicas que, na origem, deram vida às práticas de música concreta e música eletrônica, uma das manifestações mais interessantes da música contemporânea. Mas ainda antes que fossem construídos aparelhamentos acústicos capazes de "fabricar" frequências nunca antes realizadas e timbres totalmente novos, o rádio renovou a sensibilidade acústica do público e dos compositores, estabelecendo originais exigências de atmosferas sonoras, comentários e ações faladas, situações expressivas realizadas através dos ruídos. Num certo sentido, deve-se à prática radiofônica o fato de o *ruído* ter passado a fazer parte da música contemporânea e de que a rossiniana batida dos arquetes sobre a estante não se tenha reduzido a uma invenção destituída de consequências. As criações originais apresentadas nas várias temporadas do Prêmio Itália demonstraram a possibilidade de uma arte radiofônica, e, com ela, de uma música radiofônica, música que também inclui, com pleno direito, entre suas manifestações, os longos silêncios e os ruídos em surdina de uma obra como *Noturno em Cnosso*, de Angioletti e Zavoli.

Quanto à televisão, nesse campo o discurso ainda não dispõe de muitos elementos. Encontrando suas possibilidades estéticas mais fecundas no campo da transmissão direta, o meio televisional até agora não produziu soluções musicais autônomas. Mas num caso a televisão influenciou a prática musical: na transmissão de melodramas, onde particulares exigências de espetáculo levam a acentuar os lados narrativos e as características de ação próprias de um libreto, dele desfrutando todas as possibilidades de narrativa psicológica com prejuízo da recepção musical. A influência desse fenômeno no público da ópera e no trabalho dos compositores de ópera contemporâneos poderá ser matéria de uma pesquisa mais consciente e documentada em futuro próximo; se bem que agora essa prática televisional já se insira num processo histórico (em que estão envolvidos o gosto do público e as tendências dos compositores) que deixa entrever uma dissociação entre o conceito do teatro musical e o do *recitar cantando*.

APONTAMENTOS SOBRE A TELEVISÃO

Foi partindo da convicção de que a televisão é um dos fenômenos básicos da nossa civilização (e é preciso, portanto, não só encorajá-la nas suas tendências mais válidas, como também estudá-la nas suas manifestações) que os organizadores do Prêmio Grosseto, de quatro anos a esta parte, além de convocarem para sua comissão julgadora homens de cultura de várias tendências, têm sempre promovido a *latere* encontros de vários tipos entre estudiosos, críticos de TV, artistas e educadores. Em 1962, a entrega dos prêmios foi precedida de uma "mesa redonda" sobre o tema "influências recíprocas entre Cinema e TV"[1].

1. Dos nove que compunham a comissão julgadora (Carlo Bo, Achille Campanile, Cario Cassola, Luigi Chiarini, Giuliano Gramigna, Guido Guarda. Mario Apollonio, Giuseppe Dessí e Enrico Emanuelli), os seis primeiros tomaram parte na discussão; e a eles haviam aderido, em Grosseto, estudiosos de estética como Galvano delia Volpe, Gillo Dorfles e Armando Plebe; especialistas de problemas televisionais como Federico Doglio, Pier Emilio Gennarini, Gian Paolo Callegari, Emilio Servadio, Luigi Volpicelli, Padre Salvatore Gallo, Piero Gadda Conti, o Diretor do Centro Experimental de

É difícil para o autor destas notas fazer um relatório exato do desenvolvimento das discussões, visto que, como participante da mesa redonda, passou inevitavelmente a escutar com ouvidos "facciosos", atentos a colher das palavras alheias estímulos para reflexões pessoais, confirmações para as próprias opiniões, e objeções pertinentes a serem adotadas. Por isso, ao invés de procurarmos relatar fielmente as intervenções isoladas e deixar a cada um a paternidade das próprias opiniões, tentaremos, ao contrário, enuclear alguns grupos temáticos que emergiram da discussão, estabelecendo de antemão que tudo o que se segue não deverá ser visto como o balanço de um observador imparcial, mas como o discurso de um participante sobre o que disseram os participantes.

Transmissão direta e influência sobre o filme

Um dos primeiros temas sobre o qual se orientou a discussão, na tentativa de discriminar um "específico" televisional diante do agora canônico problema do específico fílmico, foi o da *transmissão direta*. De fato, na transmissão direta, iria a televisão encontrar aquelas características pelas quais se pode distinguir de outras formas de comunicação ou espetáculo, podendo-se mesmo individuar no ensinamento da transmissão direta o débito do cinema novo para com a TV. O cinema, com efeito, pelo menos nas suas formas tradicionais, habituara o espectador a uma espécie de narrativa concatenada e construída segundo passagens necessárias, segundo as leis da poética aristotélica: série de acontecimentos terríveis e patéticos que ocorrem a uma personagem capaz de determinar uma identificação simpatética por parte do espectador; desenvolvimento desses acontecimentos até o máximo da tensão e da crise; desenlace da crise (e dos nós

Cinematografia Leonardo Fioravanti e muitos outros. Os trabalhos foram abertos com os informes de Ugo Gregoretti, que veio dar testemunho de suas experiências de "homem de TV" bandeado para o cinema – apenas para ilustrar, da experiência de "Contrafagote" e "A Sicília do leopardo" à de "Os novos anjos" – e Alessandro Blasetti, que teve, ao contrário, que informar sobre as impressões de um homem de cinema bandeado, ao menos por uma vez, para a televisão Para as atas do encontro v o número especial de "Bianco e Nero".

dramáticos), com conclusão e pacificação das emoções postas em jogo. Em outros termos: como o romance oitocentista e como a tragédia clássica, o filme estruturava-se segundo um início, um desenvolvimento e um fim, momentos esses durante os quais cada elemento da ação surgia necessitado por uma espécie de lei de economia do relato, tudo conspirando para a "catástrofe" final, num alinhamento narrativo do *essencial*, com a exclusão de tudo quanto resultasse *casual* para os fins do desenvolvimento da ação. Ora, com a transmissão direta televisional, ao contrário, foi-se afirmando um modo de "contar" os fatos totalmente diverso: a transmissão direta envia ao ar as imagens de um acontecimento no momento mesmo em que acontece, e o diretor vê-se, de um lado, tendo de organizar um "relato" de molde a oferecer uma notícia lógica e ordenada do que acontece, mas, do outro, deve também saber acolher e canalizar para sua "narração" todos aqueles eventos imprevistos, aqueles insertos imponderáveis e aleatórios que o desenvolvimento autônomo e incontrolável do fato real lhe propõe; e por mais que saiba governar essas contribuições do acaso, não poderá deixar de apresentar um "relato" cujo ritmo, cuja dosagem entre essencial e inessencial seja profundamente diversa da que ocorre no cinema: habituando, assim, o público a um novo tipo de tecido narrativo, continuamente se desfiando no supérfluo, mas igualmente capaz de fazer-nos saborear, de modo novo, a complexa casualidade dos eventos cotidianos (que o filme, no seu trabalho de seleção e depuração narrativa, nos habituara a esquecer). Nada mais natural, portanto, que só depois de alguns anos de habituação ao relato televisional tivesse também o cinema iniciado um tipo diferente de narrativa, podendo-se apontar as obras de Antonioni como um exemplo insigne: aí, a ação principal, se é que existe, surge continuamente diluída no fundo dos acontecimentos aparentemente insignificantes que se desenrolam ao redor, acontecimentos esses que chegam mesmo a constituir o núcleo de uma nova ação, orientada no sentido de redescobrir, no tecido dos acontecimentos cotidianos mais irrelevantes, significados ou ausências de significados.

A essas afirmações outros participantes do debate objetaram de modos diversos. Disse-se, antes de mais nada, que a casualidade real da transmissão televisional (fruto de uma verdadeira "desordem", por falta de organização artística do material) era diferente da dos filmes citados. Disse-se que era impróprio chamar de conto o que fazia a transmissão direta, visto que "conto" pressupõe decantação e formação da experiência – e portanto, no limite, "poesia" – ao passo que, na transmissão televisional, tem-se apenas uma pura e simples *crônica reprodutiva*. E mesmo quando se admitiu que o gosto pela crônica fiel e minuciosa do inessencial e do imediato se inspira em várias experiências de narrativa contemporânea (aqui e ali, ouvia-se o nome de Joyce e a referência ao "monólogo interior"), observou-se que teorizar esse fato significa apenas retomar, com atraso, temas e motivos que os romancistas haviam precisamente desenvolvido há quarenta anos atrás; e daí não se ver por que deveria a TV fazer disso objeto de pesquisa, e muito menos o cinema.

Sobre essas discussões pesava, na realidade, a sombra de um equívoco, amiúde devido à escassa familiaridade de estudiosos, ilustres em outros campos, com o meio televisional. Realmente, como outros observaram, não é, de modo algum, verdade que a transmissão direta televisional constitua uma representação *fiel* e incontaminada do que acontece; tudo o que acontece, enquadrado pelas câmaras de TV, já dirigidas segundo uma escolha das angulações dos campos, aparece, diante do diretor de TV, em três ou cinco monitores, e dessas três ou cinco imagens o diretor escolhe a que deve ser mandada para o ar, instituindo, assim, uma "montagem", o que vale dizer uma "interpretação" e uma "escolha".

Se é típico da arte elaborar um material bruto de experiência para fazê-lo tornar-se uma organização de dados tal que reflita a personalidade do próprio autor, a transmissão direta televisional contém, portanto, *in nuce*, as coordenadas essenciais do ato artístico: em medida elementar, naturalmente, e de modo tão simples e grosseiro que se arrisca de contínuo a cair na pura improvisação privada de reflexão, mas em todo caso, ela as contém. E embora a característica "específica" da televisão em transmissão direta seja a de relatar com base numa provocação *imediata* da realidade e segundo exigências de representação *simultânea*, todavia a operação que o diretor de TV desempenha pode muito bem identificar-se com um relato, com a elaboração de um ponto de vista pessoal sobre os fatos. Daí a possibilidade de estabelecer-se uma aproximação entre certos episódios da experiência televisional e outros do filme contemporâneo, embora distinguindo as modalidades do relato televisional das de uma cinematografia que exaspera e simula, com muito maior conhecimento e cálculo estético, a dispersão e a acidentalidade da vida vivida. Por outro lado, teve-se o cuidado de reforçar que, quando se estabelecem analogias entre cinema novo e prática televisional, pretende-se menos aludir a diretas derivações por parte dos diretores do que *à existência de novos hábitos receptivos* que a televisão tem indubitavelmente cultivado no telespectador: e portanto o fenômeno, embora se lhe queira negar relevo estético, deve manter-se presente no plano de uma sociologia do gosto. Quanto a resposta de que não se vê razão para atribuir a cinema e TV descobertas que a literatura fizera há decênios – à parte o fato de que a objeção haja sido aventada por um narrador que parece nunca ter assimilado aquelas experiências narrativas – obviamente, não se considerava que diferentes "gêneros" artísticos (e fiamo-nos de que entre os leitores não haja mais nenhum a manter desconfianças instintivas para com uma problemática dos gêneros, à qual o idealismo crociano injustamente nos desabituara) têm diferentes fases de desenvolvimento, e que uma mesma aquisição pode ser feita pelo romance cinquenta anos antes e pelo cinema cinquenta anos depois, sem que se precise falar em "literariedade" do cinema; antes, o fato de que o cinema tenha encontrado, *com meios próprios*, certos caminhos já batidos pela literatura, demonstra, na realidade, a existência de certas exigências profundas que serpeiam pelos vários níveis da cultura contemporânea.

Comunicação e expressão

Mas na realidade, em muitas dessas objeções, aninhava-se uma reserva mental, que alguns, mais honestamente, esclareceram de modo explícito: isto é, que o cinema permite "exprimir" (com todas as conotações estéticas que assume a categoria de "expressão"), ao passo que a TV permite, quando muito, "comunicar" (e portanto, a diferença entre os dois meios é a mesma que existe entre *arte* e *crônica*). Houve mesmo quem acusasse a TV de "não existir" (e de estarem os presentes perdendo seu tempo inutilmente), porque constituiria apenas um meio de comunicação e, quando muito, um fenômeno sociológico, completamente irrelevante sob o ângulo estético.

Declarar inexistente um fato só porque é fato sociológico e não estético, documenta certo defeito esteticista de nossa cultura humanista (e o que mais preocupa é o fato de ser o declarante um escritor confessadamente marxista e de quem se pretenderia uma adesão maior ao caráter concreto dos fenômenos técnicos e sociais, sem demasiadas propensões exclusivas para o universo dos valores estéticos). É grave, de fato, não se perceber que, embora a TV tenha constituído um puro fenômeno sociológico até agora incapaz de dar vida a verdadeiras criações artísticas, todavia, justamente como fenômeno sociológico, surge como capaz de instituir gostos e propensões, isto é, de criar necessidades e tendências, esquemas de reação e modalidades de apreciação tais que, a curto prazo, se tornam determinantes para os fins da evolução cultural, também em terreno estético. Já não ocorre a ninguém que haja uma regra eterna e canônica do belo, e as definições que uma sociedade dá do belo e do artístico, do agradável e do estético, dependem estreitamente de um desenvolvimento dos costumes e dos modos de pensar. E eis em que termos uma reflexão sobre a TV, como fenômeno sociológico, também interessa à estética.

Mas não se trata apenas disso: metade das discussões terminavam num beco sem saída pelo fato de que, pronunciando a palavra "televisão", cada um dos presentes pensava em algo diferente uns, na transmissão direta, outros, nos programas de perguntas e resposta (misto de transmissão direta e efeitos pré-ordenados) outros, no teatro televisionado, outros, enfim, no próprio filme tomado em bloco e projetado no vídeo, ou ainda nos telejornais ou na publicidade, e assim por diante. Compreende-se como, em tal sentido, resultassem ambíguos todos os discursos sobre uma estética ou um "específico" da TV E o equívoco resultava, a nosso ver, de se querer considerar a TV como um *gênero* artístico, e não como um *serviço*. Em outros termos, a TV é um instrumento técnico – de que se ocupam os manuais de eletrônica – baseada na qual uma certa organização faz chegar a um público, em determinadas condições de audiência, uma série de serviços que variam do comunicado comercial à representação do Hamlet. Ora, falar, *grosso modo*, em "estética" de um tal fenômeno, seria como falar em *estética de uma casa editora*; a editora obviamente produz livros de narrativa, que se incluem no âmbito dos fenômenos suscetíveis de indagação estética, e livros, digamos, de culinária, julgáveis segundo outros critérios. De modo que com uma editora se pode fazer uma "política editorial", mas não uma "estética". É o que acontece com a televisão; à parte os discursos sobre a política televisional, que constituem um ramo de problemas que escapavam (talvez) aos temas da mesa redonda, quando a televisão transmite "ao vivo" uma partida de futebol, o meio de comunicação é usado segundo suas precisas características técnicas, de maneira a impor uma gramática e uma sintaxe particulares; e, como se tentou sugerir também no limite desse tipo de comunicação pode ocorrer um êxito narrativo e, portanto, embrionalmente artístico. Quando, ao contrário, transmite do estúdio uma tragédia clássica previamente preparada, então o discurso obedece a outras leis, que, todavia, não são as mesmas do espetáculo teatral nem as mesmas do cinema, visto que lança mão aqui de um diverso ritmo possível da montagem, até mesmo de uma diversa "textura" da imagem, de uma diversa capacidade das objetivas das câmaras, em relação à representação das dimensões (a câmara de TV dá à imagem um todo esférico, uma tridimensionalidade diferente da proporcionada pela câmara cinematográfica, como, aliás, qualquer pessoa que saiba alguma coisa de técnica tele visional pode observar comparando duas transmissões, uma do estúdio e outra filmada). Por isso, a observação feita por um estudioso sobre o fato de que um filme normal, transmitido pela televisão, perde metade da sua eficácia, não deve levar a concluir, como se fez, que, consequentemente, a televisão seja destituída de possibilidades artísticas, mas pelo contrário, que, possuindo cada meio de comunicação suas leis precisas, conexas ao material sobre o qual se trabalha e às técnicas empregadas, a televisão dá péssimos resultados quando se quer transformá-la em veículo de obras pensadas e realizadas para outra destinação.

Portanto, a televisão tem possibilidades realizativas autônomas, conexas com sua natureza técnica específica (e poderíamos indicar a transmissão direta "ao vivo", e a transmissão do estúdio); mas também aqui é preciso tomar cuidado para não se tirarem conclusões drásticas. É possível que a TV, enquanto "gênero" artístico autônomo, se limite a essas duas possibilidades, mas apresente, enquanto "serviço", outros caminhos de desenvolvimento. Perguntar, então, como se fez, se a TV não tem nenhum ponto de convergência com o cinema, ainda é um resquício da inconsciente tentativa de se querer fazer uma estética da TV como gênero, em bloco.

A relação com o público

A TV como "serviço" constitui, ao contrário, um fenômeno psicológico e sociológico preciso: o fato de determinadas imagens serem transmitidas num vídeo de dimensões reduzidas, em determinadas horas do dia, para um público que se encontra em determinadas condições sociológicas e psicológicas, diferentes das do público do filme, tudo isso não constitui um fenômeno acessório que nada tenha a ver com uma investigação sobre as possibilidades estéticas do meio empregado. Muito pelo contrário. *É exatamente essa específica relação que qualifica todo o discurso televisional*, e dessa relação nenhuma análise séria pode prescindir.

Sobre a relação psicológica espetáculo-espectador detiveram-se alguns dos participantes e disseram coisas de que já tratamos; mas essas intervenções foram obumbradas por outras mais "crítico-filosóficas" (reforçando, assim, o vício pseudo-humanista de que falamos). E no entanto, aquele teria sido o único caminho para esclarecer muitos pontos. Veja-se, por exemplo, a posição sustentada por Blasetti: o diretor pareceu defender uma identidade entre processos televisionais e processos cinematográficos, visto ter afirmado que, ao preparar sua *enquête* (filmada), teve a possibilidade de recolher muito material documentário e, assim, elaborá-lo artisticamente, conferir-lhe uma economia narrativa (sem nada sacrificar à veracidade, mas dando a tudo quanto de "verdadeiro" registrara uma aparência "verossímil"), graças a uma montagem acurada e respeitosa das realidades precedentemente individuadas. Nesse sentido, ao que parece, não teria feito mais do que compor um "filme" para transmitir pela TV. Todavia, o próprio Blasetti interveio por várias vezes para sublinhar as diferentes exigências (e a diferente representação das imagens) que derivam da existência de um pequeno vídeo distinto da grande tela da sala cinematográfica. E por outro lado, sublinhou o fato de ter aceito filmar sua *enquête* para a TV, e não para um produtor cinematográfico, porque isso lhe permitia dirigir certo discurso a certo público, em certo momento, atingindo uma audiência que, por sua vastidão e qualidade, não era a do cinema em circuito normal.

Eis, portanto, como *uma determinada relação com o público*, veiculada através de *um dado meio*, concorre para qualificar um discurso também nas suas componentes estéticas. A *enquête* de Blasetti articulara-se, formalmente talvez, como uma *enquête* cinematográfica: mas o "serviço" através do qual ele pensava comunicá-la (com todas as suas características sociológicas e técnicas) havia indubitavelmente condicionado as intenções com que projetara, iniciara, conduzira a sua obra; e a atitude receptiva do telespectador, distinta daquela do espectador cinematográfico, estivera indubitavelmente presente, para o diretor – homem inteligente e sensível – em todos os momentos de sua atividade. Dela viera à luz, como depois o Prêmio Grosseto iria confirmar, uma obra *televisional*.

Parece-nos, portanto, que não se pode conduzir um discurso correto sobre a televisão, suas possibilidades estéticas e seus caracteres específicos, sem distinguirmos, antes de mais nada, no interior do fenômeno televisional como "serviço de telecomunicações", diferentes possibilidades de comunicação, submetidas a diferentes exigências técnicas, algumas dotadas de maior autonomia gramatical, sintática e – no limite – expressiva, outras mais presas por imediatas exigências de comunicação para uso de consumo. Sob este último rótulo poderia incluir-se, por exemplo, a simples projeção e transmissão de filmes feitos para o circuito cinematográfico, embora também aqui ocorresse perguntar, como alguém sugeriu, se para determinados filmes (que constituiriam fenômenos privilegiados), a redução a tela pequena não mudaria a relação emotiva com o espectador a ponto de alterar o próprio "impact" psicológico e, assim, o êxito estético da obra. Um segundo aspecto de um discurso correto concerne, como se disse, ao fato de não se poder falar em linguagem televisional (ou melhor, em várias linguagens televisionais, segundo as diversas possibilidades comunicativas e expressivas que esse meio de comunicação oferece) senão considerando sempre o fenômeno "linguagem" em relação a um espectador sociológica e psicologicamente caracterizado. Em outros termos: só renunciando a fazer imediatamente uma estética da televisão para desenvolver uma série de pesquisas psico-sociológicas (e técnicas), é que se poderá obter conclusões válidas também no campo estético.

Só com a impostação do discurso nos termos acima expostos, passarão a ter valor certas exigências importantíssimas evidenciadas no decorrer da discussão (mas não aprofundadas): e pensemos no problema de uma liberdade de expressão e de crítica, fundamental se a televisão é, como se disse, também relato, e portanto, *interpretação* dos fatos.

Infelizmente, essas linhas de discussão só abriram caminho ao aproximar-se o fim da mesa redonda: sinal, em todo caso, de que a mesa redonda funcionara, e embora não tivesse chegado a uma conclusão definitiva, pelo menos estabelecera as premissas para um tipo de discurso mais preciso, cujos eixos metodológicos ainda cumpria encontrar. Pensemos na quantidade de horizontes doravante abertos: delineara-se a existência de um "serviço" de comunicações agindo no sentido de habituar o público a uma nova dimensão da "crônica" (de maneira a valorizar o imediatismo dos fatos reais na sua livre desconexão e imprevisibilidade), e todavia, apurara-se que essa "crônica" era, na realidade, "interpretação", e portanto, "estória" (ou "arte"). E entrevira-se a situação paradoxal de um público voltado, em determinadas condições emotivas, para uma máquina da qual espera "crônica" e que, ao contrário, à socapa, lhe fornece "estória". Singular situação de disponibilidade de quem se apresta para um contato com o real bruto, e assimila, ao contrário, um real humanizado, filtrado e feito argumento. Daí, uma série de problemas que concernem não só e não mais à estética (ainda que uma investigação de tipo formal os tenha enfocado), mas à pedagogia e à política. Pois bem, talvez apenas porque o tema parecesse versar sobre as conexões entre cinema e TV, toda essa problemática política, que deveria ter sido aflorada no decorrer da mesa redonda, não o foi. Quando esses mesmos desenvolvimentos recentes de uma cinematografia documentária, empenhada em interpretações polêmicas da realidade contemporânea ou da história recente, teriam podido sugerir novas linhas de discurso. Sem contar que há bem pouco tempo apareceram numerosas publicações que enfrentam o problema da televisão, justamente do ponto de vista sociológico, psicológico e político.

A TV como "serviço"

O equívoco de quem propõe uma "estética" televisional *tout court* é o de considerar a TV como um fato artisticamente unitário, como o cinema ou o teatro, ou a poesia lírica, isto é, de considerar a TV como um "gênero". Ora, os gêneros artísticos são coisas a encarar com o máximo de consideração, mas a TV não é um gênero. É um "serviço": um meio técnico de comunicação, através do qual se podem veicular ao público diversos gêneros de discurso comunicativo, cada um dos quais corresponde, não só às leis técnico-comunicativas do serviço, como também às leis típicas daquele dado discurso: em outros termos, um documentário jornalístico transmitido pela TV (ideado para a TV) deve, antes de tudo, satisfazer certas exigências da comunicação jornalística; e, todavia, essas exigências se fundem com outras, que derivam do fenômeno televisional, como particular modo comunicativo.

Mas o "serviço" TV comunica, também, várias formas de espetáculo, algumas das quais simplesmente "transmitidas" enquanto já existentes (e também essas, transmitidas pela TV, adquirem novas características e impõem novos problemas), outras, especialmente ideadas para o serviço TV. Só desse ponto se pode dar início a um discurso prudente sobre as características de um espetáculo televisional, sobre os problemas estéticos da TV, sobre o nascimento de uma nova linguagem etc.

Que isto fique bem claro: qualificar a TV como "soma de modos e formas preexistentes" não significa negar a existência de uma linguagem televisional: significa sair em busca dessa linguagem, à luz da definição indicada; significa, em suma, proceder com cautela metodológica.

De uma definição da TV como "soma de modos e formas preexistentes" surge o livro de Federico Doglio, *Televisione e spettacolo* (Roma, Studium, 1961), que alinha, numa linguagem clara e acessível, os resultados de uma grande quantidade de pesquisas, das quais parte, a seguir, para uma análise original. A vastidão da bibliografia, a abundância das citações de estudiosos de várias correntes e especializações, faz do livro de Doglio, além de uma contribuição pessoal, um excelente manual para quem queira avançar pela espinhosa selva das re-cognições técnico-estilísticas e das definições crítico--estéticas. O livro de Doglio é a obra de um estudioso que vê a TV de dentro (como responsável por um ramo de programas), e como tal deve ser lido: acreditando à honestidade do autor uma série de observações críticas, não lhe pedindo, obviamente, um exame particularmente polêmico (como ocorre em outras obras que examinaremos), e reconhecendo, enfim, a Doglio o mérito de ter tentado, com lhana moderação, uma sistematização das várias pesquisas. Por outro lado, o tema particularmente caro a Doglio é a definição de uma "espetacularidade" televisional, em plano "gramatical" e estético. E, se bem que o problema nos interesse muitíssimo, e de perto, urge, neste ensaio, examinarmos, de preferência, o fenômeno televisional sob um outro aspecto, isto é, sob o aspecto psico-sociológico de uma relação TV-público, Como já se teve ocasião de dizer, tratar esse problema não significa desinteressar-se da TV como forma de arte, e dos seus possíveis êxitos estéticos, antes significa procurar iniciar o discurso justamente de um ponto de partida que permita, depois, prosseguir a discussão a outros níveis, após estarem esclarecidos alguns pontos fundamentais.

Está claro: é perfeitamente inútil falar dos bisontes pré--históricos de Altamira, louvando-lhes a vivacidade impressionista, o senso do movimento ou ressaltando-lhes a acentuada bidimensionalidade, se não se tem bem claro o tipo de relação que se instituía entre quem fazia essas imagens, as próprias imagens, e quem as via, uma vez admitido que, pintadas nos penetrais da caverna, fossem verdadeiramente destinadas à visão. Até que não se esclareçam os usos mágicos e rituais aos quais essas pinturas eram destinadas, é inútil iniciar um discurso em termos de apreciação estética (a menos que se vise a fáceis esteticismos).

É o que acontece com a televisão: diante de um "serviço", que coordena diversas formas de expressão, do jornalismo ao teatro e à publicidade, para se compreender como o "serviço" estabelece novas condições para cada um desses "gêneros" transpostos para uma nova situação, é mister compreender *a quem* se dirige a TV e *o que* o telespectador frui, realmente, quando se encontra diante de um vídeo.

Daí, portanto, a importância de certos estudos psicológicos (situações do espectador diante do vídeo) e sociológicos (modificação introduzida pelo exercício contínuo dessa situação nos grupos humanos, bem como tipo de exigências que os grupos dirigem ao meio de comunicação); dos quais derivam, em seguida, problemas de psicologia social (novas atitudes coletivas, reações motivadas por um novo tipo de relação psicológica exercitada em particular situação sociológica; com todas as consequências daí advindas para a história da cultura) e, portanto, de antropologia cultural (crescimento de novos mitos, tabus, sistemas assuntivos), de pedagogia e, naturalmente, de política. Só à luz desse quadro se poderá falar do que significam os "valores estéticos" de uma transmissão televisional; assim como também só se pode compreender, *realmente*, quais os valores estéticos da escultura medieval se se olharem as estátuas das catedrais não como fantasiosas variações imaginativas, resolvidas em particulares soluções plástico-figurativas, mas como mensagens precisas, aprontamento de um sistema de meios pedagógicos, repertório iconográfico de significados determinados, introduzido num determinado contexto cultural, proposto segundo certos intentos e fruído segundo certas disposições, num dado ambiente social.

Discurso vastíssimo, como se vê; e portanto, impossível de ser exaurido neste âmbito. Aqui se tentará unicamente apontar algumas recentes pesquisas, que constituem egrégia introdução a tais problemas, e embora não raro o façam de modo discorde, fornecem, em todo o caso, instrumentos indispensáveis a quem queira ter ideias mais precisas nesse terreno.

As pesquisas experimentais

Indicaremos, *en passant*, uma publicação que, tudo somado, deu, na Itália, a ordem de partida para uma intensificação das discussões: trata-se da coletânea *Televisione e Cultura*, organizada e dirigida para a revista *Pirelli* por Aldo Visalberghi e Gino Fantin (reunida, depois, num único fascículo-volume, em 1961). Nessa coletânea, encarava-se o problema televisional sob o ângulo de uma crítica não raro severa contra os perigos do novo meio e sua situação na sociedade italiana; mas essa crítica jamais caía no erro aristocrático típico de muitos ambíguos "humanismos" pátrios, que estigmatizam as técnicas novas como um atentado massificante contra tradições culturais, que nunca, na verdade, se tornaram patrimônio comum de todos os cidadãos: e, partindo de uma avaliação responsável das enormes possibilidades da comunicação televisional, discutia-lhe as possibilidades de desenvolvimento e aplicação numa (e para uma) sociedade democrática.

Por outro lado, quem denuncia na televisão uma espécie de agressão subdolosa e hipnótica à capacidade de reação do espectador, na realidade percebe, ainda que em plano literário e imaginativo, algo que de fato subsiste e pode constituir objeto de estudo. Nesse sentido, surgem, como de primordial importância, as pesquisas de Gilbert Cohen-Séat, realizadas no âmbito do Instituí de Filmologie da Sorbonne (desenvolvidas ha *Revue de Filmologie*) e hoje continuadas em Milão, no seio do Conselho Internacional da Pesquisa Científica sobre a Informação Visual, onde se está organizando um Registro Central (destinado a fichar e coordenar todas as pesquisas empreendidas e a se empreenderem sobre o assunto, no mundo inteiro), que se vale do trabalho experimental de um laboratório psicológico, estabelecido em Affori, e capacitado para estudar com aparelhamentos novos os vários problemas conexos com a recepção da mensagem visual, cinematográfica e televisional[2].

As conclusões de Cohen-Séat podem, não raro, parecer inquietantes: os resultados experimentais a que chegou são, frequentemente, apocalípticos. Seria, porém, errôneo ver nesse estudioso um inimigo dos novos meios de comunicação; já que manifesta, pelo contrário, a clara consciência de viver num mundo em que os meios de comunicação visual passam rapidamente a constituir o principal veículo das ideias. Mas ele também conduz uma polêmica contra a pretensão, a seu ver, utopista, de alfabetizar em pouco tempo as imensas zonas humanas, que estão ressurgindo ou surgindo para a vida civil e democrática (pensemos nas tribos africanas), quando, ao contrário, seria preciso tomar a peito a questão e estudar novos meios de *approach* visual. Portanto, os, vários gritos de alarma, explícita ou implicitamente lançados por Cohen-Séat, não são fins em si mesmos: querem apenas mostrar-nos todas as dimensões do problema, a fim de que se saiba que instrumentos estamos manobrando e até que ponto podemos e devemos usá-los.

A existência das técnicas visuais introduz-nos numa nova dimensão psicológica de que a custo nos damos conta. O discurso vale tanto para o cinema como para a televisão, se considerarmos que, na recepção televisional, a fixidez hipnótica de quem está *isolado* em meio à multidão que o rodeia numa sala de cinema é corrigida pelas maiores possibilidades de distração permitidas pela situação de quem se senta em grupo, no ambiente familiar, diante do televisor.

---

2. As pesquisas de Cohen-Séat tiveram repercussão em várias obras, das quais citaremos *Problèmes du Cinema et de l'Information Visuelle* (Paris, P.U.F., 1961), a comunicação ao V Congresso Mundial de Sociologia (setembro de 62), as pesquisas que estão sendo publicadas na *Revue de Filmologie* na nova forma que assumiu, em edição internacional (publicada em Milão com o título de IKON) e por fim, em síntese, no *Álmanacco Bompiant 1962*, de resto inteiramente dedicado ao problema de uma *Civilização da imagem*.

V. também os dois volumes da *Prima Conferenza Internazionale di Informazione visiva* publicados pelo "Instituto para o estudo experimental dos problemas sociais com técnicas filmológicas", Milão, 1963. Reúne as atas da Conferência realizada em Milão, em julho de 61.

Vigilância e participação

No momento em que um sujeito se põe diante da tela, produz-se uma experiência bastante nova que Cohen-Séat chama de "fortuitismo inicial". Está-se diante de uma superfície branca, e no instante em que a luz se apaga, fica-se num estado de tensão total a esperar alguma coisa *que ainda não se sabe o que seja*, e que, em todo o caso, é desejada e valorizada pela nossa tensão. A partir do momento em que se delineia a imagem e se desenvolve o discurso (a estória), Cohen-Séat mostra, com um diagrama bastante claro, que existem várias possibilidades de empenho psicológico, que vão do mais total *distanciamento crítico* (a. pessoa que se levanta e vai embora, aborrecida), ao *juízo crítico*, que acompanha a fruição, ao abandono inadvertido a uma *evasão* irresponsável, até a *participação*, a *fascinação* ou (em casos patológicos) a própria *hipnose*. Mas parece que, ao contrário do que se pensa, as possibilidades de vigilância crítica são escassíssimas, mesmo nos profissionais que vão ao cinema na função de críticos (os quais, de hábito, só atingem esse distanciamento, da segunda vez que assistem ao filme); de fato, o espectador culturalmente dotado vê-se habitualmente oscilar entre uma vigilância das mais brandas e a participação, ao passo que as massas passam rapidamente do fortuitismo inicial a um estado de participação-fascinação. O que se disse não é apenas fruto de induções moralistas ou de psicologia aproximativa: Cohen-Séat sustenta que pode prová-lo com experimentos eletroencefalográficos, às vezes realizados mesmo em pessoas do ofício, interessadas em demonstrar a possibilidade de uma visão vigilante. As experiências feitas levam a pensar que a imagem em movimento induza o espectador a *coagir* com a ação representada, através do fenômeno de *indução póstero-motriz*: em outros termos, se, naquela tela, uma personagem dá um murro, o eletroencefalograma revela, no cérebro do espectador, uma oscilação equivalente a um "comando" que o órgão central, por uma espécie de instintiva mimese, dá ao aparelho muscular; comando que não se traduz em ação só porque, na maioria dos casos, o comando é mais fraco do que o que seria necessário para passar da realização nervosa à ação muscular autêntica.

Cohen-Séat explica essa situação de participação total, psicofísica, recorrendo aos processos de compreensão semântica. A comunicação de uma palavra põe em atividade, na minha consciência, todo um *campo semântico* que corresponde ao conjunto das diversas acepções do termo (com as conotações afetivas que cada acepção comporta); o processo de compreensão exata realiza-se porque, à luz do contexto, o meu cérebro inspeciona, por assim dizer, o campo semântico e individua a acepção desejada, excluindo as demais (ou mantendo-as no fundo). Já a imagem me apanha justamente de modo inverso: concreta e não geral como o termo linguístico, comunica-me todo o complexo de emoções e significados a ela conexos, obriga-me a colher instantaneamente um todo indiviso de significados e sentimentos, sem poder discernir e isolar o que me serve É essa a velha diferença entre "lógico" e "intuitivo", estamos de acordo, mas que se especifica, no âmbito da presente explanação, numa oposição entre um *saber lógico*, que produz *efeitos comportamentais* (ao comando "dê-me um livro", eu separo o exato significado da frase, e meu saber determina o comportamento consequente), e a visão de efeitos comportamentais em ação (a cena representada), que se tornam causas de um saber *alógico*, complexo, entretecido de reações fisiológicas (como ocorreria se, por via verbal, me fossem comunicados não termos referenciais, mas exclamações de efeito imperativo, tais como "alto!", "basta!", "atenção!" e assim por diante).

Passividade e relação crítica

Por outro lado, sobre a relação "hipnótica" com o vídeo, psicólogos e estudiosos de ciências sociais já de há muito discorreram, levantando exatamente o problema de uma comunicação que se propõe como "experiência cultural", quando, na realidade, não tem as conotações fundamentais desta.

Uma comunicação, para tornar-se experiência cultural, requer uma atitude crítica, a clara consciência da relação em que se está inserido, e o intuito de fruir de tal relação. Esse estado de ânimo pode verificar-se seja numa situação pública (num debate) seja numa situação privada, melhor ainda, de absoluta intimidade (a leitura de um livro). *A maior parte das investigações psicológicas sobre a audiência televisional tendem, ao contrário, a defini-la como um particular tipo de recepção na intimidade, que se diferencia da intimidade crítica do leitor por assumir o aspecto de uma aceitação passiva, de uma forma de hipnose.* Esse tipo de intimidade passiva não requer necessariamente o isolamento: o espectador do cinema, no meio de uma multidão que com ele partilha os seus próprios sentimentos (e que, de fato, muitas vezes, frui da situação de sociabilidade em que se acha – lembremos o efeito confortante da risada coletiva, e a sensação de mal-estar que se experimenta ao assistir sozinho a um filme cômico, numa sala quase vazia), encontra-se, igualmente, num estado de intimidade passiva e sofre a hipnose da tela de tal maneira que a própria sociabilidade da situação, difundindo um sentido de anônima cumplicidade, conforta-o em seu isolamento psicológico[3].

Nesse tipo de recepção passiva, o espectador está *relaxed*: não se acha, como observam Cantril e Allport, no estado de espírito da disputa, mas aceita sem reservas o que lhe é oferecido (coisa que nós mesmos já experimentamos em momentos em que, embora reconhecendo a vacuidade de um programa sobre o qual pousamos os olhos distraidamente, ficamos, todavia, incapazes de desviar a vista do espetáculo, e demoramo-nos preguiçosamente, acompanhando a sequência das imagens, quando muito concebendo o álibi moral de um pretenso controle que se gostaria de efetuar...). Nesse estado de ânimo de relaxamento, estabelece-se um tipo muito particular de transação, pelo qual se tende a atribuir à mensagem o significado que inconscientemente se deseja. Mais do que em hipnose, pode-se aqui falar em auto hipnose, ou projeção. Como observa Cantril, "a predisposição do público rege o modo pelo qual a transmissão é compreendida"; no seu estudo sobre os efeitos da famosa transmissão radiofônica da invasão dos marcianos, enviada ao ar nos

---

3. Sobre *La Télévision instrument de solitude*, detém-se, por exemplo, Roger Iglesis nos "Cahiers d'étude de radio-télévision", setembro de 1959. Esse autor indica uma forma de solução cultural da típica relação de intimidade: potenciar aquelas transmissões que tendem a criar uma situação de comunicação Intima e profunda, como a leitura de textos poéticos.

Estados Unidos[4], em 1940, o próprio Cantril salientava que muitos daqueles que levaram o programa tragicamente a sério (como se sabe, houve cenas de terror coletivo e a vida de Nova Iorque ficou paralisada durante algumas horas com o êxodo dos cidadãos) tinham-no escutado desde o início, e tendo ouvido o título, estavam aptos a perceber que se tratava de um artifício dramático: mas, num período de particular tensão internacional, escolheram a solução que inconscientemente esperavam.

Poderíamos observar que, em TV, a presença de imagens claramente reconhecíveis, reduzindo a ambiguidade própria da evocação radiofônica, torna mais difícil certas sugestões; mas é de poucos anos atrás o episódio d'*Os Filhos de Medeia*, uma transmissão-surpresa de Vladimiro Cajoli, em que uma representação dramática era interrompida para avisar o público de que o filho de Alida Valli fora raptado pelo ator Salerno. Apesar da inverossimilhança da notícia, apesar de o delegado, numa pronta intervenção, ter sido interpretado por Tino Bianchi (ator conhecido do público de TV, porque sempre tomou parte em comédias e espetáculos de variedade), numerosos foram os telespectadores que descarregaram sobre a TV uma chuva de telefonemas alarmados, e ligaram para os números telefônicos fictícios, fornecidos pelo pseudodelegado.

Fácil veículo de fáceis sugestões, a TV é também encarada como estímulo de uma *falsa participação*, de *um falso sentido do imediato*, de um *falso sentido da dramaticidade*. O público que assiste no auditório aos programas de *show* e aplaude sob comando (muitas vezes substituído por aplausos gravados) parece, efetivamente, sugerir uma sociabilidade inexistente; a presença agressiva de rostos que nos falam em primeiro plano, em nossa casa, cria a ilusão de uma relação de cordialidade, que, com efeito, não existe, e nossa sensação de diálogo tem alguma coisa de onanístico; pessoalmente, quem escreve estas linhas teve em casa uma criada, que estava convencida de que Mike Bongiorno nutria por ela particular simpatia, porque durante a transmissão de *Lascia o Raddoppia* sempre olhava na sua direção; obviamente, trata-se, aqui, de um exemplo limite, mas são os exemplos limites que macroscopizam as situações.

---

4. HADLEY CAHWH, *The Invasion from Mars*, Princeton Un. Press. 1940.

A contínua passagem de um material filmado para um material de transmissão direta (e o fato de que muitas transmissões diretas são acuradamente montadas de modo a não deixar nada ao acaso) cria, com efeito, uma impressão de participação imediata na ocorrência que, indiscutivelmente, é enganosa. Sobre a ilusão da dramaticidade, R. K. Merton, num estudo sobre as transmissões de propaganda em tempo de guerra[5], relatava o episódio da atriz Kate Smith, que, durante o dia inteiro, todos os dias, interrompia a intervalos regulares os programas radiofônicos para lançar um apelo; das investigações desenvolvidas, resulta que o público foi particularmente sensível não só à excepcionalidade dramática daquelas interrupções bruscas e insólitas (e obsessivamente ritmadas, de molde a sugerir o sentido da importância da ocorrência), mas também pelo sacrifício pessoal realizado por uma atriz famosa, posta, de moto próprio, à disposição da comunidade. Ora, as intervenções de Kate Smith tinham sido gravadas de antemão: mas é óbvio que o público desejava pensar que ela realmente intervinha a cada meia hora. Quando o público se vê enganado em sua boa-fé, reage duramente: lembremos o episódio do filho do conhecido crítico literário Van Doren, que, depois de haver triunfado num programa de perguntas e respostas, confessou, em seguida, que o programa era "de mentira". A reação indignada do público revelou todo o desapontamento por tantas energias emotivas gastas confiadamente diante de um drama inexistente: podia perdoar-se a Van Doren a trapaça financeira, não os falsos suores em primeiro plano, o franzir de sobrancelhas, o jogo nervoso das mãos atormentadas na cabina.

A média dos gostos e a modelação das exigências

Produto de uma indústria cultural submetido à lei da oferta e da procura, o *mass médium* tende a *secundar* o gosto médio do público e esforça-se por *determiná-lo* estatisticamente. A televisão norte-americana, que vive num regime de livre concorrência, procura satisfazer essas exigências me-

5. ROBERT K. MERTON, *Mass persuasion: the Social Psychology of War Bonds Drive*, Nova York, 1940.

diante o *rating* – imagem estatística, realizada por vários meios, no intuito de determinar que estratos de público seguem um certo programa e qual o índice de sua receptividade. As respostas do *rating* são objeto de uma confiança quase religiosa por parte dos clientes que por elas regulam sua participação financeira num dado programa.

Às vezes, a resposta é cientificamente inobjetável, dada a massividade de certo fenômeno de audiência: na área de Chicago, todas as quartas-feiras à noite, numa dada hora, a pressão da água, verificada junto à sede central do *Chicago Department of Water*, baixava de repente, por alguns minutos, de modo excepcional como se em cada casa da cidade, subitamente, os cidadãos tivessem aberto as torneiras da pia ou da banheira. E, com efeito, era o que acontecia: foi possível verificar que o fenômeno se repetia todas as semanas no momento exato em que terminava um programa de TV de grande êxito: naquele momento, a maioria dos cidadãos, que permanecera hipnotizada diante dos televisores, ao sobrevir o comercial conclusivo, levantava-se, espreguiçava-se, bebia um copo d'água, preparava o café, dava início à *toilette* noturna. Mas casos desse tipo são raros, e as estatísticas consuetas, muito mais aleatórias.

Os meios empregados para a pesquisa vão desde os telefonemas de improviso a centenas de telespectadores escolhidos ao acaso na lista telefônica – método seguido também na Itália pela RAI* – aos contadores aplicados ao televisor para verificar quais os canais e horários preferidos na curva de uma semana; as agências especializadas são a Nielsen Co. e a Trendex Inc. Nielsen aplica até mesmo um computador eletrônico, o *audímetro*, Trendex usa o teste telefônico; Nielsen calcula, minuto por minuto, quantas famílias assistem a certa porção de um programa, Trendex obtém o número preciso de pessoas que assistem a um programa no momento do telefonema; Nielsen mistura as respostas das cidades com as das zonas rurais, Trendex limita seu "universo de indagação" às vinte maiores cidades. É curioso e significativo que à pergunta feita por um semanário, "Podem vocês deduzir o seu Nielsen do seu Trendex?" a resposta tenha sido: não. Diversos os "universos" dos dois tipos de *rating*, diversamen-

---

* Sigla com que é conhecida a Rádio-Televisão Italiana. (N. da T.)

te limitadas as indicações que fornecem: o objetivo de uma média dos gostos é puramente teórico. Ed Hynes, um dos chefes da Trendex, confessa: "Às vezes um patrocinador me pergunta: 'No mês passado você me deu 5,3. É um bom *rating*?' Como posso saber? Tantos fatores entram em jogo, o custo do tempo, as despesas do programa, o tipo de público que se quer atingir, a idade dos telespectadores, a sua renda, até mesmo o seu temperamento. Um *rating* é apenas um número. Mede a quantidade de um auditório. Não mede a eficácia. Nem mesmo verifica se o espetáculo agrada"[6].

Agora os patrocinadores recorrem a médias econômicas deste tipo: dividem o custo pelo número de espectadores do tipo a que visam e obtêm uma figura econômica que chamam de *custo por milhar*. Essas investigações são claramente estimuladas por uma necessidade de verificação, a todo transe, científica, que permite trabalhar com maior tranquilidade, quando se é sufragado por um *número*: então a decisão parece baseada em *alguma coisa*. Mas, se analisarmos essa alguma coisa, veremos que ela é, antes de mais nada, a decisão de dirigir-se a um público bem determinado, e portanto comunicar de acordo com um gosto preferido, não com base numa média dos gostos. Faz-se um programa para *teen agers*, atendo-se à ideia de um *teen ager* modelo, tal qual se desejaria que fosse para tornar-se o cliente ideal do produto anunciado. Pode o espectador modificar o gosto do programa, mas é, antes de tudo, uma inconsciente política cultural que determina o espectador.

A televisão tem, portanto, a capacidade de tornar-se o instrumento eficaz para uma ação de pacificação e controle, a garantia de conservação da ordem estabelecida através da reproposta continua daquelas opiniões e daqueles gostos médios que a classe dominante julga mais próprios para manter o *status quo*.

Embora, numa sociedade totalitária, existam claros meios de persuasão e propaganda, tendem estes à inculcação direta da ideologia imperante, sem temer um *approach* problemático: a população é coagida a pensar, a meditar – em

6. V. BEKNARD ASBELL "TV Ratings – What They Really Mean" in *Harper's Magazine*, setembro de 38.

termos dogmáticos – sobre os princípios que regulam a própria sociedade.

Numa civilização em que, ao contrário, o respeito pela autonomia individual é um princípio declarado, e a multiplicidade das opiniões, um artigo de fé, e em que, todavia, por exigências econômicas, se realiza uma direção "oculta" da opinião a fim de orientá-la no âmbito do sistema, a indústria cultural, ao propor ao público sua implícita e fácil visão do mundo, adota os meios da persuasão comercial, mas ao invés de dar ao público o que ele quer, sugere-lhe o que deve querer ou deve acreditar que quer.

Não fosse isso, não se explicaria por que, em países onde não está sujeita à livre concorrência, a televisão, dirigida por homens bem ou mal conscientes das realidades culturais, não se valha da sua posição de monopólio para impor ao público uma crítica visual dos valores. Essa seria uma impostação um tanto paternalista e pedante, mas não é decerto em países onde os ministros não hesitam em dirigir a palavra em latim a turmas de indefesos campeões olímpicos, e onde a pomposidade e ostentação de doutrina fazem parte da armaria retórica oficial, que se teria medo de enveredar por tal caminho.

Ao contrário, as reiteradas afirmações dos responsáveis pelos programas de TV, o intento declarado de adaptarem-se aos gostos médios do espectador para não descontentarem ninguém, se de um lado revelam a existência de uma efetiva competição comercial (a contenda do responsável com os caprichos do público, para não provocar dissensões que venham a pôr em dúvida, rumorosamente, sua idoneidade em preencher o cargo), manifestam, do outro, a tendência muitas vezes instintiva, inconsciente, ditada mais por obscuros instintos conformistas que por deliberado cálculo político, para promover, através dos programas, os gostos e as opiniões de um cidadão ideal, um espectador perfeito, que satisfaça as necessidades de quem detém o poder, aceitando-lhe a direção, indiferente aos grandes problemas e amavelmente distraído por paixões periféricas.

A TV, portanto, *sabe* que pode determinar os gostos do público sem necessidade de adequar-se supinamente a eles. Em regime de livre concorrência, ela se adequa, sim, a uma lei da oferta e da procura, mas não em relação ao público, e sim aos comitentes: educa o público segundo os intentos dos comitentes. Em regime de monopólio, adequa-se à lei da oferta e da procura face ao partido no poder.

Naturalmente, essa situação não é total. Justamente por saber que pode orientar o público, a TV, através dos seus melhores homens, procura atuar nesse sentido, na Itália como em outros lugares, mesmo porque existem setores, onde uma dada política cultural não contrasta com as exigências de quem controla esse meio de comunicação.

Os exemplos dessa iniciativa do meio de comunicação televisional em relação às exigências do público são múltiplos. Eis um, de nível minimal, mas justamente por isso, muito significativo: até aproximadamente 1956, o nível médio da canção italiana foi deplorável; a produção corrente não tinha superado certo pieguismo dominante antes da Segunda Guerra, e que produzira as várias "Mamma" e "Villa Triste", dan-nunzianismos ou deamicismos inferiores, escassa invenção melódica, surdez total em relação à evolução da música ligeira nos países anglo-saxões (vivificada pelo jazz, rítmica e harmonicamente muito madura e requintada) ou à antiga tradição da canção francesa (rica de textos dignos, revigorada por uma atitude dramática e por uma temática anticonformista). Tão logo a televisão iniciou seus espetáculos de variedade e música ligeira, depois de algumas infelizes tentativas, foi imediatamente atacada por não trazer diante das câmaras os vários Cláudio Villa com a mesma assiduidade com que o rádio os levava para a frente dos microfones.

Por exigências de espetáculo (e graças ao bom gosto de alguns funcionários do ramo, especialmente da sede de Milão), a televisão levou, ao contrário, ao conhecimento do público os astros da canção francesa e outros estrangeiros de passagem. Nos anos 55 e 56, os *funcionários de serviço* nos horários noturnos viram-se assaltados por milhares de telefonemas enraivecidos (faziam-se até mesmo interurbanos, em plena metade de uma transmissão de *show*), em que se pedia que acabassem com aquelas bárbaras gritadas em língua estrangeira e se exibissem melodias napolitanas. Por dois ou três anos, o público italiano suportou, contra a vontade, Juliette Greco e Gilbert Becaud, Yves Montand ou George Ulmer, as Peter Sisters e Junie Richmond. Depois, entre 1957 e 1958, ocorreram dois *booms*: Modugno conquistava com *Nel blu dipinto di blu* (uma canção que contrariava as regras do melodismo convencional e não falava nem em amor nem em mamãe) o prêmio máximo de San Remo, habitáculo da reação canora; e os bares da Itália eram invadidos por *juke boxes*, nos quais os *best-sellers* eram representados por jovens desconhecidos, os Dallara, as Betty Curtis, por sucessos norte-americanos como os Platters, manifestações, todas elas, de um gosto musical mais apurado, de uma atenção a novos e inusitados valores rítmicos, a pesquisas sonoras justamente sofisticadas. Está claro que Paul Anka pode ser usado como hipnótico tanto quanto Cláudio Villa; mas até no vício existe um aperfeiçoamento cultural, e quem fuma ópio pode até mesmo escrever imaginosíssimas poesias, ao passo que o selvagem que o mastiga está no estágio da pura bestialidade; enfim, uma educação para a ruptura dos hábitos sonoros é sempre uma iniciação nas aventuras do gosto que revela a dimensão musical como fato técnico construtivo, e não como abandono sentimental irrefletido.

Última questão, com respeito às relações entre TV e gosto do público, seria a da influência dos espetáculos televisionais nos hábitos de leitura. Basta, todavia, revelar como, mesmo sob esse ângulo, não é a TV em si, mas em particular o seu uso, que dela pode fazer um elemento culturalmente negativo. Em outros termos: é lícito pensar que a TV só desvie da leitura em casos em que a leitura não constitui elemento de formação cultural. Seria longo citar aqui uma série de pesquisas de opinião efetuadas sobre o assunto, nos Estados Unidos, especialmente após os primeiros anos da instalação de redes televisionais eficientes[7]. No entanto, dessas pesquisas, pode-se extrair esta indicação de caráter geral: a prática da TV não parece ter desviado da leitura dos jornais (os úni-

---

7. V. LEO BOGART, *The Age of Television*. Nova York. 1956 THOMAS COFFIN. "Television effects in Leisure Time Activities" in *Journal of Applied Psychology*, vol. XXXII, 1949; EDWARD MC DONAGH, "Television and the Family", in *Sociology and Social Research*, vol. XXXV, 2, 1950; WALTER KAISER, "TV and Reading Report", nº 1, in *Library Journal*, vol. LXXVI, fevereiro de 1931; ZORBAUGH, HARVEI, MILLS, WRIGHT, *A Report on the Impact of Television in a Major Metropolitan Market*. Nova York. 1952: BERNARD FINE & NATHAN MACCOBY, *Television and Family Life*, Botton un. School of Public Relations and Communications, 1912.

349

cos capazes de fornecer certo tipo de informação, ligados, além do mais, a uma espécie de ritual doméstico, estreitamente conexo com a primeira refeição e o percurso até o local de trabalho); quem, ao contrário, sofreu a concorrência mais forte foram os *magazines* populares tipo *True Confessions*, que publicavam novelas muito semelhantes, no empenho moral e no nível artístico, às estórias de TV. De igual forma, sofreram baixa os semanários de atualidades, derrotados no tempo pelos noticiosos de TV, ao passo que se empreendia a tiragem das revistas especializadas (divulgação científica, histórica, geográfica) capazes de responder mais a fundo a curiosidades suscitadas pelas transmissões televisionais, e – por fim – as publicações mensais de alto nível, os *high brow magazines* como *Atlantic, Repórter, Harpefs* etc. Uma série de observações análogas poderia ser efetuada no tocante à Itália, pelo menos em relação aos semanários ilustrados: é singular que, fora o caso de semanários políticos, não tenha aparecido, nos últimos anos, nenhuma revista verdadeiramente importante, enquanto que temos assistido a um verdadeiro florescimento de revistas "monográficas", desde os armazéns geográficos do *Milione* a *Natura Viva, Storia Illustrata, Historia*, e a rica série dos seus subprodutos, até a série de fascículos Fabbri, que indubitavelmente constituem, aquém de toda apreciação cultural, um fenômeno social de grande alcance. A TV parece, portanto, ter desviado os leitores superficiais de uma série de leituras superficiais, sem haver minado a autoridade dos diários, mas compelindo esses diários a "visualizarem-se" mais, tomando o aspecto de revistas (veja-se o fenômeno de *Il Giorno*).

Quanto aos livros, caberia a uma substanciosa estatística dizer-nos do sucesso que sorri aos editores (e são muitos, muitas vezes em concorrência) ao lançarem suas novas edições de obras célebres, por ocasião da encenação de um romance.

Um último problema diz respeito à influência da TV nas áreas subdesenvolvidas. Como observou David Riesman, o advento, em sociedades primitivas dominadas por uma cultura de tipo oral, dos meios audiovisuais, antes mesmo que essa sociedade tenha atravessado a fase da cultura escrita, a *civilização do livro* – esse fato pode ser fonte de vários desequilíbrios. Mas também é verdade que em áreas como as do sul italiano, onde a civilização do livro exauriu seu poder de choque, sem poder penetrar mais a fundo, o advento, nos mais longínquos rincões, nas paróquias e nos círculos de partido, de um instrumento que, de um modo ou de outro, apresenta violentamente novas formas de vida, realidades sociais diversas, fenômenos muitas vezes incompreensíveis mas carregados de prestígio – o advento de um fenômeno que leva de chofre o espectador a chocar-se com dimensões inesperadas, fazendo-o entrever mil possibilidades – tudo isso não pode deixar de resolver-se num movimento qualquer; e movimento, curiosidade, despertar são fases pedagogicamente positivas para grupos humanos adormecidos em resignações seculares e insanáveis[8].

Tudo quanto se disse nos permite concluir que a TV pode oferecer efetivas possibilidades de "cultura", entendida esta como relação crítica com o ambiente. A TV será elemento de cultura para o cidadão das áreas subdesenvolvidas, levando-o ao conhecimento da realidade nacional e da dimensão "mundo", e será elemento de cultura para o homem médio de uma zona industrial, agindo como elemento de "provocação" face a suas tendências passivas. Reconhecer as possibilidades de cultura ínsitas até mesmo num bom programa de canções ou num desfile de modas, e compreender a necessidade de completar esses aspectos com uma função de denúncia e convite à discussão, essa é a tarefa do homem de cultura diante do novo meio. O primeiro aspecto pode ser realizado inteligentemente até mesmo no interior da situação existente; o segundo reclama indubitavelmente uma consciente ação política.

Quando exigimos da TV uma ação de provocação da opinião, podemos legitimamente levar em conta os seus limites de meio à disposição de toda a comunidade e de "lareira das famílias". É, sem dúvida, singular a condição desse instrumento de comunicação que, entre todos, tem o público mais vasto e indiferenciado, porque se dirige a todos, até a quem não lê jornais, até às crianças que nada leem. A justificação do responsável televisional que muitas vezes diz "mas

---

8. Sobre o efeito da TV nas áreas subdesenvolvidas, citemos também as intervenções de Armanda Guiducci e Ester Fano no número de *Passato e Presente*, já citado.

a TV deve poder ser vista também pelas crianças...", sabe a hipocrisia, mas é absolutamente verdadeira. Quem leu o código de autocensura da televisão norte-americana[9] terá nele descoberto um monumento de prudência, uma cautela minudente digna de um casuísta da contrarreforma: atendo-se rigorosamente àquele código, qualquer transmissão poderia afigurar-se ofensiva para qualquer categoria de cidadãos ou para a infância. E no entanto, não se pode deixar de concordar com cada um dos seus artigos, tomados um a um. Ainda uma vez, estamos diante de um problema de equilíbrio. Recordemos que há um modo de respeitar a inocência das crianças que nos pode levar a traí-las. É por respeitar as crianças que as velhas gerações evitaram revelar-lhes a verdade sobre a procriação e criaram desajustados sexuais abertos a todas as neuroses.

Esses os limites e as possibilidades da televisão. Arriscar previsões é muito difícil. É possível que um dia a televisão se torne mais "culta", mas justamente por isso estranha ao seu público; se, como sugere Arnold Hauser, toda nova forma de arte, no início, desenvolve sua linguagem em sintonia com seu público, e depois aperfeiçoando-se, vê-se às voltas com gramáticas formais que não têm mais uma audiência, então vivemos, talvez, uma época heroica, e um dia, a barbárie do *Musichiere* ou de *Campanile será* surgirá, para nós, como o aspecto irrecuperável de um tempo feliz, de um momento auroral das telecomunicações, quando tudo tinha dimensões épicas e os ministros inauguravam áreas de construção com ânimo "perturbado e comovido". No romance de Robert Sheckley, *Matar o Tempo*, Thomas Blaine, levado a viver no futuro, adquire um par de "sensoriais", aparelhos que, aplicados às têmporas, provocam visões romanescas em que o vidente se acha diretamente envolvido. "Os sensoriais eram parte integrante do 2110, tão onipresentes e populares quanto o fora a televisão nos tempos de Blaine... Naturalmente, tinham também os seus opositores que deploravam a passi-

---

9. V. *Qui, studio one*, edições de "Cinema Nuovo", p. 109. No mesmo fascículo, interessantes declarações do autor de telenovelas, Rod Serling, sobre a censura na TV. Se um dia, do mesmo modo um colaborador da TV italiana contasse suas experiências de trabalho, seja-nos lícito antecipar que o artigo seria dez vezes mais divertido.

vidade progressiva a que se reduzia o ouvinte... Lendo um livro ou olhando a televisão, diziam os críticos, o espectador devia fazer um esforço para participar. Os sensoriais, ao contrário, dele se assenhoreavam, vivazes, brilhantes, insidiosos, deixando-o sob a impressão, outrora reservada aos esquizofrênicos, de que os sonhos fossem melhores do que a vida... Mais uma geração, trovejavam os críticos, e as pessoas não serão mais capazes de ler, de pensar, de agir!"

Talvez a TV nos esteja levando unicamente para uma nova civilização da visão, como a que viveram os homens da Idade Média diante dos portais das catedrais. Talvez, como foi sugerido, passemos a impregnar gradativamente os novos estímulos visuais de funções simbólicas, e nos encaminhemos para a estabilização de uma linguagem ideográfica,

Mas a linguagem da imagem sempre foi o instrumento de sociedades paternalistas, que subtraíam aos seus dirigidos o privilégio de um corpo-a-corpo lúcido com o significado comunicado, livre da presença sugestiva de um "ícone" concreto, cômodo e persuasivo. E por trás de toda direção da linguagem por imagens, sempre esteve uma elite de estrategos da cultura, educados pelo símbolo escrito e pela noção abstrata. Uma civilização democrática só se salvará se fizer da linguagem da imagem uma provocação à reflexão crítica, não um convite à hipnose.

O universo da iconosfera

Portanto, a informação visual (e a menor intensidade da informação televisional – comparada à cinematográfica – é, no fundo, compensada por sua maior insistência e continuidade) reduz a vigilância do espectador, constrange-o a uma participação, indu-lo a uma compreensão intuitiva *que também pode não desenvolver-se verbalmente*; consequentemente, essa comunicação visual provoca na massa dos fruidores mutações psicológicas que não podem deixar de ter o equivalente no campo sociológico, e criam uma nova forma de civilização, uma radical modificação das relações entre os homens e o mundo que os circunda, os seus semelhantes, o universo da cultura.

Cohen-Séat fala de uma autêntica *iconosfera*, na qual os recém-nascidos do homem passariam a viver, tão logo viessem ao mundo; mas mesmo prescindindo da massa de material visual que o jornalismo, a publicidade e cinema fornecem ao homem contemporâneo, ele nos adverte de que o total da população mundial passa, anualmente, diante da imagem eletrônica, 300 bilhões de horas (pense-se na zona restrita de países que fruem da TV), os quais chegarão a mil bilhões com a utilização industrial dos satélites retransmissores. Isso significa que todos os dias uma parte do globo viverá passivamente, "olhando" o que uma restrita minoria aprontará para ela, e olhando, nas condições de participação emotiva já consideradas. Esse "olhar", como já acontece com o cinema, terá algumas características estupefacientes (ainda que óbvias). Pensemos que até hoje o olho humano havia sido potenciado (óculos, óculo de alcance) de modo a ver em linha reta diante de si, ao passo que a televisão permite ao olho ampliar seu raio de ação de maneira quase total. Além disso, essa massa de "observadores" passivos verá, dentro de poucos decênios (e isso, em grande parte, já aconteceu), uniformarem-se seus padrões de cultura e de gosto, segundo um limite de "promiscuidade afetiva e mental". A percepção do mundo circunstante é fundamental para a formação de um indivíduo e para a orientação de sua conduta; agora essa percepção do mundo (essa soma de experiências) começa a tornar-se hipertrófica, maciça, superior às possibilidades de assimilação; e *idêntica*, inicialmente, para todos os habitantes do globo. Por outro lado, esse acréscimo de experiência ocorre segundo modalidades qualitativamente novas: por via sensorial e não conceptual; não enriquecendo a imaginação e a sensibilidade segundo as modalidades da "catarse" estética (a qual requer consciência da ficção, racionalização do evento representado e seu julgamento), mas impondo-se com a evidência da realidade indiscutível; e – o que é mais perturbador – subvertendo as proporções que regulavam a relação quantitativa entre informações acerca dos eventos passados e os co-presentes, Em outros termos: enquanto a informação tradicional era, o mais das vezes, de ordem histórica (aquilo que acontecera – tendo-se do que estava acontecendo notícias imprecisas e retardadas), o homem da era "visual" passa a ter uma massa vertiginosa de informações sobre as ocorrências temporais (mesmo porque a notícia visual envelhece, a comunicação jornalística baseia-se na novidade, o fato de ontem não faz mais notícia, e acontece que o cidadão da cidade contemporânea sabe tudo sobre quanto ocorre hoje em Nova Iorque, mas não recorda mais nada, nem mesmo as datas, sobre o conflito coreano). Essa perda do senso histórico é indubitavelmente grave, mas o que Cohen-Séat deixa na sombra é que a informação sobre tudo quanto "está acontecendo" é sempre uma garantia de liberdade. Saber, como o escravo egípcio no fim acabava sabendo, ainda que dez anos depois, que uma coisa *aconteceu*, não me ajuda a modificá-la; mas saber o que *está acontecendo* faz-me sentir corresponsável pelo acontecimento. Um servo da gleba medieval não podia fazer nada para aprovar ou desaprovar a primeira cruzada, da qual tomava consciência anos depois; o cidadão da metrópole contemporânea, imediatamente em dia sobre a crise cubana, pode tomar partido por um ou por outro dos contendores e contribuir para determinar o curso dos acontecimentos com a sua manifestação pública, a petição ao jornal e, em certos casos, o voto ou a revolução.

De qualquer maneira, o problema existe e não data de pouco. E acrescente-se esta outra situação paradoxal (que em parte se opõe às nossas observações): essa informação sobre a contemporaneidade pode assumir a função de um estímulo à evasão, e o telespectador, no fundo, pode "sonhar" valendo-se das notícias sobre fatos mais urgentes do nosso tempo. A evasão no espaço, por conseguinte, unir-se-ia à recusa da história.

A elite sem poder

Por outro lado, o público dessa *civilização da visão* não renuncia a criar para si modelos de comportamento e pontos de referência axiológica; mas, paradoxalmente, as elites escolhidas como modelo são *elites irresponsáveis*, E nesse ponto se inserem as pesquisas realizadas por Francesco Alberoni sobre o fenômeno do estrelismo na sociedade contemporânea[10].

Alberoni parte de uma hipótese, que em seguida verifica, graças a uma observação experimental bastante minuciosa: em todos os tipos de sociedade, existem categorias de personagens, quase sempre detentores de um poder qualquer, cujas decisões e cujo comportamento influem na vida da comunidade; numa sociedade de tipo industrial, ao lado do poder efetivo das elites religiosas, políticas, econômicas, foi-se delineando a função de uma *elite irresponsável*, composta de pessoas cujo poder institucional é nulo, e que, portanto não são chamadas a responder pelo seu comportamento diante da comunidade, mas cujos gestos se propõem como modelos para a comunidade influenciando-lhe o comportamento.

Trata-se, naturalmente, do *astro*, que surge dotado de propriedades carismáticas (investido de uma qualidade divina, e Alberoni recorda a típica louvação "Tu és um deus" que a multidão dirige ao campeão) e cujos comportamentos de vida, tornando-se modelo de ação para as massas, podem modificar profundamente o senso dos valores e as decisões éticas da multidão que com eles se identifica. Alberoni verifica, como se disse, a hipótese com base em pormenorizados questionários, aplicados a vários grupos humanos em relação a várias figuras de astros, e suas observações têm um alcance bem mais vasto do que o nosso breve esboço pode fazer supor; mas basta pensarmos no fato de que falam os jornais, enquanto escrevemos esta nota (o anúncio da maternidade de Mina), no modo pelo qual a imprensa propõe a ocorrência e a multidão dá mostras de aceitá-la, para compreendermos que o próprio acontecimento contribuirá, mais do que muitas polêmicas filosóficas, para difundir uma consciência diversa da relação entre os dois sexos e modificar profundamente, na mente dos cidadãos italianos, a ideia de um liame imprescindível entre união sexual, procriação e matrimônio.

Esse e outros tipos de pesquisas nos iluminam, contudo, sobre um ponto muito importante. Não é verdade (ou pelo menos, não é unilateralmente verdadeiro) que a TV, enquan-

---

10. O texto que se segue surgiu como comunicado ao Quinto Congresso de Sociologia, como breve nota no *Almanacco Bompiani*, e, em Milão, nas edições Vita e Pensiero, com o título *L'élite senta potere*.

to "serviço" que um Ente presta ao público, deva adequar-se aos gostos e às exigências desse público. De fato, a TV, mais do que responder a pedidos, cria exigências. O problema do estrelismo é bastante indicativo. Um astro evidentemente tem êxito, porque encarna um modelo que resume em si desejos mais ou menos difundidos junto ao seu público. O gesto de Mina torna-se exemplar porque, de fato, na sociedade em que Mina "mãe-solteira" se torna "modelo", já respondem a processo, na consciência popular, algumas instituições. Mas é fora de dúvida que o astro encarna algumas tendências mais do que outras, e optando por algumas, dá-lhes foro de legalidade, de exemplaridade. Assim se estabelece uma dialética pela qual o astro, por um lado, adivinha certas exigências não aclaradas e, pelo outro – personificando-as – *amplifica-as, promove-as* como acontece, em geral, no tocante à TV como escola do gosto, do costume, da cultura.

A recusa do intelectual

Estas e outras investigações servem, portanto, para fazer-nos entrever, em toda a sua extensão, as consequências, imediatas e a longo prazo, de uma civilização das imagens. Mas convém repetir, ainda uma vez, que se os estudiosos se esforçam por enuclear esses períodos, é justamente porque julgam que uma civilização das imagens seja hoje um fato consumado e indiscutível e não se possa mais dela prescindir. Em outros termos, o risco maior diante dessas observações é o de uma recusa indiscriminada dos novos meios de comunicação, recusa que cindiria fatalmente a sociedade (como em grande parte acontece nos Estados Unidos) num restrito grupo de intelectuais, que desdenham os novos canais de comunicação, e um vasto grupo de *consumidores*, que permanecem naturalmente nas mãos de uma tecnocracia dos *mass media*, privada de escrúpulos morais e culturais, atenta unicamente a organizar espetáculos capazes de atrair as multidões.

E aqui só nos cabe lembrar a "Premissa" do ótimo livro de Cesare Mannucci, *Lo spettatore senza libertà* (Bari, Laterza, 1962), onde o autor se lança contra os que facilmente explodem em exprobrações vociferantes contra a *bêtise* do chamado homem-massa, insistindo, ao contrário, no fato de que a única verdadeira tarefa do intelectual é hoje a de compreender e modificar a situação dos novos meios de comunicação, para não entalar-se, a despeito de suas intenções, em posições reacionárias. Naturalmente essa tomada de posição implica uma convicção: a de que não é verdade que um novo fato técnico, por ter nascido em certas situações históricas e ter-se desenvolvido de determinado modo, seja inevitavelmente negativo, não submetível a usos mais esclarecidos, maniqueisticamente gravado por um mal que ele, mais do que veicular casualmente, encarna por natureza. Essas podem parecer formulações de teologia herética dos primeiros séculos, mas há quem, de uma ou de outra forma, as sustente ainda hoje e não sem uma persuasividade premiada por vastos consensos de público. Pensemos, por exemplo (como pensa também Mannucci), na posição de Elémire Zolla, o qual, há tempos, pisa e repisa a ideia de que certos fatos não podem ser instrumentos indiferenciados de diversas políticas culturais, mas constituem, eles próprios,- uma ideologia, e, portanto, se subtraem a todo beneficiamento.

Na realidade, não há contribuição da técnica humana que não possa ser instrumentalizada quando se tenha verdadeiramente uma ideologia com base na qual programar nossas operações; e quanto à televisão, não são raros os casos em que ficou patente que uma sábia estruturação dos programas produziu mutações absolutamente positivas. Lembremos o exemplo de "Tribuna política" e a massa das discussões, as tomadas de consciência que provocou, a crise a que lançou muitos espectadores que se viram despreparados diante de muitos problemas e sentiram a necessidade de documentar-se e interessar-se mais a fundo... Nenhuma objeção se sustem diante desse exemplo de educação para a democracia, nem mesmo a insinuação de que a transmissão tenha contribuído para a difusão de certo indiferentismo, deixando os espectadores mais desprevenidos diante da relatividade das opiniões e da escassa autoridade dos homens políticos: a resposta é que, se um país democrático se governa (e se governa) pela troca recíproca de opiniões, fatalmente relativas, e essas opiniões são expressas às vezes por homens não capacitados (como pode acontecer),a democracia progredirá na medida em que os cidadãos se puserem a corrente desse fato. Qualquer outra conclusão é paternalista e autoritária. A menos que se considere negativa não só a iluminação das mentes através da informação televisional, mas qualquer forma de difusão cultural, da invenção da imprensa à *Enciclopédia* de Diderot (perspectiva a que Zola parece inclinar-se, nos momentos de fraqueza): e então é inútil discutir, e só resta louvar a decisão de certos intelectuais de retirarem-se desdenhosamente do público torneio. Contanto que" o façam, realmente: mas, enquanto continuarem a comunicar através de um meio de massa como é o jornal de grande tiragem, estarão em contradição.

Um cauto dirigismo cultural

Instrumentalização das técnicas à luz de claras perspectivas culturais e ideológicas. Mesmo porque os famosos efeitos negativos da TV não devem ser entendidos, com excessiva desenvoltura e no absoluto, mas variam conforme as situações sociológicas, e muitas vezes aparecem envolvidos em radicais contradições; daí porque um espetáculo, que à luz de certa investigação surge, por exemplo, como incentivo à delinquência juvenil, à luz de nova *enquête* apresenta outros efeitos. Nesse sentido, parece-nos de grande interesse um volume publicado na América do Norte (Joseph T. Klapper, *The Effects of Mass Communications*, Glencoe, Illinois, 1960), onde se contrapõem, com muito cuidado e exatidão científica, as várias conclusões contraditórias a que teriam chegado vários estudos sobre o fenômeno televisional (e sobre outros aspectos da cultura de massa).

Klapper – inspirando-se em outro estudioso – chega a uma definição final, que pode parecer cética e desesperante ("alguns tipos de *comunicação*, concernentes a alguns tipos de *problemas*, levados à atenção de alguns tipos de *pessoas*, sob determinados tipos de *condições*, produzem algum tipo de efeito"), mas que serve, ao contrário, para demonstrar-nos quanto trabalho ainda há por fazer a fim de determinar, com exatidão, todas as implicações psico-sociológicas do fenômeno

TV. Cabe, portanto, perguntar se nesse ínterim não será mais útil experimentar *provando* vários caminhos, ao invés de petrificar-se em negativas ascéticas.

Numa posição bastante cautelosa, muito próxima da de Klapper (cuja obra, ademais, não cita em sua rica bibliografia), coloca-se Adriano Bellotto, no seu *La televisione inutile* (Milão, Comunità, 1962), onde se propõe pesquisar e individuar aquelas mutações, que, de fato, a televisão parece já ter provocado no seu público (dos ritmos de vida familiar à disposição dos móveis, aos hábitos culturais, à fruição de outros tipos de espetáculo e assim por diante) para assim projetar as possibilidades de emprego desse meio de comunicação, tendo em vista uma democratização e difusão da cultura. Como o livro de Mannucci, também o de Bellotto não oculta os graves defeitos de paternalismo e de encorajamento de uma mediocridade difusa, que a atual televisão italiana traz em seu bojo, mas tende a esclarecer o leitor sobre alguns aspectos mensuráveis dos vários problemas conexos com a educação popular através da TV, citando de uma grande massa de estudos estatísticos.

Interessantes, por exemplo, as investigações sobre o efeito das transmissões políticas (que parecem não tanto "persuadir", mais ou menos astuciosamente, os telespectadores quanto deixar um resíduo final de "informação" e acrescida clareza de ideias, disponíveis, em seguida, para uma opção autônoma e meditada) sobre as modificações introduzidas pela TV na casa hodierna, sobre os "desiderata" dos telespectadores, bem como a rica bibliografia. O livro de Bellotto pode parecer enformado por certo otimismo de base, mas note-se que esse otimismo não é o do irresponsável tecnólatra que julga bom o novo canal comunicativo pelo simples fato de ser e prosperar (reduzindo-se, assim, à mesma posição do maniqueu que o julga irremediavelmente mau). Poderíamos dizer que, se a posição de um tecnólatra é a de um "livre-cambista" clássico, a posição cultural de Bellotto inspira-se numa forma de responsável "dirigismo" cultural: isto é, ele levanta o problema de uma operação educacional a ser empreendida com consciência de causa para fazer verdadeiramente desse meio de massa um veículo de cultura democrática.

Mas é preciso atentar para um problema: empreendimentos desse tipo só podem ser propostos se se acreditar na possibilidade de uma "cultura democrática", isto é, só se não se estiver secretamente persuadido de que a cultura seja um fato aristocrático e que diante da república dos homens cultos se ergam as massas, incorrigíveis e irrecuperáveis, para as quais não se pode mais que preparar uma subcultura (a cultura de massa), salvo se prefira apenas desta execrar, em seguida, os modos e efeitos.

Cultura de massa ou cultura democrática?

Desse equívoco (que se estende a muitas discussões do gênero) está totalmente livre a obra já citada de Mannucci: seu primeiro capítulo procura justamente definir os conceitos de *massa* e de *cultura para as massas*. Através de uma análise Diana e meditada, das características de uma sociedade democrática moderna, Mannucci acantoa a convicção de que os homens comuns (os da massa robotizada) sejam *subdotados* para os quais se deva preparar adequados cibos espirituais. Ao ideal de uma democracia fundada na *igualdade das oportunidades* (qualquer vendedor de jornais pode tornar-se presidente da república) Mannucci opõe o de uma *equivalência de formação*: o que pressupõe considerar todos os cidadãos como dotados em igual medida, de modo a fornecer a cada um deles o mesmo tipo, para começo, de bagagem cultural. Isso, no tocante à televisão, leva a uma série de consequências muito claras: a maioria dos programas de TV (e aqui Mannucci, que não tem papas na língua, documenta suas afirmações com precisa ferócia, isolando até mesmo inquietantes declarações dos dirigentes máximos, devidamente "psicanalisadas") baseia-se na vontade de distinguir entre *elite que pensa* (para a qual não se faz televisão, mas quando muito um "Terzo Programma" de rádio*) e *massa subdotada*, governada mediante uma dosagem paternalista dos bens intelectuais. Mannucci sustenta a tese de base com divícia de análises convincentes: e entre estas, citaremos uma penetran-

---

* Horário dedicado, na rádio italiana, aos programas de nível cultural elevado. (N. da T.)

te desmistificação do aparente "populismo" de um programa como "Campanile Será", na qual a precisa subdivisão dos participantes entre uma elite de peritos, entronizada num palco e investida de poderes resolutórios e uma massa indiferenciada de não-participantes, chamados somente para dar uma aprovação de ordem emotiva, reforça de maneira altamente simbólica, como numa espécie de sacra representação dos nossos tempos, a estrutura paternalista dos programas.

O livro de Mannucci, portanto, seja na análise do *já feito* como na proposta do *a fazer*, delineia-nos a visão ideal de um país democrático, onde o ente televisional não teme fazer chegar a todos os cidadãos o conhecimentos das coisas, e a todos em igual medida, sem medo de que a representação de obras dramáticas de alto nível artístico possa causar traumas culturais, ou a propalação das notícias políticas venha a subverter os costumes. E acrescentaremos que a reação comovida e intensa das multidões, que, nos bares, assistiam ao *Édipo Rei* apresentado por Gassman, bem como os concretos resultados da tão famigerada "Tribuna Política", são lembranças que nos convidam a partilhar da tese de Mannucci.

Este a certa altura, faz também uma observação que nos parece particularmente apropriada para desconcertar os maniqueus e os sustentadores de uma insanável negatividade do meio. Ao referir-se ao período da onda maccartista na América do Norte, o autor efetivamente observa: "e a ironia da sorte quis que, justamente do mais potente instrumento de 'massificação e obtusamento moral, a televisão, viessem os mais eficazes estímulos para compreender e condenar a montagem demagógica, com a simples e neutra (mas o costume liberal e a objetividade nunca são neutros) apresentação dos disparatados interrogatórios e das ridículas acusações do senador pelo Wisconsin, daí por diante conhecido apenas através das notícias de imprensa"

Mas não é por acaso que todas as vezes que se fazem projetos de melhoria e elevação dos programas de TV, os remédios válidos sempre e tão-somente se apresentem como remédios de ordem Dolítica; só a ideologização do meio técnico pode mudar-lhe o cunho e a direção. Mas ideologização não significa "partitização"; significa, apenas, preparar a administração do meio para uma visão democrática do país;

bastaria dizer: *usar o meio de comunicação dentro do espírito da Constituição e à luz da inteligência.* Todos os casos em que a nossa televisão tem dado boa prova de si, não passaram, no fundo, de corretas deduções desse teorema.

Conclusões

As investigações dos psicólogos e sociólogos mostraram-nos as forças imensas que precisamos domar sob pena de assistirmos à destruição de nossa cultura; a TV pareceu-nos algo como a energia nuclear, e, como a energia nuclear, só pode ter suas finalidades estabelecidas com base em claras decisões culturais e morais. As investigações psicológicas indicam-nos também os caminhos para futuras pesquisas sobre a "linguagem" televisional, suas possibilidades, seus limites, sua área de desenvolvimento; as sociológico-políticas abriram-nos mais vastas dimensões de empenho polêmico. Se as conclusões a que pouco a pouco nos pareceu poder chegar, são substancialmente otimistas, não se devem, contudo, interpretar – já o dissemos – como abandonos a uma mística do *laissez-faire*. Mesmo quando se convenha que nesse terrível e potente meio de massa se congregam as várias possibilidades de difusão cultural para um futuro próximo, é preciso não esquecer a natureza emocional, intuitiva, irreflexiva de uma comunicação pela imagem.

Lembremos que uma educação através das imagens tem sido típica de toda sociedade absolutista e paternalista: do antigo Egito à Idade Média. A imagem é o resumo visível e indiscutível de uma série de conclusões a que se chegou através da elaboração cultural; e a elaboração cultural que se vale da palavra transmitida por escrito é apanágio da elite dirigente, ao passo que a imagem final é construída para a massa submetida. Neste sentido, têm razão os maniqueus: há, na comunicação pela imagem, algo de radicalmente limitativo, de insuperavelmente reacionário. E no entanto, não se pode rejeitar a riqueza de impressões e descobertas que, em toda a história da civilização, os discursos por imagens deram aos homens.

Uma sábia política cultural (ou melhor, uma sábia política dos homens de cultura, enquanto corresponsáveis, todos, pela *operação TV*) será a de educar, provavelmente através da TV, os cidadãos do mundo futuro para que saibam temperar a recepção de imagens com uma igualmente rica recepção de informações "escritas".

A civilização da TV como complemento a uma civilização do livro. Talvez seja menos difícil do que se creia, mas não seria utópico propor à TV uma série de transmissões didáticas dirigidas para o "descondicionamento" do público, ensinando a não ver televisão mais do que o necessário, a dominar e identificar, por conta própria, o momento em que a audição não é mais voluntária, a atenção se torna hipnose, e a convicção assentimento emotivo. Para que um dia não nos ocorra dizer, sem nem mesmo percebermos o alcance de semelhante afirmação, o que escreveu uma telespectadora e que Bellotto avisadamente transcreveu como epígrafe, no início do seu livro: "Para dizer a verdade, não gosto muito dessa televisão, que muitas vezes é cacete, para não dizer coisa pior, e que me obriga a ficar pregada ao vídeo horas a fio, quando teria mil outras coisas a fazer".

PARA UMA INVESTIGAÇÃO SEMIOLÓGICA SOBRE A MENSAGEM TELEVISIONAL

I *Introdução*

Para estabelecer a incidência da mensagem televisional sobre o público não é suficiente uma pesquisa de mercado sobre as preferências dos usuários[11].

11. O texto que se segue foi apresentado como informe ao "Colóquio para a impostação de um modelo de pesquisa interdisciplinar sobre a relação televisão-público", organizado em Perúsia pelo Centro Italiano para o Estudo da Comunicação de Massa de Perísia e pelo Instituto de Etnologia e Antropologia Cultural da Universidade de Perúsia (23-24 de outubro de1965). O texto fazia parte de uma "primeira proposta" apresentada pelo autor destas linhas, juntamente com Paolo Fabbri, Pierpaolo Giglioli, Franco Lumachi, Tullio Seppilli e Gilberto Tinacci-Mannelli. Era precedido de um quadro de referência metodológica, aos cuidados de Tullio Seppilli, e seguido de dois outros informes: "Aspectos da decodificação da mensagem televisional", de Gilberto Tinacci-Mannelli e Pierpaolo Giglioli, e "Análise da posição-função da televisão, da audiência televisional e das atitudes do público telespectador em relação à televisão nos vários contextos sociais italianos", de Franco Lumachi.

O que nos parece urgente saber não é: *a)* o que agrada ao público (indagação, sem dúvida, útil e, todavia, de todo insuficiente para orientar um ente que não tem escopos comerciais mas funções de promoção cultural); e sim *b) o que efetivamente o público recebe*, seja dos programas que lhe agradam como daqueles que rejeita.

A pergunta (*b*) implica em que uma dada transmissão televisional seja analisada como fato comunicacional (mensagem), a propósito do qual devem ser individuadas: 1) as intenções do remetente; 2) as estruturas comunicacionais objetivas da mensagem; 3) as reações do receptor em relação aos itens 1 e 2.

Como vemos, uma investigação desse tipo configura-se como pesquisa sobre a mensagem televisional enquanto *sistema de signos*. Como acontece com todos os sistemas de signos, os signos e suas correlações são encarados em relação a um *remetente* e a um *receptor*; fixados a um *código* que se supõe comum a ambos; inseridos num *contexto* comunicacional que contribui para definir os três termos precedentes.

Como veremos, uma pesquisa sobre a mensagem TV como sistema de signos não visa unicamente a enfocar aspectos formais dos processos de comunicação. Algumas definições que se seguem ajudarão a compreender como na consideração dos vários níveis de uma mensagem também

Cada uma dessas intervenções, embora assinada por um dos participantes, fora precedentemente discutida por todos, como o exigia o caráter interdisciplinar da pesquisa. Portanto, também o texto que aqui aparece, com a assinatura de quem redige, é em grande parte devedor da contribuição dos vários colaboradores para a pesquisa. Por outro lado, o leitor perceberá que o texto não tem pretensões de originalidade quanto à proposta e ao uso dos instrumentos semiológicos, que toma de empréstimo a uma tradição de estudos vinda dos formalistas russos e dos estruturalistas de Praga, através das discussões da Linguística e das várias correntes semânticas até as impostações de pesquisa semiológica devidas às recentes escolas francesas e soviéticas. Consequentemente, evitaram-se as citações e recorrências, e isso por dois motivos: 1) antes de mais nada, as várias categorias e a nomenclatura hão são usadas de modo unívoco pelas várias escolas, e portanto, devem ser aqui precavidamente entendidas como propostas autônomas segundo as definições que acompanham cada termo empregado; 2) em segundo lugar, este texto não pretende propor-se como contribuição crítica à história do estudo doa signos, e sim como primeiro esboço de um modelo operacional.

entram, naturalmente, os chamados níveis de "conteúdo". Em outras palavras, *um sistema de signos não é apenas um sistema de significantes mas também um sistema de significados.*

Salientemos, em todo o caso, que com isso não se quer reduzir toda investigação possível sobre as transmissões televisionais a investigação semiológica. Se, como veremos, a análise sobre o público se insere indispensavelmente como segunda fase (de verificação) da pesquisa semiológica, e lhe é estreitamente conexa, restam infinitos espaços para pesquisas sociológicas de outro tipo (por exemplo, a real influência das telecomunicações sobre os comportamentos públicos de uma comunidade).

A investigação semiológica constitui, portanto, apenas um filão de pesquisa: ela nos parece, contudo, extremamente urgente a fim de respondermos a uma pergunta que, em termos elementares, pode ser assim formulada: "Quando transmito uma mensagem, o que recebem efetivamente indivíduos diferentes, em situações diferentes? A mesma mensagem? uma outra, afim? uma, completamente diversa?"

Esse tipo de pergunta é comum a toda investigação sobre a comunicação humana; mas é particularmente urgente no âmbito das comunicações de massa.

Em épocas passadas, o autor de um ato de comunicação, por exemplo, o artista do palácio de Cnosso, em Creta, elaborava uma mensagem (digamos: o relevo em estuque colorido do Príncipe das Flores-de-Lis) para uma comunidade de receptores bem definida. Essa comunidade possuía um código de leitura igual ao do artista: sabia, por exemplo, que o bastão empunhado pela mão esquerda representava um cetro, que as flores estilizadas, representadas no colar, no diadema e sobre o fundo, eram lírios; que o amarelo-escuro do rosto indicava juventude; e assim por diante. O fato de que essa obra pudesse ser contemplada de modo inteiramente diverso pelos conquistadores aqueus, que tinham outros atributos para indicarem a realeza, era puramente casual para os fins da comunicação. Constituía uma *decodificação aberrante*, cuja possibilidade o artista, de modo algum, havia concebido.

Davam-se vários tipos dessas decodificações aberrantes:

a) antes de mais nada, em relação a povos estrangeiros *que não possuíssem de modo algum o código* essa, a nossa situação diante da língua etrusca);

b) diante de gerações subsequentes, ou povos estrangeiros que sobrepusessem à mensagem um código estranho (assim acontecia quando nos primeiros séculos do cristianismo, e mesmo depois, se interpretava como figura sacra uma imagem paga; ou como aconteceria hoje a um oriental, alheio à iconografia cristã, que confundisse a imagem de São Paulo coma figura de um guerreiro, já que a do santo, por convenção, carrega a espada);

c) diante de diferentes tradições hermenêuticas (a interpretação romântica de um soneto do *stil novo*, que entenda como situações eróticas as que, para o poeta, eram alegorias filosóficas);

d) diante de diferentes tradições culturais que veem a mensagem, inspirada num código diverso, como mensagem canhestramente inspirada no próprio código (assim o quinhentista podia ver como erro de perspectiva o quadro do primitivo, inspirado nas convenções de uma perspectiva "em espinha de peixe", e não nos cânones brunelleschianos).

Poderíamos dar outros exemplos. De qualquer maneira, em cada um desses casos, a decodificação aberrante constituía a exceção não prevista: não a regra. A filosofia punha-se, depois, em campo, nas épocas criticamente mais aguerridas e providas de um sentido das diferenças históricas e etnológicas, para garantir uma decodificação exata.

O panorama muda completamente ao considerarmos uma mensagem emitida para uma massa indiferenciada de receptores e veiculada através dos canais da comunicação de massa. Nesse caso, quem emite a mensagem inspira-se num código comunicativo que *a priori* já se pode prever como não compartilhado por *todos* os receptores. Basta lermos um livro como *Crescimento de uma comunidade primitiva*, de Margaret Mead, para observarmos como os indígenas da ilha de Manus (Melanésia) interpretavam os filmes norte-americanos que lhes eram projetados pelas tropas de ocupação. As estórias de personagens norte-americanos, inspiradas num quadro de referências éticas, sociais e psicológicas diversas, eram vistas à luz do quadro de referência próprio dos indígenas; daí o nascimento de um novo tipo de ética, que não era mais nem a indígena nem a ocidental.

Um modelo de tal situação pode ser fornecido pelo trocadilho escolar realizado com a frase: "I Vitelli del romani sono belli". Se referida ao código língua italiana, a frase significa o que significa; se referida ao código língua latina, significa "Vai, ó Vitélio, ao som de guerra do deus romano".

Mas essa situação, que, no trocadilho citado, surge comunicacionalmente como tão paradoxal, verifica-se normalmente no curso da maioria dos processos de comunicação que ocorrem no âmbito dos *mass media*. A decodificação aberrante (puro acidente, no que concerne à mensagem que o pintor de afrescos renascentista endereçava ao comitente e aos concidadãos, a ele unidos por vínculos de civilização comum) *é de norma nas comunicações de massa.*

II. *Fases da pesquisa*

1. a) A pesquisa deverá, portanto, antes de mais nada, proceder a uma definição terminológica de noções tais como: "código", "mensagem", "níveis de significado";

b) a seguir, distinguir entre códigos do ente transmissor e códigos dos operadores técnicos particulares ("produtores-autores" da transmissão por conta do ente); analisar determinadas mensagens, estabelecendo em referência a que códigos foram elaboradas e que quadros de referência presumam nos receptores – essa constitui a primeira fase de análise semiológica da mensagem.

2. Numa segunda fase, deverá verificar, através de uma pesquisa sobre o público, como as mensagens previamente analisadas foram *de fato* recebidas em algumas situações "padrão" – o que constitui a contribuição para a investigação de uma pesquisa de campo.

3. Numa terceira fase, recolhidos os dados sobre a recepção, deverá compará-los com a análise precedentemente feita das mensagens, para ver: a) se as mensagens justificavam todas as recepções ocorridas; b) se algumas recepções enfocaram, na mensagem níveis de significado que haviam escapado à nossa análise e ao remetente; c) se algumas recepções

demonstraram que dadas mensagens podiam ser interpretadas de modo totalmente disforme das suas intenções comunicativas, e todavia de modo coerente; d) se em dadas situações de recepção, os usuários projetam livremente na mensagem, qualquer que ela seja, determinados significados que ali querem achar. Etcetera.

A pesquisa poderia levar a conclusões de tipo diverso. Poder-se-ia descobrir que certos gêneros de mensagem, pretendendo fazer penetrar a fundo determinado significado, resultam entre as menos comunicativas.

Poder-se-ia descobrir que a comunidade dos usuários possui, no tocante às mensagens, uma liberdade de decodificação tal que torna a capacidade de influência do ente muito mais débil do que na realidade se crê. Ou então o contrário.

Poder-se-ia dever concluir que os entes políticos ou culturais que se preocupam em promover uma mutação das orientações do ente remetente deveriam, ao contrário, trabalhar mais sobre o polo da recepção (educação para a audiência) do que sobre o da emissão, porque é naquele polo que se trava a verdadeira batalha dos significados, da liberdade ou da passividade da recepção, e assim por diante.

Poder-se-ia descobrir que a cota de redundância necessária para a recepção unívoca de uma mensagem é tal que se torna perfeitamente inútil travar batalhas culturais ou políticas para a inserção, nos programas, de mensagens de duração média, quando mais profícuo seria fazer convergir uma ação de pressão sobre a realização de poucas mensagens, com alta dose de redundância e de grande duração.

A presente pesquisa parte, portanto, da convicção de que o que o estudioso vê no vídeo não é, necessariamente, o que aí vê o usuário comum. De que entre a imagem como se forma no vídeo – e como é concebida pelo ente transmissor – e as imagens recebidas pelos usuários em situações múltiplas e diversas, há um hiato que só pode ser preenchido (ou eventualmente aumentado) por um profundo conhecimento dos mecanismos comunicativos.

A presente pesquisa parte da convicção de que o problema da comunicação é um problema ideológico e não puramente técnico.

As páginas que se seguem examinam a fase de investigação semiológica rubricada como fase 1 (*a* e *b*) da pesquisa em seu conjunto. Como é fácil compreender, a fase 2 (*enquête* sobre o público) requer uma aplicação prática das propostas teóricas da fase 1, e portanto um trabalho sociológico de campo. Só depois poderá seguir-se a fase 3, onde se chegará, eventualmente, a conclusões teóricas.

III. *Definições preliminares*

A Mensagem

Não se entende aqui por mensagem televisional um conteúdo ideal da comunicação, um apelo, ou um conjunto de significados abstratos.

A mensagem é, antes de mais nada, um *objeto sígnico* em que a primeira realidade verificável é constituída pelos significantes enquanto relações entre impulsos luminosos sobre o vídeo. As relações entre esses impulsos poderiam exaurir a noção de mensagem sob o aspecto puramente quantitativo de uma "teoria da informação". Do ponto de vista – ao contrário – de uma "teoria da comunicação", *a mensagem é um complexo objetivo dos significantes, enquanto elaborada com base em um ou mais códigos para transmitir certos significados, e enquanto interpretada e interpretável com base nos mesmos códigos ou em outros.*

Uma mensagem pode ter diversos *níveis de significado*: uma placa de trânsito que represente a silhueta de um menino acompanhado de seu genitor significa antes de mais nada, para o profano, "menino acompanhado de genitor", mas para o usuário da via pública, de posse de um dado "código", significa: "Cuidado: escola". A mesma placa copiada, ou inserida numa tela por um artista "pop", adquire, automaticamente, níveis ulteriores de significado.

Todo nível de significado é decifrável com base num quadro de referência específico. Até agora temos chamado esses quadros de referência pelo termo genérico de "código". Procuremos definir melhor essa noção e diferenciá-la ulteriormente.

O Código

Chama-se "código" um sistema de convenções comunicativas que constituem as regras de uso e organização de vários significantes. Por "convencionais" entendemos regras não inatas, ainda que não necessariamente atuante ao nível de consciência. Nesse caso, portanto, entende-se como "código", ou melhor, como modelo exemplar de código, uma língua.

Um código pode propor apenas um repertório semântico dentro do qual *escolher* os signos a usar. Ou pode propor também um sistema de regras *combinatórias* dos elementos escolhidos. Isto é, pode orientar para os fins da *seleção* ou da *combinação*. Em outros termos, que assumimos como equivalentes: pode ser *paradigmático* ou *sintagmático*.

A língua é, nesse sentido, um código misto, porque não só fornece as equivalências entre certas palavras e seu significado, mas também as regras de combinação e certos sintagmas prefixados. O código Morse é unicamente seletivo, porque permite que os pontos e as linhas, que exprimem letras do alfabeto, se combinem segundo as leis combinatórias da língua. É seletivo o código que preside ao uso das bandeiras nacionais; porém misto, o que preside às comunicações navais com bandeirinhas, porque também prescreve regras combinatórias.

Elaboradas essas definições, restrinjamos a noção de "código" aos sistemas convencionais de base, com os elementos dos quais se elaboram, a seguir, "códigos secundários" ou "subcódigos", mais ou menos sistematizados, que introduzem novos elementos *léxicos* ou conferem diverso valor conotativo a elementos léxicos previstos pelo código de base.

A palavra "projeto" e a palavra "lei" têm significados precisos na língua: mas a combinação "projeto de lei" (que já representa uma metáfora) não é compreensível com base nas referências imediatas dos vários termos; para ser compreendida, deve ser referida a um jargão especializado que confere a esse sintagma um significado específico. Esse jargão, que funciona com base no código-língua, dele constitui um subcódigo específico Um ouvinte pode possuir o código e não possuir o subcódigo. Uma recente pesquisa de opinião realizada pela RAI sobre a recepção das notícias do Rádio-Jornal focalizou, por exemplo, uma situação desse gênero.

Na recepção de uma mensagem, a individuação do código e dos léxicos adequados é auxiliada pelo *contexto comunicativo* em que a mensagem é emitida. O contexto "noticiário parlamentar"' ajuda a individuar o léxico adequado para decodificar o sintagma "projeto de lei".

Sublinhe-se que a noção de código e subcódigo não se refere apenas a convenções linguísticas mas a todo tipo de quadro de referência convencionado: as convenções que regem as escolhas gastronômicas (convenções de gosto-paladar) representam um código, mais ou menos sistematizado, que pode variar de povo para povo.

A expressão "As bistecas de porco são boas e nutritivas, e portanto, comem-se, contanto que nos pertençam", pronunciada no contexto da presente civilização europeia, adquire um significado, antes de mais nada se interpretada segundo o código-língua italiana; a seguir, se referida: *a*) ao sistema de regras médico-sanitário-dietéticas mais comum; *b*) ao sistema de regras de convivência conhecido como "código penal". Pronunciada no contexto de um país muçulmano, onde a carne de porco é julgada impura e é proibida, a frase, embora não mude de significado, poderia ser entendida como convite à transgressão, e não como asserção óbvia. Não mudaria sua dimensão semântico-sintática, mas mudaria sua *dimensão pragmática*.

Os vários códigos e subcódigos, sobre os quais se constituem em seguida os níveis de significado de uma dada mensagem, podem ter diversa sistematicidade e *rigidez*. O sistema de convenções de gosto-paladar é bastante rígido (não se combina o açúcar com o sal). O sistema de convenções de gosto-estético-erótico é menos rígido: são igualmente desejáveis e belos, por convenção, diversos ideais femininos como Audrey Hepburn e Jane Mansfield.

O emprego de um subcódigo transforma, habitualmente, o processo de *denotação* em processo de *conotação*. A expressão "alado menino", pronunciada num contexto poético-erótico, reporta-nos a um quadro de referência mitológica (subcódigo mitológico) e não só *denota* um menino de asas, mas *conota* "Amor". O contexto, sem mudar a forma da mensagem, impõe, todavia, que, na decodificação, se empregue um léxico suplementar que prove a mensagem de um nível ulterior de significados. Quem não esteja na posse do léxico mitológico, ou não entenda, com base no contexto, que deve a ele recorrer, interpreta a mensagem como a indicação de uma situação paradoxal. Ou então pode intervir com um subcódigo impróprio (bíblico, por exemplo), e decodificar aberrantemente a mensagem como referida a um serafim. (Está bem claro que exemplos do gênero não são teóricos, mas encontram correspondentes exatos na recepção de mensagens televisionais.)

Elaboradas essas definições, procuremos individuar uma série de códigos e subcódigos que intervém na formulação e interpretação de uma mensagem televisional, com base nos quais se constituem diversos níveis de significado nas próprias mensagens.

IV. *O sistema de códigos e subcódigos que intervém para definir uma mensagem televisional*

A mensagem televisional, enquanto composta de *imagens*, *sons musicais* ou *ruídos*, e *emissões verbais*, pode ser considerada como fundada no emprego de três códigos de base sobre os quais, a seguir, se instituem subcódigos dependentes:

1. O CÓDIGO ICÔNICO, que compreende também:
   A) ubcódigo iconológico
   B) subcódigo estético
   C) subcódigo erótico
   (esses três a nível da seleção das imagens)
   D) subcódigo da montagem
   (a nível da combinação das imagens)

2. O CÓDIGO LINGUÍSTICO, que compreende também:
   A) jargões especializados
   B) sintagmas de valor estilístico adquirido

3. O CÓDIGO SONORO, que compreende também:
   A) subcódigos emotivos
   B) sintagmas de valor estilístico adquirido
   C) sintagmas de valor convencional

Passemos, agora à descrição pormenorizada desses vários códigos e subcódigos.

1. O Código Icônico

Baseia-se nos processos de percepção visual (os quais também se desenvolvem com base num código, se a percepção for, como aqui admitimos, não o registro fotográfico de uma suposta realidade preconfigurada, mas uma interação entre os estímulos de um dado campo e os esquemas perceptivos, adquiridos por aprendizagem e propostos pelo sujeito).

De qualquer maneira, uma vez percebida no vídeo, com base no comum processo perceptivo, uma forma pode ser entendida ou como *denotadora de si mesma* (é o caso de uma configuração circular ou triangular; de uma linha preta sobre fundo branco, etcetera) ou como *denotadora de outra forma* que o receptor reconhece como elemento da realidade física e cultural (uma árvore, uma letra do alfabeto). A esse segundo tipo de denotação pode, também, ser reportado o primeiro, já que a percepção sobre o vídeo de uma configuração circular pode ser entendida como denotação da forma "círculo". Nesse sentido, o código é sempre *figurativo*, ou *icônico*: perceberei certas formas no vídeo como imagem de outras formas já conhecidas, se as primeiras possuírem elementos estruturais homólogos às segundas, em número suficiente para constituírem seu "modelo reduzido". Pode acontecer que o receptor veja na tela imagens de realidade desconhecidas (um selvagem que vê pela primeira vez a imagem de um avião). Nesse caso, perceberá a imagem não com base no código figurativo, mas no código perceptivo comum, como forma organizada, que significa apenas ela própria, e nada mais (assim como o mesmo selvagem, ouvindo a palavra "casa", e faltando-lhe o código que estabeleça sua denotação, recolhe-a como pura forma sonora). Pode acontecer, todavia, que o receptor, percebendo uma forma sem significado, e todavia intuindo pelo contexto que ela deve significar algo, infira o código da mensagem. Assim, se vejo a imagem de um estranho maquinismo desconhecido, compreendo que é o significante de alguma coisa, e incluo essa alguma coisa no quadro dos meus conhecimentos: naquele momento, instituí a correspondência requerida pelo código. Uma vez que o signo icônico possui muitas propriedades do objeto denotado (no que difere do signo linguístico, que é convencional), a comunicação por imagens resulta mais eficaz e imediata do que a verbal, porque permite ao receptor uma imediata referência ao referente ignorado. Esse processo exige, porém, que o contexto das outras imagens me ajude a preencher a lacuna: reconheço um novo tipo de aeroplano nunca visto, mas posso não reconhecer a imagem de uma cadeia de moléculas, se o contexto das outras imagens, ou um subsídio verbal, não me orientar na decodificação (que, nesse caso, assume aspectos de criptanálise, como acontece na leitura de mensagens cujo código se ignora).

Descuramos, aqui, a consideração de um eventual código do inconsciente coletivo. Enquanto tal, se existe, escapa às características de convencionalidade próprias de um código. Interessa-nos na medida em que emerja empiricamente ao nível de análise da decodificação (os receptores sentem certas formas como estímulo adequado para uma série de projeções, identificações, etcetera). Em outro de seus aspectos, será estudado no item 1.A (subcódigo iconológico).

A. *Subcódigo iconológico.* Certas imagens conotam alguma coisa a mais, por tradição. Um velhinho curvado e sorridente, que corre ao encontro de um garotinho alegre, de braços abertos, *conota* "vovô". Uma bandeira vista em branco, vermelho e verde (ou sugerida como tal por um contexto em branco e preto, com um *bersagliere* ao lado, por exemplo) denota "bandeira italiana", com base num específico subcódigo internacional e, em contexto adequado, pode conotar "italianidade". Uma forma geométrica reproduzindo em miniatura um templo grego pode conotar "beleza harmoniosa, grecidade".

Nesta seção, incluem-se certas figuras que, por convenção, conotam alguma coisa, com base, no entanto, em tendências incônscias que determinaram a escolha iconológica: por ex., a imagem da água conota "serenidade" por convenção, mas no processo de conotação também intervém elementos incônscios que a tradição iconológica tomou a si e legitimou a nível de cultura (nesses casos, a imagem poderia funcionar a nível incônscio, também para quem não tivesse presente sua conotação convencional).

B. *Subcódigo estético*. Fruto da tradição do gosto. Certa configuração é tradicionalmente "bela". Um "tópico" ou "topos" adquire certo significado com base em convenções de gosto estético (por exemplo, o final "homem sozinho, afastando-se por uma estrada que termina em perspectiva", visto depois de Chaplin, tem uma conotação precisa).

C. *Subcódigo erótico*. Brigitte Bardot afigura-se-nos bela e desejável. Uma mulher gorda não. Esses dois tipos de avaliação fundam-se em convenções, isto é, num assestamento histórico-sociológico, reconhecido pela coletividade do gosto. Esse subcódigo confunde-se, sob vários aspectos, com o estético: um tipo de mulher é ridículo se comensurado a uma tradição cômica. Um homem de pano preto no olho é eroticamente interessante, se comensurado também ao subcódigo iconológico que o conota como "pirata", e a um subcódigo estético que conota o pirata como "romântico".

D. *Subcódigo da montagem*. Se os subcódigos precedentes ofereciam um paradigma de imagens selecionáveis, este fornece uma série de sintagmas prefixados. Estabelece regras combinatórias das imagens segundo as regras cinematográficas e televisionais, tanto na ordem do enquadramento como na da sequência. O selvagem não habituado com a linguagem cinematográfica não compreende que uma pessoa revista em contra-campo é a mesma vista anteriormente, ou não compreende a função de coligação de uma fusão. Por exemplo, com base no subcódigo da montagem, compreende-se através de cortes sucessivos o *encontro* entre um menino e um velho, enquanto que, com base no subcódigo iconológico, compreende-se a *relação avô-neto*.

2. O Código Linguístico

É o da língua em que se fala. A ele se referem todas as formulações verbais de uma transmissão. Pode não ser conhecido em toda a sua amplitude seletiva e complexidade combinatória. Certas comunidades rurais podem possuí-lo em medida reduzida. Como seus subcódigos, podemos indicar:

A. *Jargões especializados* (uma gama vastíssima que compreende jargões científicos, políticos, jurídicos, profissionais etcetera). É a esse nível de mensagens que se referia a *enquête* RAI sobre a recepção e compreensão de notícias do Rádio-Jornal. São, o mais das vezes, patrimônios léxicos.

B. *Sintagmas estilísticos*. Equivalem aos léxicos estéticos a nível do código icônico. Conotam classe social, atitude artística etc. Compreendem as figuras retóricas. Estão-lhes confiadas as conotações emotivas de vários gêneros (ironia, alarma, suspeita etc.). Com base neles, estabelece-se se uma mensagem ofende o código linguístico básico por erro ou por projeto. Incluem-se, aqui, várias conotações tipológicas confiadas ao estilo linguístico.

3. O Código Sonoro

Compreende os sons da escala musical e as regras combinatórias da gramática tonal; os ruídos enquanto distintos dos sons e enquanto referíveis ironicamente a ruídos já conhecidos. Os sons denotam apenas a si mesmos (não têm espessura semântica), ao passo que os ruídos podem ter valor imitativo (imitação de ruídos já conhecidos). Também os timbres podem ter valor imitativo (timbre de campainha, de tambor). Nesse caso, ruídos e timbres são imagens sonoras que denotam ruídos e timbres já ouvidos na realidade.

A. *Subcódigos emotivos* (p. ex., uma música "thrilling" é assim por convenção).

B. *Sintagmas estilísticos*: há uma tipologia musical segundo a qual uma melodia é camponesa, clássica, selvagem etc. Vários tipos de conotação, amiúde com valor ou emotivo ou ideológico. Músicas já ligadas a ideologias precisas.

C. *Sintagmas de valor convencional*: toques de sentido, rancho, carga, silêncio. O tambor. Assumem, depois, valores conotativos vários: o toque de carga interpretado como "pátria, guerra, coragem etc."

O quadro de referência cultural

O conjunto dos códigos e subcódigos é aplicado à mensagem à luz de um *quadro de referência cultural geral*, que constitui o patrimônio de "saber" do receptor: a sua posição ideológica, ética, religiosa, as suas disposições psicológicas, os seus gostos, os seus sistemas de valores etcetera.

Paralelamente, o ente emissor e o intérprete técnico codificam a mensagem com base em seu próprio quadro de referência cultural: escolhem os significados a comunicar, com que fim, a quem, e de que modo organizá-los através dos níveis da mensagem.

Assim fazendo, tanto o ente como o intérprete técnico *presumem*, no receptor, um quadro de referência cultural. Podem presumi-lo análogo ao deles ou então diverso, e nesse caso, organizarão a mensagem de modo a levar em conta a diversidade ou justamente tender a saná-la, estimulando, através da mensagem, uma mutação do quadro de referência cultural do receptor.

Esse quadro de referência, que poderia chamar-se *ideologia* (dando-se ao termo o significado mais lato possível), constitui *um sistema de assunções e expectativas* que interage com a mensagem e determina a escolha dos códigos à cuja luz deve ela ser decodificada.

Por exemplo, uma asserção verbal como "este é um rebelde" é compreendida no seu valor denotativo imediato, à luz do código-língua italiana; mas assume, antes de mais nada, uma conotação particular, se enunciada num contexto comunicativo que a refira a um menino ou a um combatente irregular que resiste à ordem constituída; em segunda instância, carregar-se-á de outras conotações se, no primeiro caso, a ideologia do remetente ou do receptor aceitar uma pedagogia autoritária ou liberal; ou se, no segundo caso, a ideologia do remetente ou do receptor aceitar como positiva a obediência à ordem constituída ou a resistência ao poder.

Assim o *topos* iconológico "negro espancado por um oranco" conota, habitualmente, "colonialismo", ao passo que o *topos* "negro violentando uma branca" conota "racismo"; mas é conforme o quadro ideológico de quem emite ou recebe que as duas mensagens poderão parecer repugnantes ou entusiasmantes, e conotarem "fato louvável" ou "fato reprovável". É possível que uma mensagem emitida para conotar "fato reprovável" seja recebida como conotando "fato louvável".

O quadro de referência cultural, portanto, permite a individuação dos códigos e subcódigos. Um "blouson noir", num subcódigo iconológico, pode conotar "ser-a-social", em outro, "herói não-confonnista". É o quadro ideológico que orienta na escolha do critério.

Encontramo-nos, portanto, diante de um sistema *ideológico* (sistema de significados preexistentes à mensagem), que se dialeticiza com um sistema de artifícios *retóricos* (códigos e subcódigos), regulador da relação entre significantes e significados na mensagem. O complexo desses elementos pode ser definido como *"sistema de significação".*

A análise semiológica da mensagem, portanto, individuando o sistema de significação que surge conotado pela mensagem no seu conjunto, deve, realmente, chegar a definir:

a) O sistema de significação do *ente* emissor e o sistema de significação que este parece *presumir* no receptor;

b) O sistema de significação do *intérprete técnico* (que pode não coincidir com o do ente) e o sistema de significação que este parece *presumir* no receptor.

O que a análise semiológica não pode estabelecer é o ejetivo sistema de significação dos receptores isolados. Isso poderá ser individuado *apenas pela análise do público realizada numa investigação de campo.*

Nesse sentido, a análise semiológica constitui apenas uma fase da pesquisa sobre o processo de comunicação. Pode esclarecer sobre as intenções do remetente, mas não sobre as modalidades de recepção da mensagem.

V. *A Mensagem*

Na mensagem concluída, códigos e subcódigos interagem com o quadro de referência do receptor e reverberam diversos tipos de significado, uns sobre os outros. Na medida em que a mensagem, a nível dos significantes e dos significados, resulta harmonicamente conexa e justificada em todos os seus níveis, atinge qualidade artística e realiza uma função estética.

A função estética de uma mensagem existe quando a mensagem *indica, antes de mais nada, a própria estrutura como o primeiro dos seus significados*, isto é, quando é *auto-reflexiva* (isto é, quando não é só organizada para comunicar alguma coisa, mas "formada por formar").

No curso da investigação semiológica, individuar-se-ão, para tanto.

a) Mensagens dotadas de qualidade estética, correlatas em todos os seus níveis de significantes e significado.

b) Mensagens "desarticuladas", que permitem considerar separadamente a comunicação aos diversos níveis.

c) Mensagens intencionalmente voltadas para realizar outras funções, diversas da estética (segundo a tabela que se segue) e que, para tanto, surgem suficientemente coordenadas para o fim proposto, não sendo, porém, auto reflexivas.

Igualmente, no curso da análise sobre o público individuar-se-ão:

a) Tipos de recepção que individuam a mensagem como objeto estético global e a intencionam como tal.

b) Tipos de recepção que intencionam a mensagem como realizando outras funções e a intencionam como tal.

Estabelecida essa premissa, examinemos as seis diferentes funções de uma mensagem (raramente isoladas; habitualmente todas elas coexistem numa mesma mensagem, embora uma predomine).

1. *Função referencial*. A mensagem "indica" alguma coisa. Não considera apenas os normais processos de denotação mas todos os processos de conotação, mesmo se a intenção referencial tende a reduzir ao mínimo o campo semântico que se cria em torno de um signo e a enfocar a intenção do receptor sobre um único referente.

2. *Função emotiva*. A mensagem visa a suscitar emoções (associações de ideias, projeções, identificações etc.).

3. *Função conativa ou imperativa*. A mensagem visa a comandar alguma coisa, a persuadir a uma ação.

4. *Função fática, ou de contato*. A mensagem visa a estabelecer um contato psicológico com o receptor (a forma mais comum é a expressão de saudação).

5. *Função metalinguística*. A mensagem fala de outra mensagem ou de si mesma.

6. *Função estética*. A mensagem, embora desempenhando outras funções, visa, antes de mais nada, a ser intencionada como tal, como *sistema* harmônico de todos os níveis e de todas as funções.

Essas várias funções são alternadamente realizadas, fazendo emergir diversos níveis de significado. Uma mensagem publicitária pode denotar "homem, mulher, crianças em volta de uma mesa com panela e caixa de Sopa X", pode conotar, em segunda instância, "felicidade e serenidade" – e ao fazê-lo, desenvolve função *referencial, emotiva e imperativa ao mesmo tempo* (não se excluindo também a função *estética*). De fato, é bem provável que o receptor a interprete à luz das primeiras três funções e deixe na sombra a quarta. Mas um receptor mais atento e sensível pode muito bem não ficar convencido a comprar a sopa X, e apreciar, ao contrário, a perfeição do enquadramento e da caracterização.

A Estrutura da Mensagem

Ao realizarem algumas funções e envolverem alguns níveis de significado, as várias mensagens se estruturam de modo diverso (de um máximo de organicidade a um máximo de desarticulação), dando vida a uma dialética comunicativa entre *probabilidade* e *improbabilidade* (isto é, entre *obviedade* e *novidade* – conclusivamente e em termos mais técnicos, entre *significado* e *informação*).

Uma mensagem será tanto mais provável e óbvia quanto mais *se ativer* as regras do sistema de significação em que se inspira.

Uma mensagem óbvia comunica um significado claro e compreensível para todos (comunica o que já sei).

Uma mensagem improvável comunica uma taxa de informação (o que ainda não sei), que, superado certo limite de improbabilidade, redunda em pura desordem e "ruído".

Na mensagem deve, portanto, estabelecer-se *uma dialética entre obviedade e novidade*.

A mensagem pode resultar óbvia ou improvável tanto com respeito aos códigos e subcódigos em que se inspira, quanto ao quadro de referência cultural do receptor.

Uma mensagem como "Digo que é preciso amar a mãe" atém-se seja às regras do código língua italiana seja às regras éticas do quadro de referência da maioria dos receptores.

Uma mensagem como "Digo que é preciso odiar a mãe" atém-se às regras do código-língua italiana, mas infringe os ditames éticos do quadro de referência cultural dos receptores, e a esse respeito contribui com uma alta taxa de informação. Como se vê, a informação, ou improbabilidade, está conexa com um elemento de surpresa que revoluciona o sistema de expectativas do receptor. A mensagem pode simplesmente revolucionar o sistema de expectativas linguísticas (à luz do código língua e do subcódigo estilístico). Dizer "Lombardi, tu é bom!" em lugar de "A sopa Lombardi é boa", provoca uma violação, ainda que mínima, do sistema de expectativas linguísticas. Não revoluciona o sistema de expectativas decorrente do quadro cultural, porque o receptor já espera, no curso de uma transmissão publicitária, ouvir elogiar os produtos apresentados. Resultaria improvável, também no que concerne ao quadro cultural, uma mensagem que dissesse Lombardi, tu é péssimo!".

Convém, entretanto, observar, que uma mensagem como a citada só resultaria informativa da primeira vez em que fosse recebida, visto que a seguir, intervém um elemento de repetição que a torna óbvia. Esse elemento de repetição é uma forma de *redundância* que diz respeito à iteração no tempo. A forma mais comum de redundância age, ao contrário, no interior de uma mensagem isolada, e serve para envolver de repetições o significado comunicado de modo a torná-lo sempre mais receptível. Ex.: "Digo que a sopa Lombardi é muito boa, isto é, agradável ao paladar e nutritiva"

A mensagem é improvável e é nova quando se mantém sobre uma redundância mínima. Todavia, uma alta dose de improbabilidade corre o risco de não ser recebida e, deve, portanto, ser temperada com uma dose mínima de convencionalidade, de obviedade, e ser reiterada através de uma forma de redundância no tempo.

Um dos problemas de codificação da mensagem reside justamente na dosagem entre obviedade e novidade. O mínimo de convencionalismo necessário para comunicar uma informação (como fato "novo"): eis um problema que concerne tanto à análise semiológica da mensagem quanto à investigação sobre o público. Só a investigação sobre o público poderá estabelecer se, nas mensagens televisionais, essa dialética está suficientemente equilibrada.

O problema da relação entre novidade e obviedade é apenas formal, na medida em que probabilidade e improbabilidade são valores que prescindem de tudo quanto é efetivamente comunicado e concernem à estruturação formal da mensagem. Mas justamente por serem valores que concernem também ao quadro de referência cultural, sua eficácia ultrapassa a esfera da comunicação como fato técnico para atingir a esfera mais ampla da comunicação televisional como fato ideológico.

Um elemento de informação, enquanto se opõe às regras normais de um sistema geral de significação, coloca o receptor num estado de autonomia e de esforço interpretativo, e o obriga a rever os próprios códigos e quadros de referência. Mesmo uma notícia política (que, enquanto inesperada, é "nova" e "informa"), como "O presidente da República visitou a América Latina", obriga o receptor a modificar sua própria experiência acerca da política internacional italiana. Uma mensagem complexa como o romance encenado *A Filha do Capitão*, na medida em que propõe, de modo sumamente "novo", a figura do cossaco rebelde, obriga o receptor (cujos quadros culturais comportassem a convicção de que quem se rebela contra o poder é mau) a modificar seu sistema de expectativas ético-psicológicas. Portanto, informação e improbabilidade são, em medidas variáveis, *criativas*. Obviedade, convencionalismo, probabilidade servem, ao contrário, para reforçar os quadros de referência e os códigos do receptor.

VI. *Conclusões*

Qual a taxa de redundância aquém da qual a novidade não é recebida, e além da qual a novidade se apaga na obviedade?

Em que medida uma novidade na ordem dos significantes comporta uma novidade na ordem dos significados? Em que medida uma mensagem altamente convencional na obediência aos códigos, pode, em todo o caso, veicular significados novos, capazes de modificar os quadros de referências dos receptores?

A esses e outros problemas a análise semiológica pode responder elaborando mais a fundo uma casuística dos códigos e dos quadros de referência; analisando mensagens dadas e individuando seus níveis e estrutura comunicativa, nos termos de uma dialética entre probabilidade e improbabilidade, na ordem dos códigos como na dos quadros de referência. Caberá à investigação sobre o público dizer-nos qual a diferença entre as intenções do remetente e a interpretação do receptor.

Só então saberemos alguma coisa sobre a homogeneidade dos sistemas de significação do remetente e do receptor, e consequentemente, sobre a real eficácia comunicativa da mensagem televisional, no contexto da sociedade italiana.

Assim acrescida, essa consciência pode interessar tanto a quem se dedique ao problema da emissão, como a quem se dedique ao problema dos receptores como comunidade a organizar e sensibilizar.

Sem essa consciência, a mensagem televisional destina-se a permanecer como uma abstrata hipótese de comunicação, de que talvez se possa intuir a intenção, mas sobre cujo resultado nada se sabe. E nesse caso, também permaneceriam abstratas as operações políticas ou culturais realizadas *sobre* o ente e *sobre* o usuário.

NOTA

O prefácio, *A Estrutura do Mau Gosto* e *Leitura de "Steve Canyon"* foram escritos expressamente para este volume. Os demais ensaios foram tirados de várias publicações, embora cada um deles tenha sido redimensionado, coligido aos outros, aumentado ou simplesmente duplicado.

Cultura de Massa e "Níveis" de Cultura foi publicado no nº 5-6 de *De Homine*, dedicado ao tema "Arte e sociedade"; *Retórica e Ideologia em "Os Mistérios de Paris" de Eugène Sue*, na *Revue int. des Sciences Sociales*, vol. XIX (1967), nº 4. *O Uso Prático da Personagem* foi publicado, em 1959, na *Revista di estética*; a primeira parte de *O Mito de Superman* nas atas do simpósio *Desmitização e imagem*, Roma, 1962; *O Mundo de Minduim* constituía o prefácio ao volume *Arriva Charlie Brown!*, Milão, Libri, 1963; *A Canção de Consumo* era o prefácio ao volume de M. L. Straniero, S. Liberovici, E. Jona e G. De Maria, *Le canzioni della cattiva conscienza*, Milão, Bompiani, 1964; *A Música, o Rádio e a Televisão* foi escrito para a *Enciclopédia Musical Ricordi*; *Apontamentos sobre a Televisão* reúne uma série de notas publicadas entre 1961 e 1963 nas revistas *Pirelli* e *Sipra*.

O Autor

SOBRE A 2ª EDIÇÃO BRASILEIRA

A 2ª edição brasileira de *Apocalípticos e Integrados* sai acrescida de notas e com as correções indispensáveis, cumprindo-nos, nesse sentido, agradecer não só aos que nos ajudaram na solução de várias dúvidas em setores especializados, más a todos aqueles que, compreendendo e aceitando nossas razões, possibilitaram este trabalho de revisão.

A Tradutora

ESTÉTICA NA PERSPECTIVA

Obra Aberta
  UmbertoEco(D004)

Apocalípticos e Integrados
  UmbertoEco(D019)

Pequena Estética
  Max Bense(D030)

Estética e História
  Bernard Berenson (D062)

O Kitsch
  Abraham Moles (D068)

A Estética do Objetivo
  Aldo Tagliaferri(D143)

Ironia e o Irônico
  D. C Muecke (D250)

A Estrutura Ausente
  Umberto Eco(E006)

As Formas do Conteúdo
  Umberto Eco (E025)

Filosofia da Nova Música
  Theodor W. Adorno (E026)

Sentimento e Forma
  Susanne K Langer (E044)

A Visão Existenciadora
  Evaldo Coutinho (E051)

O Convívio Alegórico
  Evaldo Coutinho (E070)

Ser e Estar em Nós
  Evaldo Coutinho(E074)

A Subordinação ao Nosso Existir
  Evaldo Coutinho (E078)

A Testemunha Participante
  Evaldo Coutinho (E084)

A Procura da Lucidez em Artaud
  Vera Lúcia G. Felício (E148)

O Fragmento e a Síntese
  Jorge Anthonio e Silva (E195)

Monstrutivismo. Reta e Curva das Vanguardas
  Lúcio Agra (E281)

Estética da Contradição
  João Ricardo C. Moderno (E313)

A Arte Poética
  Nicolas Boileau-Despréaux (EL34)

Este livro foi impresso na cidade de Cotia,
nas oficinas da Meta Brasil,
para a Editora Perspectiva.